城市人民公社研究资料选编
学术顾问委员会

湖南科技大学学术著作出版基金资助项目

湖南科技大学马克思主义学院学术著作资助项目

Chengshi Renmin Gongshe Yanjiu
Ziliao Xuanbian

城市人民公社研究资料选编

资料选编

第 6 卷

李端祥 编著

人民出版社

编著说明

即将出版的《城市人民公社研究资料选编》(8卷本,下称《选编》)是2012年度国家社会科学基金重点项目《城市人民公社文献的收集、整理与研究》两项结题成果《城市人民公社文献选编》(12卷本,主结题成果)与《城市人民公社运动再研究》(专题论文集,副结题成果)的精选部分。它是集"编"与"著"为一体,融"史"和"论"于一身的大型学术著作。编入本《选编》的文献共572篇(其中专题研究论文15篇,档案资料264篇,报刊资料293篇)。其卷本构建如下:

《城市人民公社研究资料选编》

第一卷:《城市人民公社运动再研究》

第二卷:《城市人民公社档案资料》(甲)

第三卷:《城市人民公社档案资料》(乙)

第四卷:《城市人民公社档案资料》(丙)

第五卷:《城市人民公社档案资料》(丁)

第六卷:《城市人民公社报刊资料》(甲)

第七卷:《城市人民公社报刊资料》(乙)

第八卷:《城市人民公社报刊资料》(丙)

本《选编》第一卷《城市人民公社运动再研究》,之所以如此命名,自然包含着与本人第一本拙著《城市人民公社运动研究》(国家社科基金一般项目《乌托邦思想与城市人民公社研究》的最终成果,下称《研究》)的联系与区别。就研究主题而言,是《研究》的延伸与拓展。就研究内容而言,是《研究》中未曾涉及与深入的问题。此卷中的15篇专题论文,自著11篇,本人指导的硕、博士研究生论文4篇(编入本书时作了压缩与修改)。按各自论文发表或刊载先后为序,编入本卷。

第二、三、四、五卷为档案文献资料,共收录此类资料264篇。第二卷收录的是中央部委级(包括协作区)文献资料,以文献制作时间为序,将其依次编排。第三、四、五卷收录的是地方文献资料,从社至省各级都有。以文献制作者为分层标准,将其分成省市(地)级、区(县)社级两个层次,各个层次的文献按时间顺序编排。需要说明的是,由于第三、四、五卷内的文献源自多个省市,而有些文献在标题中并未标明文件的适用范围,所以在编入本书时,编者在文献标题前加注了文献的产地,放在括号内以示区别,如《(上海市)关于积极准备条件,建立城市人民公社的工作规划(草稿)》。这样,能使读者一目了然,便于查阅。

第六、七、八卷为报刊文献资料,共收录1958年至1962年间几十家官方报刊上的城市人民公社文献293篇,以报刊名称为单位,按每种报刊文献刊出的时间为序编排。值此,有两种情况需要说明,一是"(十八)《人民公社好》",不是报纸,也不是期刊,而是书名。当年由中共哈尔滨市委办公厅编辑出版的一本小册子,收集于旧书摊,因为就一本,只能将其编入报刊类。二是有多种报刊的文献篇数较少,将其统一编排在"其他报刊"条目内。

还需说明的是,整理编辑中为保持文献内容原貌,哪怕是读者明显感觉到的疑惑之处,也未作更改。比如文献原件中的数字一般有汉字和阿拉伯数字两种表达方式,在本书中均保持原样,未按统一要求予以处理。在尽量保持文献内容原意的同时,也作了一些必要的修改和添加:(1)对档案文献中一些涉及个人名誉、隐私的人名,本书只标姓,名字用××代替;(2)政治敏感性内容作了技术处理,用□□代替被删除的文字;(3)原文中没有文件名的,编入本书时加了标题,并作题注;(4)对一些文献作者(地厅级及以上人员)作了注解;(5)档案文献来源,应档案馆要求,仅注"原件现存于×××档案馆";(6)每篇文献题目下行居中有一个用汉字表达的日期(文献制作时间)为编者所加;(7)制作日期仅标明月、旬的部分文献,一般放在该月、旬的最后面;(8)文献中涉及的方言,在其后的圆括号内加了注释。

另外,原件中的错字、别字,或不规范的字,本书中分别在〈〉内校正;缺字和不能辨认的字加□号;原文中的通假字、旧式引号,本书都未校改。

城市人民公社研究资料（包括档案资料与报刊资料）是反映城市人民公社历史事件的文字史料，是城市人民公社历史研究的基础。由于城市人民公社是"左"的错误的一种表现，历史已证明，建立城市人民公社为最初探索社会主义建设道路的一次不成功尝试。所以，本书所收录的史料，适宜研究参考使用。正因为如此，对资料的整理编辑提出了更高要求。在工作中始终坚持严谨作风，一丝不苟，力求电子稿与纸质原件高度一致；体例力求清晰，为的是便于读者查阅利用，更准确地了解把握城市人民公社历史原貌。即便这样，疏漏与错误依然在所难免，敬请读者批评指正。

值此《选编》付梓之际，本人深感本书关于资料收集、整理研究、编辑出版任务之艰难。一路走来，离不开单位、师长、同事、学生以及家人的帮助与关心。一桩桩，历历在目；一件件，感恩不尽。

师恩浩荡，大爱无疆。把本套书比作一艘在学海中从此岸到彼岸的航船，启航者是我的研究生指导老师湖南省委党校雷国珍教授，而导航者当属北京大学原副校长梁柱教授、湖南省社科院院长刘建武教授、湖南科技大学党委书记刘德顺教授、湖南科技大学校长朱川曲教授、湘潭大学校长李伯超教授、湖南科技大学副校长李琳教授、中共福建省委党校郭若平教授、湘潭大学谢起章教授，护航者则是国家社会规划办、中央党史研究室、人民出版社、湖南科技大学。

新史料是史学研究创新的根本动力，也是成就本套书稿最基础、最关键、最根本的要素。感谢中央档案馆及北京、上海、天津、黑龙江、吉林、辽宁、河北、河南、湖北、湖南、江西、广东、广西、福建、江苏、浙江、四川、云南、贵州、山西、陕西、甘肃、青海、内蒙古、宁夏、新疆等省会城市档案馆的领导和工作人员，在资料收集时所提供的大力支持与无私帮助。特别要感谢上海市、湖南省、福建省、陕西省、宁夏回族自治区、广西壮族自治区、河南省、沈阳市、南京市、合肥市、哈尔滨市、南昌市、福州市、南宁市、银川市、长沙市、湘潭市、株洲市、长沙市岳麓区、湘潭市雨湖区等档案局（馆）的领导与工作人员，因其受崇尚学术、敬畏历史、共享宝贵资源等崇高精神的驱动，还将已查阅的馆藏城市人民公社资料予以授权出版。倘若没有他们的博大胸怀，本套书远没有现在这样丰富。

— 3 —

常言道:"一个篱笆三个桩,一个好汉三个帮"。感谢《城市人民公社文献的收集、整理与研究》课题组成员吴怀友教授、许彬博士、邹华斌博士、米晓娟老师为课题研究所作的努力与贡献;感谢马克思主义学院徐德刚教授、吴怀友教授、廖和平教授、廖加林教授、吴毅君教授、米华教授、赵惜群教授、刘大禹教授、毛小平教授、李连根教授、朱春晖教授、罗建文教授、尹杰钦教授、宋劲松教授、黄利新教授、杨松菊博士、刘敏军博士、戴开尧副教授、谢忠教授、刘正妙博士、黄爱英博士、韩平博士等对课题研究与本书出版的大力支持。感谢马克思主义学院中共党史硕士点、中国近现代史纲要教研部的专家学者们对课题研究与本书出版的鞭策鼓励及人文关怀。其中李秀亚老师整理本书稿时反映出的扎实的专业功底、精益求精的职业操守、一丝不苟的治学精神、任劳任怨的劳动态度,令人敬佩。另外,由衷感谢湖南科技大学党校副校长彭雪贵先生,在本书整理、出版最需要时候的竭诚相助,有些甚至是雪中送炭。愿好人一生平安。

感谢湖南科技大学马克思主义学院中共党史专业与中国近现代史基本问题方向的硕士研究生为资料整理所付出的艰辛劳动。与此同时,特别感怀我指导的研究生刘洋(博士)、姚二涛(博士)、张家勇、汪前珍、付彩霞、米晓娟、钟俊、盘林、肖楚楚、阳文书、万建军、钟原、李鑫、刘璐、姜陆同学,因其怀有对稀缺历史资源的好奇与敬畏,不惜为本套书各个环节的工作挥洒甘露般的汗水。

本套书能在人民出版社成功出版面世,离不开该社崔继新先生、刘江波先生的独具慧眼、运筹帷幄,离不开高华梓博士为本套书编辑所付出的艰辛劳动。在此,深表谢意。

感谢我的妻子肖金玉,完成本职工作外,包揽了所有家务,让家庭环境井然有序、生活温馨和谐,为的是让我有舒畅的心情、旺盛的精力、充足的时间从事城市人民公社资料的收集、整理与研究工作。常言道,一个成功男人的背后,必定有一个贤慧女人。我算不上成功男人,但背后妻子的贤慧却是不折不扣、名符其实。还有我的儿子李博,虽然学的是金融专业,从事金融工作,但对历史问题,尤其对中国历史感兴趣并有感悟。对我的研究工作很是支持,提出的意见诚恳而宝贵,有些甚至是建设性的。

所有这些，都使我深深感到，本套书能够以现在的面貌出版，其中蕴含了多少人的聪明才智，也凝聚了很多人的辛勤劳动。在此，再次对已提及和未提及的单位和个人，表示诚挚的谢意。

李端祥

2018 年 6 月 20 日

目 录

城市人民公社报刊资料（甲）

（一）《人民日报》

（二）《工人日报》

城市人民公社报刊资料（甲）

（一）《人民日报》

人人参加社会劳动　家家都过集体生活

鸿顺里居民生活大革命

成立生产服务合作社,树立了我为人人、人人为我的新风格

（一九五八年八月十九日）

本报讯　8月14日,天津市鸿顺里生产服务合作社诞生了。这个合作社是由鸿顺里所在居民区——向阳里居民区的居民组织起来的,现共有二百五十二名社员,其中有一百八十八个社员为附近恒大电线厂和泰山电器厂做加工,其余的社员也都参加了为生产服务的各项福利事业。

鸿顺里原是河北区天纬路街向阳里居民委员会的一个居民小组,鸿顺里的居民从6月14日参加生产,组织起集体生活以后,向阳里居民区的许多居民也像鸿顺里一样组织了起来。这样,原有的居民委员会组织性质和组织形式已不能完全适应新的形势的需要,必须成立新的组织机构来管理居民的生产和生活。于是,向阳里居民区居民在市、区、街党政部门的领导下,决定成立生产服务合作社。

鸿顺里的居民是怎样组织起大家庭为生产服务、过集体生活的呢?

鸿顺里共有居民一百七十六人,除去在职的职工和孤老户外,有劳动力的家庭妇女和居民有二十多人。这些人过去只在家里看孩子、做饭。当社会主义建设总路线传到这里的时候,整个胡同都沸腾起来,人人都表示要为实现总路线出把力。这时,正好附近的恒大电线厂需要一批人给缠铜丝。听到这个消息,居民们非常兴奋,几天内就有十七个妇女报名参加了加工生产小组,给电线厂缠铜丝。

街道里成立了加工生产小组,解决了社会劳动力不足的困难,但同时也带来了一系列新的问题。例如,妇女参加劳动以后,孩子怎么办?做饭怎么办?

缝洗衣服怎么办？等等。于是，人们又开始酝酿成立集体食堂、托儿所、拆洗缝纫等组织。为了动员大家参加这些组织，居民代表和街道积极分子经过研究，在居民中开展了一场辩论：是支援生产、过社会主义大家庭的生活好？还是只顾个人、不参加国家建设好？在辩论时通过摆事实、讲道理，使大家既看到国家利益，又看到个人前途，很快地提高了社会主义觉悟。就这样，一个新型的大家庭组织起来了，成立了生产加工组、集体食堂、托儿组、拆洗缝纫站、图书站、储蓄服务站、生活日用品供应服务站。做到了人人有事干，事事有人管，树立了"我为人人、人人为我"的新风格。

人们生活在大家庭里，改变了整个社会面貌，也改变了每个人的思想。居民们每天一清早就把孩子都送到托儿组或幼儿班去，听阿姨们讲故事，做集体游戏。八点钟，加工工人、售货员、炊事员、服务员等都开始工作了，人人都在为集体劳动着，到了中午，大人孩子就到集体食堂去吃饭。食堂里的饭菜也很适合居民的口味，而且价钱便宜。储蓄服务站成立以后，户户都参加了储蓄，现在家庭存款已经增加到一千多元。原来是文盲的九名妇女参加了文化学习。

在集体生活中，人与人的关系也改变了。如住在一个院子里的宗炳珍和刘玉珍，过去因为孩子打架已经有九年不说话，现在已经握手言好，并在加工组里互相帮助，学习技术。

由于参加加工组的人都互相帮助学习技术，现在他们的工作效率已经从开始每天加工二十多公斤提高到二百多公斤。一年可以为国家增产节约两万元，每户每年平均可以增加收入近三百元。

现在就在这个鸿顺里居民大家庭的基础上，扩大组织起生产服务合作社。在目前，它除了组织领导社员生产、学习和生活以外，还将担负起一部分原来由居民委员会担负的任务。

鸿顺里的作法现在已在天津市普遍推广。

向共产主义迈进一步

——阳泉国营煤矿调整职工宿舍加强党的政治思想领导的经验

（一九五八年十月二十二日）

整风运动中，阳泉国营煤矿按照生产组织进行了职工宿舍的调整。把同一生产单位的领导干部和职工及其家属集中到了一起住宿，党、工、团组织也搬到宿舍区办公。并且建立了一整套向职工群众进行政治思想工作和政治、技术、文化教育的制度。全面有效地加强了党的政治思想工作，迅速改变了职工及其家属的政治思想面貌和精神面貌，资本主义的歪风邪气大大下降，共产主义的正气大大上升。领导干部同职工群众真正打成了一片，建立了平等的互助合作关系，进一步密切了党与群众的联系，并在此基础上实行了组织军事化、行动战斗化、生活集体化。所有这些都为建立矿区人民公社奠定了良好的基础。

居住分散问题多

阳泉国营煤矿在解放以前，几乎没有工人宿舍，绝大部分工人要跑好几里路，甚至一二十里路程到附近农村住宿。解放后，在生产发展的基础上，逐步建设了二十三万四千平方公尺的职工宿舍，有二万八千多职工陆续迁进了新宿舍，根本改变了职工的居住条件。但是，由于宿舍是逐步建设起来的，职工也是陆续迁进去的，所以各个矿坑、各个车间的工人住得非常杂乱分散。一方面，在一个宿舍内住着几个车间、几个矿坑的工人；另一方面，一个车间、一个小组的工人却分散住宿在全矿区的各个角落,甚至有的相距数里或十里以上。因此,工人一下工回家后,就"散了花",很难再进行有组织的活动。党、政、工、团主要是利用上工前或下工后的个把钟头做工作。因为时间短、任务多,许多工作不能很好地开展。党课教育制度也难于坚持。群众性的文化娱乐活动也开展不起来。党的政治思想工作,只能管工人的生产活动,不能管工人的工余活动。"工人上了班是工人阶级,下了班就成了自由民。"工人生活中的许多问题不能及时适当解决。由于不能有效地全面地加强对工人及其家属的政治思想领导,领导人员不能密切地和群众联系。在职工宿舍区域社会主义空气稀薄,资本主义思想就趁机而入。不少工人挑工种、闹级别、工资、待遇和生活福利等问题。1956 年有些青年工人为挑工种、争工资,还发生了"闹事"。许多家属也滋长了享乐思想,好吃好穿,东游西逛。有的妇女为了骗取工人的财物,随便结婚、离婚。各种各样的坏分子也趁机进行活动,写反动标语,散布反党反社会主义言论,挑拨领导与群众的关系,制造事故,破坏生产。

由于职工群众居住杂乱而产生的许多问题,煤矿党组织过去就有所觉察,也曾在部分坑、区进行过宿舍调整。但是当时对这一问题认识不足,决心不大,没有进行到底。整风运动中,党中央提出了使干部真正到群众中间去领导群众的问题,对我们启发很大。使我们从过去革命战争时期党与群众那种生死与共、休戚相关的血肉关系的回忆中,深深地感觉到和群众生活在一起,是从根本上改变领导与群众关系,加强党的政治思想领导的一项重大措施。同时,广大职工群众的思想觉悟空前提高,他们迫切要求克服生活当中存在的混乱现象,加强政治、文化、技术学习。市委对于上述情况进行了认真地分析以后,认为关键问题在于生活组织与生产组织的不相适应。为了彻底解决这一问题,确定按照生产组织进行宿舍调整。同时要求所有厂矿领导干部都要以普通劳动者的姿态带头搬进职工宿舍区安家落户。党、工、团领导一律搬到职工宿舍办公。各国营煤矿党组织坚决贯彻执行了市委这一指示,紧紧依靠群众解决了调整宿舍中的若干思想问题和实际问题,因而职工宿舍的调整问题就顺利地得到了解决。

把生产组织同生活组织统一起来

调整宿舍是按照生产组织,重新安排和划分职工群众的住宿区,使同一坑队、车间的干部、工人、党员、团员及其家属按照班次、工段、小组集中住宿在本单位的宿舍区。这样,工人的住宿就同生产组织完全统一起来了。既是生产组织,也是生活组织。党、政、工、团组织既管生产也管生活教育。各个车间、工段、小组不论是生产前线,也不论是生活后方,都如同军队一样地组织了起来,克服了过去工人居住分散,干部和工人分居的缺点。在调整宿舍集中住宿的时候,大部分职工群众及其家属是积极支持和拥护的,但也有不少职工和家属有所顾虑和抵触。各矿党组织通过周密计划统筹安排和充分发动群众鸣放、辩论,领导干部、党员、团员以身作则带头搬家;组织群众互相帮助,并适时迅速地解决群众的实际困难,如建立小学校、食堂、粮菜供应点等工作,顺利地完成了这一任务。

在宿舍调整集中住宿的同时,实行了党、工、团干部到宿舍区办公制度。党、工、团干部除在生产过程中同工人一道参加体力劳动和进行政治鼓动以外,党的政治思想工作主要在宿舍区来进行。干部们不仅到群众中去安家落户,实行"五同",而且大大加强了日常生活当中的政治思想工作。这样党的基层组织就以宿舍为阵地,把职工群众的生产、生活和教育工作全面领导起来了。

在调整宿舍和工房办公的基础上,职工家属中的党员、团员也以车间、坑队为单位重新编组,建立了党、团组织,直接受矿坑党总支的领导,同时还在车间、矿坑党总支的统一领导下,建立了宿舍管理委员会、调处委员会和家属委员会。宿舍管理委员会是行政组织,又带有政权性质,它主要是担负调剂房屋、管理领发宿舍的用具、办理来客登记、管理伙食、治安保卫、清洁卫生等各项工作。调处委员会也是政权性质的机构,它主要是担负调处职工及其家属纠纷和轻微的违法行为的工作。家属委员会主要是担负对家属的宣传、教育和组织生产等各项工作。这样就把职工宿舍区域的所有一切工作都由各级党、政、工、团组织统一领导管理起来。

在调整宿舍的基础上，以车间为单位，以宿舍为阵地，全面组织与开展了政治、理论、文化、技术教育和文娱体育活动，陆续建立了各个车间的各种球队、剧团、合唱队、美术、创作、通讯、板报、读报、宣传鼓动、书报发行等各种组织。有些车间还建立了工人的理论学习班。在学习了"三校三日一部二室"的经验后，不仅更加发展和巩固了原有的组织，而且在各车间宿舍阵地上建立了党校、团校、红专学校、时事讲演站、俱乐部、图书馆、展览棚(室)、运动场和科普协会、体育协会等组织。为了适应各种活动，各车间统一安排了时间，使所有职工参加了政治、文化学习，多数车间都已经形成了生动活泼的政治局面。

在调整宿舍的基础上，全面推行了组织军事化，行动战斗化，生活集体化。各级党、政组织与军事组织统一起来，并选拔一部分军队转业干部和复员军人分别担任副职，负责军事教练。这样，职工宿舍不仅是工房、学校，而且又是营房和操场。现在工人上班、下班、开会学习，都体现了高度的组织性、纪律性，大大提高了出勤率和生产率。此外，在车间党组织的统一领导下，组织职工家属积极参加生产，并建立起石灰、水泥、缝纫、洗衣、选煤等卫星工厂四十余个，以及相应的各种公共集体福利事业，如集体食堂、托儿所、幼儿园等，把二千余职工家属从家务劳动中解放出来。

新的道德风尚茁壮成长

由于按照生产组织进行了宿舍调整，并且以宿舍为阵地全面加强了党的政治思想工作，因而在生产、生活和职工群众的政治思想精神面貌上都发生了深刻的巨大的变化。

第一、进一步调整了企业内部人与人之间的关系。干部与群众真正做到了同食、同居、同劳动，平等相处，打成一片。这就改变了过去有些工人认为干部是"当官的"，有话不愿讲，有意见不愿提，怕批评、上下隔阂的现象。现在工人有事就和干部商量，有话就讲，有意见就提，而且对干部也很体贴照顾，亲如一家。工人说:"过去我以为当干部就是坐在办公室里喝水看报,指手划〈画〉脚,哪知道干部这么操心,当个干部真不容易啊!"干部和工人群众在生产中是战友,在生活中是朋友,互相帮助,克服困难,团结友爱,互助协作的精神大大发扬起来。某些工人中自私、本位和乡亲、地域、宗派等落后观念大大有所扭转,他们互相关照、体贴入微,表现了高度的阶级感情。四矿检修组工人张保牛把腿擦伤了,长时间不能劳动,工人王计元给他端饭、洗衣、倒屎、倒尿,一直殷勤伺候到他身体复原。

第二、职工群众及其家属中的社会主义、共产主义的思想觉悟、道德风尚,茁壮地生长起来。"我为人人,人人为我"已成为广大群众思想和行动的准则。生产劳动中,不计报酬,奋不顾身,有多大力量就使多大力量,有多少时间就工作多少时间;一厂有事,多厂支援,别人的困难就是自己的困难,爱国、爱厂、爱护公共财产和拾金不昧的共产主义道德风尚形成风气,普及各矿。反之,那种装病、旷工、腐化、堕落、贪污、偷盗、打架及其它违法乱纪现象大大减少或者已经绝迹。与此同时,职工群众学政治、学理论的空气较前浓厚起来,基本上做到了家家有报纸,人人有书看,环境政治化,宿舍图书化。所有这些都在标志着工人阶级共产主义思想的大高涨,从而有利于大大加速社会主义建设事业和向共产主义过渡的进程。

第三、调整宿舍使组织军事化、行动战斗化和生活集体化与车间的生产、生活、教育紧密结合,真正做到亦工亦学亦兵,这就把工人队伍组织成一个有组织、有纪律的战斗整体,大大推动了生产、学习的不断高涨。各矿职工的出勤率普遍由去年的80%左右,上升到90%以上。三矿机电车间在4月份出现了三无:无旷工、无事故、无工伤。随着生活集体化,普遍建立公共食堂、托儿所、幼儿园的结果,大批职工家属的劳动力解放出来,增加了一支劳动大军。家属参加生产不仅对发展生产具有重要现实意义,而且对改变社会风尚,建立共产主义的新生活具有重大意义。据一些车间的调查,家属参加生产后,思想觉悟迅速有了提高,劳动观念、集体观念大大加强,家庭、夫妻、邻里之间的关系有了很大的改善。

第四、给工厂办教育创造了组织基础和有利条件。由于生产、住宿完全统一起来,从车间、矿坑,到矿厂,到矿务局,各级分别办了幼儿园、小学、中学、红专学校、技工学校、技术学校、专科、大学，做到全党全民办教育，改变了过去只由厂矿和矿务局办学校、车间矿坑不办学校的狭小局面。同时，分级办教育，可以使教育和生产、工作紧密结合，大大减少了过去职工参加学习和参加生产、政治活动的矛盾，业余教育的时间有了充分的保证，而且可以发挥职工群众中的教育力量，把一切能够进行教育的人都组织起来，做到人人受教育，人人是先生，这就克服了教师缺乏的困难，促进了普及教育的推行。

第五、按照生产组织调整宿舍，建立住宅区，不仅有利于发展生产，普及教育，而且有利于群众的生活管理，这就给工厂、城市的建设和改造提供了新的途径。

上述这些条件都为煤矿区建立人民公社直接做了重要的准备。现在我们正在进一步摸索解决城市厂矿中建立人民公社的有关问题和具体做法。

中共阳泉市委会

让人民的生活越来越美好越舒畅

建设上海成为美丽的花园城市

柯庆施提出上海市今后建设和改造的方针任务

（一九五八年十一月二十二日）

新华社 20 日电　上海市第三届人民委员会 17 日举行第一次全体会议，柯庆施市长在会上提出，上海市要在生产、文化、科学、艺术等方面建设成为世界上最先进的城市之一，使广大人民的生活越来越美好、舒畅。

柯庆施在会上提出了上海市今后建设和改造的方针与任务。他说，上海市今后的工业建设应该向高级的、大型的、精密的方向发展，文化教育、科学艺术等都要向更先进的方向发展。过去几年中这些方面虽然得到不少成就，但还不能自满。上海大型的重工业就很不够，许多产品还不能生产；精密工业虽然有些基础，但从今后发展来看，显然还不能适应；轻工业还有许多空白点。这就需要大力进行建设和提高。在另一方面，由于全国各地建设事业的发展，上海某些一般的工业必须很好地进行改组。同时，上海还担负着分期、分批以人力物力支援全国各地建设的任务；这项工作必须有计划地进行，现在各地在上海招收人员的某些混乱情况应该停止。

柯庆施指出：我们为建设和改造上海市采取的每一个新措施，都会使广大劳动人民的生活过得更好、更舒畅。如上海将逐步新建住宅和改建旧住宅，把历史上遗留下来的许多人住阁楼的和棚户的状况彻底改变。新住宅不仅是三层、四层楼的房屋，而且要考虑到适合男女老幼、一家团聚的居住需要，宅前还要有宽敞的场地，整个上海将建设成为一个美丽的花园城市。柯庆施说：由于历史原因造成人民生活水平高低不一，有的甚至相差很远，这种资本主义的不合理的分配制度遗留下来的痕迹,不是一下子可以完全消除的。我们的任务首先是根据生产发展的情况,逐步改善劳动人民的生活,使整个社会的生活水平逐步提高,逐步接近。

对城市建立人民公社问题,柯庆施说:城市人民公社是肯定要建立的,但城市与农村不同,上海的情况也比较复杂,具体作法还要研究。目前有些里弄组织居民参加生产和办托儿所、公共食堂,是试办性质,为建立城市人民公社创造条件,它对解放妇女劳动力,组织他们参加工作、生产,有很大作用。

柯庆施说:完成上海的建设和改造任务,是很艰巨的,不是一年二年的事;应该采取积极的态度,一步一步去实现。

会上,委员们纷纷发表意见,一致拥护柯庆施市长提出的建议和改造上海市的方针、任务并表示要把它贯彻到实际工作中去。

关于人民公社若干问题的决议

（一九五八年十二月十九日）

一

　　一九五八年，一种新的社会组织像初升的太阳一样，在亚洲东部的广阔的地平线上出现了，这就是我国农村中的大规模的、工农商学兵相结合的、政社合一的人民公社。它一出现，就以它的强大的生命力，引起了人们广泛的注意。

　　人民公社运动的发展很快。从一九五八年夏季开始，只经过了几个月时间，全国七十四万多个农业生产合作社，就已经在广大农民的热烈要求的基础上，改组成了二万六千多个人民公社。参加公社的有一亿二千多万户，已经占全国各民族农户总数的百分之九十九以上。这个情况表明：人民公社的出现不是偶然的，它是我国经济和政治发展的产物，是党的社会主义整风运动、社会主义建设总路线和一九五八年社会主义建设大跃进的产物。

　　农村人民公社成立的时间虽然不久，但是广大农民已经看到了它所带来的显著利益：劳动力和生产资料可以在更大的范围内作统一的安排和调度，比以前得到更合理、更有效的使用，因而更便于发展生产；工农商学兵各项事业（其中的农又包括农林牧副渔五业），在公社的统一领导下，得到了密切的结合和迅速的发展，特别是成千成万的小工厂在农村中雨后春笋般地兴建了起来；公社适应广大群众的迫切要求，创办了大量的公共食堂、托儿所、幼儿园、敬老院等集体福利事业，这就特别使得几千年来屈伏在锅灶旁边的妇女得到了彻底的解放而笑逐颜开；很多公社在农业巨大丰产的基础上，实行了工资制和供给制相结合的分配制度,广大的男女农民开始领得自己的工资,而过去经常愁吃愁喝、愁柴米油盐酱醋茶的家庭,从此可以"吃饭不要钱",也就是说,得到了最重要和最可靠的社会保险。所有这些,对于农民都是开天辟地的新闻。农民的生活已经得到了改善,而且根据实际的经验和公社发展的远景,他们知道,他们的生活在今后还将大大改善。

农村人民公社制度的发展,还有更为深远的意义。这就是:它为我国人民指出了农村逐步工业化的道路,农业中的集体所有制逐步过渡到全民所有制的道路。社会主义的"按劳分配"(即按劳付酬)逐步过渡到共产主义的"按需分配"(即各取所需)的道路,城乡差别、工农差别、脑力劳动和体力劳动的差别逐步缩小以至消失的道路,以及国家对内职能逐步缩小以至消失的道路。

这一切都证明,中共中央政治局在一九五八年八月北戴河会议上根据群众的创造所作的关于在农村中建立人民公社的决议,是正确的,是具有历史意义的。

人民公社现在在各民族农村中(除西藏和某些个别地区以外)已经普遍地建立起来了,在城市中也在开始进行一些试验。城市中的人民公社,将来也会以适应城市特点的形式,成为改造旧城市和建设社会主义新城市的工具,成为生产、交换、分配和人民生活福利的统一组织者,成为工农商学兵相结合和政社合一的社会组织。但是城市和农村有所不同。一则城市的情况比农村复杂。再则社会主义的全民所有制在城市中已经是所有制的主要形式了,工人阶级领导的工厂、机关、学校(除一部分职工家属以外)已经按照社会主义原则高度组织化了,因而城市的公社化不能不提出一些同农村不同的要求。三则目前城市中的资本家和知识分子中许多人的资产阶级思想还相当浓厚,他们对于成立公社还有顾虑,对于这一部分人,我们也应当有所等待。因此,在城市中应当继续试点,一般不忙大量兴办,在大城市中更要从缓,只作酝酿工作。要等到经验多了,原来思想不通的人也通了,再大量兴办起来。

已经建立起来的农村人民公社,由于成立的时间还很短,绝大多数的公社刚一建立,就忙于秋收、秋耕、秋种和全民炼钢铁的紧张工作,还没有来得及巩固组织,健全制度,系统地解决由于成立公社而发生的关于生产、分配、生活福利、经营管理等方面的新问题。对于如何办好和发展人民公社,大家的经验还不足,对于某些问题的认识也难免有一些参差不齐。目前的迫切任务,就是要迅速统一全党全民对于公社的认识,加强对于公社的领导,整顿和巩固公社的组织,确定和健全公社的制度,更好地组织公社的生产和生活。要把已经搭起架子的公社切实充实起来,以便使它们能够日益完满地担负起促进生产力和生产关系向前发展的伟大使命。

二

人民公社是我国社会主义社会结构的工农商学兵相结合的基层单位,同时又是社会主义政权组织的基层单位。根据马克思列宁主义的理论和我国人民公社的初步经验,现在可以预料:人民公社将加快我国社会主义建设的速度,并且将成为我国实现下述两个过渡的最好的形式,即第一,成为我国农村由集体所有制过渡到全民所有制的最好的形式;第二,成为我国由社会主义社会过渡到共产主义社会的最好的形式。现在也可以预料,在将来的共产主义社会,人民公社将仍然是社会结构的基层单位。

从现在开始,摆在我国人民面前的任务是:经过人民公社这种社会组织形式,根据党所提出的社会主义建设的总路线,高速度地发展社会生产力,促进国家工业化、公社工业化、农业机械化电气化,逐步地使社会主义的集体所有制过渡到社会主义的全民所有制,从而使我国的社会主义经济全面地实现全民所有制,逐步地把我国建成为一个具有高度发展的现代工业、现代农业和现代科学文化的伟大的社会主义国家。在这一过程中,共产主义的因素必将逐步增长,这就将在物质条件方面和精神条件方面为社会主义过渡到共产主义奠定基础。

这是一个十分巨大的复杂的任务。从现有的经验看来,在我国的具体条件下,全面地实现社会主义的全民所有制的时间可能早一些,但是也不会很早。广泛地实现国家工业化、公社工业化和农业机械化电气化,建成具有高度发展的现代工业、现代农业和现代科学文化的社会主义国家,尽管我们前进的速度较快,需要的时间还将很长;全部完成这个过程,从现在起,将需要经历十五年、二十年或者更多一些的时间。

帝国主义者和他们的应声虫将说,我们想有高度发展的现代工业、现代农业和现代科学文化,这个时间是太短了,我们将不能达到目的。这种调子我们早已听惯了,可以不去管它;因为他们总是要不断地在事实面前认输的。但是还会有另外一些人说:这个时间太长了。这是我们自己队伍中的好心人,只是太性急了,他们把高度发展的现代工业等等看得非常容易,把全面地实现社会主义的全民所有制以至实现共产主义看得非常容易。他们认为,农村人民公社现在就已经属于全民所有制性质了,很快就可以甚至现在就可以放弃按劳分配的社会主义原则,采取按需分配的共产主义原则了。因此,他们对于社会主义制度还要继续一个很长的时间,觉得不能理解。这当然是一种误解,这种误解必须消除。

必须指出:由农业生产合作社到人民公社的转变,由社会主义的集体所有制到社会主义的全民所有制的过渡,由社会主义到共产主义的过渡,这些是互相联系而又互相区别的几种过程。

首先,农业生产合作社变为人民公社,使原有的集体所有制扩大了和提高了,并且带上了若干全民所有制的成分,但是这并不等于已经把农村中的集体所有制变成了全民所有制。现在全国农村已经公社化了,但是要在全国农村实现全民所有制,还需要经过一段相当长的时间。

不错,人民公社的建立,使集体所有制的经济增加了若干全民所有制的成分。这是由于农村的人民公社和基层政权合二为一;由于农村中原有的全民所有制的银行、商店和某些其他企业下放到公社管理;由于公社参加兴办某些具有全民所有制性质的工业和其他建设事业;由于许多县成立了统一领导全县公社的县联社,县联社有权调度各公社的适当部分的人力、物力和财力,去进行全县性的或者超过县的范围的建设事业,并且许多地方已经在着手进行这些事业;等等。但是农村人民公社的生产资料和产品,现在基本上仍然属于公社集体所有,同国营企业的生产资料和产品属于全民所有不同。集体所有制和全民所有制都是社会主义的所有制,但是全民所有制比集体所有制更进步,因为全民所有制企业的生产资料和产品,可以直接由代表全体人民的国家按照整个国民经济的需要作统一的合理的分配,而集体所有制的企业,包括目前的农村人民公社,却不能做到这一点。认为目前的农村人民公社的所有制已经是全民所有制,是不符合实际情况的。

为了逐步促进集体所有制向全民所有制过渡,各县应当普遍地成立县联社。县联社应当在今后若干年内,在大力发展生产和提高人民觉悟的基础上,采取适当步骤,逐步增加公社生产资料的全民性部分,逐步增加公社产品由国家统一分配的部分,并且在条件成熟的时候把集体所有制转为全民所有制。如果不及时地发展和完成这种转变,老是维持集体所有制的现状,让公社社员的眼光只是局限在较小范围的集体利益的圈子里,那就将妨碍社会生产力的继续发展和人民觉悟的继续提高,因而是不适当的。但是必须指出,集体所有制对于今天的农村人民公社的生产发展,仍然有它的积极作用。集体所有制向全民所有制过渡的迟早,取决于生产发展的水平和人民觉悟的水平这些客观存在的形势,而不能听凭人们的主观愿望,想迟就迟,想早就早。因此,这个过渡只有经过一个相当长的时间,才能在全国范围内分期分批地实现。如果看不到这些,把成立公社和实现全民所有制混为一谈,过于性急,企图在农村中过早地否定集体所有制,匆忙地改变为全民所有制,那也是不适当的,因而是不可能成功的。

其次,由社会主义的集体所有制变为社会主义的全民所有制,并不等于由社会主义变为共产主义。农业生产合作社变为人民公社,更不等于由社会主义变为共产主义。由社会主义变为共产主义,比由社会主义的集体所有制变为社会主义的全民所有制,需要经过更长得多的时间。

不错,人民公社实行的供给制,开始带有共产主义的按需分配原则的萌芽;人民公社实行的工农业同时并举和互相结合的方针,为缩小城乡差别、工农差别开辟了道路;农村人民公社由社会主义的集体所有制过渡到了社会主义的全民所有制以后,它的共产主义因素将有新的增长;这些都是应当承认的。而且,随着社会产品由于全国工农业日益高涨,逐步由不丰富到丰富,公社分配制度中的供给部分逐步由少到多、供给标准逐步由低到高,以及人民共产主义觉悟日益提高,全民教育日益发展,脑力劳动和体力劳动差别逐步缩小,国家政权对内作用逐步缩小,等等,随着这一切,准备向共产主义过渡的条件也将逐步成熟起来。忽视甚至阻碍这个发展过程,把共产主义推向遥远的将来,自然是不适当的。

但是每一个马克思主义者必须清醒地认识到,由社会主义过渡到共产主义是一个相当长相当复杂的发展过程,而在这整个过程中,社会的性质仍然是社会主义的。社会主义社会和共产主义社会是经济上发展程度不同的两个阶段。社会主义的原则是"各尽所能,按劳分配";共产主义的原则是"各尽所能,按需分配"。共产主义的分配制度更合理,但是这只有在社会产品极大地丰富了以后才可能实现。没有这个条件而否定按劳分配的原则,就会妨害人们劳动的积极性,就不利于生产的发展,不利于社会产品的增加,也就不利于促进共产主义的实现。因此,在人民公社的社员收入中,按劳分配的工资部分,在长时期内,必须占有重要地位,在一段时间内并将占有主要地位。为了促进社员劳动的积极性,也为了使社员在生活中的复杂的需要比较容易满足,公社必须努力使社员所得的工资逐步增加,并且在若干年内必须比供给部分增加得更快。即使已经由集体所有制过渡到了全民所有制以后,由于社会产品还没有丰富到足以实现共产主义,人民公社在一个必要的历史时期内仍然将保留按劳分配的制度。企图过早地否定按劳分配的原则而代之以按需分配的原则,也就是说,企图在条件不成熟的时候勉强进入共产主义,无疑是一个不可能成功的空想。

无论由社会主义的集体所有制向社会主义的全民所有制过渡,还是由社会主义向共产主义过渡,都必须以一定程度的生产力发展为基础。生产关系一定要适合生产力的性质,只有生产力发展到某种状况才会引起生产关系的某种变革,这是马克思主义的一条基本原理。同志们要记着,我国现在的生产力发展水平,毕竟还是很低的。苦战三年,加上再努力若干年,全国的经济面貌可以有一个很大的改变,但是那时离全国高度工业化、全国农业机械化电气化的目标,还将有一段不小的距离;至于离社会产品大大丰富、劳动强度大大减轻、劳动时间大大缩短这些目标,就还有一段更长的距离。而没有这些,当然就谈不到进入人类社会的更高发展阶段——共产主义。因此,我们既然热心于共产主义事业,就必须首先热心于发展我们的生产力,首先用大力实现我们的社会主义工业化计划,而不应当无根据地宣布农村的人民公社"立即实行全民所有制",甚至"立即进入共产主义",等等。那样做,不仅是一种轻率的表现，而且将大大降低共产主义在人民心目中的标准，使共产主义伟大的理想受到歪曲和庸俗化，助长小资产阶级的平均主义倾向，不利于社会主义建设的发展。

在由社会主义向共产主义过渡的问题上，我们不能在社会主义阶段上停步不前，但是也不能陷入超越社会主义阶段而跳入共产主义阶段的空想。我们是马克思列宁主义的不断革命论者，我们认为，在民主革命和社会主义革命之间，在社会主义和共产主义之间，没有隔着也不允许隔着万里长城；我们又是马克思列宁主义的革命发展的阶段论者，我们认为不同的发展阶段反映事物的质的变化，不应当把这些不同质的阶段互相混淆起来。中央政治局关于在农村建立人民公社问题的八月决议中曾经明确指出：人民公社"由集体所有制向全民所有制过渡是一个过程，有些地方可能较快，三、四年内就可完成，有些地方可能较慢，需要五、六年或者更长一些的时间。过渡到了全民所有制，如国营工业那样，它的性质还是社会主义的，各尽所能，按劳分配。然后再经过多少年，社会产品极大地丰富了，全体人民的共产主义的思想觉悟和道德品质都极大地提高了，全民教育普及并且提高了，社会主义时期还不得不保存的旧社会遗留下来的工农差别、城乡差别、脑力劳动与体力劳动的差别，都逐步地消失了，反映这些差别的不平等的资产阶级法权的残余也逐步地消失了，国家职能只是为了对付外部敌人的侵略，对内已经不起作用了，在这种时候，我国社会就将进入各尽所能、按需分配的共产主义时代。"为了澄清目前有关人民公社问题的一些误解，保证人民公社运动的健康发展，必须认真地用这种马克思列宁主义的观点，在全党和全国人民中进行广泛的反复的宣传教育工作。

三

人民公社的生产、交换、消费和积累，都必须有计划。人民公社的计划应当纳入国家的计划，服从国家的管理。同时，它在制定计划的时候，应当充分发挥自己的特点和主动精神。

发展生产是巩固和提高人民公社的中心环节。人民公社发展生产的正确方针应当是:根据国家统一计划和因地制宜的原则,根据勤俭办社的原则,实行工业和农业同时并举,自给性生产和商品性生产同时并举。无论在哪一方面的生产中和基本建设中,都必须厉行节约,精打细算,尽可能合理地利用人力、物力和财力,降低成本,节减开支,增加收入,防止和反对有些公社工作人员因为丰收而发生铺张浪费的现象。

在农业生产方面,应当逐步改变浅耕粗作、广种薄收为深耕细作、少种多收,实现耕作园田化和生产过程机械化、电气化,大大提高单位面积产量,提高劳动生产率,逐步缩减耕地面积和在农业方面所使用的劳动力。应当争取在一个较短的时期内,做到每年全国产粮平均每口人能有两千斤至三千斤,即一吨至一吨半。随着粮食问题的解决,应当逐步提高棉、麻、蚕丝、大豆、油料、糖料、茶叶、烟叶、药材等工业原料作物在全部农业生产当中所占的比重,并且极大地注意加速林业、畜牧业、副业和渔业的发展。总之,如像在工业战线一样,一定要在农林牧副渔五业中来一个全线大革命,彻底改变整个农业战线的面貌。

过去人们经常忧愁我们的人口多,耕地少。但是一九五八年农业大丰产的事实,把这种论断推翻了。只要认真推广深耕细作、分层施肥、合理密植而获得极其大量的高额丰产的经验,耕地就不是少了,而是多了,人口就不是多了,而是感到劳动力不足了。这将是一个极大的变化。应当争取在若干年内,根据地方条件,把现有种农作物的耕地面积逐步缩减到三分之一左右,而以其余的一部分土地实行轮休,种牧草、肥田草,另一部分土地植树造林,挖湖蓄水,在平地、山上和水面都可以大种万紫千红的观赏植物,实行大地园林化。这样做,一可在农田上大大省水,省肥,省人力,而且将大大增加土壤的肥力;二可大兴山水草木之利,大大发展农林牧副渔的综合经营;三可改造自然环境,美化全中国。这是一个可以实现的伟大理想,全国农村中的人民公社都应当为此而努力。

人民公社必须大办工业。公社工业的发展不但将加快国家工业化的进程,而且将在农村中促进全民所有制的实现,缩小城市和乡村的差别。应当根据各个人民公社的不同条件,逐步把一个适当数量的劳动力从农业方面转移到工业方面,有计划地发展肥料、农药、农具和农业机械、建筑材料、农产品加工和综合利用、制糖、纺织、造纸以及采矿、冶金、电力等轻重工业生产。人民公社的工业生产,必须同农业生产密切结合,首先为发展农业和实现农业机械化、电气化服务,同时为满足社员日常生活需要服务,又要为国家的大工业和社会主义的市场服务。必须充分注意因地制宜、就地取材的原则,不要办那些本地没有原材料、要到很远很远的地方去取原材料的工业,以免增加成本,浪费劳动力。在生产技术方面,应当实行手工业和机器工业相结合、土法生产和洋法生产相结合的原则。凡是原来有基础而又有发展前途的手工业,一定要继续发展,并且逐步进行必要的技术改革。机器工业也必须充分利用土钢铁、土机床和其他各种土原料、土设备、土办法,逐步由土到洋,由小到大,由低到高。

人民公社无论在工业方面和农业方面,既要发展直接满足本社需要的自给性生产,又必须尽可能广泛地发展商品性生产。各个公社应当根据自己的特点,在国家领导下,同别的公社和国营企业实行必要的生产分工和商品交换。只有这样,整个社会经济才能够以较快的速度向前发展,而各个公社也才能够换回必要的机器和设备,实现农业机械化、电气化,也才能够换回所需要的消费物资和现金,以便供应社员和发放工资,并使工资逐步增长。为了保证交换计划的实现,要在国家和公社之间、公社和公社之间,广泛地实行合同制度。

应当着重指出:在今后一个必要的历史时期内,人民公社的商品生产,以及国家和公社、公社和公社之间的商品交换,必须有一个很大的发展。这种商品生产和商品交换不同于资本主义的商品生产和商品交换,因为它们是在社会主义公有制的基础上有计划地进行的,而不是在资本主义私有制的基础上无政府状态地进行的。继续发展商品生产和继续保持按劳分配的原则,对于发展社会主义经济是两个重大的原则问题,必须在全党统一认识。有些人在企图过早地"进入共产主义"的同时,企图过早地取消商品生产和商品交换,过早地否定商品、价值、货币、价格的积极作用,这种想法是对于发展社会主义建设不利的,因而是不正确的。

四

农村的人民公社应当在勤俭办社的原则下,正确地分配自己的收入。为了迅速地发展生产,在从总收入扣除生产费用、管理费用和缴纳税款以后,应当适当地提高积累的比例。但是在生产发展的基础上,同时应当使收入中用于社员个人消费和集体消费的部分(包括用于公共福利、文化教育等事业的部分)逐年有所增加,使人民的生活逐年有所改善。

在分配给社员个人消费的部分,实行工资制和供给制相结合的分配制度,这是我国人民公社在社会主义分配方式上的一个创举,是目前广大社员群众的迫切要求。如前面所说,这种分配制度,具有共产主义的萌芽,但是它的基本性质仍然是社会主义的,各尽所能,按劳分配。在分配给社员的总额当中,工资部分和供给部分各占多少,要看各个公社生产发展的不同情况来决定。目前在确定工资和供给的比例的时候,要注意尽量不使劳力强而人口少的户减少收入;一般地要使百分之九十以上的社员收入比上年有所增加,其余社员的收入比上年也不致减少。

供给范围目前不宜过宽。实行供给制并不是使人们的生活清一色。在社会主义和共产主义制度下,人们的需要总是大体相同而又各有不同的。因此,无论在目前和将来,在供给的范围内,必须注意尽可能使社员有适当选择的自由。

随着生产的发展,工资必须逐步增长。除供给部分外,目前农村中的工资等级一般可以分为六级至八级。最高工资可以等于最低工资的四倍,或者倍数更多一点,但是不要过于悬殊,因为那样就不符合目前农村劳动熟练程度高低差别的实际情况。各个地区的工资水平也允许有相当的差别。目前城市中工资的差额要比农村大一些,这是必要的。到了将来,由于生产有了极大的高涨,所有一切人都富裕起来,无论在城市或者农村,这种工资等级的差别就会显得没有必要,而逐步趋于消失,那就是接近共产主义的时代了。

城市的工资水平一般比农村为高,这有多方面的原因(包括城市中的生活费用较高这样一个原因),而且也是一种暂时现象,应当向农民讲清楚。农村中有些社员除自己劳动外,家中还有外出人员(例如某些工人、军人、干部、华侨等)由城市或其他地方寄钱回来,对于这种情形,应当教育其他社员不必斤斤计较。公社在分配的时候,无论供给部分和工资部分,对于这样的社员都应当一视同仁,也不要勉强他们向公社投资,或者捐献。如果他们依靠外出人员维持全部生活,公社也不应当加以干涉,但是可以不另行供给。对于外出上学的学生,除由国家供给或者自己可以供给者外,他们的需要应当由县联社按照学校规定的费用标准,统一负责解决。

社会主义事业愈是向前发展,社会产品愈是丰富,分配给个人所有的生活资料也必然愈是丰富。有些人以为公社化要把个人现有的消费财产拿来重分,这是一种误解。应当向群众宣布:社员个人所有的生活资料(包括房屋、衣被、家具等)和在银行、信用社的存款,在公社化以后,仍然归社员所有,而且永远归社员所有。社员多余的房屋,公社在必要时可以征得社员同意借用,但是所有权仍归原主。社员可以保留宅旁的零星树木、小农具、小工具、小家畜和家禽等;也可以在不妨碍参加集体劳动的条件下,继续经营一些家庭小副业。

人民公社成立以前遗留下来的债务,不论是个人相互间的债务,公社和社员相互间的债务,或者社员欠银行、信用社的贷款,一律不要宣布废除。对于这些债务,凡有条件偿还的应当照旧偿还,没有条件偿还的暂时保留。

五

人民公社是人民的生产和生活的组织者,而发展生产的根本目的是最大限度地满足全体社会成员经常增长的物质和文化生活的需要。党在领导公社工作的时候,必须注意全面地抓思想、抓生产、抓生活。必须关心人,纠正那种见物不见人的倾向。群众的干劲越大,党越要关心群众生活。党越是关心群众生活,群众的干劲也会越大。把生产和生活对立起来,认为重视群众生活就会妨害生产的观点,是错误的。当然,离开提高觉悟和发展生产,片面地或者过分地强调改善生活,而不提倡为长远利益而艰苦奋斗,也是错误的。

　　共产主义者从来都认为,在共产主义社会中,劳动将"从沉重的负担变成愉快",成为"生活的第一需要"。将来每天劳动的时间无疑将大大缩短。随着机械化、电气化的发展,我们必须争取在今后若干年内开始实现每天劳动六小时的制度。我们目前的紧张劳动,也正是为将来的每天六小时劳动以至更短时间的劳动创造条件。在目前时期,不但在城市中,而且在农村中,应当实行平时实际工作八小时、学习二小时的制度。农忙或者农村其他工作特别忙的时候,工作时间可以适当延长一些。但是无论如何,必须保证每天睡眠八小时,吃饭、休息四小时,共十二小时,这个时间一定不可少。目前劳动力紧张,这是事实,但是要着重在搞好工具改革方面和改善劳动组织方面找出路,而不要指望在延长劳动时间方面找出路。必须着重注意安全生产,尽可能改善劳动条件,力求减少和避免工伤事故。一定要保证妇女在产前产后的充分的休息,在月经期内也一定要让妇女得到必要的休息,不做重活、不下冷水、不熬夜。

　　要办好公共食堂。要保证所有的社员吃得饱、吃得好、吃得干净卫生,并且适合民族习惯和地方习惯。公共食堂要有饭厅,要经营好菜园、豆腐坊、粉坊、酱园,要养猪羊、养鸡鸭、养鱼等。饭菜要多样化,要有味道。要同营养学家商量,使食品当中包含有生理上必需的含热量和营养成分。对老人、小孩、病人、孕产妇和哺乳的母亲,在伙食上要给以必要和可能的照顾,并且可以允许某些社员在家做饭吃。公共食堂要实行管理民主化。食堂的管理人员和炊事员要选择政治上可靠的人员担任,最好经过民主选举。

　　要办好托儿所和幼儿园,使每一个孩子比在家里生活得好、教育得好,使孩子们愿意留在那里,父母也愿意把孩子放在那里。父母可以决定孩子是否需要寄宿,并且可以随时把孩子领回。为了办好托儿所和幼儿园,公社必须大量培养托儿所和幼儿园的合格的保育员和教师。

　　要办好敬老院,为那些无子女依靠的老年人("五保户")提供一个较好的生活场所。

　　公社还必须负责办好小学、中学和成人教育。要在全国农村中普及小学教育,办好全日制的中学和半日制的农业中学,或者其他中等职业学校,逐步做到普及中等教育。在成人中要认真地扫除文盲,组织各种业余学校,进行政治、文化和技术教育。在劳动人民中间实行普及教育,并且逐步提高教育水平,这是缩小体力劳动和脑力劳动的差别的一个重大步骤,必须认真进行。此外,各公社还必须选送一部分青年去报考城市中的高级中学、中等专业学校和高等学校,以便为国家和公社培养有较高文化水平的工作人员。无论哪一种学校,都必须贯彻执行教育同生产劳动相结合的原则。九岁以上的儿童可以适当地参加一些劳动,以便自幼养成劳动习惯,促进身心发育;但是必须充分照顾到儿童的健康,分配以适合儿童体力和兴趣的轻微的、短时间的劳动。

要加强公共食堂、托儿所、幼儿园、敬老院、小学校、卫生院、俱乐部、商店等方面工作人员的思想政治工作,并且积极指导社会舆论,使整个社会和整个公社把办好公共食堂、托儿所、幼儿园和其他集体生活福利事业,作好服务性工作,看成是为人民服务的一种崇高的工作。要批判和纠正那种轻视群众生活福利工作、轻视服务性劳动的剥削阶级观点。

要逐步改造现有的旧式房屋,分期分批地建设新型的园林化的乡镇和村的居民点,包括住宅、公共食堂、托儿所、幼儿园、敬老院、工厂、禾场、畜舍、商店、邮电所、仓库、学校、医院、俱乐部、电影院、体育场、浴室、厕所等。乡镇和村居民点住宅的建设规划,要经过群众的充分讨论。我们主张废除历史上遗留下来的不合理的家长制,发展民主团结的家庭生活。这种主张得到群众的热烈欢迎。因此,在住宅建筑方面,必须注意使房屋适宜于每个家庭的男女老幼的团聚。

现在世界上有一大堆蠢人,下死劲攻击我们的人民公社,其中就有美国的杜勒斯先生。这个杜勒斯,对于我国的事情,啥也不懂,却要装作一个中国通,疯狂地反对人民公社。特别使他伤心的是,据说,我们破坏了几千年传下来的好得不得了的家庭制度。不错,中国人民破坏了一个封建的家长制。须知这种家长制在资本主义社会中一般早已没有了,这是资本主义的一个进步。我们却更进一步,建立了民主团结的家庭,这在资本主义社会一般也是少有的。只有在将来,在那里实现了社会主义革命,消灭了人剥削人的资本主义制度以后,这样的家庭才有可能普遍出现。至于托儿所、幼儿园、工厂里的工人食堂,也是资本主义社会先有。不过，在那里，凡是由资产阶级举办的这类事业，都是资本主义性质的，目的在于便利资本家剥削男女劳动者。而我们所举办的这类事业，则是社会主义性质的，便利于社会主义事业的发展，便利于人类个性的解放，真正彻底地解放了妇女群众，并使儿童教养得更好些，因而得到全体劳动人民，首先是妇女群众的热烈欢迎。

六

人民公社的组织原则是民主集中制。无论在生产管理方面，在收入分配方面，在社员生活福利工作方面，以及一切其他工作方面，都必须贯彻执行这个原则。

人民公社应当实行统一领导、分级管理的制度。公社的管理机构，一般可以分为公社管理委员会、管理区（或生产大队）、生产队三级。管理区（或生产大队）一般是分片管理工农商学兵、进行经济核算的单位，盈亏由公社统一负责。生产队是组织劳动的基本单位。在公社管理委员会的统一领导下，应当使管理区（或生产大队）和生产队在组织生产和基本建设、管理财务、管理生活福利事业等方面，有必要的权力，以利于发挥他们的积极性。

县联社和人民公社的各级组织，都必须学会在生产各部门（农业部门、工业部门、运输部门）之间，在经常性生产任务、突击性生产任务、服务性任务之间，合理地分配和调度劳动力，避免这里有事无人做、那里有人无事做的现象。必须不断地改进劳动组织工作，在生产任务和其他任务中继续执行和巩固分层包干的责任制，健全劳动检查和评奖的制度，切实保证提高劳动效率和工作质量。

人民公社的劳动组织中必须既有纪律，又有民主。所谓组织军事化，也就是组织工厂化，就是说公社的劳动组织应当像工厂、像军队那样地有组织有纪律，这是大规模的农业生产所必需的。大规模的农业生产队伍同大规模的工业生产队伍一样，是一支产业军。近代的产业军，是资产阶级组织的，一个工厂就等于一个军营。工人站在机器面前，其纪律之严，不下于军队。社会主义社会的工业产业军,是工人阶级一个阶级的产业军,去掉了剥削剩余价值的资本家,在工人阶级内部实行了生动活泼的自觉自愿的民主集中制。我们现在把这个制度应用于农村,这样就建立了没有地主富农剥削、也脱离了小生产状态的社会主义的民主集中制的农业产业军。

在人民公社的各级生产组织中,应当相应地建立民兵组织。民兵组织和生产组织的领导机构应当是两套,各级民兵组织的指挥员,即团长、营长、连长等,原则上不由公社的主任、管理区主任(大队长)、队长等兼任。这些指挥员应当参加公社的同级管理机构作为成员之一,受同级管理机构和上级民兵指挥机关的双重领导。民兵组织应当根据需要配备武器,武器由地方自办兵工厂生产。基干民兵要按照规定的时间进行军事训练,普通民兵也要在劳动间隙进行适当的训练,以便为实行全民皆兵准备条件。我国的广大劳动人民对于民兵制度是喜闻乐见的,其所以如此,因为他们在长期反对帝国主义、封建主义的革命斗争中,认识到只有把自己武装起来,才能战胜武装的反革命,才能成为中国这块天地的主人;而在革命胜利之后,他们又看到,国外还有天天声言要灭掉这个人民国家的帝国主义强盗们存在;因此,全体人民决心继续把自己武装起来,并且声言:一心想要抢劫我们的强盗们,你们小心一点儿吧,不要妄想来碰我们这些从事和平劳动的人们,我们是准备好了的。帝国主义如果竟敢发动对我国的侵略战争,那时我们就将实现全民皆兵,民兵就将配合人民解放军,并且随时补充人民解放军,彻底打败侵略者。

人民公社的一切组织,包括民兵的组织在内,都应当既有集中,又有民主。公社不但要组织人民的生产,而且要组织人民的生活。为了把工作做好,一定要实行高度的民主,一定要有事同群众商量,忠实地代表群众的利益,反映群众的意志。因此,公社必须在实行"组织军事化、行动战斗化、生活集体化"的同时,充分地实行管理民主化。决不允许借口组织军事化,或者利用对付敌人的民兵制度,而使公社和民兵组织的民主生活受到丝毫的削弱。公社是我国基层政权的组织,只有充分保证公社的民主化,才能在全国范围内造成又有集中又有民主,又有纪律又有自由,又有统一意志又有个人心情舒畅、生动活泼的那样一种政治局面。

七

办好人民公社的根本问题是加强党的领导。只有加强党的领导，才能实行政治挂帅，才能在干部和社员中深入地进行社会主义、共产主义的思想教育和反对各种错误倾向的斗争，才能正确地执行党的路线和政策。某些人认为有了公社就可以不要党，就可以实行所谓"党社合一"，这种想法是错误的。

党在人民公社的工作中，除了必须保证执行正确的路线和政策以外，还必须注意教育公社的工作人员发扬优良的作风，首先是群众路线的作风和实事求是的作风。

经过一九五七年至一九五八年的整风运动，党的群众路线已经获得了新的伟大的胜利。社会主义建设的大跃进和农村人民公社的普遍建立，就是这一胜利的两个标志。党的群众路线的工作方法是人民公社的生命；没有群众路线，没有群众对党和人民政府的充分信任，没有群众的革命积极性的高涨，人民公社的建立和巩固是不可能的。因此，公社的各级领导工作人员，在任何工作中，都必须彻底执行群众路线。必须把自己看成是一个普通的劳动者，对于社员群众采取同志式的态度。严格禁止用那种压服群众的国民党作风、资产阶级作风来对待群众。由于生产的大跃进，由于公社化的胜利，某些干部开始冲昏头脑，对人民群众不愿意耐心地进行说服教育工作，而表现某种粗暴态度。这种现象虽然只是个别的，但是必须引起严重的警惕。

党在任何工作中必须坚持革命热情和科学精神相结合的原则。一九五八年的大跃进创造了我国社会主义建设事业的空前胜利，现在甚至我们的敌人也无法否认这个胜利的意义了。但是我们决不能因为有了大的成绩就忽视小的缺点。相反，成绩愈大，我们愈需要提醒干部保持冷静的头脑，不要在一片胜利声中变得飘飘然起来，以至看不到，甚至不愿意看到，自己工作中的缺点。目前社会主义建设工作中值得注意的一种倾向是浮夸。这是同我们党的实事求是的作风不相容的，是对我们的社会主义建设事业的发展不利的。我们的经济工作必须愈做愈细致，我们的各级领导工作人员必须善于区别事物的真象和假象,区别有根据的要求和没有根据的要求,对情况的判断必须力求接近客观实际。只有这样,我们才能在确实可靠的基础上制定和实现我们的计划。

八

为了促进人民公社的巩固,为了保证一九五九年工业和农业生产的更大跃进,各省、市、自治区党委应当根据本决议所提出的各项要求,抓紧一九五八年十二月至一九五九年四月的五个月时间,紧密结合冬季和春季的生产任务,对本地区人民公社进行一次教育、整顿和巩固的工作,即整社的工作。

在进行整社的时候,首先要求领导干部认真地进行自我批评,虚心地听取群众的意见,在这个基础上,放手发动群众大鸣大放大辩论,贴大字报,表扬好人好事,批判坏思想坏作风,总结经验,明确方向,开展一个深入的社会主义、共产主义思想教育运动。在进行整社的时候,要对公社的生产规划、分配状况、生活福利、经营管理、财务工作、组织领导,做一次全面的深入的检查。同时,要切实整顿党的组织和公社的组织,保证党和公社的各级领导成员必须是忠实于人民利益和共产主义事业的积极分子,并且吸收在大跃进运动和公社化运动中受过考验、合乎党员标准的优秀分子入党。

对于党员、干部作风中的问题,要经过党的教育和群众鸣放加以处理。在处理的时候,要注意保护干部和群众的积极性,要根据"团结——批评——团结"的原则和"惩前毖后,治病救人"的方针,对于犯了错误而又愿意改正错误的人批判从严,处理从宽。对于混入公社领导机构的阶级异己分子,和极少数作风恶劣、屡教不改的分子,应当发动群众把他们从领导机构里清除出去。

复杂的阶级斗争,不但在国外,在资本主义世界,严重地存在着;就是在国内,也还是存在着。要教育群众提高革命警惕性,严防敌人的破坏活动。公社中过去的地主分子、富农分子、反革命分子和其他被剥夺了政治权利的人,是否可以作社员,或者作非正式社员,或者仍然由公社监督劳动,都应当在整社的过程中,由群众根据他们的表现,分别地加以讨论和做出决定。

　　整社工作,在每个县的范围内,要首先做好一个或者两个试点,即在一个或者两个人民公社内,帮助那里的同志们,在一个较短的时间内,做好那里的工作,取得经验,作为榜样,然后全面推广。各省、市、自治区,都要组织千人、几千人或者万人左右的检查团,由省、地、县三级党委的第一书记挂帅,领导整社工作。检查团要在专区和专区之间、县和县之间、公社和公社之间,开展参观评比,召集现场会议,发扬成绩,克服缺点,鼓干劲,想办法,具体地解决当前的问题,及时地推广成功的经验。总之,必须通过这一次整顿,使全国的人民公社的工作普遍地提高一步。

一九五八年十二月十九日

在中国人民政治协商会议第三届
全国委员会第一次会议上的发言

不能让旧习气窒息新生机

——沈肇年委员谈民主人士的自我改造

（一九五九年四月二十七日）

主席,各位委员:

在本会第三届第一次会议上,听了李维汉副主席所作的第二届全国委员会常务委员会工作报告,李富春副总理所作的一九五九年度国民经济计划草案的报告,李先念副总理所作的一九五八年国家决算和一九五九年国家预算草案的报告,我极端赞成。又列席第二届全国人民代表大会第一次会议,听了周总理所作的政府工作报告,我是极其欢欣鼓舞,并竭诚拥护。

我是民革成员,也是一个资产阶级知识分子。我曾参加湖北省厅局长以上民主人士鼓足干劲、力争上游、加速自我根本改造的集体规划,并订立了个人自我改造规划,向党交心,进行自我改造,坚决依照毛主席指示的六项政治标准,在接触事物上,随时检查自己,展开批评,在工作岗位上,力求又红又专,争取为人民多做一点事情。但是,我在旧社会里习染太深,本来资本主义与社会主义两条道路,摆在面前,孰是孰非,不难明辨,而我竟有时是非混淆,敌我不分,对于社会主义的立场观点往往模糊不清,这就是资产阶级思想残余在作祟,如不切切实实、以脱胎换骨的精神彻底改造自己,就不免为陈腐习气窒息新的生机。所谓兴无灭资,才是根本改造的关键,应当就此迈步前进。至于改造时间的长短和步骤,我初以为思想与立场可以分两步,先把立场改造稳定,然后改造思想。经过两次检查以来,才深深感到立场与思想是分不开的,思想改造是复杂、艰巨、反复和长期的,而立场又须从思想上表现,当然立场与思想都要一同改造。因此，我的自我改造规划，先是定两年成为坚定的左派，现在则改为五年了。在这五年中，我要特加努力，认真学习，以期提早脱离中间状态。

以下谈谈关于视察人民公社的收获。人民公社是我国社会主义社会最进步的基层单位，它是工农商学兵相结合和政社合一的社会组织，也是由社会主义将来过渡到共产主义的最好的形式。所以公社化运动开始后不到一年的时间，参加公社的农户就达到全国农户总数的百分之九十九以上，其优越性实在是无可形容和比拟的，现在各种生产进度都是一日千里，但最感不够的是劳动力，除农村妇女业已参加农业生产外，而城市人民公社因为一般不忙大量兴办，所以有些城市妇女还束缚在家庭琐事之中，她们的劳动力尚未得到解放。我此次参观了武汉市的东方红、先锋、时进等三个人民公社，受到了极大的鼓舞，关于这些公社的生产和组织情况，已有其他视察同志报告，我不再赘述，我所要说的就是公社兴办了一些中小型工厂，参加劳动的妇女占多数，都是欢欣活泼，尤其是妇女领工，井井有条，如纱包线厂利用废件制造的成品，为其他各厂户所乐用。又如铁器工厂中有许多盲哑人参加生产，操作自然，或捶铁或拉风箱，都不感到有何不便。武汉市已办起九个人民公社，凡在公社范围内可能参加工作的，都获得了工作的岗位，至于老弱废疾者，或在敬老院，或在幼儿园，或在托儿所，或有可以工作的，都分配了轻便的工作，尤其是民政局所办之幸福院，设备整齐，老弱残废以及精神病人，都各有安顿，这是多年所难得解决的事，现在都解决了。真正做到了"老有所终，幼有所长，孤独废疾者皆有所养"。

最后再介绍一下关于纂修湖北省方志的进展情况。我是在湖北省文史研究馆工作，主要工作是参加方志委员会纂修各县、市的简志。自从接到国务院指示和获得董必武先生的指导以后，湖北省人民委员会便于一九五七年指定孟夫唐副省长主持组设方志纂修委员会，开始纂修县、市简志。先是分采访编纂两组进行，随工作逐渐展开，采访编纂相继扩展而各分三组。采访三组分赴各县市依照所订细目，实地采访，所得资料陆续寄省，分核编纂，审印成书。截至现在止，计采访了二十九个县、市的资料。这些资料已编印成书的有咸宁、浠水、黄梅三县；已付印尚未出书的有广济、应城、孝感、汉川、鄂城、蕲春、英山、罗田八县;正在审核整理的有麻城、大悟、云梦、红安、黄岗、新洲、黄石市七个县、市;正在编纂待审的有阳新、襄阳、襄樊市、安陆、天门、蒲圻、应山七个县、市;正取得资料尚待审编的有江陵、沙市、京山、大冶四个县、市;此外尚有沔阳、监利、宜昌和宜昌市等四个县、市,正在进行采访。石首县现在是自采自编自出版的办法,纂修委员会的同志们看到这个办法后,也准备间或采取就地边采边编的办法,沔阳县已经确定采取石首的办法,并由省方志纂修委员会派编纂二人协助。监利、宜昌因省无人加派,正在磋商中。编纂各县、市简志,在现阶段的办理情形,大致如是。

在这一工作开始时,各省文史工作方面有许多负责同志函询有关编纂方志的办法,当时以事属创始,未有规划介绍,深为抱歉。现在社会主义各项建设,均在大大跃进,新的事物日有增加,我们为了适应人民的参考需要,也不能不跟随跃进,所有各项事物的叙述,都是就各个县、市本身采得资料为主,如某某县、市资料系上年某月某日采得的,其所写事物,即截至上年某月某日为止,某某县、市资料系今年某月某日采得的,其所写事物,即截至今年某月某日为止(例如麻城县的稻谷亩产高额数字,系在采访资料以前,所以能够写入简志;应城县的稻谷亩产高额数字系在采访资料以后,即未能叙入)。在往日纂修史乘,所谓"断代"的办法,就不适用了。

以上所述各点,是否适当,均请指示。

在中国人民政治协商会议第三届
全国委员会第一次会议上的发言

怎样发展人民公社的工业

——陶述曾委员的发言

（一九五九年四月三十日）

主席团,各位委员:

我完全同意李维汉副主席所作的政治协商会议第二届全国委员会常务委员会工作报告,周恩来总理所作的政府工作报告,李富春副总理和李先念副总理所作的报告,并保证为实现一九五九年经济战线和文化、教育战线上的任务尽到一切力量。

我现在仅就关于发展人民公社工业的若干问题提出个人不成熟的意见。

在建设社会主义总路线的鼓舞下,按照两条腿走路的方针,人民公社将大办工业,并且已经在大办工业。人民公社已经举办的工业中不仅有农产品加工和直接为农业服务的工业,也有钢铁、煤炭、有色金属等重工业。在大中小型企业同时并举的情况下,很自然地就会产生这样的问题:哪些工业适于人民公社经营? 哪些工业适于以过去高级农业生产合作社为基础的生产队经营? 过去湖北恩施专区曾经发生过合作社与县争开煤矿,争购造纸原料的事情。当时农业合作社以农业生产为主,办工业的很少,这类矛盾不多,也很容易解决。人民公社化后,许多国营企业下放到公社,国营与民营之间不致再发生矛盾。但人民公社的力量毕竟有限,什么样的工业可以下放,什么样的工业不宜下放,也还是应该解决的问题。至于公社与生产队之间,如果经营范围不清,就难免发生矛盾。虽然无论社营队营都是集体所有,矛盾仍然容易解决,但由矛盾发生到矛盾解决的过程中,生产总会受到一定影响。

我认为工业生产范围的划分应从三方面来考虑：

第一，按工业种类划分。凡是适宜于分散经营的工业应由人民公社经营；适宜于集中大规模经营的工业应由国营。一般说来，大规模工厂生产成本较低。但把原料集中和成品分散的运输费用加在成本一起计算，就可以看出并不是所有的工业都适宜于大规模集中经营。例如榨油工业就是适宜于分散经营的工业。农民需要食用植物油，更需要植物油饼作肥料和饲料。榨油工业分散由人民公社经营，可以大量节省运输力，降低饼肥成本。榨油工业生产也和其它农产品加工工业一样，可以利用农闲进行，平衡农业生产的劳动力。农、林、畜、渔、土特产品加工工业大部分是适于分散经营的，由人民公社经营更为有利。棉、麻、蚕丝等纺织工业，原料和成品的价格较高，生产又不受季节限制，宜于集中经营。

第二，同一种工业按资源蕴藏量的大小划分。地面资源和地下资源在一个地区蕴藏量大的宜于国营，蕴藏量小的宜由人民公社经营。例如大片煤田如果由许多社队分途开采，将会造成多数集水废井，容易发生穿水事故，且会使大量的煤采不出来。小矿床如果由国营，管理很不方便。大片煤田由国家经营可以在基本建设上投较多的资金，降低生产成本。小块矿床由公社经营可以就便管理。森林工业也可以按林区大小分由国营或社营。

第三，同一项工业，按工序分工。凡原料笨重，产地分散而又适于集中制造的工业，可以由公社或生产队办小型工厂，集中小范围内的原料制成半成品。再把半成品集中到国营工厂制成成品。例如鄂西山区所产的树皮是造高级纸张的原料。树是分散生长在水边、田边、屋边、路边的。皮集中费工而价格又很低，农民为争取较大的收入，不肯出卖原料，要造成皮纸才出卖。用高级纤维制成低级纸，确是一种浪费。如果让公社的生产队把皮制成粗纸浆。再集中到国营纸厂精制成高级纸，农民因为得到较大的收入而愿意干，原料也不至于被糟蹋了。湖北均县的龙须草运到汉口造纸，长江中下游的芦苇运到天津造纸，每年在运输上损失的车船吨位是一个可观的数目，纸的成本也因此加高不少。如果就地制成纸浆再起运，这些损失就能避免了。制糖工业也可以在甘蔗或糖萝卜产地制成粗糖再集中精制，不仅节省运力，也能避免大量的原料损失。

城市人民公社化在不久的将来可能实现。城市人民公社生产自然是以工业为主。手工业和半手工业宜由公社经营。用小型机械工具生产的工业如机械的小零件和配件制造，一般性的仪表制造等。

人民公社直接经营的工业和生产队经营的工业明确划分范围，是目前亟须注意的问题。依靠人民公社发展小型工业，主要是依靠生产队的力量和积极性。因而小型工业应以生产队经营为主。这样才能够充分发挥农村人力、物力的潜力。社营与队营工业范围的划分要以资源分布、交通情况、人力物力的大小、主业与副业的配合为依据。公社可以划出一部分社员专搞工业，从事长年性的工业生产。生产队以工业为副业，从事季节性的工业生产。农、林、牧、副、渔各业中有许多产品是需要就地即时加工的。例如鱼类必须趁新鲜加工，沿江滨湖的渔村中和出海的渔船上都应设小型加工厂进行加工。这类小型工厂将是长期存在的。山区居民点分散，也将有这类长期存在的小型工厂。

上述目前宜于分散经营，宜于人民公社经营的工业并不都是绝对永远要分散经营的。例如榨油工业，一般说来宜于分散经营，但在平原河网区域，油料作物生产面积集中，航运非常便利，国家也可以在适当地点设立大规模的榨油厂。这种大厂生产成本低，产品质量高，适合于对外贸易商品的生产。随着农作物综合利用工业的发展，植物油饼由低价格的肥料变成了多种高价格化学工业产品的原料，那时榨油工业将成为一种综合性的工业，适合于大规模集中经营了。

对于县、人民公社和生产队经营工业的具体安排要以资源分布为基础，结合人口分布、政治区划、交通运输等条件全面考虑。从远处运原料、燃料来办工业，或动员大量人力到远处去就原料办工业，从发展经济观点上看都是不利的。

目前人民公社大办工业，困难不在于人力和财力而在于技术的落后。农民办工业的经验不多，他们迫切需要能够马上实践的技术指导。各业务部门、研究机构、科学技术协会在工业生产技术指导方面做了不少的工作，对小型工业生产的发展起了一定的作用。但还远远赶不上客观形势的要求。我认为今后对小型工业建设和生产宜把研究和指导结合起来。技术专家和熟练工人组织研究指导小组，下到公社去，在公社党委的领导下与参加工业的社员共同研究,解决基本建设和生产中发生的技术问题。群众智慧、科学理论、操作技能三者结合,手、脑、口三者并用,通过实践、总结、再实践、再总结的过程得出来的总结才是既符合科学理论、又便于群众实践的技术文件。土法生产决不是所谓洋法生产的简易化。土法生产中有许多特殊问题不是洋法生产中所遇得到的,因而也就不是熟悉洋法生产的专家所能轻易解决的。解决这类问题需要科学理论根据,也可能使某些科学理论得到发展。认为土法生产的科学性、技术性不高是片面的认识。

二万六千多个人民公社普遍大办工业,要使技术指导跟上去,在科学技术普及和提高工作上就需要两条腿走路。除政府工业部门、科学研究部门担负起这个任务外,拥有六百万会员的科学技术协会必须在党的领导下配合业务部门完成这个伟大任务。科协领导下专门学会必须鼓足干劲,风起云涌地活跃起来。在去年大跃进的后期有些地方的专门学会活动是例外,它们不仅没有跃进,相反地还停顿了。专门学会会员忙于岗位工作是部分学会活动停顿的原因之一,但主要原因还是对于技术革命运动也需要两条腿走路这一点认识不足,没有很好地负担起群众科技组织应负的责任。

把公社经营工业、生产队经营工业的范围划清楚,技术指导跟上去,技术革命运动开展起来,民营工业的发展势将与农业发展并驾齐驱。民营工业的高速度发展,不仅将大大提高我们国家工业化的速度,也将大大提高我国科学文化发展的速度。

最后,我提出一个建议。干部每年以一个月时间下乡、下厂参加生产已经成为国家的制度。我建议本会科技界委员们今年争取早下公社参加生产,在公社党委领导下,从生产劳动中挤出时间来研究生产中的技术问题,每人把研究成果写出一本书来。

以生产为中心把街道居民组织起来

——彭冲代表的发言

（一九六〇年四月五日）

主席、各位代表：

我完全同意李富春、李先念两位副总理所作的报告，并根据报告中所提的任务坚决贯彻执行。现在，我就南京市以发展生产为中心，把城市街道居民全面地组织起来的问题，发表一点意见。

一支新兴的社会生产力量出现了

大跃进以来，在党的社会主义建设总路线的光辉照耀下，南京全民办工业的群众运动风起云涌，街道工业已经成为一种新兴的社会生产力量。它像满天星斗一样，光彩夺目，使整个工业生产如虎添翼，力量倍增。目前，全市街道生产事业已有四千多个单位，其中街道工厂一千七百四十五个，居民生产组二千一百四十八个，交通运输队一百二十二个，建筑队一百一十八个，参加生产的居民达十三万多人。街道工业有化工、电讯仪表、五金机械、金属冶炼、建筑材料、玻璃仪器、木器家具、印刷装订、纺织、缝纫、食品加工等十多个行业。产品有一千多种，包括变压器、电动机、拉丝机、盐酸、烧碱、电解铜、医疗灯泡及高频瓷、扬声器等无线电仪表元件，其中有些产品的质量已经达到国内先进水平。今年1、2月份，全市街道工业的产值和加工费共为二亿一千三百万元，比去年同期增长十二倍。解放前，南京是一个典型的消费城市，1949年全市全年工业总产值只有五千多万元。而现在呢？仅仅街道工业，两个月的产值和加工费,就相等于1949年全市全年工业总产值的四倍。这是多么巨大的翻天覆地的变化。

街道工业的发展,带动了街道集体福利和服务事业的全面大发展,目前,全市共有街道公共食堂一千七百七十所,民办托儿所、幼儿园二千一百二十八所,敬老院十九所,服务站九百二十六个,有洗衣、缝纫、理发、护理病人、做饭、写信、代办储蓄、收购废品和代销一部分商品等成百个服务项目。还有不少街道建立了医院(医疗所)、综合商店、俱乐部、浴室、阅览室。这些事业的发展,都为街道居民参加生产提供了极为有利的条件,直接帮助了街道生产事业的不断发展。

街道工业是总路线和大跃进的产物。它和任何新生事物一样,一经出现,就日益显示出强大的生命力。一年多来,街道工业在为大工业、为城乡人民生活、为农业、为出口服务方面发挥了很大的作用。全市很多街道工厂,都和大工厂建立了比较固定的加工关系,由大工厂供给原材料或利用大厂的边材废料,生产各种零件、部件以至成套的机器。例如,畅销国内外市场的熊猫牌收音机,就有好些零件、部件是由街道工厂制造、加工的。去年,全市街道冶炼工厂,从大厂垃圾中提炼出来的铜、铅、铝、锡等金属就有三千多吨。街道工业为大工业制造零件和部件,就使大厂能够腾出手来生产更多的高级、精密、尖端产品,并且为大厂培养了技术后备力量,有力地支援了大工业生产;而大型企业对街道工业在技术、设备、原料、材料上的支援,也是街道工业不断发展的重要条件。这样互相支援,互相协作,可以各得其所,共同跃进。1959年,全市生产的小五金、小百货,有60%以上是街道工业生产的。街道办的建筑队,也担负着全市民房修缮、改建家园的繁重任务。

现在,全市街道居民已经有90%以上参加了各种生产和社会服务劳动,其中绝大部分是家庭妇女。她们从家务劳动中解放出来,走上了生产岗位,成为街道生产、服务事业中的主力军。几千年来,广大妇女要求在政治上、经济上获得彻底解放的愿望,已经在中国共产党和毛主席的领导下实现了。她们心花怒放地歌唱道:"全党全民办工业,我们妇女大解放,放下搓板离锅旁,走出家门进工厂,终身不忘毛主席,积极劳动报答党。"街道上的老、弱和盲、聋、哑、残人等也参加了力所能及的劳动,做到了"老年人老而不衰,残废人残而不废"。

工业、服务事业、文教卫生全面大高涨

在广大街道居民参加社会劳动之后，迫切要求学习文化、提高技术，而各种集体福利和服务事业的发展，又为群众提供了更多的学习机会。因此，全民办工业的高潮也带来了全民办学的热潮。现在，全市的民办中小学已经有二百多所，入学人数达三万多人。同时还普遍兴办了业余文化学校。

街道生产、服务事业的发展，大大改善了广大居民群众的生活。1959年，全市参加街道生产和服务事业的人员，共领得工资一千五百多万元。原来需要救济的人，都可以用自己的劳动来养活自己了。一年多来，街道居民因陋就简自己动手改建的瓦房就有七千六百多间（十四万六千多平方米），有平房，有楼房。不少棚户区都在短短时间内焕然一新，变成了有工厂、学校、医院、公共食堂、托儿所的环境幽美的新街坊。

街道工业和文教卫生、服务事业的大发展，也使街道居民的政治觉悟和精神面貌发生了深刻的变化。人人劳动、户户生产、互相学习、你追我赶、团结互助、亲如一家的新风气已经普遍形成。街道工作的内容更加丰富、全面了。"街道工作千万条，发展生产第一条。"领导生产已经成为突出的中心工作。很多街道干部已经成为组织生产的能手。在街道党委的统一领导下，街道办事处已经不仅是管理行政事务的机关，同时也成为街道居民生产和生活福利的统一组织者。所有这些，都充分说明了：在总路线、大跃进和人民公社的光辉旗帜下，城市的街道工作已经开始进入了一个新的阶段。

街道生产福利事业的大跃进，首先是在党的领导下大搞群众运动的结果。1958年5月间，我们根据党的总路线和"两条腿走路"的方针，在全市范围掀起了一个全民办工业的群众运动。由于这个运动完全符合广大居民群众的迫切要求，一开始就出现了一呼百应、遍地开花的局面。原来有些人认为：街道居民办工业，一无资金，二无设备，三无技术，四无经验，感到困难重重，信心不大。但是，在党的领导下广大群众发扬了敢想敢说敢干的共产主义风格，表现了"天不怕、地不怕，赤手空拳创天下"的英雄气概。所有这些困难——克服了。没有资金大家凑,没有房子大家让,没有设备大家找,没有技术刻苦学。就这样,在短短的时间内,全市办起了千百个街道工厂。以鼓楼区丁家桥办事处东风机械厂为例,这个工厂就是五个家庭妇女穷办苦干起来的。现在已经是一个有三百多名职工、三十多台机床设备、能够生产各种型号的老虎钳、合金针等十多种产品的五金工厂了。正如他们自己所说的:"遍访大厂四处找,废料堆里来寻宝,三把钳子四把锉,决心要把车床造,床面不平马路拖,锉子不行用手磨,乘着东风鼓大志,凤凰出自小鸡窝。"秦淮区双乐园冶炼厂的发展过程也是非常动人的。这个地方的一部分居民过去是以淘垃圾为生的,懂得一些金属冶炼的知识。他们一听到党提出全民大办工业的号召,就组织了一个有十六个人参加的五金冶炼组,没有钱,没有工具,就设法拼凑。没有厂房,就露天开炉。夏天背上晒脱了皮,雨天顶上一块破麻包,从来不叫苦,越干越起劲。一年多来,像滚雪球似的,发展成为一个近二百人、有十多个生产项目的综合工厂。东风机械厂和双乐园冶炼厂的发展道路,也就是全市街道工业所走的道路。它生动地显示了穷办苦干、自力更生的方针具有多么巨大的生命力。

因人因事制宜组织生产有集中也有分散

街道工业的生产,是采取以集中为主、集中和分散相结合的形式,因人因事制宜,灵活运用。一般说来,集中生产便于管理,便于学习和推广新技术,也便于工厂进一步发展和提高,这种形式适合于产品比较固定、生产过程比较复杂的生产单位。对于季节性、临时性较大,生产过程比较简单的,可以采取分散生产的办法,使那些每天只有几小时空闲时间的家庭妇女也能够参加生产。这两种方式很好地结合起来,就可以把社会上的劳动力最大限度地组织起来,为社会主义建设服务。

不断发展,不断巩固,是街道工业健康发展的保证。1958年,全市在短短的几个月内,就建立起成千个生产单位。由于发展很快,时间较短,缺乏全民办工业的经验,在组织管理等方面难免产生一些缺点和问题。1959年,全市抽调了近千名干部,组成专门的办公机构和工作组,开展了以加强党的领导、提高群众觉悟、搞好生产为中心的整顿街道工业的运动;并抽调大批干部,充实了街道基层组织。这样做不仅纯洁和健全了组织,而且出现了一个声势更大的大办街道工业和服务事业的新高潮。目前我们正在街道工业中,大搞手工操作机械化半机械化的群众运动;并进一步研究解决积累分配等问题。预计在今年之内,街道工业的机械化半机械化水平,可以由现在的 10% 提高到 40% 以上,街道工业的面貌将有一个更加显著的改变,不仅生产能力可以大大提高,而且可以生产更多高级的产品。

逐渐扩大家务劳动社会化的范围

以发展生产为中心,把街道的集体福利、社会服务和文教卫生事业成套地配备起来,是把城市居民全面地组织起来的关键。当广大街道居民从生产上组织起来以后,他们原来的生活方式就不相适应了,而迫切要求在生活上组织起来,使家务劳动社会化。为了适应这一形势的需要,我们在大力发展街道生产的同时,开展了大规模的组织人民经济生活的活动。以办好公共食堂、托儿所和服务站为重点,有计划地把街道的集体福利、文教卫生和服务事业成套地配备起来。要求每一个街道办事处不仅要办好食堂、托儿所和服务站,而且要普遍设立医院(医疗所)、敬老院、综合商店以及阅览室、俱乐部、业余体育队、业余文艺队等文娱体育组织,逐步建立起从初小到高中的职工业余教育体系;积极进行绿化、爱国卫生、改造家园的工作;大力发展家禽家畜等副业生产;进一步健全民兵组织,加强治安保卫工作。

经过两年来的实践,我们深深体会到:以发展生产为中心,把城市街道居民组织起来,是调动一切积极因素,加速建设社会主义新型城市的重要途径,也是城市工作中必须解决的一个根本问题。早在 1943 年,毛主席就在"组织起来"的演讲中指示我们,要"把群众组织起来,把一切老百姓的力量、一切部队机关学校的力量、一切男女老少的全劳动力半劳动力,只要是可能的,就要毫无例外地动员起来,组织起来,成为一支劳动大军"。"这是人民群众得到解放的必由之路,由穷苦变富裕的必由之路。"现在,我国农村已经通过合作社的道路,进入了伟大的人民公社的时代。在城市中,原来分散的街道居民,现在也已经和正在走上生产、生活集体化的道路,这就为城市人民公社的诞生创造了成熟的条件。我们相信,在"三面红旗"的光辉照耀下,南京的城市工作,将与全国各兄弟城市一样,即将出现一个前所未有的崭新的局面。

我国轻工业生产欣欣向荣

——轻工业部部长李烛尘的发言

（一九六〇年四月七日）

各位代表：

我完全同意李富春副总理、李先念副总理所作的报告，并将坚决贯彻执行报告所提出的方针任务。现在我就轻工业工作方面发表一些意见。

一九五九年轻工业生产取得了
连续大跃进的辉煌胜利

1959 年轻工业在党中央和毛主席的领导下，在党的社会主义建设总路线的光辉照耀下，贯彻执行了党的八届八中全会的决议，开展了轰轰烈烈的增产节约运动，广大职工群众的政治思想觉悟提高了，革命干劲更大了，这一年，轻工业同其他部门一样，取得了连续大跃进的辉煌胜利。1959 年轻工业总产值比 1958 年增长了 34%。绝大多数产品产量有了很大的增长，供应给广大人民物质和文化生活用品也愈来愈多。以时钟为例，1959 年生产了五百七十万只，比上年增长 85%，现在我国农村中差不多每一个人民公社的每个生产小队都有闹钟来按时作息了；缝纫机在 1958 年、1959 年共生产了一百二十多万架，农村人民公社现在差不多都建立了缝纫厂；热水瓶 1959 年生产了三千七百万只，比上年增长 34%；自来水笔 1959 年生产了一亿三千多万支，比上年增长 71%；纸 1959 年生产了二百一十三万吨，比上年增长 31%；食用植物油 1959 年生产了一百四十六万吨，比上年增长 17%；糖 1959 年生产了一百一十三万吨,比上年增长 26%;其他如照相机、皮鞋、自行车、搪瓷制品、肥皂、卷烟、罐头、酒等等,1959 年的生产量都比 1958 年有较大的增长。由于两年连续的大跃进,第二个五年计划规定机制纸和原盐的 1962 年指标,都已经提前三年胜利地完成了。

轻工业产品在产量增长的同时,质量也不断改善,新产品和新品种也大大增加。许多过去我国不能生产或者产量很小而依赖进口的产品,现在我们已经开始自己制造了,并且还制出了一批高级、精密的产品,像北京火车站上用的巨型时钟、五彩电影胶片、宽银幕屏、男女用手表、电子琴、二十二万伏电缆纸、结晶玻璃等等。许多新的工艺美术品的生产,既继承了我国优秀的艺术传统,又发扬了各地区、各民族的独特风格。

我国轻工业生产的欣欣向荣、迅速发展,有力地证明了社会主义制度的优越性和党对人民生活的深切关怀。轻工业连续两年大跃进,是由于贯彻执行党的社会主义建设总路线和一整套“两条腿走路”方针的结果,是由于坚持政治挂帅,大搞群众运动,继续开展技术革新和技术革命运动的结果。应当指出在轻工业生产方面发展中小型企业,并使洋法生产和土法生产并举,具有极其重要的意义。1959 年纸的总产量中,由中小型企业生产的占五分之三左右;糖的总产量中,中小型糖厂的产量约占二分之一左右;食用植物油的总产量中,由中小型企业生产的占三分之二以上。其他如木器制造、缝纫、制革、陶瓷、酒精、淀粉、乳品、工艺美术等行业更是中小型的产量占有很大比重。各地发展中小型企业的过程中,举办了为数众多的农村人民公社工业、城市人民公社工业和街道工业,这对于大力支援农业生产、加速轻工业发展,以及组织人民经济生活等方面愈来愈明显地发挥它的积极作用。

今年我国的轻工业生产将有更好的跃进

1960 年轻工业生产将比 1959 年有更大的跃进。根据国家计划的安排,在一百多种主要产品中,今年许多产品的计划产量,分别比去年增长百分之二十几、三十几和四十至五十以上。产品品种、质量、成本、劳动生产率等计划指标都相应地跃进。如果说,1958 年、1959 年轻工业是开始大跃进,那么更好的继续跃进就在 1960 年。

轻工业的根本任务,是要生产更多、更好的轻工业品,来满足人民日益增长的物质和文化生活的需要;要为我国社会主义建设积累更多的资金;同时还生产一部分生产资料,大力支援重工业和农业的大跃进。我们完全有信心去努力完成这个光荣任务。要完成这个任务,就必须:在各级党委的统一领导下,坚决贯彻执行党的总路线和一整套"两条腿走路"的方针,坚持政治挂帅,大搞群众运动。实践证明,这是无往而不胜的正确道路。当前,应该抓住技术革新和技术革命这个中心环节,尽快地把轻工业部门中手工操作改变为机械化、半机械化和自动化、半自动化;有一定机械化程度的行业和企业,要抓紧原料、燃料的装卸、厂内运输、成品包装等薄弱环节,大搞机械化、半机械化、自动化、半自动化。目前这个运动已经在全国轻工业战线上热火朝天地开展起来了,在短短两、三个月的时间内,已经出现了"人人提倡议、个个闹革新,行行业业有创举"的生动活泼的局面。比如上海市轻工局各企业大闹技术革新和技术革命以来,机械化、半机械化程度已由去年年底的48%,到今年 3 月中旬很快提高到 80%多,共有五万三千人摆脱了手工操作和笨重的体力劳动。节约劳动力一万二千余人。河北省邢台县首创布鞋生产机械化,从此手工制鞋可用机器来代替了,经过召开现场会议,正在全国推广,如果认真贯彻,那么今年生产十五亿双布鞋,就可以节约七百万个劳动力。山东省开展煤气化运动,把煤气应用的范围不仅用于烧陶瓷窑、砖瓦窑、熔化玻璃,而且扩大到烧锅炉、各种内燃机(包括柴油机、汽油机、锅驼机和煤气机等)以及食堂烧锅灶煮饭取暖等方面,一般节约用煤达 30%左右,且能够烧低质煤,能够代替一部分内燃机的液体燃料;可以提高成品率,可以改善高温作业的劳动条件,可以大大节约运输力量等等。事实证明,这是一项多快好省的经验。山东这个经验是成功的,现在正在全国轻工业系统中积极推广。为了促进轻工业技术革新和技术革命运动的进一步开展,必须在全体职工中继续提倡大破迷信,解放思想,发扬敢想、敢干和科学分析相结合的共产主义风格。制定规划,大搞协作,交流经验,加强科学技术研究,有计划培养干部,扩大科学技术队伍。在运动中,一切技术革新和技术革命都必须紧密地结合生产,抓住生产中的薄弱环节,集中力量,突破重点,不断发挥潜在力量。应当采取自力更生为主和洋土结合的办法,能洋就洋,能土就土,土法先上马,或者土洋结合。有效地解决物资和技术力量不足的问题。坚持把各行业、各企业中出现的技术革新的先进经验加以配套,及时地总结推广,我们既抓技术先进的单位,又帮助技术落后的单位,既抓尖端的技术,更抓简易的技术,把轻工业技术革新和技术革命运动进一步推向新的高潮。

我国重工业优先发展中,给予了轻工业以很大的物资和技术的支援,促进了轻工业的大发展。化工、机械等部门对轻工业发展所需的原料和机器设备,供应的数量愈来愈多了,协作愈来愈加强了,无论现在和今后年份,我们都必须争取重工业部门的支援和协作。同时,轻工业部门也应当采取积极的措施,自己努力生产部分化工原料(如烧碱、纯碱、红矾、栲胶等)和制造若干专业设备(如中小型的制糖机、造纸机等),尽可能适应这种需要。

多方面扩大原料来源,
是轻工业增产的重要关键

从多方面扩大原料来源,是轻工业增产的重要关键。因此必须千方百计开源节流。轻工业部门在地方党委的统一领导下,应主动地加强与农业、商业和交通运输部门的密切协作,大力做好农副产品的生产、收购、调运和加工工作,以有利于原料的及时供应。一方面坚持就原料建厂的原则,另方面要积极在老厂附近建立原料基地。轻工业企业应当帮助人民公社有计划地发展原料生产,培育良种,改进耕作饲养技术,提高农副产品的商品率和它的质量,使工厂得到又多又好的农业原料。工厂建立原料基地以后,原料运送便利,可以缩短运输里程,节省运输力。把工厂和原料基地结合起来,不仅有利于公社发展多种经营,增加收入,而且有利于改善轻工业布局。这种办法,目前应当采用,也是长远发展的一项重要措施。为此,今年重点建立造纸草类纤维原料、糖料、烟叶、果蔬、淀粉、芳香、葡萄、酒花、大麦、畜牧乳源、家禽及手工业特种原料的基地。轻工业原料大部分来自农业,应当大搞农副产品加工和开展综合利用。它既能直接增加原料,又可利用大量的副产品做饲料与肥料,积极支援农业和畜牧业迅速发展的需要。我们还应当广泛收集和利用各种野生植物原料,应做到"靠水吃水,吃鱼养鱼,靠山吃山,吃山养山"。"伐枝不砍树,割藤不挖根。"要努力做好培育工作,使其不断生长。轻工业各行业、各企业都要继续厉行节约,提高原材料的利用率和出品率。在保证质量的前提下,合理降低原材料消耗定额。充分利用原有的和新的代用原料。回收废品废料和利用大工厂的下脚料。总之,我们要作更大的努力增加原料、材料、燃料,以适应生产发展的需要。

积极发展城乡人民公社工业和城市街道工业,
是今年轻工业部门的重大任务

积极发展农村人民公社工业、城市人民公社工业和城市街道工业的生产,是 1960 年各级轻工业部门、手工业管理部门的重大任务,农村人民公社工业要坚决贯彻为农业生产服务,更好地支援农业生产,支援农业技术改造,应当充分利用当地的原料、材料,积极生产各种小农具、改良农具、水利工具和运输工具等,因地制宜,就地制造和修理,且发展土化肥、农药和小型机械工业的生产。如上面所讲的还要发展农副产品加工,更好的为农业、为大工业、为社会主义市场和社员生活服务。城市人民公社工业和街道工业的主要任务是为大工业服务。积极发展各种日用小产品的生产,承制大工厂的来料加工,同时大搞服务性业务,为城市居民生活服务,为大工业和出口需要服务。1960 年城乡公社工业和街道工业需要来个大发展,既要努力提高原有企业的技术水平,扩大生产规模,又要积极发展一批新的小土群和小洋群或者洋土结合的企业,增加生产。为了加速城乡人民公社工业和街道工业的发展,各级轻工业部门要加强领导,全面规划,统筹安排,把它们逐步纳入国家计划。

现在,轻工业已经实现了 1960 年"开门红"的初步胜利,我们相信,有党中央和毛主席的英明领导,有党的总路线、大跃进、人民公社,有全国轻工业职工的高度积极性和创造性,我国轻工业一定能够更好、更全面的跃进,我们一定要为完成 1960 年的任务而奋斗。

我的发言不妥之处,请批评指正。

把城市人民进一步组织起来
建设社会主义新城市

——郑州市管城区红旗人民公社成长壮大

（一九六〇年四月七日）

建社前工业产品 7 种，月产值 700 元，现有工厂 47 个，产品 242 种，1959 年总产值 655 万元，今年 2 月又增到 356 万元，举办了 58 个公共食堂、7 所小学、15 个托儿所、1 个敬老院、171 个居民服务点，呈现出一片幸福团结的新气象。

新华社郑州 6 日电 河南省最早建立的一个城市人民公社——郑州市管城区红旗人民公社，从 1958 年 8 月建社以来，在党的正确领导下，贯彻"以生产为中心，生产生活一齐抓"的方针，大力发展生产，全面组织了人民经济生活。现在，这个解放前穷困的棚户区里，已经建立了四十多个工厂，五十多个食堂，还办了许多集体福利事业、服务事业和文化事业，出现了一片蓬蓬勃勃的新景象。

红旗人民公社是 1958 年 8 月 15 日成立的。这个公社位于郑州市旧城区，居民大部分是市民和职工家属，历来比较穷困。解放后，政府每年要拨款五万多元救济这里的居民，其中有一百八十户、五百四十多人常年依靠政府救济为生。1957 年整风和反右派运动以后，广大群众的思想觉悟空前提高，迫切要求组织起来参加社会主义建设。1958 年，中共党组织根据群众的要求，积极领导这里的群众掀起了一个"街街巷巷办工厂，家家户户无闲人"的全民办工业的高潮。为了解决大批家庭妇女参加生产后没有时间从事家务劳动的矛盾，又出现了第一个由二十一户居民办起来的公共食堂和托儿所。他们推倒三个院的界墙,组成了一个"社会主义大院"。1958 年夏天人民公社化高潮中,红旗人民公社就在广大群众的迫切要求下应运而生。

红旗人民公社是以城市街道居民为主组织起来的,共有六个分社,社员一万八千七百二十九人,目前在街道社员中,参加公社工业生产的有二千四百二十一人,参加农业生产的有八百七十五人,参加各项福利、商业、服务事业的有六百四十八人,支援国营工厂的有四百三十人。其中有三千四百零三人(妇女有二千六百四十八人)是建社后参加生产和工作的,占全社闲散劳动力的97%。公社共兴办了四十七个工厂和一个农业大队,还办了七所小学,有学生三千五百五十多人。全社还成立了一个民兵师。

红旗人民公社建立的一年多中,在各项事业中都显示了无比的优越性和强大的生命力。

公社兴办的工厂中,有化工厂、电机制造厂、味精厂、印刷装订厂、打字蜡纸厂、缝纫厂、制鞋厂等。这些社办工厂建立以后,在短短的一年多中就发挥了巨大的力量。建社以前的 1958 年 7 月,那里的民办工业总产值只有七百元,产品只有七种,而从 8 月份成立公社后到 12 月止,全社工业总产值即达十九万元,产品达到二十三种;1959 年社办工业总产值又猛增到六百五十五万多元,产品达到二百四十二种。今年 2 月份,产值更猛增到三百五十六万元,比公社成立前 1958 年 7 月产值七百元增加五千零八十多倍。群众高兴地说:"千年万年,不如公社一年。"社办工业对国家工业建设、发展农业生产和改善人民生活都起了积极作用。一年多来,全社四十七个工厂生产了大批三酸、两碱、火硝、焦炭、电焊条、纱包线、耐火材料等工业用品。在支援农业生产方面,他们修配了各种动力机械五百多部,生产了蓖麻饼二百多吨。由于社办工业的壮大和直接为国营工厂服务,就自然而然地成了国营工厂的卫星厂,例如社办的印刷装订厂现在每月就为地方国营工厂印刷各种表格四十万份,装订信封、卷宗二十七万多个,供应纸盒十四万五千多个,成为国营工厂的有力助手。去年秋天,郑州市西郊公社急要把一个二十八千瓦的电动机改装成发电机,大修配厂无暇改装,公社办的电机厂就连夜把它改装成功。公社办的缝纫厂和制鞋工厂,一年多来生产了大批服装、布鞋,源源供应了市场。挂上钩的国营工厂也积极帮助公社发展工业,一年多来,国营工厂为红旗人民公社培养训练了四百七十多名技术人员，还供应了大批下脚料，解决了社办工业原料不足的困难。

在大力发展工业生产的同时，公社的农业生产也获得了巨大成绩，全社农业比重不大，只有耕地一千五百九十二亩，但是为了促进农业生产，建社以后，就增添大型动力机械和排灌机械八十九部，加速了农业技术的改造，1959年全社小麦比1958年增产78%以上，秋季作物在百日大旱的情况下，依然增产10%，蔬菜也增产103%，提前八年实现了全国农业发展纲要规定的指标。

在发展生产的同时，公社还兴办了以公共食堂为中心的集体生活福利事业，全社共建立社办食堂五十八个。全公社95%以上的人口都在食堂就餐。食堂从成立以来，处处为方便群众着想，尽可能满足各种人的不同要求，群众称赞说：“人民公社化，万户是一家，生活搞得好，生产干劲大。”全社还建立托儿所十五个，入托儿童一千七百七十五人。公社还办了一个敬老院。根据社员生产、生活的需要，公社还建立了一个服务总站、六个服务站、一百七十一个服务点，这些服务性行业的业务包括服装拆洗、缝补、改旧翻新，临时托儿，照顾病人产妇，办理婚、丧事等，另外还建立了地区性的综合商店，大大方便了群众。生活集体化不仅把妇女从繁琐的家务劳动中解放出来，而且为国家节约了大量物资，仅炊事用煤每年就能节约二千吨以上。

随着生产的发展，社员的生活也相应地得到提高，这个地区的大部分居民过去一家只有一个或两个人参加工作，有固定的收入。公社成立以后，大批消费人口成了劳动者，每月都有一定的工资，97%的社员都增加了收入。过去国家每年支出的五万多元救济费中，现在可以节约四万五千多元。社员的生活有了显著改善。建社初期社员的平均工资是九点八四元，1959年6月份就上升到十七元，现在除补助工资外平均每月工资已达到二十二元。社员马代见全家三口人，公社成立前只有一个女儿参加工作，每月收入十八元，常年依靠政府救济；公社成立后，马代见和她的婆婆也参加了生产，全家三人每月收入共七十多元，比过去提高三倍多。法院东街六十多岁的马大娘参加生产后领到了工资，给孙子买了一套新衣服，她自豪地说：“奶奶一辈子双手朝天向人要钱，现在可有了自己的钱了，奶奶感谢共产党，感谢毛主席，感谢好公社！”

在组织社员经济生活的同时，公社还组织了群众的文化生活，成立了文化宫、阅览室、图书室、电影放映队、广播站，群众文娱生活空前活跃。公社成立后社员自编自写的诗歌有三万多篇，剧本有五十多个，已经基本上扫除了文盲。

随着公社的巩固和发展，旧城市街道的面貌也在逐渐改观。公社建立后，新建与修建房屋三千七百多间，整修街道十五条，新建与改良了厕所三百五十个，种树三十万株，目前还正在建筑工厂厂房、社员住宅、集体生活福利和商业服务设施、学校等。

人民公社建立以后，人们的精神面貌发生了深刻的变化。过去那种各自一家、互不关心、常为琐事争吵的现象已经一去不复返了。现在，公社里到处是一片和睦团结、互敬互助的新气象。公社成立前，清真寺街八十五户居民中，家庭不和、邻里不睦的有二十八户，街道办事处每天要调解民事纠纷十多起。现在家家户户乐融融。胡玉凤和她的婆婆过去经常争吵，公社成立后，胡玉凤参加了生产，觉悟提高了，生活也有了改善，婆媳两人都成了尊婆爱媳的好榜样。马世江和巴世仁隔墙居住，七年不说话，现在一起工作和生活，解开了多年的老疙瘩。群众歌颂说："人民公社一枝花，花开一朵香万家，千年疙瘩一朝解，团结生产笑哈哈。"由于群众觉悟提高，发扬了敢想、敢干的共产主义风格，迅速掀起了大搞技术革新和技术革命的高潮。一年多来，涌现出各种先进人物六百三十七名，实现技术革新一千三百多项。许多过去围着锅台转的家庭妇女，成了各个生产战线上的先进人物。打字蜡纸厂的女社员制成了技术比较复杂的打字蜡纸和修正液，工厂买不到生产打字蜡纸需要的油酸，他们就刻苦钻研，到处求师请教，结果只花五十元就用土法试制成功。

红旗人民公社的社员今年树起了更大的雄心壮志，当前全社生产一片红火。全社今年计划工业总产值要达到三千五百万元，将比去年增长四点四倍，并且根据城市需要的特点，大量发展副食品生产，做到"月月有售，四季常青"，文教卫生和集体福利事业也要进一步巩固和发展。

迎春花开万家香

——记郑州市红旗人民公社的诞生和成长

本报记者　张励中

（一九六〇年四月七日）

郑州市的东北角，有条八十来户的街道——清真寺街，在这条街上居住的是泥瓦工、三轮车工人、小商贩，还有一些没有固定职业的人。在旧社会，是一条穷得出名的街道。解放后，虽然大部分人都有了固定的职业，生活上慢慢地好起来了，但是还有少数的人，因为劳力弱或是身体上有缺陷，家底薄、经不住天灾人祸的袭击，政府每年还要发放救济款近万元，救济这条街的贫困户。穷则思变，正是因为这里穷，他们首先在郑州市街道上插起红旗，组织起来集体生产和集体生活，在农村还未建立起人民公社的时候，他们这里实质上已经办起人民公社的事来了。

这件事情发生在一九五八年的五月。

这时候，大跃进的浪潮席卷全国，清真寺街的家庭妇女们，早就被这种热浪催动，大家都在互相鼓动着，彼此议论着，要求参加到大跃进的行列里。清真寺街的居民委员会主任、中共支部书记盖秀荣，看到广大家庭妇女的这样要求，就考虑：这是一批多大的力量啊，要自力更生，把这些人组织起来，在街道上搞生产。她向邻居们说了一声组织街道生产小组，左邻右舍的十来户家庭妇女马上响应，搞什么生产呢？多少年来，家庭妇女只是看孩子，做饭，再不然就是做点针线，商量了半天，还是先从会的干起。确定纳鞋底、叠口罩、糊染色袋等。没有本钱，就决定先搞加工活，盖秀荣亲自跑到百货公司联络，集体生产的优越性很明显就显示出来，首先是大家取长补短互教互学提高技术，凡是从她们手里加工的活，质量都很好，很快在各部门建立了信誉，找她们加工的部门多了,她们又发展了加工砂纸,做黑矾,熬糖稀。过去单门独户也有的找一些做黑矾、熬糖稀的加工活,但是顾了在家做活,顾不了到外边联络货源,组织起来后,生产组里也有了"外交官",专门到外边联络货源,家里的人们可以专心搞生产,还可以互相竞赛。

建立了社会主义大院

集体生产的优越性,吸引着周围的群众,很快就发展到二十一户,她们按纳鞋底、糊纸袋等不同工种,分成各种生产小组。生产范围一扩大,原来在每家宿舍做工就显得地方窄了,这些人,决心搞好生产,屋里容不下,就到院内树底下做活,下雨天,就跑到附近广场戏台上干。生产劲头虽然很大,但是每个人平均都有两、三个六岁以下的孩子,生产的时候,这个孩子要吃奶,那个孩子要吃馍,做工的妇女安不下心来。杜水仙生产很积极,就是有四个孩子,其中一个刚会走,一个还在吃奶,做工的时候,怀里总是揣着孩子,人们给她起了外号"双头人"。这样,分散精力,工作效率总是提不高,气得杜水仙说:"只要把孩子问题解决了,叫我上山掏老虎也敢干。"另外还有个问题不好解决,就是做饭问题,这些妇女的爱人都在做工,每个人都要保证自己的爱人按时吃好饭,尽管妇女们特别热心生产,每天还是一定起早贪黑地做饭,要在爱人、孩子吃完饭、刷完锅后,才能正式工作。

做工和做饭、看孩子的矛盾,给这个生产组织的每个成员带来了苦闷,在没有办法的时候,贾秀英叹息地说:"咱们什么时候像工厂那样,吃饭有食堂,孩子有托儿所,那可多么好啊",这一句,说出了每个人的心里话。这个街上的支部书记盖秀荣,听了以后得到了启发,就和大家商量:咱们自己成立一个食堂,成立一个托儿所行不行?她一问大家,周围的人都举起双手来拥护,原来被人唤作"双头人"的杜水仙,听了兴奋,她大声说:"我的好支书,你怎么早不说,这些日子可把我难为得不轻,我们早就有这个要求啊。"她的话音未落,穆大妞把胳膊一挥,"好!我家有三个面缸、一个巴斗,我马上拿出来借给咱们食堂用"。巴凤兰因过去卖过蒸馍,回家搬出来一块大案板,赵宗英拿出一把菜刀,盖秀荣出饭勺和巴斗,有的拿簸箩,有的扛大锅,甚至连擀面棍和小油罐都拿出来了,不到两个小时,就把灶具凑齐了。有了工具,还没有做食堂的房子,这点困难也没有挡住大家搞集体生活的热情,房子比较宽裕的丁文香当场表示让出自己的两间房,丁大娘并不落后,马上也动手腾出两间房,王菊花让出三间房,这一来,不光有了厨房,连托儿所和生产车间都有了。谁做饭?能炸会炒的杜修真,当场报名当炊事员,受到大家鼓掌欢迎;年青活泼、能歌善舞的吕金岭,报名当保育员,给这些孩子的妈妈们,带来了欣慰和鼓舞,有十五个吃奶的孩子进了哺乳室,三十五个幼儿进了托儿班,一百多口人在一起吃饭,二十一户人家生产生活连在一起了。但是,托儿所、食堂、生产车间分散在紧紧相靠的三个院子,大家普遍感到原来的小院子有很多不方便,要求把小院变成大院。盖秀荣带领大家推倒三堵墙,三所院连成一片,这种新的生产关系和生活方式,把一向个体生活的人紧紧地连接在一起了,人们庆幸自己的新生活,热爱自己的集体,大家在生产的时候想啊、商量啊,给这个大院想了个名字叫"社会主义大院"。

"大院"带来了远大理想

"社会主义大院"组织起来集体生活,妇女们精神愉快,生产效率猛然提高,一天保证工作八个小时,一般工效提高一倍。像丁俊岛,原来一天只能叠两打口罩,自从她不做饭、不看孩子以后,马上增加到五打;又如马秀云,过去是纳鞋底最慢的人,自从做饭、看孩子的问题解决后,由一天纳一只猛增到三只。她们这种生活搞得好、生产干劲高的事实,很快地吸引来很多人参观。这条街的居民第一组的组长马秀芝带着几个妇女到"社会主义大院"参观了以后,就找盖秀荣埋怨说:"你光领导这个大院,想把我们抛到外边可不行,你没有时间领导,我们自己办,我们早就腾出房子啦。"她这条街共有八个组,都是两个组自动合并一个伙,自动凑灶具,找房子,两天的时间,连腾房子、垒锅台,什么都搞好了,办起四个公共食堂。

组织起来,给人们带来了力量;集体,培养了人们的远大理想。"社会主义大院"的一举一动,使清真寺街发生了深刻的变化,一个多月的集体生产,有了一定的生产资金了,是分给每一个人? 还是扩大公共积累? 绝大多数人看到集体生产的远大前途,决定苦战三个月,所有的收入作为公共积累,扩大再生产。这个越来越壮的幼苗,吸引着人们。大院集体生产搞得早,货源多,每天大院人们很忙,但该加工的活计还是弄不完,而这条街的其他生产组,因为刚刚组织起来,货源比较少,大院的人们,主动把自己联络来的货源让给别的组加工。大院的幼儿园因是首创,其他组的有些妇女参加了生产,孩子多了累手,都愿意把孩子送入"大院"的幼儿园。大院的人们,想到不光自己要搞好生产,还要带动全街。因此,要求入园的孩子都吸收了。清真寺街的生产和生活,自然形成了以"大院"为核心,再加上各个生产组都是给国营公司加工活计,领料的时候,各组领各组的,给公司的职工增添了不少麻烦,经过全街居民大会讨论,大家一致同意合并。

全街合在一起办工业,又起了一个新的变化。这条街由原来的加工生产(鞋底、糊纸袋、纺麻等),逐渐增加了自产自销的生产(制鞋厂、被服厂、广播喇叭厂、熬硝厂、耐火材料厂等)。这些工厂的建立,深受社会欢迎。当时已经形成全民性的跃进高潮,大家都参加了生产,原来用手工做衣服的人,现在不做了,要到缝纫厂来做;当时正是全民办钢铁,他们制成的耐火砖,总是供不应求;有线广播用的喇叭,不等生产出来,就被各地订购完了。工农业全面跃进的形势,促使这个街道工业要迅速发展。这时期,各个街道都办起了一些零散的工业,都需要迅速发展,但一条八十多户的街道,力量是有限的,每个街都有自己的弱点,清真寺街耐火材料厂设在一条胡同里,运进耐火材料和运出耐火砖,都要从大街往里抬,厂的地方很小,只能容下一个窑,而东大街的耐火材料厂,紧靠大街,运送材料交通方便,地方大,再扩建几个窑也没有关系,但是他们没有运输组,有时运送东西要请清真寺街的运输组来帮忙。清真寺街的面粉厂有脚蹬箩,因为效率高,用一天闲半天,东大街面粉厂只有手箩,速度慢,手忙脚乱面粉箩不完,东大街制鞋厂有纳鞋机,清真寺街制鞋厂有缝鞋帮机,两条街道上的干部和群众在日常接触中,都共同感觉一个街道生产太不方便,再发展受到很大的限制,几个街道合并起来有很大的好处。这时,——一九五八年八月九日毛主席在山东视察时指出:"还是办人民公社好。"广大职工群众从这句话里得到了启发,八月十五日,在中共区委会的领导下,四千六百八十三户的红旗人民公社就应运而生了。

集体生产和新的变化

城市人民公社一经建立就显示了它的强大生命力和无比优越性。全公社是二十二条自然街,公社化前,除了清真寺街和各个小组的生产统一领导外,其它街道都是三五成群地在一起生产,是个很小的集体。公社建立起来后,马上把同等性质的工厂合并了。比如两个街的耐火砖厂,原来两套厂长、会计等管理人员,建立公社后合并了,不但节省了一套管理人员和一部分工人,而且厂址扩大,更便于发展了。公社的生产资料和资金集中起来后,力量更雄厚了。原来各个街道的小工厂只不过十来个,公社化后,连合并带新建,一下子搞了四十七个,其中有电机修配、化工、炼焦、建筑、木器、面粉、油布、耐火砖、砂布、缝纫等厂,就业人数由二百多人一下子发展到九百五十多人。人多力量大,工厂建起后,人们都不会技术,公社马上发挥人多、范围大的优越性,把全社范围内的修配老工人、小手工业者及各种有技术的七十八人集中起来,又到大工厂请来四十五名老工人做老师,分到各工厂教技术。建社前街道办工业只有七、八种产品,建公社后很快就达到二十三种,建社前的一九五八年七月,街道工业总产值七百元,八月建社,十二月月产值就达到十九万元。

千年万年,不如公社一年

究竟现在怎样了? 这里群众有句俗话:"千年万年,不如公社一年。"一年多来,工业上得到特大的发展。全公社参加工作的三千四百〇八人,妇女占两千六百四十八人,其中除了四百三十人到国营企业外,其余都参加了公社工业和各种福利事业。现在,全公社的产品已达二百四十二种,公共积累五十五万多元。二月一个月的产值,就达三百五十六万元,比去年七月份产值增长近十九倍。原来是熬硝的小组化工厂,建公社时只有十二人,八口大锅,三间草棚,只生产火硝和小盐,一年多来,社员们用自己家里的吃水缸、面盆当作生产硫酸、硝酸、盐酸和火碱的设备,利用一块一百三十亩的盐碱地做原料来源,采用土法大搞综合利用,大量生产了"三酸"、"两碱"、氧化镁,漂白粉、刷鞋粉、水玻璃、油酸等二十五种化工产品,月产值达十六万多元,已经成为一个拥有一百六十多名职工的大厂了。像这样的高速度发展,不是一个厂。公社建立后,就组织人们大闹技术革命,一年来出现六百三十七名革新能手,全社实现革新技术一千三百多项,自制土机器和土工具四百六十台。电机制造厂的工人,百分之九十都是妇女。甚至工长、车间主任也是一年前的家庭妇女。一年前谁见过发电机啊,可是现在,妇女们自己抽钢丝,自己制纱包线。修配车间主任韩淑秀,是四个孩子的妈妈,一年前她还是围着锅台转的家庭妇女,现在,她谈起电机来头头是道。在公社里不管什么人都有了合适的工作,盲人到面条厂、纺麻厂摇机器,七个跛子安排做会计和缝纫工作,真是做到"人尽其才""物尽其用"。社员的工资由七元到十三元,由十三元到现在的平均二十三元。公社经营范围广,自己又搞了一些副食品生产,共种地一千六百九十九亩,有九百五十多人的专业队,一年来生产蔬菜供应市场一千一百多万斤,蔬菜的品种由二十五种增加到五十三种。他们还养了一千多头猪,九百八十多只羊,五千只鸡,六万尾鱼和二百多只鸭,改善了社员的生活。

群众的思想飞跃前进

公社的建立,开始改变着城市面貌。红旗公社原是郑州市最穷的地方,现在,这里时时都在变化着,建筑脚手架,这边没拆,那边又建起来了。一年来,这里新建与修理房子三千七百多间,整理了十五条街道,在整齐的街道两旁,种植了三十万株树木,使破旧的街道焕然一新。在主要街道中,兴办了五十八处公共食堂,十五个托儿所与幼儿园,一百七十一个服务点。现在人们正进一步改造旧有环境,正在兴建着一个拥有生产厂房、社员宿舍、福利设施、商业服务点、学校在内的面积达两万五千多平方米的新型居民点。

一切都在飞跃地变化着,但变化最大的是这里的人。过去,清真寺街这一带,每天早晨起来,大街小巷匆匆奔走的都是手提菜篮的家庭妇女,就这样开始了一天的生活;现在,每天早上,妇女们也是成群结队,但是说说笑笑地走进了工厂,开始了一天的愉快而紧张的劳动。建社后,解放妇女劳力两千六百四十八人。集体生产和集体生活给了人们多少智慧和力量,一年前的家庭妇女,现在要领导几百个人的工厂,能管理几千人的生产和生活。红旗公社十九个大厂的支部书记有十一个是一年前的家庭妇女,全公社九个分社社长,完全是一年前的家庭妇女。集体生产和集体生活,也不断地提高着人们的集体主义思想。公社化前,清真寺街八十二户居民中,家庭不和、邻里不睦的有二十八户,每天街道办事处要调解民事纠纷十余起。现在,小孩们全入了托儿所,大人都参加集体生产和集体生活,连顶嘴的也没有了。马世江与巴世仁是隔墙邻居,因小孩打架惹得两家大人七年没说话,建社后在一个食堂吃饭,在一个生产组工作,集体生产把他们联系在一起,解决了多年不和的疙瘩。现在,我们再来看看,曾经带头办公社的"社会主义大院"的变化。这个大院在公社化前,只有八个男人有工作干,因为这个院有两户劳力不强,政府每月要发放给这个院五十元的救济金。公社化后,十五个家庭妇女解放了出来,参加了生产,现在这些人已成了公社事业的骨干。马秀芝在化工厂当了模范,杜秀珍在鸡鸭场当了模范,这个院当模范的还有吕金岭、张凤英、孙玉梅。大院的组织者盖秀荣现在是这个公社的管城区公社主任。由于整个生活的变化,现在社员们唱着:过去家务心操乱,引孩(引孩:方言,带孩子的意思。——编者注)做饭都得干,毛主席领导翻了身,如今又把公社办,若想吃饭有食堂,拆、洗、缝、补服务站。小孩入了托儿所,老人进了幸福院。月月工资发到手,生活越过越舒坦。

围绕国营大企业组成生产协作网、
人民经济生活网、文化教育网和科学技术网

哈尔滨市香坊人民公社
根深叶茂全面跃进

（一九六〇年四月八日）

据新华社哈尔滨 7 日电 以哈尔滨市香坊区的国营大企业哈尔滨轴承厂为中心组织起来的城市人民公社——哈尔滨市香坊人民公社，从 1958 年 9 月举办以来，已经把全区的大厂和中小厂、工厂和街道、职工和居民、工业和农业等各个方面，从生产到生活，全部组织起来，促进了生产的大跃进，解放了妇女劳动力。

香坊人民公社是在 1958 年 8 月生产大跃进的高潮中诞生的。在当时的工农业生产大跃进中，哈尔滨轴承厂的生产任务连续增加六次，由年初订的年生产计划六百四十万套增加到一千五百万套，到这一年 8 月底，还有 52% 的任务没有完成。时间短，任务重，最大的矛盾是劳动力不足。同时，因生产发展太快，原来与外地工厂的协作配套关系也远远不足。同时，因生产发展太快，原来与外地工厂的协作配套关系也远远不能满足生产的需要。这些问题都必须迅速解决，而自己工厂中一时又找不到这样多的劳动力，生产大量配件也有许多困难。另一方面，随着整风运动和反右派斗争的胜利，广大家庭妇女的社会主义觉悟普遍提高，她们迫切要求摆脱繁琐的家务劳动，参加社会生产。在这种情况下，哈尔滨轴承厂就组织职工家属成立了"家属生产服务社"，为工厂作辅助性的生产；又成立"艺工学校"，吸收当地一部分居民参加半工半读，但仍不能完全解决问题。接着，中共轴承厂党委和中共香坊区委就酝酿试办一条"轴承大街"，把轴承厂周围几条街的居民都组织起来为这个厂服务。这个区的人民群众十分高兴,认为既然在农村可以办人民公社,也就可以根据城市的特点办城市人民公社。中共香坊区委根据大跃进的需要和群众的要求,就从8月下旬开始筹备试办香坊人民公社,这个消息像春雷一样传遍了香坊区的大街小巷,人们欢欣鼓舞,奔走相告,纷纷要求入社。街道居民自动串连,大办工厂,大办公共食堂、托儿所等集体福利事业,用实际行动迎接人民公社的建立。就这样,黑龙江省第一个城市人民公社——哈尔滨市香坊人民公社就在1958年9月27日正式成立。

香坊人民公社成立一年多来,不仅在群众的心中扎下了根,而且已走上了健全发展的道路。广大社员——不管是职工、农民还是街道居民,对公社都表现了无限的热爱,他们把自己同公社的关系说成是:"打成帮,连成片,永远分不散。"香坊人民公社一经建立,便在促进生产大跃进、大发展,解放妇女劳动力、提高人民的文化科学技术水平和物质生活等方面,显示出了巨大的优越性,并且随着公社的发展,逐步在全社范围内形成了四网:生产协作网、人民经济生活网、文化教育网和科学技术网。

香坊是哈尔滨新兴的工业区,这里的十八个国营工厂和地方国营工厂之间原来就有一般的协作关系,但在成立公社前,厂与厂之间的协作是分散的、不经常的。随着生产大跃进,各工厂企业所需要的协作产品,无论数量和品种都越来越多,原来一般的协作关系已不能满足形势发展的需要。公社一成立,过去厂与厂之间那种分散的外部协作变成了公社内部有组织、有领导、经常性的大协作。大批兴办起来的社办工厂,都组织起来为大工厂加工辅助性生产配件,和利用大厂的边材余料,生产人民生活需要的各种日用品,弥补大工业的不足,各大工厂也热情地扶植社办工厂,并逐步形成了大中小企业密切结合的生产协作网,解决了各大厂的辅助性生产的协作问题,使许多原来需要到千里迢迢的外地去加工的配件在当地就能加工。公社为了保证重点工厂的大跃进,采取大中小企业密切结合的办法,把兴办起来的几百个小工厂加以整顿合并成为翻砂、机械、金属、铆焊等二十九个工厂,分别同大厂挂钩,为大厂加工各种配件。

公社组织社内生产大协作和全党全民保重点的结果,使公社内出现了一片热气腾腾、生产全面大跃进的局面。哈尔滨轴承厂1958年生产比1957年翻了一倍半,1959 年又提前六十二天超额完成国家计划。今年第一季度轴承厂又提前十天超额完成了生产计划。公社的新办工业生产也扶摇直上,产质产量成倍增长。全社大大小小的工厂,从建社以来月月季季超额完成计划,1959 年工业总产值比 1958 年提高 62%,今年第一季度又提前二十三天实现了满堂红。

在生产全面大跃进中,香坊人民公社大批在一年以前还是家庭妇女的女职工,由于勤学苦钻,迅速提高了业务技术水平,已经成为各个生产战线上的一支重要力量。像轴承厂的电修、翻砂、磨光等工种中的新技术工人,原来都是家庭妇女,现在基本上能独立操作了。随着生产的发展和广大家庭妇女就业,社员的生活水平有了显著提高,据安埠街八千三百三十户,一万九千二百〇一人的调查,1959 年社员收入比建社前提高 28.6%,由于生活水平的提高,人们的文化生活也更加丰富多彩了。

由于生产大发展,成千成万的职工家属和街道妇女喜笑颜开地参加了社会生产。集体生产和分散个体生活的矛盾使他们迫切要求从生活上也组织起来,要求大办公共食堂、托儿所和生活服务站。根据群众的要求,公社在职工家属宿舍和居民大院兴办起了公共食堂三百四十六个,托儿所、幼儿园二百六十六个,生活服务站和服务组三百多个,由三千一百多名服务员代替了一万多名家庭妇女的家务劳动。这样就在全社范围内形成了一个纵横交错的组织人民经济生活网,这个人民经济生活网以国营商业和服务行业为骨干,把公社的公共食堂、托儿所、幼儿园、服务站都组织了起来。

成千上万的职工家属和街道妇女走上生产岗位,参加社会劳动以后,迫切要求学习文化;同时,以机械化、半机械化、自动化、半自动化为中心的技术革新、技术革命运动的蓬勃开展,也使广大职工要求迅速提高文化技术水平。而公共食堂、托儿所、幼儿园、服务站等集体福利事业的大量兴办,就使女职工们每天下班以后可以没有牵挂地到业余学校去学习文化和科学技术。根据职工们的要求,香坊人民公社发动群众办起了各级各类业余学校五十一所,使86%的职工都参加了学习。公社的社员不仅参加文化学习,而且组织了各种科学研究小组和学会,进行科学研究活动。现在,全社从各个大中工厂到街道居民委员会,已经成立了二十一个科学研究所,几十个科学研究协会,拥有三千多名科学研究协会会员。去年一年，这个公社共完成了一百零九项科学研究项目。现在这个公社的科学技术网正在迅速形成中。

香坊人民公社的广大社员，从生产到生活全部组织起来以后，社会主义思想觉悟空前提高，在一年多以前还是家庭妇女的女职工们，现在不仅加入了工会，很多人还参加了共青团，有些人还提出了入党的申请。广大社员迫切要求提高自己的政治理论水平，最近全社又轰轰烈烈地掀起了学习以毛主席著作为中心的马列主义理论学习的高潮。社员们在集体生产、集体生活中得到锻炼，精神面貌有了显著变化。全社出现了人人劳动，互相关心，热爱集体，邻里和睦的社会新风尚。职工们去上班了，生活服务站的服务员们，就为他们缝补拆洗衣服，照看病人，美化家庭。职工们把全部家务都给服务站，而服务员也竭尽全力为职工服务。在人与人之间形成了共产主义式的同志关系。

香坊人民公社在工业生产大跃进的同时，在农业生产方面贯彻了以菜肉为纲、为城市服务的方针。由于开展了经常性的工农大协作，使郊区农业生产面貌发生了很大变化。现在，这个社的农业大队在工业支援下已基本上实现了机耕和非田间作业机械化。工业帮助农业建立了五万平方米的温室，等于哈尔滨市过去六十年来所建暖室总面积的一点三倍。最近这个公社的农村在工业支援下，已经建成了一条养猪自动线，从饲料粉碎直到粪便的清除，全部过程实现了机械化作业，这样，一个饲养员可养猪三千头，使这个公社发展六个万猪场有了保证。现在，这个公社已经建立了万米（平方米，下同）蘑菇场，还准备兴建万鸡场、万鸭湾、万米冷库、万米菜窖，十万米温室和三百万个盆菜。这些被人民称为十个"十万"运动，正在工业支援下，在农村里轰轰烈烈开展起来。

现在，香坊人民公社正在以它那一大二公的优越性，使这个公社生产集体化向着更高的程度发展。

以大工业为中心的生产体系和
生活服务事业体系已经基本形成

北京石景山中苏友好人民公社全面跃进

开展大规模的协作,工业农业互相支援,共同发展,
工人农民之间的友谊更加深厚巩固,六千多闲散劳力
参加生产和工作,社办工业产值一年来增长179%,
商品蔬菜增长一倍多。

（一九六〇年四月九日）

新华社8日讯 首都的第一个城市人民公社——石景山中苏友好人民公社1958年8月成立以来,在党的正确领导下,经过发展、巩固和提高,现在已经基本上形成了一个以大工业为中心的生产体系和生活服务事业体系,显示了无比的优越性和生命力。

石景山是北京市的重工业基地。经过十年的建设和发展,这里已经具备了一个中等城市的规模,成为首都的卫星城。

在1958年的生产大跃进中,石景山地区的工矿企业扩建和新建的任务很重,需要补充大批的劳动力,并且要求全面地安排建筑材料的生产、工厂用地和运输力量,同时由于工业人口日益增加,副食品的供应问题也需要加以解决;农业方面,为了进一步提高农作物的单位面积产量和建立副食品商品基地,也需要大工业的技术支援。随着工农业生产的发展,人民的物质文化生活水平日益提高,商业和文化教育事业也要求统一领导,全面安排。与此同时,职工家属经过总路线的学习,提高了政治觉悟,纷纷要求参加社会主义建设事业。在这种新的形势下,中共石景山钢铁公司党委会就在1958年7月开始组织职工家属参加生产劳动。同年8月,在全国农村人民公社化运动高潮的前

夕,以国营大工厂为中心的城市人民公社——石景山中苏友好人民公社,就在党组织的领导下正式成立。

石景山中苏友好人民公社包括石景山钢铁公司、石景山发电厂、特殊钢厂等十多个国营、地方国营大工厂和八宝山、古城、五里坨、西黄村四个农业生产大队。总人口中农民占 14% 左右,职工和职工家属以及少数商业、服务业、手工业、文教卫生事业的从业人员占 86% 左右。公社建立以后,工农业生产连续大跃进,人民经济生活基本上全面地组织起来,人们的精神面貌已经发生了深刻的变化。

公社成立以后,这里的八千八百名有劳动能力的职工家属和闲散居民中,有六千八百人参加了生产和工作。其中有四千五百多人到大工厂参加生产,不但解决了这些工厂当时劳动力不足的问题,而且比从社会上招收新工人还大大节省了宿舍、食堂、医院等公共福利设施的投资。这些职工家属参加生产一年来,有不少人已经成为熟练工人,达到二、三级工的水平。在石景山钢铁公司焦化厂工作的郭月敏,原来是有六个孩子的职工家属,目前已经是一个具有四级工水平并且带着两个徒工的工人。现在,这支由职工家属组成的劳动大军,在石景山钢铁公司和石景山发电厂已经成为一支不可缺少的力量。

公社办的工业在为大工业服务的方针指导下,自力更生,发挥了苦干、实干、巧干的精神,一年来也有飞速的发展。公社的包括二十多个行业的四十一个中小工厂,成为石景山地区大工业的有力助手和改造农业技术的重要力量。1959 年社办工业的总产值,也由 1958 年的五百七十万元增长到一千五百九十三万元,增长了 179%。各大工厂对社办工业都给予了有力的支援,并且在促进农业技术改造方面也做了许多工作。但是,社办工业主要还是自力更生、白手起家办起来的。大多数社办工厂开始时都是一无资金,二无设备,工人也不懂技术。社员们就自己凑集资金,并且用“请进来,派出去”的办法到处去学习技术;没有原料,他们就因地制宜,广泛开辟原料来源;没有设备,他们就先用土法生产,公社大力组织街道妇女利用大工厂的废旧物资专门生产大工厂所需要的产品,并且积极整顿扩大原有农业社举办的小型工业。经过了一段艰苦的创业过程以后,社办工业就逐步由小到大地巩固和发展起来。

公社成立以后,农业生产贯彻了以菜、肉为纲的方针,也有了飞跃的发展。

商品蔬菜的产量由 1958 年的二千五百万斤猛增到 1959 年的五千七百万斤，基本上保证了公社范围内工业人口的蔬菜供应。猪、鸡、奶牛也显著增加，还举办了养鱼、养鸭等新的生产部门。

广大职工家属参加生产以后，迫切要求组织集体生活福利事业，同时，由于参加生产的人增多，市场购买力增加，也要求有计划地组织供应。原有的国营商业、服务业和工厂生活福利部门已经远不能满足群众的需要。公社党委根据这一情况，就把原来分属十六个系统的国营、服务业、居民集体福利事业、财贸部门和工厂生活福利部门统一组成一个人民经济生活委员会，统一领导各种集体福利事业和商业部门，并且增加和合理地调整了商业、服务业的网点，使这个地区的服务、供应工作大大改观。从公社成立到 1959 年底，全公社共建立了食堂一百四十三个，其中农村一百一十四个，入伙户数占农村总户数的 93%，街道食堂二十九个，入伙居民占参加生产人数的 46%。公社建立了托儿组织一百〇九个，其中农村九十个，入托儿童占应托儿童的 74%；街道托儿所十九个，入托儿童占应托儿童的 31%，为二千八百多户职工家属解除了家务劳动的牵累。公社还举办了敬老院四所，入院老人四十九人；十一个医务所，有医护人员七十六人。所有这些，对于减轻社员的家务负担，改善商品供应情况起了极大的作用。

服务站是公社集体福利事业的新发展。人民经济生活委员会在家属集中居住区先后建立了综合性服务站、代销点、缝纫部、理发部、书店、儿童活动站、修车修鞋点、电视队及其他修理服务点共七十五个单位。服务项目有三十八类一百五十多种，包括代购、代销、代办、代收、代做、扶老携幼、照顾病人、清洁卫生、拆洗缝补，直到为工厂代收房租、配煤等等。依靠服务站解决困难的户数已达集中居住区总户数的 38.3%。"有了服务站，样样都方便，诸事不操心，全力为生产"，这就是群众对它的赞歌。

公社成立以后，工农联盟更加巩固和发展了，为了支援大工业和发展公社生产，他们展开了大规模的协作和互助。社员们把支援石钢和其它大工厂的生产建设，当作最光荣的任务。在运输任务最紧张的时刻，公社的汽车、大车、拖拉机主动地去支援大工厂运输；当高炉生产急需砂子的时候，公社就连夜组织大车去抢运；石钢缺白泥，社员们就去挖白泥，大工厂的职工、街道居民、机关干部以及这里的学生,已经成为经常参加农业劳动的一支突击力量。工厂又主动为农业生产大队修复了大量农业机械、车辆,还派了技术力量去向社员传授技术。

公社成立后变化最大的是妇女群众。她们摆脱了家务劳动参加生产以后,培养了爱集体、爱劳动的风气。妇女的社会经济和政治地位大大提高了。一般职工家属和居民参加生产以后,家庭收入都有显著的提高。据参加生产的七十一个职工家属的调查,职工家属每月工资的收入等于家庭中工厂职工收入的47.9%。有的家庭收入增加了一倍。夫妻之间,婆媳之间互敬互爱,出现了很多新型的和睦家庭。她们还参加了技术革新和技术革命运动,并且普遍参加了业余文化学习。

中共北京、上海、天津、武汉、广州

五市市委书记在人大会上联合发言

大城市必须逐步分批实现公社化

（一九六○年四月十日）

他们在发言中指出：一年多以来的实践，证明人民公社在大城市也是完全适合的，它为广大人民所热烈欢迎。城市人民公社不仅能促进生产高速度的发展，而且还是彻底改造旧城市使之适合于现阶段的社会主义建设和未来的共产主义理想的重要工具。在组织城市人民公社生产和生活时，应当继续贯彻执行积极发展，积极把公社办好，又要实行自愿原则，决不要要求一切人都一起参加。

新华社9日讯　在今天的全国人民代表大会会议上，关于在大城市建立人民公社的问题，引起了人们广泛的兴趣。来自大城市的代表指出，大城市必须逐步分批地实现人民公社化。既要积极发展，又要实行自愿原则，决不要要求一切人都一起参加。

代表们在今天上午分组讨论，下午举行大会。陆定一、谢觉哉、何香凝、程潜、阿沛·阿旺晋美、傅作义等代表，在会上作了发言和书面发言。出席政协第三届第二次会议的委员们也列席了会议。

北京、上海、天津、武汉、广州五大城市的中共市委书记万里、曹荻秋、万晓塘、宋一平、朱光在联合发言中说，这五个城市从1958年起就开始试办了城市人民公社。一年多以来的实践，证明人民公社在大城市也是完全适合的，它为广大人民所热烈欢迎。

他们谈到了城市人民公社在大城市所表现出的巨大优越性：五大城市的公社都发展了生产，在1959年一年的试办期间，仅街道工业生产单位就创造了近八亿元的产值和加工费,它成为工业战线上的一支新生的力量;各公社都发展了集体生活福利事业,增加了劳动人民的收入,去年社员的月工资从开始时的十几元,到年底增长到二、三十元,有的还更多些;城市人民公社的建立,还进一步加强了各部门之间的协作,促进了文教卫生事业的发展。

万里等代表说,事实证明,城市人民公社不仅能促进生产高速度的发展,而且还是彻底改造旧城市使之适合于现阶段的社会主义建设和未来的共产主义理想的重要工具。

万里等代表谈到大城市人民公社今后的作法时说,由于城市中各阶层人民的思想觉悟、收入、生活水平和生活习惯等有所差别,他们对城市人民公社的要求也不一致,有些工商界人士和知识分子对入社还有些顾虑,同时有些人生活习惯的改变还需要一个较长的过程,而把城市全体人民的集体福利和服务组织办得更多更完善也还需要一个相当的过程,因此在组织城市人民公社生产和生活时,应当继续贯彻执行积极发展,积极把公社办好,又要实行自愿原则,决不要要求一切人都一起参加。对那些现在还没有这种要求和需要的人,还有若干顾虑的人,不要勉强吸收他们参加,并且劝他们不要勉强参加。特别是公共食堂,根据党的方针,我们在乡村就是采取既积极办好又根据自愿的政策,现在在城市更应该如此。

他们说,至于对个人所有的生活资料(包括房屋、衣被、家具等)和在银行、信用社的存款,仍然都归个人所有。公共食堂、托儿所亦应组织和吸收那些参加生产而又愿意加入的人参加。无论参加人民公社与否,生活必需品都应照常供应。

万里等代表说,这五个城市今后打算首先办好以街道为中心的人民公社,同时也逐步办好以厂矿、机关、学校为中心的人民公社,逐步分批地实现全市的人民公社化。

最高人民法院院长谢觉哉在发言中谈到最高人民法院和各地高级人民法院去年执行特赦罪犯工作的情况,他指出,这次特赦,充分显示了我们国家的巩固和强盛,显示了党的政策的伟大成功。把清朝末代的皇帝改造成为自食其力的劳动者,把战犯改造成为新人,把特务土匪从破坏者改造成为建设者,把惯盗惯窃改造成为拾金不昧的人,把许多旧社会遗留下来的消极因素,改造成为建设社会主义的积极因素。这是一个重大的成就。

谢觉哉谈到,凡是特赦释放的罪犯,现在都得到了妥当安置,开始了他们的新的生活。他说,我们国家在同反革命和其他犯罪分子的斗争中,历来实行了党的惩办与宽大相结合的政策;实行劳动改造和思想教育相结合的原则;同时,这一工作不仅由国家机关进行,而且广泛吸引全国人民群众来做。谢觉哉说,对罪犯的改造,是专政的一种形式,也是阶级斗争的继续。今后一方面要继续对正在改造的罪犯加强改造工作,同时还要对帝国主义和蒋介石集团的破坏活动,保持高度的警惕。

西藏自治区筹备委员会副主任委员阿沛·阿旺晋美在发言中谈到西藏民主改革取得的伟大胜利。阿沛·阿旺晋美说,由于平定叛乱和民主改革的胜利,西藏地区已经呈现出一片从来没有过的欣欣向荣和生气勃勃的新景象,西藏民族已经走上了民族发展和民族繁荣的崭新阶段。

阿沛·阿旺晋美说,西藏除了少数边远地区以外,全区的民主改革运动将在今年播种以前胜利完成。在改革中,已经完成土地分配的地区,农民分得二百一十万余克土地(一克地相当于一市亩),每人平均得到三克半;由于实行了“谁种谁收”、减租减息和废除旧债等政策,劳动人民平均每人可得一千五百多斤粮食。现在,各地已经组织了互助组,掀起了一个轰轰烈烈的爱国增产运动,使西藏地区出现了从来没有过的生产跃进的大好形势。今年他们有信心在农业生产上增产15%到20%,畜牧业也将大大发展。

阿沛·阿旺晋美说,西藏在民主改革中,充分发动了群众,同时对农奴主实行了宽大的政策。西藏的人民民主统一战线更加壮大了。广大人民认定,西藏人民永远是祖国大家庭中的一员,他们决心要永远跟着共产党、毛主席走社会主义和共产主义的光明大道。帝国主义和外国反动派喋喋不休地叫嚷什么中国共产党要消灭西藏的民族和宗教,这无非是妄图保障西藏残酷黑暗的农奴制度。现在百万农奴已经站起来了,任何国内外反动派的破坏活动都是永远不能得逞的。

何香凝副委员长在发言中说,今天的形势和条件,对于我们实现今年的继续跃进,是非常有利的。通过全国六亿五千万人的共同努力,我们今年的国民经济计划不仅有把握如期完成,而且一定将超额完成。

何香凝说,民革同各民主党派一样,在中国共产党的领导下,在 1957 年的反右派斗争和整风运动之后,经过两年的大跃进,在从资产阶级性政党转变为真正为社会主义服务的政治力量的长途中,又向前跨进了一大步;大多数成员在积极为社会主义服务的过程中,政治思想面貌也发生了很大的变化。她说,我们在自我改造方面所取得的一些进步,以祖国飞跃发展形势的要求来衡量,同广大劳动人民冲天干劲相比较,还有一段不小的距离,还必须不骄不馁地继续进行政治立场和思想的改造。

何香凝说,当前,我国的社会主义事业,正在日益发展,步步深入。我们民革和各民主党派一起,一定要正确认识城市人民公社的重大意义,热烈支持这一具有历史意义的创举,跟上伟大的时代。

程潜副委员长在发言中,谈到当前湖南省呈现的一派大好形势。他说,六十年代的第一个春天,湖南省工业生产、基本建设和交通运输方面的生产情况很好,以技术革新和技术革命为中心的增产节约运动正一浪高似一浪地向前发展,1、2 月份生产稳步上升,进入了持续跃进的新阶段。全省农民干劲冲天,热情奔放,展开了规模宏伟、气势磅礴的以春耕为中心的大生产高潮。农业基本建设以史无前例的规模和速度在进行,许多地方已经出现了"高山人造海,渠道赛江淮,流水空中过,帆船岭上来"的新气象。程潜说,从湖南,看全国,我们对于实现 1960 年国民经济计划并且超额完成各项指标,具有绝对的信心。

程潜在发言中还谈到台湾问题。他说,我们不能容忍美帝国主义还霸占着我国的神圣领土台湾,我们绝对不能容忍美帝国主义制造"两个中国"的阴谋得逞,伟大的中国人民一定要解放台湾、澎湖、金门、马祖,实现祖国的完全统一。

水利电力部部长傅作义就进一步发展水利电力工作作了发言。他指出,我国水利电力事业 1959 年又实现了继续大跃进。1959 年全国建成了大批大中小型水库工程,共计完成土石方一百三十亿立方米,扩大灌溉面积七千万亩。这些工程对战胜去年的水旱灾害,保证农业生产的继续大跃进起了巨大作用。在电力工业方面,1959 年的生产和基本建设,都大大超过了 1958 年。电力工业的飞跃发展,已使我国的电力生产水平在世界上所处的地位,发生了显著变化。1949 年我国的发电量居世界第二十五位,1959 年已跃居到第九位。傅作义说,从去年冬天起,各地掀起了更大的水利建设高潮。据最近统计,在这一高潮中全国扩大和改善的灌溉面积,已经超额完成了二亿六千万亩的计划。加上过去所修的工程,各个江河流域有了更加完整的水利系统,伟大祖国的山河面貌因之焕然一新。傅作义说,为了保证国民经济继续跃进的用电需要,1960 年我国发电量将比 1959 年增长 34% 到 40%,装机容量将比 1959 年增长 31%,我们一定能够胜利地实现今年的继续跃进。

建立城市人民公社具有伟大历史意义

——北京、上海、天津、武汉、广州五大城市人民群众欢欣鼓舞迎接人民公社 万里、曹荻秋、万晓塘、宋一平、朱光代表在人大二次会议上的发言

（一九六〇年四月十日）

各位代表：

我们完全同意李富春、李先念和谭震林三位副总理的报告和人大常委的工作报告。我们现在对北京、上海、天津、武汉、广州五个城市人民公社的发展情况和今后作法发表几点意见。

我们五大城市和全国的其他地方一样，在全民整风运动胜利的思想基础上，在总路线、大跃进、人民公社的鼓舞下，各项工作都出现了大跃进的局面。由于我们社会主义建设事业的高速度的发展和迫切需要更多的人参加各项生产建设事业，由于广大职工家属、街道居民的思想觉悟大大提高，他们具有迅速摆脱我国一穷二白的落后面貌的愿望和摆脱家务劳动从家庭琐事中解放出来参加社会劳动的强烈要求。基于这些原因，城市街道工业就像雨后春笋般地蓬勃发展起来。城市街道工业大量发展起来以后，参加生产的人们就要求实现生活集体化和家务劳动社会化，并且已经兴办起各种各样的集体生活福利事业和服务事业。为了更好地组织群众的生产、生活、学习，便于和大企业的协作，必须有一种好的相适应的组织形式，因此我们从1958年起就开始试办了城市人民公社。一年多以来的实践，证明人民公社这种组织形式在大城市也是完全适合的，和农村人民公社一样，表现了它的巨大优越性，为广大人民所热烈欢迎，这是因为：

一、它发展了生产。城市人民公社在组织起来的过程中就兴办了大批的中小工厂，这些工厂是工业战线上一支新生的力量，可以帮助大工厂加工零件、部件和半成品，还可以利用废旧材料生产各种日用工业品，所生产的产品有几百种甚至几千种。因此它在为大工厂服务、为城市人民生活服务、为农业生产服务和满足市场需要等方面都起了重大作用。仅就我们五大城市街道工业生产的情况来说，在1959年一年的试办期间就创造出近八亿多元的产值和加工费。

二、它发展了集体生活福利事业，增加了劳动人民的收入，从而改善了人民的生活。一年多来，随着生产的发展，各地人民公社一般地都有了相当数量的积累，公社的积累除了用于扩大再生产以外，还兴办了许多集体生活福利事业，如公共食堂、托儿所、幼儿园、洗澡堂、敬老院和服务站等。这些集体生活福利事业的兴办大大改善了人民物质生活，深受人民群众的热爱。随着生产的发展，社员的个人收入也有了迅速的增长，1959年的月工资从开始时的十几元，到年底就增长到二、三十元，有的还更多些。

三、城市人民公社的建立，进一步加强了各部门之间的协作。在公社建立以前，街道生产组织和生活福利组织已经与各部门之间建立了协作关系，但是这种协作还是不系统的、不经常的。公社建立以后，这种协作关系就形成了更有系统的、在更大范围内的经常的大协作。由于协作的加强，就更加促进了生产的发展，改善了职工和居民的生活，更加提高了人们的共产主义觉悟。

四、城市人民公社的建立，使广大妇女群众特别是家庭妇女走上了彻底解放的道路。公社的从业人员，90%以上都是原来的家庭妇女，家庭妇女的劳动力一旦得到了解放，就发挥出无穷的智慧和惊人的才干，许多人已经成为先进生产者和先进工作者。妇女们在劳动中得到了锻炼，掌握了技术知识，学会了管理工作。在街道工业和集体福利事业的领导干部中妇女占了很大的比重。由于公社把生产、工作、学习、家务作了妥善的安排，这样，她们就由消费者变成生产者，由缺乏文化技术变为逐步掌握文化技术，由不大过问政治变为关心国家大事，她们的政治文化水平提高了和家庭收入增加了以后，就进一步实现了男女平等，出现了很多夫妇、婆媳之间和睦相亲，互敬互爱的真正美满的新型家庭。

五、城市人民公社还促进了文教卫生事业的发展。许多公社在国家帮助下建立了业余学校,聘请了专职教员,社员可以在劳动之余学习政治、学习文化、学习技术。许多公社因陋就简、白手起家,举办了很多业余扫盲班、小学班、业余中学等学习组织,并且建立了俱乐部、图书室、阅览室等,经常开展文化娱乐体育活动以丰富社员的文化生活。有些城市人民公社还在医疗卫生机关的协助下建立了保健、卫生等组织,更有组织地开展了除四害、讲卫生等群众运动。

城市人民公社,不仅能促进生产高速度的发展,而且还是彻底改造旧城市使之适合于现阶段的社会主义建设和未来的共产主义理想的重要工具。党的八届六中全会"关于人民公社若干问题的决议"中指出城市人民公社将"成为改造旧城市和建设社会主义新城市的工具,成为生产、交换、分配和人民生活福利的统一组织者"。因此,城市人民公社的建立发展和提高的过程,也就是加速改造旧城市、建设社会主义新城市的过程。在我们五个城市建立人民公社的过程中,我们已经看到它对改造旧城市所起的巨大作用。由于城市人民公社的建立,把大量的消费者变成了生产者,使繁琐的家务劳动,逐步地变成了社会的劳动,劳动光荣已经成为社会风尚,从而使这些城市的面貌发生了更大的变化,在生产、交换、分配、生活等方面,都出现了原来的城市所不能适应的情况,因此今后城市的规划和城市的改建,必须适应这些新的情况加以改变,使这些城市逐步地从根本上改变成为完全适合社会主义建设和未来共产主义理想的崭新的城市。

城市人民公社的出现是广大劳动人民的要求,特别是广大职工家属的迫切要求,但由于城市中各阶层的思想觉悟、收入、生活水平和生活习惯等有所差别,他们对成立城市人民公社的要求也不一致;有些资本家和知识分子对入社还有些顾虑,同时有些人生活习惯的改变,还需要一个较长的过程,而要把城市全体人民的集体福利和服务组织办得更多更完善也还需要一个相当的过程;因此在组织城市人民公社生产和生活时,应当继续贯彻执行党中央的方针和政策,积极发展、积极把公社办好,又要实行自愿原则,因此,决不要要求一切人都一起参加,而应当首先吸收那些有真正要求和需要的人参加,对那些现在还没有这种要求和需要的人,还有若干顾虑的人不要勉强吸收他们参加,并且劝他们不要勉强参加。特别是公共食堂，根据党的方针，我们在乡村就是采取既积极办好又根据自愿的政策，现在在城市更应该如此。至于对个人所有的生活资料（包括房屋、衣被、家具等）和在银行、信用社的存款，仍然都归个人所有。办理集体福利事业所需要的房屋及其他用具，应提倡因陋就简，自力更生，政府加以辅助的精神，在发展生产的基础上，积极地逐步地加以解决。公共食堂、托儿所亦应首先组织和吸收参加生产而又愿意加入的人参加。无论参加人民公社与否，生活必需品都应照常供应。

在组织城市人民公社的群众运动中，我们要采取积极的态度领导运动向前发展。目前我们五个城市打算首先办好以街道为中心的人民公社，同时也逐步办好以厂矿、机关、学校为中心的人民公社，逐步分批地实现全市的人民公社化。城市人民公社应该以组织生产为中心，同时组织各种集体生活福利事业和服务事业。在组织生产方面，要贯彻执行因地制宜、就地取材、自力更生、勤俭办事业的方针，并根据公社工业的特点，开展技术革新和技术革命运动，配合大企业、大搞综合利用，充分发挥生产潜力，不断扩大生产，并且把城市人民公社的生产都纳入各城市的统一计划。在组织各种集体生活福利事业和服务事业方面，要继续贯彻执行为大企业、为职工、为社员、为居民服务的方针，和大集体、小自由的原则，办好公共食堂、托儿组织和生活服务站，在文化教育方面大力举办各种业余学校和卫生医疗事业，大力开展文化体育活动，加强对社员的社会主义和共产主义教育，不断提高社员的政治思想觉悟和文化科学技术水平。

"人民公社一枝花,花开一朵香万家"

——第二届全国人民代表大会第二次会议旁听记

(一九六〇年四月十日)

"大办城市人民公社"的呼声,像春雷似的响彻祖国的大地。一个具有伟大历史意义的革命群众运动,在全国各地城市逐步展开。它将以排山倒海之势,雷霆万钧之力,汹涌澎湃地向前发展。

广大职工和城市劳动人民大办城市人民公社的迫切要求和强烈愿望,集中地反映在第二届全国人民代表大会第二次会议上。

这几天,来自城市的代表,都满怀热情地谈论城市人民公社。他们的精彩发言,振奋着每个人的心。北京等五大城市代表的发言,更使大会进入了一个人人欢欣鼓舞的高潮。中共北京市委书记万里、中共上海市委书记曹荻秋、中共天津市委书记万晓塘、中共武汉市委书记宋一平和中共广州市委书记朱光,在他们的联合发言中说:"城市人民公社运动的发展,是历史发展的必然趋势,是一个具有伟大历史意义的事件。它有无限的生命力和光明伟大的前途。目前,我们五大城市的广大人民群众正以欢欣鼓舞的心情来迎接人民公社。我们坚信,在党中央和毛主席的正确领导下,城市人民公社一定会办好,而且一定会办得很好。城市人民公社无疑地会在今后社会主义建设事业中,更加展示出它的光辉灿烂的美景。"这个发言激起了全场暴风雨般的掌声。

一年多以来,全国各省、市、自治区,按照自愿的原则,已经建立了一批城市人民公社,公社人口近二千万人。河南、河北、黑龙江等省的多数城市,已经基本上实现了人民公社化。

人们记得,在 1958 年 12 月,党就指出:城市人民公社将"成为改造旧城市和建设社会主义新城市的工具,成为生产、交换、分配和人民生活福利的统一组织者。"(中共八届六中全会关于人民公社若干问题的决议)事实正是这样。许多代表用大量的事实说明:各地建立的城市人民公社都显示出它对改造旧城市所起的巨大作用。大量的消费者开始变成了生产者,分散、繁琐的家务劳动,正在逐步地变为社会的劳动,劳动光荣已经成为社会风尚,使得城市的面貌发生了翻天覆地的大变化。有的代表还指出:生产,交换,分配,生活等等方面,出现了原来的城市所不能适应的情况;今后城市的规划和改建,必将根据这些新的情况来加以改变,使这些城市逐步地从根本上改变成为完全适合社会主义建设和未来共产主义理想的崭新的城市。

全国各地在组织城市人民公社和街道经济组织的时候,都是从组织生产入手,把发展生产作为最中心的任务。根据初步的统计,城市人民公社和街道组织已经办起了五万六千多个工业生产单位,有近二百万从业人员。1959年的产值达到了二十亿元以上,相当于1949年全国地方国营企业产值的两倍多。这些工业生产单位在为大工厂服务,为城市人民生活服务,为农业生产服务和满足市场需要等方面,都起了重大作用。北京市代表张晓梅谈到:街道工厂已经成为北京工业战线上的一支新生力量。它的生产灵活、多样,不仅能很好地为人民生活服务,更日益成为国营大工厂的有力助手。有些国营工厂已经把一部分产品(连同一部分机器设备)下放给街道工业生产单位,自己腾出力量生产更高级、精密的产品。这不但可以加快大工业的跃进速度,而且也为街道工厂的逐步走向现代化生产,创造了条件。

城市人民公社工业和街道工业的崛起,为广大家庭妇女的彻底解放,开拓了广阔的道路。北京市二十几万个一无资金、二无设备、三无技术的家庭妇女,在短短的时间内,办起了七百七十多个街道工厂,这是自古以来所没有的事。今年第一季度全市街道工业的总产值已达一亿七千万元,相当于1949年全市工业的总产值。从清朝末叶到蒋介石反动集团,这些反动统治者总共只给北京留下年产值一亿七千万元的工业;而北京的家庭妇女,在党的领导下白手起家,只花两年时间办起来的工业,今年头三个月的产值,就等于反动统治者搞了近百年的工业的年产值。

现在,任何阻力也不能使妇女们从建设社会主义的行列中倒退,再回到小锅台旁边去了。为什么她们参加社会劳动的要求这样迫切?干劲这样大?安定门电镀厂车间主任史培兰的经历,作了有力的回答。她是一个铁路工人的妻子,在解放前两口子终日劳累,还养不活一个孩子;而在解放后他们有了六个孩子,生活反而很幸福,孩子们分别上了中学、小学、幼儿园。史培兰热爱社会主义,盼望用自己的双手参加社会主义建设,她积极参加义务劳动挖砂石,和几个妇女凑钱自己拉城砖,白手起家盖厂房。如今,她已经从文盲提高到高小文化程度,从完全不懂生产到当了车间主任,成为共产党员,完全摆脱了在家庭中的从属地位,过着真正幸福的生活。广大妇女就是像史培兰这样,一心一意追求着社会主义、共产主义的幸福,勇往直前地投入了各种社会劳动。

社会主义的生产集体化,迫切地要求家务劳动社会化和生活集体化。因此,城市人民公社在大抓生产的同时,大办集体生活福利事业和服务事业,全面组织人民生活。它依靠群众,坚持自愿的原则,把分散的、繁琐的、令人愚昧的家务劳动,逐步改造成为社会主义的大经济,使广大人民开始过着崭新的生活,感到温暖和幸福。

河北省省长刘子厚说,河北的城市已办起各种公共食堂一万七千多个,托儿所一万二千多个,各种生活服务站六千八百多个。这些集体福利事业和社会服务事业的发展,不仅使广大职工能更好地进行生产,而且使四十多万城市家庭妇女摆脱掉家庭事务,参加了社会生产和社会服务,成为社会主义建设的一支生力军。天津市光复道街同各有关部门大协作,从发展生产入手,把计划供应、合理分配商品和指导消费相结合,积极地组织群众生活。他们首先帮助各工厂企业办好职工食堂,使职工们吃饱、吃好、吃省,心情舒畅,并且根据城市居民有不同阶层、不同民族和不同的生活水平与生活习惯等特点,办了各种类型的街道食堂,来满足各种人的不同需要。同时,全街形成了一个星罗棋布的社会服务网,从看孩子、洗衣、缝纫、理发、美化家庭到护理病人、办理婚丧事务等等,做到了人人有事做,事事有人管,生产发展,收入增加,生活改善。这种新型的社会化的生活方式,大大激发了职工的劳动热情。去年光复道街三十六个工厂,全部提前一月左右超额完成了生产任务。

在城市人民公社的集体劳动和集体生活中,广大社员受到了共产主义教育,精神面貌发生了深刻的变化。辽宁省副省长刘宝田在发言中,赞扬城市人民公社是广大社员的共产主义学校。他说,沈阳市街道人民公社的社员,普遍关心集体，爱社胜家，"一为国，二为社，三为己"的社会主义思想和劳动光荣、艰苦朴素的风气已经形成。由于他们阶级觉悟的提高，已经有八百多人光荣地参加了共产党，五百多人参加了共青团，有一千多人分别被评为市、区级的劳动模范和先进生产者。过去好吃懒做、不务正业的人，现在变成了劳动者，有的打架"王子"已经变成了生产能手。社员们互相帮助，团结友爱，到处是一片邻里相亲、家庭和睦的新景象。

随着城市人民公社的诞生，在街道居民中出现了"人人学文化，处处读书声"、吟诗作画、习歌载舞的新局面。沈阳的街道人民公社就办起了四百二十九所红专学校，七十七所中、小学，五十二处文化站、图书馆，还组织了许多业余剧团和歌咏队。

广大城市人民满怀欢乐的心情，歌颂着城市人民公社。郑州市红旗人民公社的社员歌唱道："人民公社一枝花，花开一朵香万家。"城市人民公社这枝鲜花，在毛泽东思想的光辉照耀下，在祖国社会主义建设无限美好的春天，正在朵朵绽开，越开越妍。

薛笃弼、武和轩和黄启汉委员的联合发言

(一九六〇年四月十日)

降龙伏虎斗志昂,低不怕水,高不怕旱,敢与天公比高强。人民公社是天梯,美好生活胜天堂。

主席、各位委员:

我们听了李富春副总理、李先念副总理、谭震林副总理和陈叔通副主席的几个报告,感到无比兴奋。从这几个报告中可以看出1959年我国人民在党和毛主席领导下坚持总路线、大跃进、人民公社,进一步在各方面取得了伟大辉煌的成就。我们这次来参加会议之前,曾经到过上海,宝山,嘉定,青浦,松江,金山六个县视察了十个人民公社,对于人民公社的无比优越性,有了进一步的体会。总的印象是:

农林牧副渔全面跃进

(1)所看到的十个人民公社,虽然都在去年遇到不同程度的旱灾和涝害,但却无例外地在农林牧副渔各业普遍比大跃进的1958年有更全面,更大的跃进。各人民公社的农业总产值比大跃进的1958年都是增长在20%以上,农作物的单位产量也有很大提高。例如嘉定长征人民公社1959年农业总产值一千四百五十二万元,比1958年增长23.4%。上海马桥人民公社出现二千二百三十六亩的大面积丰收片,平均亩产水稻一千斤以上。松江枫围人民公社的红旗生

产队,水稻平均亩产一千一百一十七斤,比 1958 年的六百一十八斤猛增80%。

畜牧业的发展也十分显著,有的公社已实现了或超过了一亩地一头猪的计划。例如彭浦人民公社去年养猪一万九千二百头,平均达到一亩地一点六头。其他各人民公社,在今年内都可以实现一亩地一头猪的规划。至于奶牛,兔子,鸡,鸭,鹅,鱼等等,都是几倍几倍地增长。

社办工业推动了农业技术革新

(2)社办工业蓬勃发展,十个人民公社,基本上都可以依靠自己的社办工业自力更生地大量制造和改造农具,自己修配拖拉机、汽车、抽水机,自己生产农业用的药物和部分化学肥料。有的还可以制造农业生产的成套装备。例如长征人民公社共办有五十六个工厂,工人一千二百四十七人。其中农业机械厂就自己制造每次可孵一万六千只蛋的大型电气孵化器,赶上春孵。还可以自己制造四匹马力的"马达",电焊机和水泵等。

由于社办工业的蓬勃发展,对于农业技术革新,提高农村生产力,起了直接的推动作用。同时为公社积累财富增加新的源泉,如彭浦人民公社去年农业总收入五百万零六千元,积累了九十八万元,大部分是生产队所有制的;工业总收入二百七十八万元,积累就有六十六万元,绝大部分是公社所有制的。可以想见,随着社办工业的不断发展,既加速农业生产的发展,也加速公社所有制的发展,为集体所有制过渡到全民所有制开辟道路,前途的伟大,不可限量。

社员生活显著提高

(3)社员的物质、文化生活,显著提高。十个人民公社,都是采取供给制与工资制相结合的分配制度,一般保证每人平均每年有粮食五百二十斤,在公共食堂里定量供应,菜自己买;大多数人在食堂吃,也有人买回自己家里吃,有的还自己加烧一两个菜。我们访问过许多食堂和社员住家,看见他们吃的东西在营养上是相当丰富的。长征人民公社去年分配给社员的口粮和工资共值六百零二万七千元，每一劳动力（包括全劳动和半劳动）平均分到三百四十一元，比1958年增加18%。年终的时候，该社扣除口粮和平时的工资预支，发给社员现金一百七十余万元，家家户户获得大红封包，欢度最快乐的春节。我们访问新五人民公社的一位女社员顾玉芳同志，她在解放前种十一亩地，全年收入不过三百二十元，去年一家十口，三个半劳动力，除口粮以外共分得现金七百零七元，生活过得从来没有像现在这样的富裕。我们还访问过许多人家，看到他们都新置了棉被，棉衣，羊毛衫，卫生衫，套鞋，球鞋。有不少人买了金笔，手表，座钟，脚踏车，并且普遍在银行里有存款。

不少人民公社原来是一个穷社，今年都有储备粮，例如松江的新五人民公社，去年扩大兴修水利，开辟了一条建设河之后，全社丰收，今年除了卖给国家和供应社员口粮以外，还有二十六万斤余粮作储备。我们亲自在他们的库房里，看到金黄的谷子，堆积如山。

马桥、彭浦、长征等人民公社，都先后建立了具有现代规模的新村，一幢幢两层楼的洋房，星罗棋布，那就是社员们自成一家的住宅。周围绿化，环境幽雅。一位姓张的社员对我们说：他从前世世代代住的是烂草棚，从来作梦也想不到有楼房居住，现在居然住到这样好的楼房来，真像登上天堂一样。

所有这些，充分表明人民公社化以后，农民生活显著提高。所以大家都说：

金好银好，没有人民公社好，
人间天堂就地造，
幸福生活那里来，
感谢恩人共产党。

又说：

想起人民公社好，
挑起担子都嫌少，
做到晚上还嫌早。

我们到处都可以看到男女老幼，喜气洋洋，春风满面，干劲冲天。金山县党委对我们说：他们正在"全党全民齐动员，一条心，一股劲，誓夺水稻超千斤，不达目的不收兵。"肯定今年人民公社生产更多，积累更多，分配更多。不少人民公社规划从今年起到 1962 年全部实现住宅新村化、耕种机械化、灌溉电气化。他们的口号是：降龙伏虎斗志昂，低不怕水，高不怕旱，敢与天公比高强。人民公社是天梯，美好生活胜天堂。

从以上情况可以看出，我国农村在党的总路线，大跃进，人民公社三面红旗之下，正经历着翻天覆地的变化。党的领导，群众的志愿，公社的力量，形成大时代的洪流，要把几千年来我国一穷二白的面貌冲洗干干净净。这是六亿五千万人民的具有世界历史意义的伟大创举，我们是投入其中发挥作用，还是旁观侧看待波涛卷走，不能不是一个最严重的考验。

城市人民公社给城市人民经济生活
带来无穷无尽的美好

特别是现在城市人民公社将要和农村一样大办起来了。千千万万的城市劳动人民正以无比兴奋的心情欢呼这个伟大的组织的来临。可以肯定，人民公社既然在农村发挥了它的无敌威力和无比的优越性，自然会同样带来给城市人民经济生活，政治和文化生活无穷无尽的美好。也可以肯定由于城市的情况比较复杂，公社化的发展，要经历一段曲折的斗争过程，问题就在于我们是跟千千万万劳动人民一道在党的总路线、大跃进、人民公社三面红旗之下，大踏步前进，还是扯着资产阶级个人主义的白旗，和历史车轮背道而驰？我们作为民主党派成员之一，作为全国政协委员之一，不用说唯一的道路是和劳动人民一起跟党和毛主席走，跟大时代走。所以我们愿在这个庄严的讲台上表示坚决拥护人民公社迅速在各城市发展。我们一定以实际行动，迎接城市人民公社。首先认真学习和广泛宣传总路线、大跃进、人民公社，动员家属和亲友，动员周围联系的群众，一起热烈地投入公社化运动，积极参加社会生产劳动和社会生活服务。我们相信，城市人民公社在党的领导和人民群众欢欣鼓舞迎接下,马上就会迅速壮大起来,为我国社会主义的长期持续大跃进,发挥巨大作用。让我们高呼人民公社万岁,万岁,万万岁。

首都妇女在彻底解放的
道路上飞跃前进

——张晓梅代表的发言

（一九六〇年四月十日）

主席、各位代表：

我完全同意李富春副总理所作的关于 1960 年国民经济计划草案的报告，李先念副总理所作的关于 1959 年国家决算和 1960 年国家预算草案的报告和人大常委的工作报告。现在，我谨就北京市广大的家庭妇女参加社会生产劳动，并在发展生产的基础上，全面组织经济生活的情况，向大会汇报。

首都二十五万家庭妇女参加了社会劳动

从 1958 年以来，在街道居民整风运动的基础上，在总路线、大跃进、人民公社的鼓舞下，经过两年的持续大跃进，北京的街道上出现了翻天覆地的大变化。广大家庭妇女为了建设社会主义，为了妇女的彻底解放，大办街道工业，大办社会集体福利事业和服务事业，现在已经有二十五万人参加社会劳动，已接近街道中适合劳动力年龄居民的 80％，真是"人人闹生产，家家无闲人"，劳动光荣正在形成风气，这是伟大的社会改造，它不但从每个角落改变着城市的面貌，而且不断地改变着居民的思想意识，它是建设社会主义新城市的一个重要的方面，是发展城市人民公社的重要条件。

二十几万家庭妇女动员起来大办工业，在短短的时间内，就办起了七百七十多个街道工厂，这真是自古以来所没有的事情。"家庭妇女一无资金，二无设备,三无技术,办工业行吗?"不少人曾经有过这个疑问。但是,党相信广大妇女群众的觉悟和力量,坚决支持她们要求参加社会主义建设的迫切愿望。妇女们以崇高的共产主义风格和英雄气概,大办工业。没有资金就大家凑,穷干、苦干,义务劳动三个月,生产有了底子以后,再讲报酬;没有设备,就白手起家,"过道作车间,大院作厂房",这正是北京街道工厂初办时期的动人景象。政府的有关部门,尤其是工业和商业部门,给了有力的帮助。长辛店搪瓷小五金厂,是由群众借了九把钳子办起来的,生产插头针、领钩、火筷子等多种零星日用品。一年来已经从劳动积累中添置了冲床、旋床、电动压丝机等五十多台机械。长辛店搪瓷小五金厂所走过的道路,正是全市街道工厂所经历的光荣的胜利的道路。妇女们刚一参加生产时,不懂技术,但是她们立下了雄心壮志,如饥似渴地苦学苦钻,虚心诚意寻师访友,不怕失败,不怕困难。现在她们不但掌握了技术,提高了思想觉悟,学会了管理和组织生产的本领;而且许多人在目前轰轰烈烈的技术革新、技术革命的运动中,成为先进的人物了。大栅栏玻璃仪器厂的妇女赵爱梅进行了一项技术革新,使玻璃管刻度上酸的效率提高了一百倍,而这个工厂的另一个妇女王彩琴并不以此为满足,她又进一步革新,在赵爱梅提高一百倍的基础上又提高了两倍。像这样一些技术革新和改进操作技术,使生产效率几倍、几十倍提高的生动事例还很多。在今年迎接"三八"节的立功献礼活动中,光是西城区的二十八个街道工厂中的妇女,就提出技术革新的合理化建议二千八百多条,其中已经实行的就有二千四百多条。这些事实,有力地答复了那些以为家庭妇女是"愚昧的""什么都不懂"的人;事实正是:"卑贱者最聪明,高贵者最愚蠢。"家庭妇女的劳动力一旦得到解放,就能发挥出惊人的力量。

街道工厂已经成为北京工业战线上的一支新生力量。街道工厂的生产灵活、多样,改变品种比较容易,产品由简单到复杂,现在已经达到五百多种。街道工厂为人民生活服务,许多零星细小的日用工业品,只要人民生活需要的,她们都不嫌其烦、不嫌其产值小,而尽量生产。街道工厂日益成为国营大工业的有力助手。如北京制帽厂 1959 年全年产值的 20% 是由为他们加工的街道生产人员完成的,由于有了街道工业的加工,这个厂就在不增加厂房、不增加投资、设备和人员的情况下超额完成了国家计划,1959 年这个厂光是机器设备一项就节约了资金八万元。现在街道工业已经不仅是纳鞋底、搓麻绳、糊纸盒了，还能生产一部分仪器、仪表等相当高级的产品了。有些国营工厂已经把一部分产品（连同一部分机器设备）下放给街道工业生产，而腾出力量去生产更高级精密的产品。这样，街道工厂和大工业联系起来，不但可以加快大工业的跃进速度，而且也为街道工厂的逐步走向现代化生产，创造了条件。

家庭妇女办的街道工业，
以惊人速度飞跃发展

代表们：就是这些一无资金，二无设备，三无技术的家庭妇女所办的街道工业，以极其惊人的速度飞跃发展。产值（包括加工产值）从 1959 年 6 月到今年 2 月的八个月中，增长了十一倍。今年第一季度全市街道工业的总产值已经达到一亿七千万元，相当于 1949 年全市工业的总产值。从清朝末叶到蒋介石反动集团，这些反动统治者总共只给北京留下了一亿七千万元产值的工业，而北京的家庭妇女，在党的领导下白手起家，只要两年的时间所办起来的工业三个月的产值就等于他们搞了近百年的年产值；这一事实，不是极其雄辩地说明了党的总路线的光芒万丈吗？不是有力地证明了党所领导的群众运动的无往而不胜的威力吗？不是充分显示了一穷二白的劳动妇女一旦解放出来所发挥的无穷的干劲和智慧吗？

为什么家庭妇女参加社会劳动的要求这样迫切？干劲这样大？这不仅是因为她们爱社会主义，盼望用自己的双手把社会主义祖国建设好；也因为她们懂得只有参加社会劳动，才能把自己从家庭琐事的束缚中解放出来，改变几千年来妇女的从属地位，实现妇女的彻底解放。同时，这样还能使全家的经济生活进一步改善，全家的思想一致，过真正幸福的生活。因此，任何阻力再也不能使她们从建设社会主义的行列中倒退，回到小锅台旁边去。安定门电镀厂车间主任史培兰，就是无数这样的妇女中的一个。她是六个孩子的妈妈，为什么她能够积极地参加义务劳动挖砂石？为什么她能够和几个妇女每人凑几毛钱自己拉城砖，白手起家盖厂房？这是因为她，一个铁路工人的妻子，在解放前两口子终日劳累养一个孩子还养不活；而在解放后他们有了六个孩子，生活反而很幸福，孩子们分别上了中学、小学、幼儿园；她知道："建成社会主义、共产主义更幸福！"但是，过去她在家庭里"钱是人家挣的，自己不能拿主意"，而今天，她已经从文盲提高到高小文化程度，从完全不懂生产到当了车间主任，成了共产党员。除了跟着党走，党指到那就奔向那，除了全心全意建设社会主义，难道还有什么更大的幸福吗？有人曾喊道："妇女太苦啦！还是回到家里去幸福！"可是广大妇女就像史培兰这样昂然不顾，她们一心一意追求的是社会主义、共产主义的幸福，她们不愿意过从属的寄生的苦日子。北京的家庭妇女越来越多地投身社会劳动，参加街道生产和服务事业的，1958年是十四万人，1959年增到十八万人，现在增到二十五万人了，其中95%是家庭妇女。有劳动力又没有什么特殊困难而不参加劳动的人已经是很少了。

随着街道工业的迅速发展和扩大，除了用于积累和举办各种集体福利事业以外，生产人员工资收入也增加了。1958年底，一般街道生产人员的平均工资约十五元左右，现在除集体福利以外，已增加到二十三元左右。由于家庭妇女参加了生产，家庭收入增加了，人民的生活大大改善了。据二龙路电器厂一车间的七十个人的调查，仅她们的工资收入，就占原来家庭收入的38%。

集体福利事业大量兴办，
广大劳动妇女笑逐颜开

适应着生产大跃进和广大妇女参加社会劳动的需要，集体生活福利事业和服务事业、家务劳动社会化正在迅速地发展、巩固和提高。现在全市街道已办起了四千五百七十处食堂，有十五万五千多人入伙；共有托儿组织三千三百多处，收托儿童八万零八百多人；街道服务站（所）有三千七百余处。集体生活福利事业和社会服务事业的大量兴办，使广大人民特别是妇女劳动者笑逐颜开。这样一桩牵涉到每个家庭生活的深刻变革，也必然引起各种不同的看法和舆论。

托儿所带孩子，是不是比家里带的好呢？有人是怀疑的。在这里我想举两个例子。二龙路人民公社察院幼儿园，原来是街道妇女穷干、苦干办起来的，现在已经是一个收托九十二名儿童的全托幼儿园。孩子们健康活泼，生活、教育和卫生工作都做得好，去年8月底发现肝炎，立刻进行隔离消毒，增加孩子的营养，就没有再感染别的孩子。保育人员在技术革命运动中，还制作了土洗衣机、挤馅机、教具玩具九十多件，受到家长的信任和赞许。又如大跃进以来，琉璃河水泥厂有八百多名职工家属参加了生产，她们的孩子从初生的婴儿到学龄前的儿童，都绝大部分送到水泥厂的托儿所。托儿所的保教人员80%都是新参加工作的职工家属，她们认识到看孩子很重要，千方百计地改进工作，处处为孩子和妈妈着想。收托时间灵活，方式多样，孩子们的吃饭、穿衣、护理、教育等，托儿所都全部包管起来。在伙食上，既照顾到营养、又做到花样多，孩子们爱吃。在教育上，按照教育计划，根据孩子的不同年龄和个性进行教育。保育员还自己动手制作了几百件玩具，使孩子们玩的好。真正做到了"妈妈满意，孩子欢喜"。正是因为举办了大量的托儿所，才解决了孩子赘腿问题，使妈妈们称心如愿地走出家庭，参加社会劳动；正是由于托儿所教养孩子比在家里好，妈妈们在生产工作岗位上才能无牵无挂，干劲十足。琉璃河水泥厂的八百多名参加生产的家属中，就有二百多名次获得了季度先进生产者和先进工作者的光荣称号，还有四名孩子妈妈出席了市群英会，妈妈们写了一首诗来赞扬托儿所："孩子进所比家强，见了阿姨如见娘，吃好、玩好身体壮，母亲劳动把心放。"这首诗朴实真挚地表达了广大母亲的心愿，表达了她们对托儿所的看法，和她们对成千上万保育人员的衷心感谢。事实证明，群众创办的托儿组织完全能够办得好，能够使孩子从营养到保健，从教育到游戏，得到比家庭更好的全面的关怀，受到家庭所不能有的集体主义教育。广大妇女群众热爱托儿组织，迫切要求多办托儿组织，是完全可以理解的。因为，没有托儿组织，妇女怎样能从孩子的牵累中解放出来呢？怎样能参加社会劳动呢？

是把成千上万的妇女束缚在小煤球炉子上自己做饭优越呢？还是使她们解放出来参加社会劳动优越呢？新街口家庭妇女陈振英的例子作了最好的回答。陈振英是三个孩子的妈妈，为社会主义建设所鼓舞，参加了社会劳动，可是在食堂问题没解决前，每天早晨天不亮就得起床，生炉子做饭占去很多时间,来不及梳头就去上班,还有时迟到,中午和晚上要比别人提前下班,回到家里炉子灭了,等到重新生起火来,饭熟了,孩子也困了,爱人上班也误了,两口子吵嘴,这样工作了半个月,她不得不含着眼泪又回到家里去。当她正在发愁:什么时候我可以走出家庭为祖国服务啊? 街道食堂成立起来了,她全家人了伙,她又欢天喜地地回到了工作岗位。像陈振英这样的妇女她是根本不会产生食堂优越不优越的疑问的。没有食堂她就要像几千年来妇女经历的那样继续转小锅台,束缚在家务琐事中,而不得解放。有了食堂,她就能够和丈夫一样成为建设社会主义的一员了。像陈振英这样的妇女和群众有千千万万,他们都是坚决要求集体生活的。正是因为这样,妇女们才以极大的热情来办食堂。现在北京街道上既有几百人、上千人的大食堂,也有中、小型的简易的食堂。一些较大型的食堂,还具有主食加工厂的性质,他们为小型食堂加工主食,以大带小,发挥了骨干作用。例如,北新桥人民公社九道湾食堂,是在大跃进中由三个家庭妇女白手起家办起来的。现在已发展到有十八间房子,二十个工作人员,有八百多人吃饭的大型食堂。她们苦干、巧干,仿制了和面机、洗米机、切菜机、挤馅机等十四种简易炊事工具,安装了硬气锅炉和烤炉。这个食堂主、副食花样多,既有几分钱一盘的大锅菜,也有质量比较高的单炒菜,因而能满足群众的不同需要。对于老年人、孕妇、病人,食堂就注意做一些稀的和软的照顾他们。过年过节,这个食堂还准备了价廉物美的"团结席"、"跃进席"等等。她们每天除去供应八百多个人的饮食以外,还为周围十八个小型食堂加工制作主食,指导、帮助这些小型食堂改进做饭的技术和管理工作,小食堂自己作副食,既便利群众,又能使大、小食堂结合成网成套,大型食堂,或主食加工厂的出现,为食品制作机械化创造了有利的条件。目前不少大型食堂都有了像九道湾食堂这样一些食品加工的机械化设备。过去一家一户至少要占用一个劳动力来做饭,不知道有多少家庭妇女毕生的精力就耗费在这上面,狭小的天地、琐碎的家务劳动,限制了她们在政治上、文化上的开展和提高。现在像九道湾食堂这样二十个人不但作出八百多人的饭菜,而且还能给许多小型食堂作加工主食。相形之下,这是一个多么大的节约!

服务所、站是把零星家务
全面组织起来的新形式

随着生产的持续跃进,广大街道妇女不但要求解决带孩子、做饭等主要家务的牵累,也迫切要求解决家务琐事的社会化问题。服务所和服务站就是群众自己创造的把零星家务全面组织起来的一种新的形式。这种新型的服务组织现在已经在全市街道上普遍地兴办起来了。他们服务的范围很广,方式灵活,便利群众,一些办得好的单位,还采取了分片服务到户、包揽家务的办法,真正做到了群众需要什么,就作什么。如宣武区椿树胡同人民公社裘家街服务站就是一个例子,他们服务的项目包括拆洗缝补、修理皮鞋、便鞋、家具、接送小孩、照顾病人、产妇、计时托儿、代请医生、代交房租和电费、代办银行储蓄等一百二十多项。最近他们还实行了按户包办家务的办法,洗衣服、补袜子的活这都由服务站包干了;另一种是替夫妇双方都整天工作的职工和干部包办家务琐事,替他们打扫室内清洁卫生、生火炉子、灌暖水瓶、倒垃圾、接送小孩等等。包家务的办法很灵活,既可以全包,也可以包单项。这种服务形式,是由组织主要的家务劳动向进一步地全面地组织人民生活发展的一个很好的形式。广大群众热烈地欢迎这种服务组织,赞扬服务站"想得周到,来得及时,保证生产跃进、生活好"。住在棉花五条的工人家属刘甫全,参加了街道生产,孩子进了幼儿园,全家在大院食堂入伙,拆洗缝补包给裘家街服务站,他总是笑眯眯的对人说:"党全面组织人民生活太好了,我参加了工作,家务事都有人管,我可愉快啦。"生活集体化、家务劳动社会化的优越性不是再明显也没有了么!当然任何事物都有一个从低级到高级的发展过程。我们普遍地办食堂、托儿所等集体福利事业还缺乏经验,有办得很好的,也有办得不够好的。办好食堂、托儿所,不仅是街道妇女的责任,而且是全社会的责任。因为生产和生活是相互促进的,只有更好地组织人民的经济生活,大办集体福利事业和服务事业,才能适应社会主义生产不断发展的需要。恩格斯在一百多年前就曾经说过:"有了公共食堂和公共服务所,从事这一工作的三分之二的人就会很容易的解放出来,而其余的三分之一也能够比现在更好、更专心地完成自己的工作。"恩格斯的预言,在我们这里正在迅速地变成活生生的现实。

参加社会劳动和集体生活的锻炼,大大改变了家庭妇女们的精神面貌和她们在家庭和社会上的地位。有人认为妇女广泛参加社会劳动,会影响家庭生活的美满,这要看是一种什么样的家庭,妇女参加社会劳动,使封建家长制的家庭关系的残余遭到最彻底的破坏,这种破坏实在是值得广大人民特别是广大妇女欢呼的事情。妇女将不再过寄生生活,不再依赖别人了,这有什么不好?恰恰相反,只有广大妇女广泛地参加了社会劳动和集体生活以后,才能建立起新型的、民主、和睦、平等、互助,有着共同奋斗目标的美好家庭。北新桥针织厂的李桂华,在没参加街道生产以前,家庭不和睦,夫妻婆媳经常吵嘴,自从李桂华参加了街道生产,刻苦钻研,月月超产,提前两个月完成了1959年的全年生产任务,当上了全厂的标兵,思想觉悟提高了,家庭的收入也增加了,这个家庭从此变样了,儿媳妇被公婆看重了,逢夜班天冷,公公送衣服、婆婆送吃的,星期天爱人下了班,亲自来接她去看电影。她和丈夫常常在一起谈跃进计划,谈技术革新,一家人的感情比过去融洽了。现在,千千万万像李桂华这样的新型家庭已经建立起来。在这样的新型家庭里,丈夫不再对妻子说:"你吃着我的面条了",过去丈夫说:"你懂得什么。"夫妻之间缺乏共同的语言,现在一起谈工作、谈学习、谈国家大事。这样新型的家庭关系正使广大人民和妇女精神更为奋发,劳动热情更为昂扬。

通过实际锻炼,妇女的政治觉悟和
领导能力不断提高

通过实际的锻炼,妇女们的政治觉悟和领导能力正在不断提高。街道工厂中,就有女厂长六百二十四人,许多妇女担任了食堂、托儿所、服务站的负责人。有二百五十多个街道妇女出席了今年2月召开的全市工业群英会。有三百多个"三八红旗手"和"三八红旗集体"受到全国妇联和市妇联的奖励。二百七十五个街道妇女并且光荣地参加了中国共产党。例如东城区建国门金漆镶嵌厂厂长、共产党员唐淑贞，原来是个家庭妇女，去年3月她领导十四个家庭妇女组成金漆镶嵌小组，现在这个小组已发展成为二百多人的工厂。她在工作中做到了抓思想、抓生产、抓生活，把工厂领导得井井有条，产品产量、质量不断提高。这个厂子今年2月的产量比去年3月提高了十一倍多，出厂的产品质量全部合格，因而被评为北京市的红旗单位和全国三八红旗集体单位。像这样一些先进人物正在不断涌现出来。

实践证明，只有在社会主义制度下，只有在共产党的领导下，才有可能这样广泛地组织妇女从事社会劳动，大办集体生活福利事业和服务事业，使过去一家一户分散的家务劳动，逐步的社会化、集体化，充分发挥了妇女的才智，使妇女彻底解放，实现真正的男女平等。列宁说，妇女解放是社会解放的尺度。妇女精神面貌的改变，也同时促进了整个社会面貌的改变。这个变化所以来得这样迅速，是总路线、大跃进、人民公社的胜利，是毛泽东思想的胜利。

大办街道生产，大办集体福利事业，为城市人民公社的建立打下了良好的基础。早在1958年我们就选择了不同类型的地区进行了人民公社的试点工作。经过一年多的试办已经取得了经验，证明城市人民公社也是城市人民组织的最好形式，而城市人民公社的建立又是一次极为深刻的革命，也是广大妇女彻底解放的道路。毛主席曾经指示我们，只有当阶级社会不存在了，笨重的劳动都自动化了，农业也都机械化了的时候，才能真正实现男女平等。社会主义社会是共产主义社会的初级阶段，只有在共产主义社会里，才能彻底消灭资产阶级法权的残余，彻底消灭历史上遗留给妇女在政治上、思想上、文化上、工作能力上的一切落后方面，才能彻底完成妇女解放事业。因此我们决不能停滞不前，不能满足于现状，必须坚持不断革命，不断跃进，随着首都社会主义建设事业的发展，把妇女运动继续推向前进。

建筑工作者的新任务

——梁思成代表谈大办城市人民公社后要考虑新的城乡规划

（一九六〇年四月十一日）

我国的城市建设和农村建设，都是为了适应国民经济建设的需要，按照一定的规划，有计划地进行的。农村人民公社的进一步巩固和城市大办人民公社，就不仅要求我们去完成更多的城乡规划任务，而且要解决许多新的问题。妥善地解决这些问题，这是我们建筑工作者的光荣任务。

主席、各位代表、各位委员：

我完全同意李富春、李先念、谭震林三位副总理的报告，人大常委会的工作报告和陈叔通副主席的政协常委会工作报告。三位副总理的报告是振奋人心、鼓舞干劲的战斗的号角。作为一个建筑工作者，我以无比兴奋的心情注意到国家预算中基本建设投资额是三百二十五亿元，占国家总支出的46%左右。再加上上年结余和地方自筹的投资约六十亿元，总额就达到三百八十五亿元左右了。在基本建设中，一般工业企业的费用约有一半用在建筑上，假使大体上照这样推算下来，在1960年中，将有大约一百九十亿元的资金由我们建筑工作者手中花出去。这就使我们更具体地体会到李先念副总理所指出的和1960年美国政府预算的鲜明对比。美国预算的军费占57.1%，是一个剑拔弩张，青面獠牙的扩军备战的预算。而我们的预算中，仅仅是基本建设投资就占了45%左右，这就有力地说明我们"从事和平劳动的热烈愿望和节减国家经费加速社会主义建设的坚强决心"。这样的具体体会给了我们更大的鼓舞，鼓起了我们更高的干劲。我们建筑工作者坚决响应党和政府的号召，一定更多、更快、更好、更省地完成党和政府交给我们的光荣任务。

我们的社会主义建筑是按照全国和地方的经济、文化建设计划而进行建设的。每一个城市、工人镇或人民公社的建设都必须首先按照计划的要求,将生产和生活需要的建筑做出合理安排。那就是我们城乡规划和建设的工作。现在我就这方面的问题发表一些意见。

十年来,随着各项建设事业特别是工业建设的蓬勃发展,我国的城市建设也有迅速发展。据统计,我们已经在二千一百多个城镇中进行了程度不同的建设工作;其中平地起家,完全新建的城镇有一百六十七个;大规模扩建、改建的城市有一百二十四个。由于大规模地进行了新建、改建和扩建工作,就使我国城市的分布状况,旧城市的经济构成、内部布局和城市面貌都发生了很大的变化,城市人口已经比解放前的四千多万,增加了一倍以上。许多城市的建筑面积增长了几倍或几十倍。我国的城市建设在十年以内已经跑过了历史上几百年甚至上千年的路程。

在党的建设社会主义总路线的光辉照耀下,1958年的大跃进开始了我国社会主义建设的新阶段。我们国家的各项事业就更加蓬勃地发展起来,到处都在轰轰烈烈地进行建设。国民经济持续大跃进,特别是工业建设大发展的需要,促使我国的城市建设也以飞快的步伐向前奔跑。我国的城市正在以空前的高速度,从来没有过的大规模在发展着、建设着。根据初步统计,两年来,在城镇里建成的工厂、住宅和公共建筑的面积约达两亿九千万平方米以上。举个例子来说,若按上海市现有的建筑面积计算,在仅仅两年中,我们就已建成了三个乃至四个大上海了。许多新的工业基地正在大规模地进行建设。新的城市正在迅速地形成。许多大中城市、省会和自治区首府的改建工作正在有计划地进行。规模巨大的首都改建工作正在全面展开;十大工程就是一个明显的例证。首都天安门广场和长安街,上海的闵行一条街,南昌的八一大道等,都以其宏伟的气魄,优美的风格表现出社会主义城市的新面貌。在城市建设飞跃发展的同时,农村人民公社也进行了大量的新型农村的建设。河北徐水的商庄人民公社,广东花县新华人民公社,上海的长征人民公社,四川成都的金牛人民公社等等,都以飞快的速度建成了第一批新农村。社员们高高兴兴地住上了过去城里人都住不上的,阳光充足,清洁美观的新房子。我国的城市和农村正向着现代化的园林化的方向发展。这是十分令人兴奋的事情,作为一个建筑工作者，我尤其感到欢欣鼓舞。

我国的城市建设和农村建设都是为了适应国家经济建设的需要，按照一定的规划，有计划地进行的。城乡规划和区域规划也有了很大的开展。1958年以来，全国城市规划已经由重点而普及到所有的城市。在设市的一百八十多个城市中，都有了深度不同的总体规划。我们已进行了许多县城和新工人镇的规划。在全国一千七百多个县城中，大约三分之二以上都有了粗略的规划。这样就保证了城市中各项建设项目、特别是大量的工业建设项目比较合理的安排和整个城市比较合理的布局，使城市的各个局部有机地结合起来，近期和远期相互照应。

为了适应农村人民公社的发展，各地贯彻了党的八届六中全会关于"逐步改造现有的旧式房屋，分期分批地建设新型的园林化的乡镇和村的居民点"的指示，进行了农村人民公社居民点的建设规划试点，取得了初步经验。

区域规划也正在大力开展。据我所知道的，全国有四十几个地区，正在进行着初步的规划安排，对于工业、农业、交通运输、水利、电力、城镇、居民点等开始进行战略性的部署。

全国城乡规划和建设在这样短的时间内取得如此巨大的成就，实在是一个惊人的奇迹。只有在像我们这样的社会主义国家才会出现。这是在党的领导下，大走群众路线的成果，也是全体城乡规划和建筑工作人员不断地进行思想革命、技术革命的成果。

1958年6月建筑工程部在青岛召开的全国城市规划工作座谈会，对全国城乡规划的大发展起了很大的促进作用，根据总路线的要求和大跃进的新形势，提出了城市规划工作的方针、任务和从实际出发逐步实现城市现代化的方向，把城市规划推向一个全面发展的新阶段。座谈会强调了党委领导，政治挂帅，大搞群众运动，提倡解放思想，破除迷信，发扬敢想、敢说、敢做的共产主义风格。因而促进城市规划工作大大的向前迈进了一步。几年以来，城市规划工作人员的思想，在实际工作中经历了一个有破有立的过程。那就是：破只能少数人搞规划的神秘观点，立党的领导、政治挂帅、依靠群众和各部门协作搞规划的思想；破不合理的规章制度，立简便易行的规划做法；破重远景规划轻近期规划的做法，立远近结合、以近期规划为主的做法；破不问城市大小，不分轻重缓急,硬要按照一定程序去作,立由粗到细,先粗后细,逐步深入的规划方法。这一套的破立就使城市规划干部的政治思想水平和业务技术水平得到很大的提高,创造了适合我国情况的群众路线的规划方法。目前在规划设计部门开展的以快速优质为中心的技术革新和技术革命运动,已经取得了显著的效果。规划设计的技术工作初步实现了资料手册化、计算图表化、设计模型化、绘图工具的机械化和半机械化。有的并且配套成龙。由于依靠党的领导,大走群众路线的规划方法,再加上进行了这一系列的思想革命和技术革命,就大大缩短了城市规划的时间。像辽宁朝阳地区的区域规划这样复杂的工作,由于党委领导,书记挂帅,大走群众路线,大搞共产主义协作,在短短两个月的时间内,就基本上初步完成了任务。已经搞过的城市规划,除去部分大中城市,一般搞的较深较细以外,其他都比较粗一点。但是也基本上适应了建设的需要,初步安排了各项建设,而且这些规划还在不断地充实、完善、加深加细。

社会主义革命的不断深入,社会主义建设的不断向前发展,总是给我们提出需要解决的新任务和新问题。1960年是我国第二个五年计划后三年的第一年。按照国民经济计划草案的要求,国家的工农业生产和基本建设规模,将有很大的增长。农村人民公社的进一步巩固发展,和城市大办人民公社,就不仅要求我们去完成新的更多的城乡规划任务,而且要解决许多新的问题。正确地解决这些问题,也是我们建筑工作者的一项崭新的光荣任务。这些问题很多,在这里我只能就几个主要方面谈一下。

党和政府所规定的我国城市的发展将是大中小相结合,以发展中小城市为主的方针,是完全正确的。这个方针符合工业建设遍地开花的情况,有利于生产力的合理分布,加速城乡差别的消灭,并促进了城市的发展和变化。建筑工程部青岛城市规划工作座谈会所提出的:大城市应该有计划的建立卫星城镇,以及从实际出发,我国城市逐步向现代化方向发展,必须根据我国的目前经济状况,勤俭办理城市的一切建设事业。从几年来的实际情况看来,我个人认为也是很恰当的。既有利于生产,也有利于人民生活的改善,使我们的城镇成为具有高度科学、文化的现代化城市。我们应该努力贯彻实现。

李富春副总理在报告中说:"现在,全国各城市正在大办人民公社,大办街道工业,大办郊区农业,大办公共福利事业,大办公共食堂,广泛地组织居民的经济生活,把城市人民进一步地组织起来,并且使成千成万的城市家庭妇女从家务劳动中解放出来,参加社会劳动。"如何根据城市人民公社发展的要求进行城市规划,是摆在建筑工作者面前的一个新问题。我们应该很好的加以研究。社会主义的城市规划和建设事实上就是通过工厂、住宅、公共建筑、街道、缘地等等的合理安排,发挥着组织人民经济和生活的作用。因此,城市规划要考虑进一步妥善地安排为家庭妇女参加社会劳动所需要的街道工厂和为全体居民服务的公共食堂、托儿所、幼儿园等生活福利设施。

　　除此而外,我觉得更重要的是:城市人民公社这个新思想、新生活、新问题、新事物是我们过去所不熟悉的。我们对于这种新的生活方式可能不那么习惯。在这方面如何改造我们的旧思想、旧观点和旧的生活习惯是一个极为重要的问题。我们应该研究它、了解它;而且只有亲身参加到这个运动中才能深刻地体会到它的伟大正确和深远意义,并为之欢欣鼓舞。我们一定要坚决地跟着党走,在党的领导下,为城市人民公社的普遍实现而努力。

　　我国各项社会主义建设事业如此高速度的发展,旧城市的改建也成了一个现实的问题,在市政设施、房屋住宅和城市面貌的改造以及实现园林化方面的任务还是很大的。现在,在许多大中城市开始进行的或正在酝酿的城市中心区和一条街的改建计划是一个很好的开端。我们建筑工作者在改建城市的过程中,应该发挥更大的积极性,创造丰富多彩的,各具特色的城市建筑面貌。

　　1960 年的国民经济计划确定"以农业为基础,以工业为主导",并且号召"各个部门都要把支援农业当作自己的重要任务"。我们建筑工作者应该十分重视这方面的问题。我们的新农村不但将是现代化农业的农村,而且也将是具有公社工业的新农村。这种新型农村的规划和建设是我们今后的重要任务。一年多以来,我们虽然已经进行了若干个人民公社的规划,但工作还做得不够。今后我们应该拿出更大的力量,给以更多的支援,和群众在一起,虚心听取他们的意见,积极参加农村人民公社居民点的规划和建设。除了合理部署住宅和一整套的生活福利设施,以及牛棚、猪舍、拖拉机汽车站和各式各样的农村工厂、车间外,还应该为这些建筑物提供设计图纸,并在技术上给予指导,培养农村的规划建设干部和建筑工人。

　　结合着支援农业和培养干部问题,在这里举一个例子附带汇报一下一个高等学校在这方面所做的一些工作。清华大学建筑系、土木系在 1958 年就在毛主席曾经去过的徐水大寺各庄和社员们一道规划、设计并建立了一个居民点。一年多以来，社员们生产热情更加高涨了。他们说："去年咱村夺得保定专区的丰产大帅旗，这些楼房也得记一功。""就凭对生产的方便和社员们住楼的高兴，咱村的生产今年又得翻一番。"从此清华大学在徐水就扎下了根。最近又有一批师生约九十余人响应中央的号召开到徐水，在县委和公社党委的领导下，和各级干部和广大群众一道作出了公社的建设规划，解决了由于实现农业现代化所提出来的迫切任务，为马上就要建设的公社工业和拖拉机站和机耕道路、医院建筑等等做了安排、定了线。师生们并结合当地为实现"千百万"（千斤粮、百斤棉、万斤薯）的中心宣传任务，画了一幅一丈八尺长的宣传画，编了快板诗，在田间在街头广泛宣传，形象地描绘了共产主义商庄建设的情景，大大地鼓舞了社员们的积极性，师生们自己也得到了深刻的教育。由于他们在整个工作过程的各个环节中，把政治和思想教育和规划业务结合起来，把群众性宣传工作和规划的业务工作结合起来，使大家获得了思想、业务双丰收。这又一次生动地证明了党的"教育为无产阶级政治服务，教育与生产劳动相结合"之英明、正确。一批又红又专的建设干部在战斗中迅速成长起来了。

城乡规划的技术革命，在已经取得显著成果的基础上，正在继续大力进行中。不论在规划的组织领导、内容和作法上都大有发展。不断地进行技术革命，不仅是完成新的巨大的规划和建设任务所需要，而且也是为解决面临的新问题所不能缺少的。在目前飞跃发展的形势下，在这里汇报城市规划工作上的技术革新、技术革命是不太容易的。今天的新鲜事，明天就会被更新鲜的事超过去、比了下去。但我还是抑制不住谈一谈我所知道的最近的情况。例如许多规划部门已经创造了成龙配套的快速规划设计法以及各种各样或土或洋的仪器工具。还创造了规划过程中的"几化、几法"，例如设计标准化、计算图表化电气化、制图装配化印刷化、工具机械化半机械化、资料系统化、手册化，和模型法、查表法、摄影化、模板法、剪贴法、拼凑法、滚筒法、印刷法等等。这个运动正在蓬勃深入地开展，毫无疑问，就在此刻，更多的新的"化"、新的"法"，新的理论，更重要的，新的思想已经又出现了。

　　我们城市规划设计的工作人员一向是十分努力的,已经做出了很大的成绩。但是,我觉得我国现有的规划技术干部,毕竟还是不多的,比任何部门的技术人员少的多。城市规划力量,应该大大发展;各省和各大中城市都应该建立和发展自己的规划设计机构,以便适应大规模的城市建设需要。除有关的学校和规划部门应该积极地、大量地、迅速地培养这方面的干部以外,建议有关部门注意这方面干部的配备。发展我们的队伍,壮大我们的力量。

　　各位代表、各位委员,两位副总理的报告是我们战斗的号角,也是一首美丽的诗篇,是一幅光辉灿烂的画图。它给我们每一个人指出了自己的工作任务和奋斗的目标。李富春副总理已经给了我们莫大的喜报:1960年第一季度的工业总产值预计比去年同期增长80%。在基本建设方面,和解放前以至解放初期对比,当黄河以北,过去还是刚刚解冻破土的季节,今天我们却已经完成了20%左右了。现在,春暖花开,适宜于建筑施工的季节已经到来,建筑工作将以更大的速度跃进。我还想到,无论经济建设、文化建设哪一样不需要房屋呢?无论城市、工人镇、人民公社、居民点,哪一个不需要规划呢?我们的建筑工作就是直接地、全面地和每一个人的生产和生活密切联系着的。我们深深地意识到我们工作的光荣和艰巨,东风越刮,我们的干劲越鼓。我们有伟大的中国共产党的领导,有广大群众无穷无尽的智慧和力量。我们只要更加努力地学习马克思列宁主义,学习毛泽东思想,我们就可以无往而不胜利。在党的社会主义建设总路线的光辉照耀下,我们全国的建筑工作者将更高地举起毛泽东思想的红旗,立下更大雄心壮志,鼓起冲天干劲,为在伟大祖国九百六十万平方公里的广阔土地上,规划并建造千千万万个社会主义共产主义的新城镇、新农村——更正确地说,为促进城市和农村差别的逐步消灭的光荣任务而奋斗。

城市人民公社有强大的生命力

——刘培善代表谈福州南街人民公社在成长

（一九六〇年四月十二日）

主席、各位代表：

我完全拥护李富春、李先念和谭震林三位副总理分别向大会所作的报告，并保证在实际工作中贯彻执行。现在，我就福州市南街组织城市人民公社的情况向大会作一汇报。

福州市南街地区共有五千七百多户、二万六千多人，其中职工家属和街道居民占60%左右。大跃进以来，随着工农业生产的高速度发展，迫切要求城市把社会上的闲散劳力组织起来，参加生产；而广大职工家属和街道居民在生产建设大跃进的形势鼓舞下，要求组织起来参加社会主义建设的愿望也越来越强烈，加以受各地农村迅速实现了人民公社化的推动，因而在1958年9月间办起了南街人民公社。一年多来，公社从组织生产入手，大办街道工业，大办集体福利事业和社会服务事业，把分散的家务劳动引向了集体化、社会化，使广大的家庭妇女从家务劳动中解放出来，愉快地走上了生产建设岗位，使整个街道的经济面貌和居民的精神面貌都发生了深刻的变化。

一年多来，南街人民公社除输送了三千三百多个劳力（主要是妇女）参加国家工业生产和城市建设外，还遵循着"为国营大工厂服务、为人民生活服务、为农业生产服务"的方针，本着自力更生、白手起家的精神，使街道工业从无到有、从小到大地蓬勃发展起来。1958年，全社办了有三百一十六个工人参加生产的七个工厂，三个月中产值达到六万六千多元；1959年发展到二十二个厂、工人八百八十二人，年产值二十六万元。今年以来，在公社党委的"一组（居民小组）一厂"的号召下，街道工厂迅速发展到二百一十四个，工人增加到二千一百九十人,从事公共福利、服务事业劳动的六百二十人。全社除了老弱残废不能参加劳动的人以外,组织起来参加劳动生产的人数,已占能参加劳动人数的98%,真正实现了"处处闹生产,户户无闲人"。这些街道工厂主要是制造小商品、为大工厂加工半成品和综合利用大工厂的下脚料。这些厂投资少,设备简单,技术容易掌握,同时不与国营工厂争原料争劳力,既有成批生产,又有零星加工,并采取多种适合多子女妇女和半劳力参加的生产形式,因此一开始兴办就在社会生产中显示出"拾遗补缺"的作用。全社十二个生产大队(原居委会)各办的一个化工厂,大都是利用福州第一、第二化工厂的废水下脚料,用土法生产出烧碱等重要化工原料。目前全社工业产品有化工原料、汽车零件、小五金、家具、文具、纸盒、鞋底、瓶塞、网袋等七十多种,从今年1月到3月中旬的总产值已达四十一万多元。这对于增加社会商品、协助大工厂生产、满足市场需要、增加社员收入和提高人民生活方面都起着很大的作用。现在该社正在积极扩大生产,并已订出计划,要使今年的产值比去年跃增四十到五十倍。

公社在大办工业大抓生产的同时,围绕生产全面地组织了社员的经济生活,以公共食堂为中心,大办生活福利事业和服务事业,创立了人们新的集体主义的生活。公社的十五个公共食堂都办得很出色,饭菜品种多、味道好,价廉物美,服务周到,而且根据各厂职工生产的特点,实行食堂饭店化,做到随到随吃,保证饭熟菜热,十分方便。许多食堂不仅供应饭菜,还把饭菜、开水送上门、送到工厂;还为夜间生产、工作的职工准备点心。由于食堂办得好,固定用膳人数已从二千多人迅速增加到五千多人,还有二千多流动用膳人口。公社还办了十三个托儿所、娃娃组和幼儿园,一个医院和一个敬老院,建立了一百五十八个服务站。公社办的托儿所,完全从便利社员、有利生产出发,采取全托、半托、临时托、个别托和跟班带孩子等多种多样方式。目前受托儿童已达一千五百多个,使上千个母亲能以安心生产。它还根据某些社员的经济情况,实行减费或免费受托。遍布全社大街小巷的服务站(点),对社员们生活上的照顾更是无所不至,体贴入微。服务项目有缝补、针织、洗衣、修房、补漏、雇杂工、找保姆、叫三轮车、打扫卫生、美化家庭、代订报刊、送信送报、护理病人、照顾"五保户"等不下六七十种,并已从一般的供应服务逐步发展到对衣食住行、生老扶养和婚丧喜庆全面服务的新阶段。有的服务站已将"五保户"、"单干户"和"双职工"(夫妻都是职工)的"新开门七件事"(打水、送饭、接送孩子、洗衣服、打扫卫生等)全部包下来。有的生产大队还将群众原有的亲帮亲、邻帮邻的生活互助的优良传统加以提倡发扬,成立了不计报酬的生活互助组。他们正逐步以服务站少数人的劳动使广大社员摆脱繁琐的家务劳动,使社会分工更加完善合理,使劳动生产率日益提高,给社员尤其是街道妇女带来了无限的喜悦和幸福。如棉织厂女工郭淑英,过去由于繁重的家务牵累经常生病,每月出工平均只 10% 左右,她爱人、儿子还要请假侍候她。服务站成立后,就派人为她烧饭、煎药、做家务,直到她恢复健康为止。在服务站帮助之下,最近三个月来她都没有缺过一次勤;她爱人也能安心生产,被评为先进工作者。社员们把服务部门称作"大跃进的促进派"和"生活的管家人",把他们的工作看作是党对人民群众无微不至的关怀。

公社集体福利事业和服务事业的发展,就能更合理地组织商品分配工作。他们实行计划定点、分片包干的办法,在各个生产大队建立了十二个商品供应门市部和五个代销摊,在国营商店的领导下,以代购代销的形式进行商品的合理分配和供应,经营的品种达四百多种。实行计划供应的物资都通过它们进行分配,供应量少的商品和节日商品也通过它有秩序地进行销售。这样不仅使商业网的摆布更加合理,便利了群众,同时还能根据商品计划生产和计划供应的需要,指导社员计划消费。供应门市部还提出"串百户、走千家、送货上门,做好供应"的口号,减少社员购买货物来回奔走的时间,社员普遍感到满意。

南街人民公社大办街道工业、并实现了生活集体化和家务劳动社会化以后,人与人之间的关系正在逐步改变,集体主义思想和共产主义道德品质正在迅速成长,社员们的精神面貌正在发生深刻的变化。热爱劳动,崇尚节约,热爱集体,见义勇为的崇高风格,已成为社会的普遍风尚。居民华妹官过去不爱劳动,参加公社到洗衣组以后,改掉了过去好逸恶劳的旧习气。她曾两次发现衣服口袋装有四十多元和一百多元人民币都悉数归还了原主,这种拾金不昧,受到了人们的赞扬。广大社员逐渐养成了勤俭节约过日子的好习惯,由于服务站的普遍设立,和它们不厌其烦的缝补、改制和修理工作,使职工、居民大量的破伞、破鞋、破衣衫等重新得到利用。不少服务员更是不计时间、不计报酬地辛勤为社员们服务。妇女林瑞英每天自动花一两个钟点时间为四、五家"五保户"和"双职工"做家务琐事，并不要任何报酬。军属刘永年病了无人照顾，服务站就派人为他送汤煎药、端尿倒屎，使他感激得流下泪来。就连敬老院中十四位平均年龄在七十五岁以上的老人，也不愿闲着吃饭，主动参加拆旧衫破袜等轻微劳动，每月能收入三、四元零用钱。敬老院六十七岁的老太太黄右贞右手残废了，她激动的用左手写了一首诗说："幸福之家乐融融，老人晚景喜相从，高枕无忧生死靠，光芒万丈满地红。"过去里邻间那种各自一家、互不关心、常为琐事争吵的现象已经一去不复返，代之而起的是一片和睦团结、互敬互助的新气象。

由于公社一手抓生产、一手抓生活，开源节流齐头并进，因而社员收入普遍增加。办公社以前原有二百八十二户、六百多人需要救济，办公社后通过组织生产和服务，有劳力的都安排了工作，剩下的只有丧失了劳动力的老弱残废四十三户、六十六人，而且他们的救济金也全部由公社的福利费支出，再也不用国家负担。

各位代表，过去一年多来，我们虽然只重点试办几个城市人民公社，但实践证明，它和农村人民公社一样的具有强大的生命力和无比的优越性。因此，它一诞生，就在广大群众的热爱和支持下获得了迅速的成长。城市人民公社的创立，标志着我国社会主义革命和社会主义建设事业的一个新的重大的进展。它促使城市的生产关系起了更加深刻的变革，特别是大批妇女摆脱了繁琐的家务投入了社会劳动，大大发展了社会生产力。它依据新的形势需要，广泛地组织人民经济生活和发展文化事业，为城市居民走向幸福的集体主义生活，开辟了广阔的道路。

广大妇女投入技术革命洪流

——沈粹缜委员的发言

（一九六〇年四月十二日）

主席团、各位委员：

听了李富春副总理、李先念副总理和陈叔通副主席等负责同志的报告，给了我深刻的教育和启发，当前的大好形势，使我们感到莫大鼓舞。我完全拥护，并坚决贯彻执行。

正如几位负责同志报告中所讲的，为了胜利地实现 1960 年规划，为了加速社会主义建设事业的发展，一个与生产密切结合，逐步实现机械化和半机械化、自动化和半自动化为中心的广泛群众性的技术革新和技术革命运动，正在波澜壮阔的开展起来。在这个伟大的六十年代的第一个春天，技术革命的浪潮席卷全国每一个角落，排山倒海，气势磅礴，一日千里，瞬息万变。这个运动不仅迅速提高劳动生产率，而且人民群众共产主义觉悟，科学技术水平也在不断提高。从妇女这方面的情况，也完全可以看到，证实当前技术革命运动蓬勃发展的大好形势。上海妇女和全国各地妇女一样，在这次视察中，我亲眼看到上海妇女和全市人民一起热火朝天地卷入了这个波涛汹涌的革命洪流。参加技术革新的妇女愈来愈多，雄心愈来愈大，干劲愈来愈足，本领愈练愈高，革新的花朵愈开愈盛。在这场轰轰烈烈的革命风暴里，上海妇女在生产上、生活上，以至精神面貌，又起了飞跃的变化，英雄辈出，红旗成林。

妇女群众的发动使技术革命运动
声势更为浩大

　　广大妇女群众热情奔放地投入技术革新、技术革命运动是十分振奋人心的。上海妇女在这次技术革命运动高潮里，在党的领导教育下，非常广泛深入的发动起来了。各条战线上的妇女，从工厂到街道里弄，从工业到财贸、文教、科技、生活福利各条战线，都投入了这个征服落后技术的伟大革命运动。无论生产工人或辅助工人，无论机器操作的或手工装装配配、包包扎扎的，几乎全部行动起来。老年女工革新，新艺徒也革新，有文化技术的搞革新，没有文化技术的也搞革新。形成了人人闹革新，个个动脑筋的空前未有的热气腾腾的局面。在这场运动中，不但先进的更先进，后进的赶上先进，连最落后的"死角"也行动起来，纷纷赶上先进。"懒姑娘"变成"巧姑娘"，"越剧迷"变成"革新迷"，许许多多子女的妈妈和年轻的小伙子一样活跃。上海锅炉厂七百多女职工，过去参加技术革新的很少，去年一年只提了九条技术革新建议。现在，情况大不相同了，"三八"前就提出革新建议八百七十条，大部分均已实现。比去年一年增加九十六倍。又如上海电表厂青年装配女工周侣梅，是全厂闻名的越剧迷，做了夜班以后，觉也不睡，就去排队买越剧票，上班时昏冬冬的，搞不好生产。现在，星期六下班后，别的工人都回家了，她还在废料里东摸西找。工段长几次催她回去，她也不走，连夜做成了轻便灵巧的镊子钳，代替了笨重的电烙铁，大大减轻了劳动强度，提高了工作效率。由于广大妇女群众发动起来，使技术革新、技术革命群众运动声势更为浩大。许多妇女革新成迷，为了攻破一个关键，实现一项革新，她们走路想办法，吃饭动脑筋，日日夜夜不忘革新。像 1958 年大炼钢铁时那样的劲头。不少女工把铺盖搬进了工厂，几天几夜不离车间，倦了时用冷水洗洗脸，振作了精神再干。有些身体不大好的女工也急着跑到厂里来。她们说："大家这样干，我怎能安心睡在床上？车间里一天变一个样，我怎么舍得离开？"她们就是这样的把自己融化在伟大的社会主义建设事业之中。

妇女和男工一起闹革新,革新的面很广,内容五花八门,丰富多彩。她们做什么,就革什么。采取各种简而易举的土办法,行行革新,事事革新。从一点一滴的革新到实现半机械化、机械化、半自动化、自动化、"一条龙"。昨天还是手拿锤头、剪刀干活的,今天已经欢天喜地的操纵机器生产。华生制盒厂占工人总数70%的女工,和男工一起,苦战三天革个命。这些过去只和纸版、浆糊、刷帚打交道,手无寸铁,不懂技术的女工和男工,发挥了集体智慧,一夜里画好了搓丝机、扎盒机、打浆机、漆盒机等十个图样。三天做出了机器,把几乎占全厂百分之百的笨重的原始的手工操作一扫而光。革新项目从小到大,从低到高。大到设计、制造几百吨轮船、大型机器,以至整条的生产线。如去年"三八"时,第一机械工业部九局第二产品设计室女职工在两个月里设计了一艘九百匹马力的拖轮。今年"三八",妇女们不但自己设计,而且亲自动手制造。如沪东造船厂在今年"三八"节前下水的一艘二百匹马力拖轮,能拖带二千吨货驳。从设计到制造都由女工担任。仅以二十天的时间就完成了船台上船体装配工作,质量完全符合标准。在高尖方面,有些革新项目填补了祖国技术空白,攻下科学尖端。如中国科学院植物生理研究所微生物组丙酮丁醇小组的女科技人员试验成功新的发酵方法,具有重大的经济意义。第六人民医院女医师黄桦,创造性的运用祖国医学与理疗相结合,采用紫外线照穴位治疗支气管哮喘,疗效显著,尤其令人兴奋的是:不少普通女工也成了攻尖端的女英雄。困难难不倒她们,失败吓不倒她们。像沪光科学仪器厂刚摘掉文盲帽子、进厂不过三年多的装配女工唐英豪迈地说:"天上没有玉皇,海里没有龙王,人能上天下海,有什么困难不能克服?"她大胆试制我国从来未生产过的精密阻抗电桥,一定要在三天之内试制成功。就是以这样不成功誓不罢休的气概,百折不挠的顽强精神战斗。在没有设计图纸,没有参考材料,没有文化技术的困难情况下,几百种零件,几百条线路,拆了又装,装了又拆,终于胜利地完成了一项尖端产品的试制工作。

里弄家庭妇女积极参加社会劳动
城市人民公社组织已经形成

　　大跃进以来，上海街道里弄家庭妇女，在里弄委员会组织下，以生产为中心，同时大量举办集体福利、服务事业和文化教育事业，从家务的束缚中解放出来，走上共同劳动，集体生活的道路。到 1959 年底，已经参加各项社会劳动和生产组织的街道居民有八十五万多人。其中绝大多数是家庭妇女。二十四万人进了工厂做工或当艺徒，十四万多人到全国各省市支援外地建设。四十多万人在里弄委员会的直接领导下，有的参加了街道里弄的生产组织，有的参加劳动预备队，经常从事为大工厂企业服务的辅助性、季节性、突击性的劳动，有的还参加基本建设、交通运输等劳动。有的参加街道里弄举办的各种集体福利和社会服务以及文教卫生事业，为社会主义建设服务。上海市区的里弄委员会已经形成为城市人民公社的一种基础组织，是里弄居民经济生活、政治生活和文化生活的统一组织者。在当前全国各城市大办人民公社的热潮中，上海街道里弄妇女更是热情高涨。2 月份以来，特别是最近一个时期，少数尚未参加街道里弄生产劳动的妇女纷纷报名要求参加，短短的时间里，十个老市区又有十万零五千多家庭妇女参加了里弄委员会的集体劳动生产。就是说，现在全市有一定劳动能力的街道里弄居民 80% 以上已经组织起来。掀起了大办街道里弄生产、大办公共福利事业，大办公共食堂，广泛组织居民经济生活高潮。形成了"家家无闲人，人人都劳动，事事有人管"的局面。几千年来屈服在锅灶旁的妇女，从家庭小圈子里解放出来，笑逐颜开。她们的聪明才干像泉水一样的喷涌出来。里弄妇女同样积极地投入了技术革新运动。今年以来，里弄生产和福利、服务事业中实现的技术革新项目已有一万多条。不但在生产上闹革新，烧饭、带孩子等过去不被人注意的"生活小事"也闹革新。例如静安区张家宅里弄委员会妇女搞成了四百多项革新：切菜、淘米、洗碗、盛粥、拖地板等样样都有了机器。托儿所里为婴儿撒尿也装上报讯机，只要灯光一亮，阿姨就知道尿不湿了，可以立即换上干尿布，有利于孩子健康。职工家属庄宝娥敢想敢做,在工人帮助下,利用废料制成电动洗衣机,提高效率九倍。

技术革新过程也是提高妇女文化过程

技术革新的过程也是妇女提高文化技术和政治理论的过程。为了搞革新,她们到处取经觅宝、边革、边学、边用、边钻,迅速地提高技术水平,获得革新、技术双丰收。绣花姑娘学会当机匠,绕线女工学会当金工,刚脱盲的妇女懂得了超声波、电子的原理和应用。许多女工大搞生产流水线,掌握了上下几道工序的生产知识,成多面手、全把式。和平丝绸复制厂的女工在改变脚踏缝纫机为半自动化的过程中,自己学习装配马达,虽然第一次装反了,不能使用,却也学到了本领,第二次就装配成功。上海妇女深刻体会学习文化和掌握技术有密切关系,她们说:"要吃葡萄先搭架,要穿衣服先纺纱,要想掌握新技术,鼓起劲来学文化。"因此在大闹技术革新时,又大闹文化革命。全国"三八红旗手"国棉九厂织布女工倪海宝,还提出要在 1962 年达到专职工程师的水平。国棉十七厂一千七百多个女工在"'三八'脱掉文盲帽,人人都做大学生"的口号下,已经分批脱盲,并百分之百的进入了业余学校。愈来愈多的妇女参加技术研究小组。技术革命也推动了妇女学理论;学习毛泽东思想,以毛泽东思想为武器,又推动了技术革命。求新造船厂女工王娟娟学习了"矛盾论",明白了机器是呆的,人是活的,只要发挥主观能动作用,就能创造奇迹的道理。因此她决心治服机器,敢想、敢做,大胆创造,把车速由七百二十转提高到二千转。今年在开门红的二十五天就完成了全年的工作量。

技术革新运动不断发展,共产主义协作精神更为发扬。不分你我,不论彼此,"一人困难,万人支援"。为了实现生产流水线,上下几道工序大协作。女工之间,男女工之间的团结进一步加强了。为了解决技术上的困难、原材料问题,工厂与工厂之间互通有无,工厂与街道里弄之间相互协作的情况也更普遍了。关勒铭金笔厂女工王关珍在试制"电子管检验仪"的过程中,碰到困难,有二十六个单位同志纷纷热情支援。车间女工帮助食堂托儿所搞工具改革,食堂、托儿所人员也提出"饭随到随吃""孩子随到随托,日夜可托",支持女工搞革新。

女工支援农业技术改造,到人民公社社办工业帮助制造新式农具、农业机械,支援里弄集体生活福利、服务事业革新更是不胜枚举。特别是家庭成员大协作成了新风气,动员父亲、哥哥帮助设计,找了丈夫协作画图,有的尚未成年的子女也来帮助母亲搞革新模型、图样,老母亲为女儿带孩子,老公公为媳妇送铺盖,动人的事例说不完。技术革新运动,使家庭增添了互助、团结、友爱、幸福的新景象。

妇女力量大无边　顶住生产半边天

大跃进以来,上海妇女在党的领导下,做出了辉煌卓越的成绩。因此,人们都说:"妇女力量大无边,顶住伟大事业的半边天。"这个估价,给我们妇女极大的鼓舞。的确,妇女在各条战线上,已成为一支不可缺少的力量;同样的,也是技术革命运动中的一支生力军。我们敬爱的领袖毛主席早就说过:"中国的妇女是一种伟大的人力资源。"我们从技术革命运动中,再一次地看到这种资源蕴藏着无限聪明才干,真是取之不尽,用之不竭。

是什么力量使广大妇女群众积极投入技术革命运动,并能做出这样出色的成绩呢?

妇女的一切成绩,是党的正确领导,是毛泽东思想的教导,是总路线、大跃进、人民公社三大法宝促使妇女思想大解放、劳动力大解放。同时,技术革命也是妇女本身的迫切要求,在政治上、经济上已经翻了身的妇女,进一步希望从笨重的体力劳动中解放出来,求得第二次解放,不再受生理和体力的限制,让她们的干劲和智慧更有用武之地。她们深刻地体会到,只有迅速改变我国一穷二白的落后面貌,建设强大的社会主义国家,妇女才能有更幸福、更美好的生活,只有阶级社会不存在了,笨重体力劳动都自动化了,才能真正实现男女平等,只有实现共产主义社会,妇女才能得到彻底解放。

这次会议,听了负责同志的报告,各位委员的发言,使我的思想更开阔了。在当前大好形势下,我坚决听党的话,更高地举起毛泽东思想红旗,继续鼓足干劲、力争上游,认真贯彻执行总路线,为实现今年国民经济继续全面的更好的跃进,奋勇前进。

城市人民公社光芒万丈

——刘恢先　李保森委员谈哈尔滨香坊人民公社

（一九六〇年四月十三日）

我们热烈拥护李富春副总理关于 1960 年国民经济计划草案的报告和李先念副总理关于 1959 年国家决算和 1960 年国家预算草案的报告；也完全同意陈叔通副主席所作的政协全国委员会常务委员会工作报告。

李富春副总理在报告中提到要加速人民公社工业和街道工业的发展，逐步纳入国家计划，我们感到十分兴奋，特此把自己对于城市人民公社的体会作一汇报。

我们来自黑龙江省哈尔滨市。我市城市人民公社运动自从 1958 年 8、9 月间开始，已经有一年多的历史。今年入春以来，运动进入到一个新的高潮，不要好久，就可以实现全市公社化。公社虽然还是处于初办的阶段，但是它的光辉却像初升的太阳，光芒万丈，显示出无比的优越性和生命力。现在就我市一个典型的公社——香坊人民公社来说明城市人民公社的优越性。

香坊人民公社是在 1958 年 9 月诞生的。当时这个地区的国营工业由于生产大跃进，存在着劳动力不足，辅助性工厂缺少以及职工福利事业不能适应需要等等问题。那时大家都在采取各种办法解决这个问题，如动员和组织街道居民群众来为国营工厂进行某些辅助劳动和为国营企业职工群众生活服务等等。正在这个时候，毛主席在山东视察时说："还是人民公社好。"在这个英明的启示下，根据省市委的指示，人民公社就办起来了。群众纷纷要求入社，并把社员名单称为"幸福榜"来表示自己的心愿。在党的正确领导下，经过两年的巩固和发展，现在香坊人民公社已经成为一个国营及地方国营工业、社办工业、农业生产大队和街道居民管理区紧密结合的人民公社。全社人口十六万,面积三百二十平方公里。这个公社像一个美满团结的大家庭一样,进行着豪迈的社会主义建设事业。

一年多来,无数的事实证明了城市人民公社的优越性。

一、公社调动了各方面的积极因素,互相配合,发展工业生产,贯彻了大中小相结合、两条腿走路的方针

香坊人民公社原有国营工厂三个,地方国营工厂十五个。社办工厂在公社成立之初有四百多个,经过整顿合并成四十四个,现在又发展到一百三十七个,尚在不断发展中。由于采取了以工业生产为中心,保证重点、带动一般的方针,促进了工业的生产全面发展。全社工业在 1959 年继续大跃进中,提前六十二天完成了全年的国家计划,总产值比 1958 年提高 64%,其中社办工业增长一点二倍。1960 年将有更大的跃进,工业总产值估计可比 1959 年增长一倍,第一季度生产计划已经胜利地提前完成。

大跃进中出现了劳动力普遍不足的现象。公社的成立从家庭动员和组织了大量的妇女,参加了社会劳动,解决了工业企业劳动力的不足。在公社统一安排下,有力地保证了重点工厂完成国家任务。例如在 1958 年下半年,公社为哈尔滨轴承厂补充了四千多名劳动力,使该厂提前三天完成全年计划。

公社按照党的"两条腿走路"的方针,使大中小型企业相结合,引导社办工业为工农业生产和城乡人民生活服务,组织所有的小工厂分别同国营大工厂挂钩。这些社办工厂,有的专为大工厂进行加工和辅助性生产;有的直接利用国营大工厂的边材废料生产城乡人民生活必需品;有的在国营大工厂的支持和帮助下,以自己的产品支援国民经济各方面的需要。下面三个例子可以说明大中小型企业相结合的优越性:(一)社内组织了十六个小厂专门为国营厂轴承厂服务,一年来打刀杆和各种工具五十万件,翻砂三百五十吨,糊纸盒二十四万多个,做木箱五十多万个,不仅保证了轴承生产大跃进,而且由于利用边材、减少运输费用,降低成本,一年内为国家节约六十四万元。(二)仅仅

由一个刻字匠和两个钟表匠筹办的电器厂,经过自己的穷干、苦干和国营企业与其他社办工业的支援,如今已由三人发展到五百五十人的工厂;由制造简单的电流互感器发展到制造高级的电子听诊器、电动马达等产品二十余种,畅销十余省,同时,由产品不固定发展到专门为哈尔滨三大动力厂生产电器器材的配套工厂之一。(三)原有几十名工人的草麻绳厂经过国营轴承厂的帮助改建成一个卫星轴承厂,现已发展成为一个拥有六百多名工人,六十多台机器,年产一百万套的轴承厂,大大超过了解放时全中国的轴承产量。

挂上钩的大厂和小厂之间的关系非常密切,充分发挥了小厂帮大厂,大厂带小厂的作用,并且:在生产上起了相互促进和相互保证的作用。

为了更好地组织社内各企业之间的协作,香坊人民公社建立了定期协作会议制度,大大加强了各企业间协作生产的计划性;以往需要到外市外省去组织协作的工作,现在绝大部分可以在公社内部解决了。

上列事实充分说明,社内各企业的协作不仅保证了国家重点工厂企业的大跃进,而且使中、小型企业也获得迅速发展和提高。同时,公社以生产为中心,还有力地推动了交通运输。物资供应、文化教育、卫生和体育等方面工作的全面跃进。

二、公社全面组织了农业生产,有计划地和进一步保证了人民生活的需要

哈尔滨是气候比较严寒地区,冬季蔬菜不足,以往都依靠外地供应。但1959 年,蔬菜获得空前大丰收,非但能自给自足,而且还支援了外地。这是由于公社采取自力更生的方针,组织工厂企业、机关团体与农业生产大队密切协作,在 1959 年春季进行了深翻地和积肥运动,并和冻、风、旱、病、虫等自然灾害进行了斗争。由于各方面的支援,在 1959 年还建成了五万平方米的温室,保证了一年四季新鲜蔬菜的供应。在畜牧方面,通过培训技术人员,安排饲料用地,建立了一支二千四百人的专业饲养队,发展了一百一十八个畜牧场。这样,1959 年的农副业总产值比 1958 年增长了 86%。

今年农业生产计划更大了,提出了搞十个"万"的计划,这就是:万亩万斤蔬菜试验田,万猪场,万鸡山,万鸭湾,万平方米冷藏库,万平方米菜窖,万平方米蘑菇温室,十万平方米蔬菜温室,三百万个盆菜,五万吨甜菜。这个计划实现以后,全社将达到每人平均一至一头半猪,十至十三只家禽,一平方米温室,每人每天六斤蔬菜的水平。

由于工业的有力支援,农业生产大队,除田间管理外,已基本上实现了机械化,现正进一步向农业四化(机械化、水利化、电气化与公社工厂化)推进,这样就进一步加强了城乡结合和进一步巩固了工农联盟。

三、公社全面地推动了技术革新和技术革命运动

公社的国营企业技术力量比较雄厚,它们利用业余时间,集中力量,协助社办工业大搞双革运动和建立新企业,效果显著。如哈尔滨轴承厂等大厂以科室车间为单位,分片包干,负责协助社办工业。目前社办工厂设备简陋,手工操作较多,稍加机械化,自动化,就能成倍地提高生产能力,从而可能抽调劳动力,支援新办工厂。香坊实验化工厂,经过大闹技术革命,用简易办法代替了极为复杂的化工装备,大大提高生产效率。公社畜牧场实现了喂猪自动线,一人能喂三千头猪。

四、大大发展了福利事业,使家务劳动社会化,使妇女得到彻底解放

随着工农业生产的大跃进,公社所面临的一个新情况,就是广大妇女群众参加了社会劳动,对家务照顾不过来,有后顾之忧。因此公社就一手抓生产,一手抓生活,大办街道服务站,使家务劳动逐步社会化。公社首先对群众因陋就简,自发举办的公共食堂、托儿所、幼儿园等福利事业加强领导,统一训练炊

事员、保育员和教养员,不断总结经验,巩固提高。同时,组织全社医疗卫生部门,分片包干,负责这些集体福利单位的防疫和医疗工作。在许多街道,参加生产的职工上班去了,服务站的人员便给他们洗补衣服、照看病人、代管孩子,除此以外,服务站还为职工代买米粮柴煤,代办一切可以办到的委托事务。到今年3月初,全社已经办起综合性服务站二百七十八处,公共食堂二百三十二处,托儿所和幼儿园二百二十二处,医院三个,门诊部十九个,保健站三个,卫生所十八个,形成了有系统的服务网与医疗网,做到了每个居民委员会都有服务站,每个居民组都有服务员。家务劳动社会化非但解除了参加生产的妇女的后顾之忧,而且鼓励了其他妇女根据自己的不同情况参加一些力所能及的工作。她们都为对社会主义建设作出了贡献,为自己在经济上能够自立,为参加了政治、文化、技术学习而欢欣鼓舞,笑逐颜开。现在妇女劳动力已经成为社办工业和服务事业的主力军。

随着工农业生产的大发展,就业人数的增多,全社人民群众的收入普遍增加,社会购买力大大提高,人们的生活水平也普遍提高了。

五、公社发展了文教、科学事业,加强了群众的政治思想教育,大大提高了人们的政治觉悟和集体主义思想

社员们参加生产劳动后,在共同劳动、共同生活中,得到了锻炼,受到了教育,人与人之间的关系更加密切了。大家互相帮助,互相促进,好比一家人。政治觉悟提高后,生产积极性更为高涨,大大发扬了人人为集体,人人为公社的集体主义思想和共产主义风格。

公社建立后全社性的文化教育网和与公社生产相适应的科学技术网正在形成。今年除大力发展和普及中等教育、大办业余教育外,并大搞科学研究工作。同时,在组织群众性的学习马克思列宁主义、学习毛主席著作、大搞体育卫生运动,大搞各种创作和发展文艺活动等等方面,也都订了令人兴奋的计划。

六、公社便于加速进行城市建设工作

　　人民公社是政社合一的社会基层组织,可以调动各方面的积极因素,在省、市的统一规划下,多快好省地进行全社的规划和建设。如旧城市的改造问题,公用事业的合理布局和使用问题,居民点、商业网、生活福利网以及卫星城镇的布置等问题均可在统一安排下,集中力量,予以解决。

在城市人民公社的大家庭里

——天津几个城市人民公社见闻

（一九六〇年四月十三日）

从一年多前天津市成立了第一个鸿顺里人民公社开始，人民公社这面鲜红的大旗，就在人们心里生了根。这几天，天津市的大街小巷变得更加热闹，到处张贴着庆祝成立公社的大红喜字，老大娘们穿着新衣，欢欢喜喜地到"登记处"去申请加入人民公社。街道居民千盼万盼的人民公社，一个接一个地成立起来了。

我们访问了几个成立较早的公社。这些公社成立一年多来，各方面都发生了深刻的变化。最使我们激动的，也是给我们留下最深刻印象的，除了那些千百个白手起家办起来的工厂、溢发着菜香肉味的公共食堂、整洁的托儿所、充满欢笑声的幼儿园、安静的敬老院、愿为社员办事的万能服务站、晚上灯火通明的公社业余学校以外，就是这里的人，千千万万普通的公社里的人。

为了公社　为了集体

郭庄子人民公社第四分社有两位老大娘，一个是五十四岁的李秀英，是分社的正社长，另一个是四十八岁的刘淑英，是副社长。她俩都是朴实可亲的老大娘，但是在她们的身上，孕育着高尚的共产主义思想。早在1958年，她们两个人就组织了几个家庭妇女，做包装、油漆粉刷活。那时候，什么也没有，五个妇女作油漆粉刷，只有几个小铁桶。她们风里来雨里去，起早贪晚，一个钱一个钱地积攒着。有了收入，就添工具、买原料、盖厂房，慢慢地油漆粉刷组发展

— 121 —

成了电器厂,包装组成了包装厂,每月的产值由几十元,几千元到几万元。可是她们长久以来从没有想到过个人、不计报酬、无代价地为集体而奔波忙碌。

　　像这样的风格高尚的人,在各个人民公社里数也数不清。鸿顺里人民公社光华分社3月里发生了这样一件事情:分社要在元福里建立一个食堂,刚宣布要三个炊事员,王淑兰就报了名,还把自己住的房子腾出两间来做食堂的厨房;在制帽生产组的刘素琴和五金加工厂组的师恩荣,原来两个人在生产组一个月工资都是四、五十元,听说要组织食堂,就主动报名来食堂做义务炊事员,坚决表示要不计报酬。老人家干起活来浑身是劲,每天从早忙到晚,挑完了水,买好了菜后,就挨门挨户搜集社员每天喜欢什么饭食,给孤老病残的社员送饭送水。工人吴秀琴生孩子,有一次师恩荣去送饭,吴秀琴说:"师大爷,你告诉食堂给我压碗面吃。"师恩荣当时就答应了,转过来一想:"月子人吃压的面太硬,不好消化。"他回到厨房就自己动手给作了一碗又软又烂的面,感动得吴秀琴不知道说什么才好。

全新的关系　　全新的人

　　在公社的大家庭里,到处可以看见共产主义的道德在成长,人与人之间的关系,被一个远大的理想联结在一起。

　　过去,有些家庭妇女做完饭,就抱着孩子闲扯起来,东家长,西家短,再不然就是比吃比穿。现在可不同了,人们关心的是生产,是公社集体,是建设社会主义,眼界开阔得很。妻子和丈夫谈论的不再仅限于柴米油盐的家务琐事,主要的是谈生产、谈学习、谈技术革新。今年2月里,郭庄子人民公社第四分社划粉生产组开大会,动员群众,大搞技术革新。会后,生产组的张玉珍就回家和丈夫萧庆忠商量。萧庆忠一听妻子要搞技术革新,大力支持。每天,两口子下了班就在一起研究琢磨,终于设计出一个使划粉生产自动连续化的捣料机。据河北区的统计,像这种通过夫妻互助,亲属帮助,改进的钻头、捣子机和马达等技术革新项目就有六百多件。

　　从甘肃路人民公社光耀分社弹簧厂的成长过程中,也可以看出新型家庭关系的成长。这个厂原来是家庭妇女伊香春和毕玉琴在1958年赤手空拳办起来的。伊香春在一个街道生产组,学会了作汽车上用的断道器小弹簧的技术,回来她就和邻居毕玉琴商量,组织起来搞弹簧生产。毕玉琴的丈夫苗化论,是河西区汽车零件二厂的车工,他知道这一消息后,就帮助妻子设计生产弹簧的工具。"工厂"逐渐发展起来,由两个人扩大到五个人,虽说规模小,也总得有个账目。伊香春的丈夫是东昌橡胶厂的会计,他就帮助"工厂"建立起了各种账簿,并且教会了伊香春记账。这个工厂的工人张志秋也是个典型的例子。她丈夫刘开恩,是东昌橡胶厂的工人,每天生产很忙;而她自己就在家里守三个孩子,小姑刘景华也在家里没事做。姑嫂俩吃完饭就"扯闲篇",不是羡慕这家穿的好,就是谈论那家戴的好。从打张志秋把孩子送到公社托儿所,自己进了弹簧厂,刘锦华也成了纺织工人后,这一家人的关系就大大变了样子。谈起话来,不再是家长里短,比穿比戴;而是夫妻钻研技术,姑嫂学习文化。张志秋也在丈夫的帮助下,改进了发电机碳金簧的电动弹簧机上的胎具,把生产效率提高了一倍。去年,被评为全市先进生产者。今年"三八"妇女节,又被评为全市妇女红旗手。

共产主义风格

集体,这座巨大的熔炉,陶冶着人的思想。在这里,共产主义的道德风尚,开始成为处理个人与集体、个人与个人关系的准绳。

在蓄水池街公社靶鞳街曾经发生过这样一件事:纸袋车间的十八名青年妇女,在一次暴风骤雨的深夜里,竟不约而同地冒雨跑到了车间,去抢救公社财产。谁也用不着说什么,大家的心情是一样的,淘水的淘水,搬材料的搬材料,把穿来的雨衣又盖到纸袋上。当天露微明,雨逐渐停下来的时候,这十八个湿透了衣服的妇女,身上虽觉得有些凉,但每个人心里却都是热乎乎地高兴。

像这种先公后私、先人后己、舍己为人的可歌可颂的事例,在公社的人当中,那是说不清、道不完,遍处皆是。被鸿顺里公社的社员们公认为"无名英雄"的贾大娘,是第一个举手自愿担任炊事员,办起了天津市第一个街道公共食堂的老大娘。她勤勤恳恳、爱社如家始终如一日。当她患了一次病,病好以后,社里照顾她的身体没有分配她具体工作,这位乐于为群众服务、爱上了集体的老人家,仍旧一时不闲。她悄悄地做了许多为人们注意不到的事情。见到社里一些公用的东西没处放,也没人去保管,她就把自己的房子腾出一间来给社里作小仓库,从锦旗、礼品直到壶碗、扫帚,她都精心地保管着。每当吃饭,社办公室里没有人,她就悄悄地进来守着电话值班。遇到社里开会,她就从家里一壶一壶地给送开水,人们怎么劝也不行,劝得多了,贾大娘嘟囔着说:"叫我在家里坐着,不管社里事可不行。"

在甘肃路公社东方红分社托儿所里,传颂着一件关于"四个妈妈"的故事。事情是这样的:托儿所里有个叫李敏的小女孩,她的母亲在去年秋天忽然患病住了医院,家里没有人照顾孩子,这可怎么办呢? 这个刚刚才七个来月的孩子,本来就很瘦,一下子断了奶,喂牛奶她又不喝。这时候,保育员葛淑萍就毫不犹豫地用自己的奶来喂这个孩子,而给自己的孩子断了奶,改喂稀粥和牛奶。葛淑萍的奶有时也不够,保育员张淑云就抱过来用自己的奶来喂。当这个孩子大便干燥的时候,保育员刘妙芳老大娘,就立即从家里拿来白糖和香油合成水,一天三顿喂给孩子吃。就这样,小李敏日日夜夜地被集体的乳汁、集体的关怀哺育着。小李敏不只有一个妈妈,而有"四个妈妈"! 等到李敏的母亲出院以后,两个来月没看见的小敏,已经变得又白又胖了。

被埋没的智慧发出光彩

"旧社会里妇女苦,依靠丈夫不作主,党是咱的大恩人,公社带来真幸福。"这是兴安路人民公社社员们为公社写的一首赞歌。

人民公社的成立,使多少人的命运发生了根本的变化! 有多少普通的家庭妇女,成了社长、厂长、车间主任、红旗手、劳动模范和先进生产者……去年一年,全市就有三百九十七个人被评为全市的先进工作者。据鸿顺里、兴安路、郭庄子、甘肃路四个公社的统计,就有一千多人担任着从公社社长、厂长到生产组长等职务,有一千二百多人被评为先进生产者和红旗手,有五十多名妇女光荣地参加了中国共产党。她们在各个劳动岗位上和男人一起,为建设社会主义热情地劳动着,就是用她们过去被繁琐的家务劳动束缚的双手,现在制出了精密的产品,制出了上千种产品,供应着大工厂和市场。

就在这个兴安路人民公社蓬勃发展的工业里,有三十七个家庭妇女担任工厂的厂长。周文娟便是其中的一个。她是五金厂的厂长。这个厂是由六个家庭妇女、六块钱、六把刷子和一块门板办起来的。现在,已经发展到一百一十八人,每月给国家创造产值十四万元的财富。从一个家庭妇女到担任一百多人工厂的厂长,周文娟像由铁成钢一样,是经过千锤百炼,在困难中锻打出来的。她在去年5月20日到五金厂当厂长的第一天,管理人员就告诉她说"厂里的生产计划完不成,差了三天活,赶不出来"的原因。当时正搞"红五月"竞赛,有人就议论说:"这回要看女厂长的本事了!"周文娟没犹豫,她到全厂各个车间去找工人商量,发动群众,找关键问题,调整劳动组织,解决窝工现象,把闲着的机器都开动起来。周文娟在车间里和工人们一道干,参加生产领导生产,结果提前完成了计划,夺得了全区"红五月"生产竞赛锦旗。现在,周文娟对工厂的情况了如指掌,全厂制造三种产品的几十种工序的技术,她都熟悉,都摸遍了。在技术革命运动中,她领导着职工大搞革新,把人力操作的工序变成了机械化、半机械化,使这个工厂成了公社的红旗单位,周文娟成了市级先进工作者。她们的事迹被拍成电影,上了银幕。

在周文娟领导下,有像赵淑霞那样的技术革新者,既会动脑筋,又会动手改造机器;有像切铁组组长封新蓉那样敢想敢干,不怕困难,喜于帮助落后的先进工作者;有像随荫风那样舍己为人,先公后私,利用自己下班后的时间,帮助别的组完成任务的具有共产主义风格的人……这些人过去都是普通的家庭妇女,今天,她们的智慧和才能在社会劳动中放出了光彩。

首都街道工业星罗棋布万紫千红
给城市人民公社奠定重要基础

办起的街道工厂近八百座,产品多种多样总计在一千种左右
第一季度产值和加工费相当于 1949 年全市全年工业总产值

（一九六〇年四月十四日）

本报讯 在总路线、大跃进和人民公社的光辉照耀下,首都新兴的街道工业以特大的跃进速度向前飞奔。它已经成为北京社会主义建设中的一支重要的生力军,和城市人民公社的重要基础。

现在,北京市的街道工业星罗棋布,万紫千红,分布在大街小巷。在过去一年多的时间中,全市已先后办起七百九十六座街道工厂,三千五百十一个生产组。全市十六岁到六十岁没有职业的街道居民原来共有三十三万人,现在75%已经组织起来,其中参加工业生产的就有二十一万人。街道工业的产品品种多样,好像百花盛开,总计在一千种左右。产品中不仅有发卡、鞋帽、特种工艺等,而且有仪器仪表、电器设备、玻璃制品等相当高级的产品。街道工业的产值和加工费,今年第一季度就有一亿七千万元,比去年全年还多五千多万元,相当于 1949 年北京全市全年工业总产值。

街道工业日益显示出它是社会主义建设中的一支重要力量。第一,它通过为大厂加工,为大厂生产某些材料和工具设备等,有力地支援了大厂,成为大厂的有力助手。西城区二龙路人民公社十五个工厂、一百零五个生产组,据去年 1 至 9 月的统计,在一百八十五种产品中,为国营工业加工的就有焊条、弹簧等一百三十三种。今年以来,街道工厂还接受了国营工业下放的一批产品的生产任务,使大工业能够腾出手来生产更高级的产品。宣武区椿树人民公社化工厂承制了原来兴华染料厂生产的全部"爱耳染色",兴华染料厂就转

而生产高级染料,产值可以比生产染色的时候增加十倍半。第二,街道工业生产不少日用品,为全市轻工业增加了产量和品种。在北新桥人民公社,有十一个街道工厂生产着服装、鞋袜、毛衣、手套、头巾等五十四种生活日用品,年产值达一百多万元。其中一家制鞋厂加工的鞋一年就有十六万双,一家化工厂生产的洗衣粉、擦皂行销全国三十七个市、县。第三,全市许多街道工业利用大厂的下脚料和废旧物资进行生产,使许多"无用"之物变成了"有用"的材料。新街口五金熔炼厂就是从大工厂的废料堆里挑选原料,去年一年为国家生产了三万五千多公斤铜和九千八百多公斤铝。安定针织厂把大厂织的尼龙袜子废品拿来,拆了重织,质量很好。街道工业的发展,加快了整个工业发展的速度。

随着生产的发展,几十万家庭妇女从小家庭中解放出来,迅速地改变着原来的精神面貌。过去缠身于生活琐事、关心一家一户柴米油盐的人,现在生活中出现了崭新的天地,眼界开阔了,她们也关心生产、关心政治、关心集体了,要求进步的心情如饥如渴。劳动光荣,团结互助成为新的社会风尚。西长安街皮鞋厂的赵淑珍就是这种新风尚的一个代表。她在生产上从来不怕脏,不嫌累。冬天刮大风,她怕厂子发生意外,就主动在厂内值班;夏天下大雨,她怕贮存在地下室的皮子被水浸湿,就冒着倾盆大雨,去打水沟眼。厂子里同伴们病了,她总要抽出休息时间去探望。别人碰到难做的活,她就去帮助克服困难。家庭妇女在参加了生产以后,迫切地要求提高政治、技术、文化水平。椿树人民公社现在参加党课学习的有二百多人,有一千一百多名青壮年妇女参加了文化学习班。在这个巨大的变革中,大批家庭妇女迅速地成长起来。据北新桥人民公社的统计,去年有三百零三人被评为先进生产者,有三百二十四个妇女当了厂长、车间主任和生产组长。今年2月举行的全市工业等四个战线群英会中,街道工业的代表就有三百多人。

北京的街道工业是在1958年5、6月以后,依靠广大群众白手起家,穷干苦干、自力更生办起来的。没有房子,参加生产的群众自动让住房;没有工具,就你一把钳子我一把锤子往一起集,而且许多人是几个月自动少拿、不拿工资,以便扩大积累。二龙路综合加工厂开办的时候,只有十几个人、两间半房子、一张桌子、两个板凳和借来的一百多块钱;但是经过一年的艰苦奋斗,现在已经有了车床、龙门刨、立铣、夹板锤、套丝机等十四种简易机床和设备，成为五百零五人的较大的工厂了。大工业也在技术指导、技工培训、设备供应等方面，给予了它们很多帮助。

北京的街道工业在飞速地向前发展中，不断地提高技术和管理水平。许多街道工业与大工业一样，一年来持续不断地开展着技术革命和技术革新运动，使得工厂的技术装备和生产能力，得到迅速的提高。东城区建国门金漆镶嵌厂原先只有一些简陋手工工具，经过妇女们破除迷信、刻苦钻研，创造了七种十四台机器设备，武装了自己，使全厂五项笨重体力劳动有四项实现了机械化。这个厂一年来不仅产量月月上升，并且从开始只能做三道简单工序七种产品，提高到能做七道工序八十四种产品。朝外大街开关厂，得到市开关厂的大力支持，三个老师傅前来指导，只用了五、六天的时间，就学会了四种辅助开关的生产和一个接线端子的组装技术。二龙路喷漆工厂从建立以后，逐步建立了质量检查等制度，促使生产人员更加关心生产的发展，人民大会堂里的许多椅子的喷漆任务，就是他们做的，使制品既美观，又牢固。

贯彻为国营大工厂、郊区农业和人民生活服务的方针

重庆七星岗人民公社经济大发展

社办工业拥有土洋设备一千多台,利用废料生产产品一千五百多种,月产值三百万元。集体福利事业相应发展,青壮年文盲全部扫除,关心集体,热爱劳动新风尚普遍树立

（一九六〇年四月十四日）

新华社重庆 13 日电　重庆市以街道居民为主组织起来的七星岗人民公社,1958 年 9 月成立以来,坚持自力更生的方针发展生产,取得了显著成绩,显示了城市人民公社的无比优越性和生命力。

七星岗人民公社的一万九千多户社员中,街道居民占 75% 以上。在 1958 年大跃进中,这些街道居民在党组织的领导下,建立了一百四十八个以修配和制造小型生产工具和生活用品为主的工厂,并且成立了承担市区短途运输的运输队,还举办了一些为居民生活服务的业务。但是,这些分散的小型工厂设备简陋,资金缺乏,技术水平很低,产量也很小。同年 9 月,这里的党组织根据群众的要求,积极领导群众建立了人民公社。公社成立以后,就发挥了它能更好地组织群众的生产、生活、学习和更便于和大企业协作等优越性,对建社前街道居民举办的工厂和其他生产单位进行了整顿,并且根据自力更生的方针积极地发展生产,使全社的生产单位迅速改变了面貌。社办工业的生产总值,已由刚建社时的每月四、五万元提高到目前的每月三百万元左右。1959 年社办工业的生产总值,比 1958 年增加了十一点七倍,今年第一季度完成的总产值又等于去年全年总产值的三分之二。

七星岗人民公社成立以后,根据因陋就简、白手起家的方针,迅速地提高

社办工业的生产设备能力。公社建立初期,原有的一百多个工厂中除一台破车床算是较大型的设备外,其余只有一些零星破旧的手工工具。公社把这一百多个工厂调整合并为五十三个,使现有设备集中起来发挥更大的作用,又组织社员到大工厂去参观,模仿试制一些设备。他们还请大工厂派人做技术指导,自制和改造了各种车床、钻床、马达、拉丝机、弹簧锤等较大的和各种中小型的设备一千多台。公社还积极扩大公共积累,逐步购置了一些比较大的机器设备。目前全社工业中的"土设备"已由建社初的三百二十台增加到一千五百多台,而且有了较"洋"的大型设备。仅各种车床、刨床、铣床、钻床、电动拉丝机、电动包纱机等大型设备就有二十一台。今年以来,全社又大搞技术革新和技术革命,第一季度就实现了革新建议两万零八百多项。目前,全社工业中机械化和半机械化的程度有了显著提高,还有自动和半自动的机械设备十二台,生产联动线和作业线各一条。现在全社的生产迅速上升,第一季度超额44%完成了生产计划。

这个公社还采取量才使用、积极培养的办法,自力更生地克服缺乏技术力量的困难。公社成立后,就按照社员劳动力强弱和技术水平高低的情况,重新安排社员的工作和生产时间,把一些有一定技术的人派到各生产单位中担任技术骨干,没有技术的人也安排到适当岗位上,加强对他们的培养。公社还先后派出三百多人到大厂去短期"学艺";并且请了三十多位大厂的老师傅到社里来短期训练社员,组织了一千多人到大厂去"取经";在厂内还采取了熟手带生手、缺啥学啥、学了就用等办法来提高工人的技术水平。目前,各个生产单位上的社员,都掌握了一定的技术,社办工厂已经能生产一千五百多种产品,产品质量也很好。

这个公社采取了"多方找、大家集、公社统一分配"的办法,来充分寻找和利用城市废旧物资和大厂的边角余料,克服生产原料不足的困难。据不完全统计,去年他们发动社员人人寻找原材料并且与废品收购站挂钩,收集到的大厂的边角余料和城市的废旧物资,就有矽铜片、钢材、马口铁、铅、烧碱等二百五十多吨,皮革一万五千多米,废棉纱九十多万斤。这些物资由公社统一分配给各个工厂以后,制出了各种模型、日光灯整流器,建筑工具、矿山电瓶等一百多种产品。这个公社的印花整制加工厂,去年利用各大厂擦机器的废油纱,经过捶洗、漂白后,就生产了七十多吨擦机纱,还蒸煮提炼了三吨多"再生油"供应大工厂。他们把废旧棉絮重新弹制以后,去年第四季度就做了用于作垫子、包机器的棉絮七千多床。

七星岗人民公社由于生产迅速发展,大大发挥了城市中人力、物力的潜力,变消费者为生产者,化废弃物资为有用物资,有力地贯彻了城市人民公社的生产为国营大工厂、郊区农业和人民生活服务的方针。

一年多来,公社工厂加工、制造的产品,有小型生产工具、螺丝、洋钉、整流器以及毛巾、便鞋、鸡肠带等一千五百多种。社办工厂还积极为国营工矿修理配件,实际上已经成为国营工厂企业的一个辅助车间,起到了填空补缺的作用。在支援农业方面,一年多来,社办工业生产的化学肥料青矾就有八十多吨,还制造了大批农具,修配了许多拖拉机和汽车。因为社办工业灵活性大,对增加当前急需的日用小商品生产,调节市场供应也起了积极的作用。例如,市场需要肥皂的时候,社办工厂就及时利用土原料和代用品制造了大批洗衣粉;市场需要木材包装用具,社办工厂就立即利用废木板、纸板大量制造,供应市场。

生产的迅速发展,又带动了全社集体福利事业和文化教育事业的发展,社员参加生产以后,一般家庭的收入都比建社前提高了一倍左右,90%以上的居民有了存款。公社的集体福利事业也相应地发展了。目前公社办了四十一个公共食堂,入伙人数占社员总数的91%。公社还办了各种托儿组织二百一十六个,入托儿童占全社儿童总数的95%以上。此外,公社已全部扫除了青壮年文盲,并且初步建立了从小学到大学的业余教育体系。社员的精神面貌也起了很大变化。关心集体、热爱劳动、家庭和睦团结、邻里互助友爱的新风尚已普遍树立。

街道工业蒸蒸日上集体福利和
文化教育事业蓬勃发展

沈阳红旗公社百业繁荣　有力地支援了工农业生产，给居民生活带来极大的方便

（一九六〇年四月十七日）

据新华社沈阳15日电　辽宁省的第一个城市人民公社——沈阳市大东区红旗人民公社，1958年9月建立以来大力发展生产，社办工业蒸蒸日上。1959年社办工业的总产值，等于1958年的二点七倍；产品品种也由1958年的五十多种增加到二百二十种，今年第一季度，社办工业的总产值达到五百三十万元，接近去年全年产值的一半。其中3月份的工业产值，等于1958年8月份公社成立前的二十一倍。公社的集体福利事业和文化教育事业等也有了很大发展，全公社出现了一片百业兴旺、热气腾腾的景象，充分显示了城市人民公社的无比优越性和强大生命力。

红旗人民公社在沈阳市大东区东横街，成员主要是街道居民。解放前，这里的居民绝大多数过着吃不饱穿不暖的生活。解放后，他们的生活有了很大改善，但仍有相当一部分人生活比较困难，每年需要政府救济或由工厂企业补助。经过历次政治运动，特别是1957年全民整风运动，这里的家庭妇女政治觉悟大大提高，强烈要求摆脱家务牵累，参加社会主义建设事业。早在1957年7月，东横街就有十一名家庭妇女，在居民委员会的领导下，收拾了半间破房子，凑集资金一百元，借了三个手压刀和八把锤子，组成了一个社会福利五金生产组。经过一年的艰苦奋斗，这个生产组已经发展成为一个拥有二十间厂房、三百一十七名工人和有部分机器设备、能生产十多种产品的五金电气器材工厂，还积累了资金两万元，同时还建立了托儿所、幼儿园等生活福利事业。

她们组织起来大搞生产所取得的成绩，吸引着整个街道的家庭妇女。1958年夏季，当中共沈阳市委发出"自力更生，自筹自办，白手起家，因陋就简，由小到大，从简到繁"大办街道工业的号召以后，她们立即掀起了轰轰烈烈的大办工业的群众运动，不到一个月就办起了上百个小型工厂，生产了几十种产品。托儿所、幼儿园、公共食堂、洗衣房、业余学校等集体生活福利、服务事业和文化教育事业也如雨后春笋一般地兴办起来。同年9月1日，这里的党组织就根据群众的要求，领导群众办起了统一领导街道工业和其他各项事业的城市人民公社——红旗人民公社。目前全社劳动力几乎全部参加了生产劳动，其中参加社办工业的有四千九百多人，参加运输的有二百九十九人，参加集体福利事业、服务事业和文教卫生工作的有九百五十人，还有二千五百人支援了国营工业。红旗公社在组织过程中，都首先紧抓发展社办工业。由于社办工业具有多行多业、小型灵活、接近居民、便于妇女参加劳动等特点，就充分调动了所有家庭妇女和半劳动力参加生产的积极性。同时公社还充分发挥了对所属工厂进行统一组织和全面安排的作用，克服了公社成立前分散经营、厂小力单、不便管理等缺点，使社办工业迅速地发展起来。公社把建社前的一百几十个小厂合并为十一个综合工厂，下设电气器材、耐火器材、橡胶杂品、纺织零件、电瓶车、薄铁制品、木器制品、砂轮、医疗器材等四十四个生产车间。现在参加社办工业生产的四千九百八十一人中，80%以上是家庭妇女，她们经过一年多的锻炼，都能独立操作，其中有50%以上已达到三级工以上的水平，成为生产中的主力。产品合格率也由86.4%提高到99%以上。

红旗人民公社的社办工业，对于满足市场和人民生活需要以及支援工农业生产，都起了很大作用。一年多来，仅生产供应市场和人民生活需要的产品就有一百三十多种。市场需要什么，社办工业就生产什么，民办工业还大量生产了人民生活需要的小五金、薄铁、木器等产品，补助了国营工业的不足。社办工业生产的小商品，有80%是用大工业的边角废料和废弃物资生产出来的。在为国营工业服务方面，去年社办工厂共为全国十多个省、市的一百多个国营工厂完成了一百三十多种急需的加工配件的任务，有力地支援了这些工厂的生产大跃进。

适应生产发展的需要，红旗人民公社去年兴办了大量集体福利事业、服务事业和文教事业。公社先后建立了幼儿园和托儿所各十一所,公共食堂十三处,小学、敬老院各一所,还建立了星罗棋布的生活服务网。举办这些集体福利事业以后,社员的劳动出勤率已由办社初期的 70% 提高到现在的 94% 以上。社员的家庭收入也普遍比成立公社前提高了 50%。公社共建立了十六所业余学校(其中包括五所业余专科学校)。社员们的政治思想觉悟也有了提高,已有四十四名社员参加了共产党,有七十二名社员参加了共青团,有一千一百多名社员被评为红旗手和先进生产者。

沈阳红旗公社百业繁荣

有力地支援了工农业生产，给居民生活带来极大的方便

（一九六〇年四月十七日）

据新华社沈阳 15 日电 辽宁省的第一个城市人民公社——沈阳市大东区红旗人民公社，1958 年 9 月建立以来大力发展生产，社办工业蒸蒸日上。1959 年社办工业的总产值，等于 1958 年的二点七倍；产品品种也由 1958 年的五十多种增加到二百二十种，今年第一季度，社办工业的总产值达到五百三十万元，接近去年全年产值的一半。其中 3 月份的工业产值，等于 1958 年 8 月份公社成立前的二十一倍。公社的集体福利事业和文化教育事业等也有了很大发展，全公社出现了一片百业兴旺、热气腾腾的景象，充分显示了城市人民公社的无比优越性和强大生命力。

红旗人民公社在沈阳市大东区东横街，成员主要是街道居民。解放前，这里的居民绝大多数过着吃不饱穿不暖的生活。解放后，他们的生活有了很大改善，但仍有相当一部分人生活比较困难，每年需要政府救济或由工厂企业补助。经过历次政治运动，特别是 1957 年全民整风运动，这里的家庭妇女政治觉悟大大提高，强烈要求摆脱家务牵累，参加社会主义建设事业。早在 1957 年 7 月，东横街就有十一名家庭妇女，在居民委员会的领导下，收拾了半间破屋子，凑集资金一百元，借了三个手压刀和八把锤子，组成了一个社会福利五金生产组。经过一年的艰苦奋斗，这个生产组已经发展成为一个拥有二十间厂房、三百一十七名工人和有部分机器设备、能生产十多种产品的五金电气器材工厂，还积累了资金两万元，同时还建立了托儿所、幼儿园等生活福利事业。她们组织起来大搞生产所取得的成绩，吸引着整个街道的家庭妇女。1958 年夏季，当中共沈阳市委发出"自力更生，自筹自办，白手起家，因陋就简，由小

到大，从简到繁"大办街道工业的号召以后，她们立即掀起了轰轰烈烈的大办工业的群众运动，不到一个月就办起了上百个小型工厂，生产了几十种产品。托儿所、幼儿园、公共食堂、洗衣房、业余学校等集体生活福利、服务事业和文化教育事业也如雨后春笋一般地兴办起来。同年9月1日，这里的党组织就根据群众的要求，领导群众办起了统一领导街道工业和其他各项事业的城市人民公社——红旗人民公社。目前全社劳动力几乎全部参加了生产劳动，其中参加社办工业的有四千九百多人，参加运输的有二百九十九人，参加集体福利事业、服务事业和文教卫生工作的有九百五十人，还有二千五百人支援了国营工业。红旗公社在组织过程中，都首先紧抓发展社办工业。由于社办工业具有多行多业、小型灵活、接近居民、便于妇女参加劳动等特点，就充分调动了所有家庭妇女和半劳动力参加生产积极性。同时公社还充分发挥了对所属工厂进行统一组织和全面安排的作用，克服了公社成立前分散经营、厂小力单、不便管理等缺点，使社办工业迅速地发展起来。公社把建社前的一百几十个小厂合并为十一个综合工厂，下设电气器材、耐火器材、橡胶杂品、纺织零件、电瓶、薄铁制品、木器制品、砂轮、医疗器材等四十四个生产车间。现在在社办工业生产的四千九百八十一人中，80%以上是家庭妇女，她们经过一年多的锻炼，都能独立操作，其中有50%以上已达到三级工以上的水平，成为生产中的主力，产品合格率也由86.4%提高到99%以上。

红旗人民公社的社办工业，对于满足市场和人民生活需要以及支援农业生产，都起了很大作用。一年多来，仅生产供应市场和人民生活需要的产品就有一百三十多种。市场需要什么，社办工业就生产什么，社办工业还大量生产了人民生活需要的小五金、薄铁、木器等产品，补充了国营工业的不足。社办工业生产的小商品，有80%是用大工业的边角废料和废弃物资生产出来的。在为国营工业服务方面，去年社办工厂就为全国十多个省、市的一百多个国营工厂完成了一百三十多种急需的加工配件的任务，有力地支援了这些工厂的生产大跃进。

为适应生产发展的需要，红旗人民公社去年兴办了大量集体福利事业、服务事业和文教事业。公社先后建立了幼儿园和托儿所各十一所，公共食堂十三处，小学、敬老院各一所，还建立了星罗棋布的生活服务网。大办这些集体福利事业以后,社员的劳动出勤率已由办社初期的 70% 提高到现在的 94% 以上。社员的家庭收入普遍比成立公社前提高了 50%。公社共建立了十六所业余学校(其中包括五所业余专科学校)。社员们的政治思想觉悟也有了提高,已有四十四名社员参加了共产党,有七十二名社员参加了共青团,有一千一百多名社员被评为红旗手和先进生产者。

首都椿树人民公社春色满园

建成十八个工厂、数十个食堂、七十六个托儿组织和二十多个服务站
人们精神面貌开始发生变化,出现了许多新型的民主和睦的幸福家庭

（一九六〇年四月十九日）

新华社 18 日讯 首都的一个普通居民区——宣武区椿树胡同一带,在一年半前成立椿树人民公社以后,生产事业蓬勃发展,劳动人民精神奋发,家庭妇女得到进一步解放,人民生活有了进一步的提高。这个历来只消费不生产的居民区,已经变成居民们参加社会主义建设和组织集体生活的幸福园地。

在这个七十五万平方米的居民区里,有一万三千多个家庭,五万六千多人。1958 年 9 月人民公社成立以前,已有三万多人就业就学;在其余的二万多人中,有六千四百二十多名有劳动能力的人,绝大多数是职工家属。公社成立以后,在这批有劳动能力的居民中,有 88.9%,即五千七百一十多人摆脱了家务牵累,先后走上了生产劳动和社会服务工作的岗位。她们在党的领导和职工群众的热烈赞助下,陆续建成十八个初具规模的工厂,其中有生产比较复杂产品的仪器厂、玻璃厂、化工厂,也有生产日用品的木制品厂、席箔厂、缝纫厂;有三十多人的浆糊厂到五百多人的塑料厂,也有新近组织起来的综合工厂。综合工厂内有"大集中生产""小集中生产"和"分散生产小组"。随着食堂、托儿组织的增加和扩大,许多原来分散生产的家庭妇女,最近也摆脱开家务劳动,分别集中在工厂和家庭附近的小组里去生产。少数家有病人,本人身体不是很好,家务拖累特别繁重,但又愿意参加一些劳动的人,也初步组织了起来,在综合工厂的统一管理下,把活领回家去做。这些工厂在为大工业服

务、为人民生活服务和为城市建设服务的方针指导下,生产有了很大发展,1958 年下半年产值是三十一万多元,1959 年全年上升到八百五十多万元,今年第一季度又跃进到一千二百六十多万元,超过去年 48.7%。一年半以来,社办工厂积累增加到近一百四十万元,并从积累中拨款增添各种设备四百三十七台,其中有车床、刨床、铣床、冲床和电子热合机等,在白手起家的情况下,自己武装自己。

这个公社所办的工厂,在生产上都具有灵活多样的特点,在生产领域中部分地起着"拾遗补缺"的作用,同时,在为大工业加工的过程中,不断提高技术,生产出一部分比较高级的产品。现在全公社的产品已由去年的七十一种,增加到一百五十九种。其中有玻璃制品、绝缘材料、染色、布卷尺等四十多种产品,都是大工厂和较大工厂下放给他们生产的,这样就使公社工厂得到更加迅速发展的机会,大工厂或较大工厂也能够腾出手来,生产更多高级的产品。全市闻名的一得阁墨汁厂,去年把浆糊产品交给公社浆糊厂生产后,使自己节省了十四间厂房,腾出十八个劳动力,现已有十五种广告色、七种化妆色和三十种水彩的新产品先后试制成功和投入生产。国营兴华染料厂第三车间把多年来生产的"爱耳染色"产品全部交给公社化工厂生产后,自己改产高级染料,在不增加工人、设备的情况下,完成了生产跃进计划,去年的生产总值较前年增加了十多倍。随着生产事业的大发展,这些工厂需要社办工厂加工的项目越来越多,因此就更加积极地在技术上予以支援,同时在等价交换的原则下,帮助社办化工厂解决了一些生产设备。兴华染料厂和公社化工厂在生产上发生联系后,帮助公社化工厂解决了生产技术等问题,使公社生产的"爱耳染色"的产量,除满足了北京市场的需要外,还行销华北一些城镇。现在,在北京市场上,从日用杂货商店出售的小孩尿布、鸡毛掸子,到王府井百货大楼出售的塑料手提包、玻璃扣,都是这个公社的产品。厂房分散在四条胡同的公社塑料厂,在所生产的产品中,有价值十多元一件的塑料雨衣、防护服,也有只值几分钱到一角多钱的证件夹、糖果袋。市场需要什么,她们就生产什么,不单纯追求产值。最近,她们又根据市场的需要试制出塑料药瓶、塑料钮扣等新产品。最近在生产组基础上组成的两个综合工厂,几乎全是为市场迫切需要加工的业务服务。

椿树公社的建立,有着深厚的思想基础和物质基础,它是在全民整风运动和社会主义建设大跃进中诞生的。这里的居民(主要是家庭妇女)在1958年参加了伟大的整风运动后,思想觉悟空前提高,劳动光荣、不劳动可耻的思想深入人心。在总路线、大跃进、人民公社三面红旗的鼓舞下,为了迅速摆脱我国一穷二白的落后状况,同时也把自己从家务琐事中解放出来,她们提出了"为社会主义添砖添瓦"的口号,迫切要求参加生产劳动。这时,由于社会主义建设的高速度发展,各厂矿企业为了求得更大更好的跃进,也希望有人能为她们进行一些辅助性的劳动,以至直接为她们生产一些比较次要的产品,一个家庭妇女走出家门参加社会主义建设的革命风暴,就由此乘势而起。在这个革命风暴中,居民中的积极分子和有迫切就业要求的劳动妇女走在运动的前列。她们在街道党组织的领导下,充分发扬了穷干苦干的精神,因地制宜、因陋就简、自力更生,从平地办起工厂。西椿树胡同一带有九个职工家属,她们向街坊借来两个风箱、两口旧锅,拣些碎砖头,苦战一夜,在一个大院里搭起两个炉灶,大家又凑起两元四角钱买些口罩和手套,从附近一个制钉厂拉回洗过洋钉的废硫酸,从机械厂拉回一些废铁屑,就这样成立了一个小小的化工厂。西草厂二百多名家庭妇女利用一座年久失修无人居住的破屋,冒着雨,拉土、运砖、砌案台,大战三天,办起了装订厂和玩具厂,她们折书页、作玩具,用废硫酸和铁屑熬成硫酸亚铁,得到加工费后就用来添置设备和购买原料,不断扩大再生产。她们的亲人中凡有一技之长的,也都纷纷利用业余时间,帮助她们克服困难,技术人员给她们画图设计,土木工人帮助修缮厂房。由于在生产上和国营工厂发生了联系,许多工厂除按价调拨一些下脚料或一些废料给她们作原料外,并派科室人员帮助她们建立企业管理制度,派出老工人来给她们传授技术,或者让她们到工厂去学习。通过这些办法,很快就培养出一批"技术骨干"。这批技术骨干又转过来把生产技术迅速传授给更多的人。许多工厂就这样从无到有,从小到大,从分散到集中,迅速地成长起来。九个妇女办起来的小小化工厂,现在已经是一个有近三百名工人的工厂,每月都能生产四、五十万元产值的产品。生产事业的扩大和发展,吸引着愈来愈多的妇女走上生产岗位。

家庭妇女赤手空拳闹生产,开始时在这个地区被当作"奇闻"。有人怕妇女们因烧饭、带孩子等家务琐事拖住后腿,坚持不下去。这时,党组织就出来长她们的志气:"能够自力更生办厂,为什么不能自力更生办集体生活福利事业!"妇女们就办起了最初的公共食堂和托儿组织。由于它是为生产服务,并和生产事业有密切的联系,所以它具有强大的生命力。随着生产的发展和积累的增加,公社的集体生活福利和社会服务事业也越办越好。公社在生产发展的基础上,从生产出发,由积累中拨出一部分款项,补助集体福利事业的兴办。现在这个公社在统一管理下,已办起一个以公共食堂为中心的生活服务网。食堂以大带小,在三个大食堂周围分布着二十个中小食堂,许多托儿所、幼儿园内也都附有儿童食堂,入伙人数已达到五千一百多人。大食堂不仅利用炊事机械的能力为周围的一些中小食堂加工主食,在食堂附近还设立了洗衣房、淋浴室和蒸馏间,充分利用蒸汽锅炉的废蒸汽、废热水,洗衣服、供淋浴和制蒸馏水,做到"一物多用",使食堂的收入大大增加,为进一步改善伙食提供了条件。公社在居民住宅和工厂附近设立了七十六所托儿所、幼儿园和哺乳室,共收托了三千四百八十多个孩子。被称为全市红旗单位的四川营托儿所,从去年11月到今年2月,全所一百多个孩子每月每人平均增加体重一市斤。通过对保育人员上政治课、文化课和离职轮训、到市立托儿所学习等办法,迅速建立起了一支思想比较进步、初步掌握业务和有一定文化的保育人员队伍,并且大力支援了新建托儿所、幼儿园。现在全社的托儿组织都在向它看齐。此外,在大街小巷还遍布着二十多个生活服务站,把许多家庭的零星家务劳动担当了起来。

随着生产的发展和社会服务事业的不断改进,也有力地推动了公社文教、卫生等项事业的全面跃进。现在全社已兴办了十六所业余学校,开设了八十七个班级,参加学习的生产人员达一千三百多人。公社还办了一所医院和两所医疗保健站。社员的经济收入也有了相应的提高。除了集体福利事业得到公社的补助以外,参加生产人员的平均月工资已由开始时的八、九元增加到现在的二十三元。

妇女参加生产和集体生活后,精神面貌已开始发生变化,她们的家庭和社会地位都有了显著提高,新型的民主、和睦、平等、互助和有着共同奋斗目标的幸福家庭更多地出现了。五个孩子的妈妈乐耀奎参加生产以前,她的丈夫认为她只能做家务事。家里来个客人,乐耀奎插一句话,她丈夫就说:"你懂得什么,看孩子去吧!"乐耀奎参加生产后,连续被选为红旗手,当了工段长,出席了北京市群英会。现在,丈夫对她很尊敬,已变成互爱互助的好夫妻。妇女们的政治思想觉悟和领导管理能力也有了很大提高。现在全社已有八名街道妇女光荣地参加了中国共产党,有一百七十名妇女担任厂长、车间主任和公共食堂、托儿组织、服务站的负责人,还有一百多人被评选为北京市和宣武区的先进生产者和"三八"红旗手。为了进一步地培养和提高基层领导骨干,公社党委专门为妇女积极分子上党课和政治课。现在听党课的人数已由去年的二十多人增加到二百多人。

　　这个公社最近举行了社员代表大会,总结了建社一年半以来的各项工作,选出了新的管理委员会,制定了1960年跃进规划。大会提出,当前的任务,是要继续发展生产和办好集体福利事业,坚决贯彻执行党的社会主义建设总路线,使公社从政治上、经济上、组织上进一步得到巩固和提高。根据规划,今年公社工业的总产值、全员劳动生产率、产品的质量等方面都要有很大的提高和增长。主要措施是:加强生产管理,做好安全生产,大力开展以机械化、半机械化、自动化、半自动化为中心的技术革新和技术革命运动,争取年底以前在集中生产的工厂中基本上实现机械化、半机械化。大会对全面组织人民经济生活,举办文教卫生事业等方面,也做了具体规定。在社员代表大会以后,全社已掀起一个新的生产高潮,生产面貌天天翻新,新产品不断出现。参加工厂、食堂、托儿组织、服务站的生产服务人员,也都以实际行动贯彻执行大会的精神,决心在生产建设、文教卫生和集体生活福利事业等方面,力争全面跃进。

厂矿支援农业技术改造　农业支援工业发展生产

阳泉义井公社行行业业大协作

工农业生产迅速提高,社员生活相应改善,
精神面貌发生深刻变化

(一九六〇年四月二十一日)

新华社太原20日电　以工矿企业为中心,有工人、农民、街道居民参加的城市人民公社——山西省阳泉市义井人民公社,建社一年多来,工农业生产迅速提高,人民生活也相应地得到改善,人民的精神面貌也发生了深刻的变化。

阳泉市国营第三、四煤矿,在1958年生产大跃进中,为解决厂矿集中生产和职工居住分散的矛盾,大规模地调整了职工宿舍。调整的方法是以坑口、车间为单位划分住宅区,并且以宿舍为阵地建立了一整套政治工作网和经济生活网。这样做的结果,不仅便利了职工的生产,而且将职工和家属从生产到生活全部组织起来。广大家属纷纷摆脱家务琐事,参加社会主义建设,根据厂矿生产需要,办起了许多"卫星"厂。随着大批职工家属参加生产,托儿所、食堂、服务站等集体福利事业也有了进一步的发展。集体生产和生活的优越性吸引着全市人民,全市职工、家属、市民纷纷要求组织起来,走三、四矿的道路。就在这样的基础上,1958年10月1日成立了阳泉市第一个城市人民公社——矿区人民公社。义井人民公社原是矿区人民公社的管理区之一,在今年2月改组成立公社。

义井人民公社包括国营和市营的钢铁、煤炭、机械、电瓷、化工等25座大小厂矿,十四个以生产蔬菜为主的农业管理区,一个街道居民委员会,全社共有三万二千三百八十一人,其中职工占28%,农民占32.5%,职工家属和市民占39.5%。

自从公社成立以来,在公社党委的统一领导下,展开生产大协作,互相帮助,互相促进,保证了工农业生产的连续大跃进。在公社成立以前,这些部门虽然也都有协作关系,但是不够经常,而且在一些具体问题上有矛盾。如厂矿扩建要占用一部分土地,大厂小厂在使用运输力量上,工业、农业在使用水源上,都曾发生过争执。公社成立以后,对各项工作有了通盘部署,许多矛盾都因此迎刃而解。

化工厂、青年钢铁厂、南庄煤矿等厂矿,为了使农业区迅速实现技术改造,从培养技术人员到检修机械等,都给予了大力支援。一年多来,在十四个农业管理区中,已有十二个区通了电,六个区实现了提水电气化,使许多生产环节有了电力操作,许多居民家庭有了电灯照明。特别是从去冬今春以来,各厂矿帮助农业区大兴水利建设,打机械深井,建蓄水池,并从煤矿旧井中提水上山,目前还在进行三项规模较大的水利工程,这些工程到 4 月底完工以后,全社水地面积就将由九百亩增加到六千亩,其中高级园田化的水地将增加到二千二百亩。各厂矿还和农业区挂钩,分片包干检修农业机械。农忙季节,各厂矿还组织职工支援农业生产。在今年抗旱浇麦中,各厂矿组织了二千六百人,在三天内将全社一百三十亩小麦普遍浇了一次。由于全体社员的努力和厂矿的支援,去年全社蔬菜总产量比前年增长了 60%,平均亩产量增长了 28%,粮食平均亩产量增长了 22.4%。

这个公社的农民群众也是以高度的共产主义精神,全力支援工业生产建设,特别是向厂矿支援劳力和运输力量上出力最大。公社为了解决全社范围内各厂矿原料、产品的运输问题,去年从南庄煤矿到白羊墅车站修建了一条六公里的轻便铁路,农业区便调派了二百三十名精壮劳力参加筑路。青年钢铁厂过去常常因矿石运送不及时而停工待料,农业区便抽出运输工具,支援青年钢铁厂运料,保证了钢铁厂的原料供给源源不断,生产蒸蒸日上,日产生铁由四、五十吨逐渐上升到一百二十吨。耐火材料厂由于得到农业区原料供应和运输上的大力支援,产值逐月上升,今年 3 月份的产值比 2 月增长了 26.23%,比 1 月增长了 50.25%。农业区还根据厂矿生产需要,发动群众采矿土、耐火土、铁矿石和煤炭等原料材料,供给各厂矿。同时,各农业管理区在完成国家调拨商品菜的任务以外,向各厂矿供应了大批蔬菜、副食品,今年又支援了大批菜秧、畜力,并派出技术人员帮助厂矿建立副食品生产基地。

全社各大、小厂矿之间也展开了协作,做到一厂有事,八方支援。现在全社已组成了一个生产协作网。群众歌颂说:"人民公社力量大,各行各业成一家,天大困难也不怕,处处开满幸福花。"

义井公社的社办工业一年多来也有了飞跃的发展。1958年初,这里仅有为农业服务的铁木加工小组等,经过一年多的发展,目前义井公社已经建立起耐火材料厂、矾土厂、砖瓦厂、铁木加工厂、翻砂厂、鞋厂、缝纫厂等九座工厂。这些工厂都是白手起家、自力更生办起来的。他们采取边生产、边外销、赚回利润边增加设备、以厂养厂的方法,逐渐扩大生产。去年社办工厂的利润就比前年增长了八点八倍,这样就进一步促进了公社工业的发展。社办工业的生产总值1958年仅有六万七千多元,1959年就增加到一百二十九万元,今年计划再新建化工加工厂、蔬菜加工厂等五座工厂,产值将增长到五百万元。

随着生产大发展,职工家属和街道妇女喜笑颜开地摆脱了炕台、锅台的束缚,参加了社会的生产。一年多来,已有一千多名家属和市民参加厂矿生产,还有大批人从事选矿石、选煤、熬黑矾、捆砖瓦、编织、缝洗等工厂辅助劳动和社会劳动,全社有88%的家属和市民由消费者变成了生产者。大批人参加集体生产以后,分散的生活方式已不相适应,公社便根据群众的要求,办起公共食堂一百二十三个,托儿所、幼儿园三百〇三处,服务站二十六个,全社已有80.2%的人参加了集体生活。

这个公社在掀起热气腾腾的生产高潮的同时,出现了学文化、学理论、学技术的高潮。全社现有中学二所、小学二十一所,在校学生达四千五百余人;还办起业余红专学校十六所,业余大学一所,科学研究所三所,有一千多人参加了科学技术研究工作,全社还有70%的社员参加了理论学习。此外,还建立了俱乐部十八座,广播站九座,业余剧团三十九个,电影放映队三个。

城市居民和农民携手前进，大办工业大办集体福利事业

桥东分社工农业生产比翼齐飞

社办工业成为大工业的助手，有力地支援了农业技术改造

（一九六〇年四月二十二日）

新华社天津 21 日电　河北省石家庄市由城市居民和农业人口共同组成的桥东人民公社成立一年多来百业兴旺，面貌日新月异，到处闪耀着人民公社的光辉。

石家庄是一个新兴的工业城市。解放后，这里兴建了一些纺织、化工等现代化工厂。由于石家庄的小型工业原来基础比较薄弱，有些大工厂需要的原料材料、小型工具和职工生活日用品，很多都要依靠天津、北京等大城市远路供应。桥东公社成立以后，公社针对当地的特点，办起了六十九个工厂，职工达九千五百多人。另外还举办了三百四十五个生产小组。这些社办工业已经成为大工业的有力助手，对支援大工业生产和满足人民生活需要起了很大作用。全社八百〇一种产品中，就有三百〇六种是为大工业服务的，其中主要的产品有盐酸、电器开关、耐火材料等六十种，去年，社办工业生产的九百多吨盐酸和硫酸，供应了十多个大工厂的需要。公社木器制造厂利用锯末废料制造的脱水活性碳〈炭〉，成为现代化的华北制药厂生产青霉素、链霉素等高级药品的原料，而且质量完全合乎要求。社办工业还生产着针织品、服装、食品、搪瓷、玻璃制品等二百三十七种人民生活日用品。去年一年，仅是毛巾、枕巾、袜子和线毯四种产品就生产了二十九万多打。在社办工业的产品中，还有电灯泡、自行车、罐头、奶品、电器开关等十多种产品。这些都是石家庄市过去从来没有生产过的。今年第一季度，据十六个单位的统计，又试制成功了漆包线、大帆布、有线呢、养路机等三十六种新产品。

桥东公社成立后，有力地加强了工农业之间的互相协作、互相支援，促进了工农业生产双跃进。公社有了工业"基地"以后，就能更好地支援农业生产和加快农业的技术改造。公社工业专为支援农业生产的产品就有五十九种，去年一年制造了各种农具十四万多件，车马装具十五万件，土化肥六千七百多吨，还修配了十三万七千多件农具。今年公社的农业生产队要大搞园田风障化，以保证蔬菜早熟增产，公社党委召开了全社的协作会议，及时从各方面抽调了大批芦席、苇子供应农业生产队，解决了一千一百多亩园田设立风障的需要。去年一年，公社的工厂、机关、学校支援了全社二十二个农业生产队大批物资，使全社四万多亩土地基本上实现了灌溉机械化和电气化。去年一年，公社的工厂、机关、学校等还在农忙时抽人下乡支援农业生产，全年达三十多万人次。农业生产队也以发展蔬菜、肉食为纲，以农副业的丰产来支援工业的需要。去年公社生产队共生产蔬菜八千多万斤，使全社每人每天能吃到一斤半蔬菜。现在，全社正以农业生产队为基点，扩大农副食品的生产，养猪已达一万四千多头，鸡七万四千多只，鱼十二万多尾，为逐步增加副食品的供应提供了保证。

桥东人民公社是1958年11月成立的。它的十五万多名社员中，有十一万五千名城市居民和三万五千名农业人口。城市居民社员中，又有90%以上是职工家属。随着社会主义建设事业的飞跃发展，她们迫切希望走出家门，参加社会生产。1958年党的总路线公布和生产的大跃进，更加鼓舞了她们参加生产的信心。于是各种形式的生产组织、生活组织应运而生。正东街有十八名职工家属办起了一座三八妇女翻砂厂，给这一带的妇女长了志气，妇女们纷纷串门连户，奔走相告。仅在短短的三、四个月中，原桥东区一带就办起了四百七十七个生产摊子，有大批的家庭妇女和闲散劳力参加了生产。生产组织起来以后，群众又要求家务劳动社会化，就办起了互助食堂、托儿所。另外还有四百五十八户组织了家务劳动互助组，轮流值日帮助同院或邻居办理家务。这时，毛主席指出了"还是人民公社好"，农村中出现了人民公社化的高潮，桥东区的人民就在党组织的领导下正式成立了人民公社。

公社成立以后，一面大力发展生产，并且随着生产的发展举办了许多集体福利事业。现在全社有六万九千多人在三百六十七个食堂里吃饭，托儿所和幼儿园已建立一百八十二个,收托着六千多名儿童;还为没有入托的儿童组织了临时性的托儿所、幼儿园,使家长都能愉快地参加生产和学习。公社还根据本地区的特点和社员分布情况,把百货、副食品、蔬菜等行业组成综合商店,形成了星罗棋布的商业网和服务网。公社建立了一百一十七个服务站和三百四十八个服务组。公社还建立了四个敬老院,有三十四名老人在院内过着幸福的晚年生活。公社的医药卫生网也已建立起来,全社现有五所医院和十七个门诊部。在公社的卫生网里,除了专职的医务人员外,还有许多社员担任义务卫生人员,他们分布在各个街道,对维护群众健康、改善全社卫生状况起了很大作用。

广大社员参加生产劳动以后,迫切要求提高政治、文化和技术水平,公社首先扫除了全社十四岁到四十五岁的文盲,并且建立起正规的和业余的教育网。现在公社办起了普通中学、技工中学和农业中学各一所,还办了小学三十五所,使全社普及了小学教育。全社现在办有业余中等技术专业班二个,大学专业班一个和一百二十二个业余中学,入学的青壮年职工达到一万六千多人,占应入学人数的94%。

随着生产的发展,桥东公社社员的经济收入也逐步有了增加。据民生街一百三十一名社员的调查,每人每月的生活费由十一元增加到十七元。农业社员平均每人的收入,也比1958年增加25%以上。社员们的精神面貌也有了很大改变,到处出现了热爱集体、团结互助的新风尚。

先锋公社充分发挥先锋作用

建立三十五个中小型工厂，二月中旬已提前完成全年
生产计划社员的政治思想迅速提高，近七十名家庭
妇女先后入党入团

（一九六〇年四月二十七日）

据新华社长沙 26 日电 一个只消费不生产的居民区——长沙市西区，建立了以街道居民为主的先锋人民公社后，面貌有了巨大改变。一九五七年这里只有两个有七十名工人的小型工厂，现在这里出现了三十五个中小型工厂和二百多个生产小组，生产人员有六千多人，今年头一个半月的街道总值达到九百九十三万元。随着大批家庭妇女参加生产，各种集体福利事业也大量举办起来。居民中热爱劳动、团结互助已经形成风气。

先锋人民公社，于一九五八年九月成立。公社成立以后，就紧紧地抓住了发展生产这一中心环节。公社党委根据为大工业服务、为农业生产服务、为人民生活服务的精神，首先对公社成立前街道居民举办的工厂进行了整顿，先后将一百多个工厂合并成三十五个定型的工厂，将数百个生产小组合并成二百四十二个，生产人员增加到六千一百一十九人。整顿后，由于公社发挥了能更好地组织生产的优越性，社办工厂的生产一浪高过一浪。一九五八年社办工业生产总产值二百六十多万元，一九五九年就提高到六百七十八万元，一九六〇年原计划全年总产值达九百八十万元，到二月十四日止，就超额完成全年计划，总产值就达到九百九十三万元。产品品种也由一九五八年的一百〇八种，增加到目前的三百〇一种。办社初期只能生产鞋扣眼、麻袋等简单产品，现在已能生产马达部件、纺织机械成套铸件和零件，以及钢丝绳、冲天炉、盐酸、硫酸、锅炉等九十多种比较复杂的产品。最近他们又生产了钨钢模、精密陶锉等

新产品。随着生产的发展,这些白手起家办起来的工厂,也由小到大,由低到高,已经拥有相当多的生产设备。一九五九年初全社一部机器也没有,现在已拥有车床、刨床、电动机、发电设备、炼油设备、锯床、十二吨冲床和压机等机械设备六百多台,生产能力大大提高。这些社办工业还通过开展技术革新和技术革命运动,大大提高了机械化、半机械化程度,并且正在向半自动化、自动化发展。

建社一年多来,社办工厂和大工业、农业、商业等部门展开了广泛的协作,千方百计为这些部门服务,已经成了支援大工业生产、农业生产、日用工业品生产的一支重要力量。如社办金属加工厂就长期承担着湖南船舶厂、纺织机械厂等大工厂的部分或全部翻砂铸件任务,并为大工厂生产锅炉、马达壳等产品。这个厂还和社办机械厂一起,为长沙市自来水公司加工自来水管,从去年七月到今年四月达七百余吨,为矿山生产钢丝绳,最高月产达二十吨。社办工厂还为广州、武汉的大工厂生产盐酸,给株洲的大工厂和铁路部门生产螺丝和道钉。在支援农业生产方面,仅去冬今春两季度,社办化肥厂就生产了化肥、颗粒肥五百七十多吨,机械厂为长沙县农村人民公社生产了小家具和插秧机、打稻机等零件一万六千多件,最近又赶制了六百台插秧机零件供应农村。此外,这些工厂充分利用大厂边料、角料和城市收集的废品,生产出小皮鞋、布鞋、纸张、木器等日用品一百多种。

随着生产的发展,先锋公社有八千多名街道居民参加了各种生产和服务工作,其中家庭妇女占百分之八十以上。为了使她们能够摆脱家务牵累,安心参加生产,公社在街道居民原来食堂、幼儿园、托儿所等集体福利事业的基础上,全面组织了人民的经济生活。全社根据"积极办好、自愿参加"的方针,为街道居民举办了三十七个集体食堂,举办的幼儿园、托儿所等托儿组织七十七处。公社还在各个街道举办了十三个服务站,敬老院和社会福利院四所。这些集体生活福利组织,在公社党委的领导和财贸、行政等部门的配合下,正在不断巩固和提高。十三个服务站更是千方百计为生产、为居民服务,服务项目有一百多种,把居民的衣、食、住、行和婚、丧等大小事务全部包了下来。由于大办集体福利事业,使参加工作的妇女无后顾之忧,有力地支援了生产。如通泰街在全面组织人民经济生活以后,工人的出勤率达到百分之九十八以上。

公社建立以后，人们的精神面貌也有了很大的变化。在街道居民中出现了热爱劳动、团结互助、热爱集体的新风尚。特别是八千多名家庭妇女参加生产以后，政治思想和文化、技术水平等有了飞跃的提高，有三十名家庭妇女光荣地加入了中国共产党，三十八人加入了共青团。一年来全公社评选出的二千二百四十三人次先进人物，绝大部分也是家庭妇女，不少女工还大搞劳动竞赛，今年二月份，十八个工厂的女工就提出了二百五十六项革新建议。全社还有一千五百八十多人参加了公社举办的红专学校学习，扫除了六百八十六名文盲。

随着生产的发展，居民的收入增加，生活水平不断提高。一九五九年一年公社发放的工资总额达到八十九万元，据通泰街调查，每人每月平均收入由一九五八年的八点九元上升到十二点五五元，增加了百分之四十一，街道工业工人平均工资每月在三十元左右。

城市人民公社无限好

——记北京市宣武区椿树人民公社的成长

（一九六〇年五月一日）

一清早，人们就从街道工厂、食堂、托儿所、服务站涌向彩饰一新的会场。这是北京宣武区椿树人民公社举行第一次社员代表大会的大喜日子。她们是多么高兴啊！永光寺街道食堂的管理员陈新竹老大娘和她的在服务站当副站长的老伴，一大早就来了。五个孩子的妈妈乐耀奎戴着三枚奖章坐在主席台上。先进生产者姜淑玉、马惠平在会场前燃放起鞭炮。她们，这些多少年来围着锅台转的家庭妇女们，在短短的十七个月里，通过劳动实践，改变着自己，同时也改变着整个居民区的面貌。

瓜熟蒂落

这个公社是一年半前成立的。实际上，办公社的思想种子早就埋下了。那时，全民整风运动的浪潮推向街道。居民群众大鸣大放大辩论。妇女们通过对新旧社会的对比，展开了关于社会主义还是资本主义的两条道路的辩论。辩论是从买东西是否方便的问题开始的。辩论会一次比一次热烈，到快吃饭的时候了，人们还不肯散。棉花胡同二十一户居民抢着发言。王敬心老太太说："在旧社会我一家五口，睡在地上溜光席，小屋子顶上、墙上到处是洞，冬天外面下雪，屋里也下雪，墙上挂满了冰溜子。孩子冷得直叫，没办法，只好把孩子放在大人的裤子里暖着。七个孩子有六个都这样连冻带饿病倒了，谁给看病？眼睁睁地看着孩子死掉了……解放后，生活一天天好起来，新衣服被褥一应俱全,女儿当了保育员,外孙孙一出世,牛奶、奶糕就没断过。不只是我们家光景好了,所有劳动人民的光景都好了。你买东西,我买东西,大家都买,买起来当然是要不方便一些,可是这和从前没钱买东西的不方便一样吗?"她刚说完,袁淑敏就接下去了:"可不是,那时候,我爱人蹬三轮,累得上气不接下气,连口饭都混不上。有一次,家里几天没揭锅了,八岁的孩子捡破烂,卖了点钱,买了张饼,舍不得吃,留给我吃,我叫孩子他爹吃,他爹叫孩子吃,孩子怎么也不肯吃,一家子看着饼放声大哭。那时候,满街都是像我们这样的人,头发乱蓬蓬的,饿得人不像人,鬼不像鬼,躺在地上等死。现在你们到我家看看,大人、小孩都不愁吃,孩子上技术专科学校了。两种制度,两种生活,一个天上,一个地下,哪一种方便?"

这样一对比,大伙更加认清了一条真理:跟着党和毛主席,走社会主义道儿,没错! 但是也提出一个问题:咱们家庭妇女,怎样走这条道儿呢? 她们看见早些时候走上劳动岗位的女职工,又羡慕又着急。

这时,总路线公布了,大跃进的号角响了,农村掀起了人民公社化运动的风暴,工厂面貌一天一个样,生产成倍成倍地增长,宣武区今天新建一个钢铁厂,明天又盖一个化工厂,全区近百家工厂,厂厂喊人不够,北京一些老厂像石景山钢铁厂也来区里要人,从哪儿去找人呢? 这就轮到街道上的闲散劳动力了。街道上沸腾了,今天一批妇女进了工厂,明天又一批妇女当了售货员,大伙的心也跟着飞出来了。有的妇女做梦也梦见自己当了工人。有的妇女白天在家里背着人偷偷学卖菜:白菜喽! 小葱、豆芽菜! 许多婆婆也对媳妇说:你出去吧! 孩子由我看。有的丈夫下班以后帮助妻子照料家务,鼓励她参加生产。

这时,街道党委传达上级党委的指示:整个街道工作都要以生产为中心。

一个汹涌澎湃的生产浪潮掀起来了。

劳动创造一切

椿树胡同有九个妇女,他们是干部、木工、三轮工人的家属,她们知道可以用废硫酸和铁屑作农药原料硫酸亚铁,高兴极了。她们说,咱们想法做点农药支援支援农业建设。几个人凑了两块四毛钱，又向街坊借了两个风箱，两口破锅。三个清洁工听信，连夜赶来在空地上帮她们搭了两个炉灶。一个化工厂就这样诞生了。街道上好些人把这事看成笑话，他们说："从古以来，谁也没见过家庭妇女办工厂！"她们不理这些茬儿。

她们听说第三制钉厂的废硫酸用完就倒掉了，又听说第三机械厂把铁屑当废物处理，就借了个排子车，自己去拉，来回好几里路，跑得满身是汗，都不肯休息。第三天晚上，大伙正干得好好的，忽然下起瓢泼大雨，淋得全身都湿透了。没一个人到房檐下躲雨的，直到水涨到一尺深，实在没法子拉风箱，才进屋。干了几天，硫酸把衣服烧得满是洞，大伙的干劲却越来越大。不认识温度表，用普通尺子比着量；不懂技术，请崇文区一个化工厂的老技师来教；不会记笔记，就死记，下课后你一句、我一句一块凑。她们就这样日顶太阳，夜顶月亮，终于熬出了第一锅硫酸亚铁。

她们去北京电解铜厂找废酸。电解铜厂的同志说，他们有废酸又有铜末很想做硫酸铜，可是腾不出手来，问化工厂能不能帮忙，她们一听，高兴得不得了，回来就动手试验。一次又一次都作不成，有人灰心了，厂子的领导说，这点困难比起红军长征过草地、走雪山，算得了什么？大家大胆去做吧，组织上支持你们，试验十次不成，就试验一百次。这样一说，大伙的劲儿又足了，没多久也就作出来了。以后，电解铜厂就同她们挂上钩，按时给原料，按时收产品。北苑化工厂知道了这个消息，也把盐酸拿来，请她们加工成盐酸提纯。兴华染料厂把制作"爱耳染色"的任务交给她们后，抽出七、八十位工人作化学指示剂，只半年工夫就给国家创造了七百万元的财富。

现在人们走到化工厂，就会看到近三百工人在四个车间愉快地劳动着。车间里摆着大大小小的土球锅、土甩干机和高大的硬气锅炉、耐酸泵；如果到新产品试验室看看，还会看到重钨酸铵等十多种产品，工厂的月产值现在已经不是几千几万，而是四、五十万元了。

许多工厂都是像化工厂这样成长起来的。像三百多人的玻璃厂就是两盏油灯起家的；五百多人的塑料厂，是由一把裁纸刀办起来的。除了这些厂子，公社最近还把成百个各种类型的生产小组合并成两个综合工厂，专门为市场上加工各种日用小工业品，妇女们在一起糊纸袋，折书页子，装订旧书，装配口哨、平直废旧铁钉……这些妇女，过去因为孩子多，只好把活儿领到家里去做，现在随着生产大发展，公社的底子渐渐厚了，集体福利事业越办越好，越来越多的妇女走出家门，进入了综合厂。集中生产以后，活儿干得比以前快了。像糊三角比例尺的二十多个女工，原来在生产小组时，二十五天只能糊五万多个，进综合工厂仅仅一个星期，就糊了近五万个。另外，一部分不愿离家太远的妇女，可以到附近的集中生产组生产；一些家务拖累太大的人，像家里有病人需要照顾的，也可从工厂把活儿领回家去做。现在，凡是愿意参加生产的劳动人民和职工家属，都有适当的活干。

这个从来听不到马达声的居民区，现在挂着许多新牌子：五金工厂、仪器厂、玻璃工厂、浆糊厂。大院的门口和院心里堆放着铁皮、钢板、各种各样的原料和马上要运走的玻璃管、仪器……

现在，全公社已有十八个像样的工厂，有三千九百〇五人参加了生产，生产的一百五十九种产品中，有多种多样的小产品，也有较精密的仪器和漂亮的塑料雨衣、手提包……

劳动人民的乐园

山西街有一个大杂院，里面住着四十来户人家。1958 年 8 月中，那里办了一个小缝纫厂，有六十多位妇女作活。大伙参加了生产，干劲满高，可是吃饭问题没解决，很多人天不亮就起来生火做饭，吃完饭锅也不刷就赶去上班，有时还迟到。她们每天在工厂忙了一天，回家还得围着锅台转。

二十多名街道妇女积极分子在一块商量："大杂院里有一间破房子，多少年没人住，满屋子蜘蛛网，尘土有手指厚，房里堆满了破砖烂瓦，怎么不利用一下呢？"她们说完就动手，有的搬砖，有的抬土，有的和泥，何启信的丈夫也赶来帮助砌炉灶。他们边干边唱，整整闹了一夜，比赶庙会还热闹。第二天知道办食堂的人多了，你送一把刀，我送几块钱，不一会儿锅碗瓢盆、桌椅板凳都送来了。街道医院的医生还给炊事员送来一件白大褂作罩衣。食堂开伙了。不过两天，全公社二十多条街巷，紧跟着出现了二十多个食堂。

吃饭有着落了，大伙很高兴，可是心里还有疙瘩，大人上班，孩子在家没人管。她们利用门道、庭院和自己多余的房子，办起了最初的托儿所。原先三天两日进医院的"小药罐"进了山西街幼儿园以后，一天比一天胖，妈妈高兴得马上把两个大孩子也都送进幼儿园，山西街哺乳室开办时收了三十多个娃娃，入所一个多月，娃娃们的体重平均增加了一公斤。家长们都说："咱劳动人民的孩子，住托儿所比在家还享福。"

劳动人民祖祖辈辈所梦想的理想生活在这里实现了：清晨，熟悉旧北京的人，走过这个居民区，马上就会感到空气比过去清新。许多人家早晨起来不再自己做饭，扑鼻的炊烟少多了。在工厂集中的山西街、后孙公园、海北寺街，有三个能容纳上千人吃饭的机械化、半机械化大食堂，在公社境内，它们的位置像个"品"字，许多中小型食堂星罗棋布在它们的四周，各个工厂附近都有食堂，职工一下班，走不多远就可以吃到饭。在这些食堂入伙的和在托儿所、幼儿园吃饭的儿童，总共有五千一百多人，绝大部分是生产人员和他们的家属。每当开饭的时候，大食堂的炊事员骑着三轮车，把热腾腾的馒头送到附近的中小食堂去。几个大食堂里，有集体餐厅，也有"母子餐厅""回民餐厅"和"客饭厅"，有些食堂为入伙的病人、老人、幼儿专做软食，还根据传统习惯，为生产人员加工节日饭菜。假日、星期天，一家老小来食堂吃"团圆饭"的越来越多。大食堂附近有淋浴室、蒸馏间和洗衣房，综合利用大食堂蒸汽大锅炉的废气、废水。晚饭过后，食堂又变成了课堂、会场和俱乐部，人们在这里讨论跃进规划、学文化、看书、打乒乓球，扩音器传出职工合唱团欢腾的歌声："人民公社，好比太阳，万道金光，照耀四方，要把人间变成天堂"……晚上，妈妈把孩子从托儿所接回家里的时候，街道服务员们早已把房间打扫得干干净净，暖水瓶里也灌满了水。很多职工把家里的钥匙交给服务员，说他们是"管家人"。

劳动最光荣

"劳动光荣，不劳动可耻"，成为这里的新风尚了。白天，很多人家都锁上门，很少看见提着菜篮、酱油罐的妇女。许多居民大院里只剩下一两个老人在看门,只有一早一晚和星期天,街道上才能看见一群群拿着提包、有说有笑的女工,邻里间传播的不再是张家长、李家短,而是谁家姑娘当了红旗手,哪家姐妹出席了群英会。大家一见面,不再像过去那样问:"你吃啦没有?"而是常常互相打听:"你今天完成了多少产品?"先进生产者姜淑玉含着喜悦的泪花比方着说:过去我爱人下班,一进屋门就嚷:"屋里的哪儿去了?"现在呢,他这样说:"咱那上班的回来没有?"

乐耀奎从一个典型的家庭妇女到一个共产党员,是这个居民区许多妇女已经走过和正在走着的道路。

两年以前,乐耀奎还是一个"大门不出,二门不迈"的家庭妇女。每天一睁眼,就忙着给丈夫和五个孩子做饭、洗衣,经常忙得自己衣服扣不上,脸洗不了。就这样,丈夫还说:"你一天干什么,把家搞得这么乱七八糟!"她想:下辈子可别再当女人了,女人不是人!

街道上闹生产,她进了儿童玩具厂。开始,身在厂,心在家,一面作活一面想:小四、小五今天乖不乖?下班钟点一到,她就往家跑。

工厂上政治课,大伙回忆对比新旧社会。乐耀奎想,现在日子一好过,就成天想自己的小家庭,忘了大家庭,这还像话?如今自己已走上了建设社会主义的光荣岗位,怎能稀稀松松,上班心不在焉?这么一想,想家的思想甩掉了一半。手下一天比一天快,活一天比一天出得多。有一天她注意到张多兰活少,弄得全组完不成计划,她和组长商量后,把张多兰做不完的活拿回家,晚上帮着赶。一个午夜,天上掉雨点,她想,工厂院子里堆满了锯末,一淋雨、再一晒就要损失很多,她毫不犹豫地把三个孩子叫醒,跑到工厂去,收拾了两个多钟头。去年年底,乐耀奎光荣地入了党,她的丈夫也格外体贴她了。

作一个光荣的共产党员,这是这个居民区许多妇女的心事。现在这个公社已经有八个先进的街道妇女加入了中国共产党,听党课的妇女从1958年的二十多人增加到二百多人。

这个普通的居民区,在大跃进时代里,正经历着翻天覆地的变革;在变消费城市为生产城市这个全市的总目标上,由于人民公社的建立,和其他街道一样,它已进入一个新的里程。公社党委书记说:"许多事情还没做好,要做的事多得很,现在只不过是万里长征第一步。"

城市人民公社社员欢度佳节

哈尔滨香坊公社七万多人集会游行
郑州红旗公社以优异生产成绩庆五一

韩之非　　陈　健

（一九六〇年五月三日）

本报哈尔滨 1 日电　今天哈尔滨市香坊城市人民公社的男女社员欢欢乐乐地度过了"五一"国际劳动节。中共黑龙江省委书记处书记冯纪新，省委常委、组织部长李瑞，省委常委、统战部长张瑞麟，中共哈尔滨市委书记张树德，市委常委、哈尔滨副市长王化成和他们一起欢度这个全民的节日。

5 月 1 日清晨，香坊人民公社的大街小巷，打扮得分外美丽，到处挂着宫灯，张贴着庆祝"五一"国际劳动节的标语口号。穿着鲜艳盛装的年青姑娘们，敲打着锣鼓的工人们，热烈闹闹地向公社旁边的广场走去。今天，香坊人民公社分区庆祝，参加集会的人数达七万多人，除老人、小孩外，全公社大部分社员都参加了。

今年的游行队伍中，已经看不到市民的队伍了，他们随着公社的成立，走上了工业战线和服务战线。工人们扛着完成生产计划的标语牌，拿着各种新产品的模型，浩浩荡荡地走过来了。香坊这个新兴工业区原来除三个国营工厂和十八个地方国营工厂外，只有几家铁匠炉、成衣铺和作洋铁活的手工业合作社，自从成立了以国营大厂哈尔滨轴承厂为中心的城市公社后，社办工业像雨后春笋一样地发展起来，现在已有三百五十个小工厂。今年全社头四个月的工业总产值相当于 1958 年全年，比 1959 年同期还提高一点三倍。在这个工人队伍中，最惹人注目的是公社电器厂的队伍，这个由两个钟表匠和一个刻字匠组织起来的电器厂，现在已发展到五百多人，产品已达十六种，远销全国十七个省市。站在队伍前面的厂红旗手刘桂元在过去是作为街道妇女参加游行，而今天她已作为工人阶级来庆祝自己的节日了。

文教队伍中，少先队员们拿着花束，高呼着口号，中学、大学的队伍，打着文教战线大跃进的图表。公社化前这里只有十五所中、小学校，现在，中、小学校已发展到四十六所，而且这里正形成了从幼儿园、小学、中学到大学一整套完整的教育体系和文化教育网。

开着拖拉机的农民队伍，高举着蔬菜产量的标语牌，上面告诉人们，仅这个公社的和平管理区在节日前夕，就供应公社二十五万斤蔬菜、比去年这一天增加了七倍。

走在队伍后面的文艺大军，表演了龙灯舞、狮子舞，跑驴等各种节目，受到了人们的热烈赞扬。

今年的"五一"国际劳动节，香坊人民公社的社员们，过得丰富多彩。在节日前夕，生活服务站的服务员们，就把丰富的节日物资买了回来。九处主副食品加工站和三百五十六处公共食堂，已为社员们准备了丰富的节日盛餐和糕点。

（韩之非）

据新华社郑州1日电 一年多以前还是家庭妇女的郑州市红旗人民公社的职工，今天以优异的生产成绩，庆祝"五一"国际劳动节。

今日早晨红旗人民公社的社员们抬着生产成绩图表和各种新产品的模型朝广场进发。几千名女职工显出自豪的神情，说明她们是伟大的社会主义建设行列中的成员。模范炊事员杜秀珍兴奋地告诉记者，她在五一节前夕加入了共产党，和她一起批准入党的还有六名女职工。这位有着三个孩子的家庭妇女，在城市人民公社的土壤里，成长为优秀的工人阶级先锋队的一分子。

红旗人民公社的社员们抬着4月份超额230%完成生产计划的图表，向自己的节日献礼。4月份全体社员在"一人一礼献五一"的口号下，掀起了技术革新和技术革命高潮，几天内提出了几千条合理化建议，并且实现了几百条革新项目，使生产效率提高四倍到五百倍。红旗公社电机厂的职工们，在五一节前夕制成了十千瓦机械蒸馏发电机，送到北京。这个厂有一个妇女冲压小组，昨夜制成了冲压器,解决了全厂的关键性生产问题,天快亮时,她们脱下工作服换上节日的盛装,欢天喜地参加了庆祝活动。这个厂的包纱线车间有三个孩子的女职工金兰英,五一前夕试制成功一机多用刀丝机,一天两班节约六个整劳力,工效提高四十倍。今天她被邀请坐在观礼台上。她告诉记者:"现在,我才算彻底解放了。""五一"节的献礼运动,使整个红旗公社生产水平,提高到一个新的阶段。

（陈　健）

眼睛向下　自力更生　因地制宜　白手起家

北塔公社工农牧副业全面发展

（一九六〇年五月八日）

新华社兰州7日电　兰州市以街道居民为主组成的北塔人民公社,成立一年多来苦干实干,工、农、副业生产全面大发展。去年全社工业总产值达到三百七十万元,比 1958 年增加二倍,农业总收入达到一百五十四万多元,比1958 年增加 54.8%。林业、畜牧业、渔业也有很大发展;全公社 98% 以上的劳动力都参加了各种生产和工作,社员收入有很大增加,充分显示了城市人民公社的优越性。1959 年 2 月公社成立前,随着各方面的大跃进,这里的工厂和农村都感到劳动力不足。国营工厂经常派人到街道办事处要劳动力,农业方面要大搞引水上山工程和植树造林、修建养鱼池等,劳动力也不够。另一方面,许多家庭妇女在大跃进形势的鼓舞下,迫切要求参加社会主义建设。为了解放妇女劳动力、发展工农业生产和更便于工农业之间的协作,当地党组织根据群众的要求,领导当地的街道居民和郊区农民在 1959 年 2 月正式成立了北塔人民公社。

公社一成立,就受到广大群众热烈拥护,家庭妇女们更是兴高采烈,干劲冲天,她们一下子就办起了几十个生产组。盐场堡的六个家庭妇女,三天就成立了一个缝纫厂,正式接活生产。全社的各种工厂和生产组很快就发展到一百三十四个,经过整顿,现在合并为七十九个。

北塔公社的工业,有两个特点:第一是眼睛向下,自力更生,因地制宜,白手起家。工厂的厂房因陋就简,其他工具都是自带。八、九个木工、铁工和自行车修理工,自带工具,就组成了一个农具机械厂。这些工厂和生产小组所用的主要原料,都是利用旧废物资。他们搜集各种碎布、破布供制鞋厂制鞋底,收购大工厂的下脚废料,生产出精致美丽的小书包、童鞋、小椅子和小农具等;用废骨制出很好的肥料;用当地取之不尽的石灰石生产石灰和砂石;用粘土生产耐火砖和陶瓷管。社办工业的第二个特点是灵活多样,既有集中生产,也有分散生产。在七十九个工厂和生产小组中,有五十四个工厂是集中起来生产的,另外二十五个工厂、生产组,采取了分散生产的方式。那些体力较差、有家务拖累但又要求参加生产的社员,可以在自己的家里为工厂加工鞋底、拧麻绳、缝钮扣。这样就使更多的群众有了参加生产的机会,从而大大鼓舞了群众的积极性。

　　北塔公社工业既为大工业和基本建设服务,也为农业生产和人民生活服务。地方国营兰州第二毛纺织厂在公社成立前,毛纺机、织呢机等零件发生破损时,找别的大工厂翻砂铸件,经常不及时,影响生产。在公社建成农具机械厂后,损坏的零件可以随时送到厂里修理,使他们感到很大方便。为补充国家建筑队伍的不足,公社还利用闲散劳动力专门组织了一支二百多人的建筑工程队,为兰州市、白银岔等地修建了许多工程。公社为使国营运输部门腾出手来照顾重点运输,还组织了五十七人的运输队,以大批的马车、架子车和皮筏子,从黄河与陆地两路大搞运输。凡公社需要的粮食、燃料以及生活用品,公社运输队都能全部包下来。童鞋厂、牙刷厂、缝纫厂、毛衣针织厂、蜡烛车间、竹器车间、木器厂等,在满足城市人民生活方面也都起了积极作用。据统计,公社工厂去年一年生产和修理了各种农具一千八百余件,修理人、畜力车一百多辆,生产耐火粉五万四千吨,砂、石五万八千方,各种服装针织品一百多种,木器家具三千多件以及大批日用品,总产值三百七十万元,比1958年增加二倍多。

　　社办工业在这一年多中,机械化、半机械化的程度有了很大提高,装备有了很大改善。公社成立前,这个地区原有的十二个街道工厂,除了缝纫厂有些缝纫机外,全是手工生产,产值小,积累也很少。公社成立的一年中,积累达三、四十万元,仅用其中部分资金,就给这十二个工厂增添了大批机器,扩大了再生产。被服厂原来只有四十多部缝纫机,现在已增加到一百多部;耐火材料厂也安装了粉碎机、电碾等机器。各工厂还大闹技术革新和技术革命。各厂职工共提出合理化建议二万八千余条;改进了工具设备一百二十八件;使原来手工生产的十个工厂有了机器设备,五个工厂已经基本上采用机械操作。农具机械厂用废旧料仿制出牛头刨床、钻床、车床、钢板锤等九种大型机械以及二十三件小型工具,使原来的手工生产已经基本上变为机械生产。工人的技术水平也提高得很快。农具机械厂去年进厂的三十多名学徒,已有二十多名能够独立操作。

公社成立后的第一年,也是农业生产和多种经营获得全面跃进的一年。农业总收入达到一百五十四万二千多元,比大跃进的 1958 年增加 54.8%。由于公社有一大二公的优越性,所以就有力量组织各种专业队和开展大协作。公社成立土地普查队对原有的土地进行了普查,制定了合理利用土地的规划;大型的三条岭引水上山工程,在公社成立前花了三千多个劳动日,还没把水引上山。公社成立后,在工厂、机关、学校的协助下,只修了一个月,第一期工程就完工了,把黄河水引上了山腰,使六百三十五亩山地永远摆脱了干旱威胁。1958 年以前,各农业社植树造林为数不多,养鱼业根本没有开展。去年以来,公社采取专业队与突击队相结合的办法,开辟了一万一千多亩的林场,植树造林三十二万六千多株,成活率达到80%。去年 3 月,公社组织人力在两个月修成了一个二十二亩大的鱼池,养鱼一百五十万尾。目前还正在动工修建第二个九十亩大的鱼池;在畜牧业生产方面,生猪比 1958 年增长了二点八倍。奶牛、羊、鸡、鸭、兔等发展都很快。

在发展生产的同时,公社还举办了许多集体福利事业。全社共办起大中小食堂二百四十三个,入伙人数有三万八千多人,托儿所、幼儿园有二百四十八个,小学二所,生活服务组十个,使大量家庭妇女摆脱家务牵累参加了生产。妇女参加生产后,大部分都参加了工厂的政治与文化学习,全社中的青壮年文盲已经基本扫除,社员的政治觉悟、思想水平有了显著提高。很多人提出了入党入团的要求。

随着生产的发展,社员的收入也增多了。1959 年,社员收入平均每户增长了33%。根据童鞋四个车间五十三个工人的调查,每人平均每月收入为十六元五角,比公社成立前增长了三分之一。

和大工厂挂钩签订生产合同

由分散到集中建立生产制度

广州东华东街街道工业步入正轨

（一九六○年五月八日）

新华社广州3日电 广州市东区东华东街党组织和有关部门，领导今年新办的街道工业整顿、提高。他们通过组织街道工厂和大工厂挂钩协作，大搞废品利用和开展原料综合利用，逐步建立一些生产制度，使这条街今年以来新办的八十八间街道工厂（场、组），迅速走上健康发展的道路，其中生产正常的工厂达到百分之九十五，劳动生产率大大提高，产品品种从二月初的十八种增加到四十五种，四月上旬的产值等于二月上旬的十六倍。

今年二月以来，在全面组织人民经济生活的高潮推动下，东华东街的街道工业迅速发展，到四月上旬为止，全街新办了工厂（场、组）八十八间，参加生产的居民达一千一百多人。由于发展快、时间短，因此，有一小部分新办的工厂存在生产门路不多、开工不够正常、制度不够健全等现象。如何使这批新办的工业迅速巩固下来，实现正常生产，是当前急需解决的问题。

这条街的党政领导为了使街道工厂增加生产任务，便发动群众主动向国营大工厂挂钩，签订合同，承担国营工厂的部分半成品和零件加工任务，为大工业服务。到四月上旬，这批新办工厂已与五个国营企业建立了协作关系，其中有七间工厂与有关国营工厂企业签订了长期合同，成为这些工厂企业的附属加工厂，今年二月份新办起来的蜡丸壳加工厂，开始时生产不够正常，自从与广州市宝滋堂联合制药厂签订加工合同以后，为制药厂加工蜡丸壳，生产任务有了保证，同时还得到制药厂在技术、设备方面的支援，因此，生产规模不断扩大，产量和质量迅速提高，职工人数从初办时的六个人增加到了三十多人。

其次,发动街道工厂职工大抓废品回收和综合利用,扩大生产门路。他们利用收购的废料和国营工厂的边角料,制成各种产品,如旧铁皮、碎铁皮制鞋码、发夹、装书钉,利用碎布料做布鞋,把烂胶鞋制胶水等。经过采取以上措施,这批新办的工厂在短期内迅速做到了正常生产,有些工厂还出现了生产任务大于生产能力的新情况。

除了开辟生产门路以外,东华东街领导上还根据群众要求和具体条件,组织街道工厂逐步实现集中生产。这批新办的街道工厂因为生产场地的限制,开始时大部分是分散生产的,后来群众感到分散生产不方便,一天几次跑来跑去领任务交任务,精神不集中,劳动效率低。许多人就到今年以前办的二十多间老厂去参观,经过与老厂对比,一致认为老厂集中生产的好处很多:第一,便于管理;第二,有利于交流经验,进行技术革新;第三,可以集中精力生产,有利于提高生产效率,因此,纷纷向领导上提出集中生产的要求。街道领导上考虑到要实行集中生产,除了群众自愿以外,还需要有足够的生产场地,于是发动群众自己想办法解决生产场地问题,条件具备的先集中起来生产。现在,全街已有百分之七十以上的新办工厂实行集中生产,并且已经收到了生产效率和产品质量提高的良好效果。如第八居民委员会车缝组的组员陈杏萍,在分散生产时,每天把任务领回家做,但是亲戚朋友来串门和其他零零碎碎的事情,使她不能集中精神干劲,两三天才缝一套衣服,老是不能按时完成生产任务。现在她和大伙在一起干活,再没有别的事情打扰了,从四月份以来每天缝两套衣服。

为了使新办的街道工厂迅速走上正轨,东华东街对新办的街道工厂进行了"三定",即定领导人员,定生产制度,定生产指标。现在,所有工厂都普遍建立起考勤制度、财务管理制度、产品登记制度、质量检查制度、学习制度、会议制度以及积累和分配制度等等。这些制度的建立,保证了生产的发展。例如,蜡丸壳加工厂建立管理制度以后,二月份全厂废品率达到百分之十七,四月上旬都没有出过一件废品;四月上旬的生产效率比二月上旬提高七倍。

广大街道居民发扬"穷棒子"精神变消费者为生产者

昆明城市公社跃为大工业
得力助手(摘录)

(一九六〇年五月十二日)

新华社昆明 11 日电 昆明市各城市人民公社举办的工厂,已经成为大工业的得力助手,而且也为工业基础较差的昆明市生产了大量人民生活所需的产品。全市社办工业的产品中有 85% 是为大工业和人民生活服务的。社办工业为国营工厂加工了大量机器零件,还生产了大工厂所需的大量锻件、螺丝、铆钉、土坯、氨水、石棉制品等产品。社办工业还大量生产了服装、鞋子、皮革、棉絮、日用五金、文具用品、家庭用具和药品等供应市场,商业部门用来包装商品的包装纸盒、纸袋等也大部依靠社办工业供应。

昆明市各城市人民公社工业的从业人员中,有 90% 以上是职工家属和家庭妇女。她们在集体生产和集体生活的熔炉中,从消费者变为生产者,并逐步掌握了文化技术,已有不少家庭妇女成为出色的技术工人或先进生产者,有的在数百人的工厂里担任领导工作。富春联合工厂厂长李凤鸣,一年前还是连街都不大上的家庭妇女,她参加一个化工小组的生产以后,领导家庭妇女们刻苦钻研,掌握了制造墨水等化工产品的技术,这个化工小组也发展成为能生产骨胶、骨粉、硫酸钠、磷酸钙等许多重要产品的联合工厂,她也因而被评为全国的"三八红旗手"。由十多个老弱和聋哑妇女靠三把剪子成立起来的金马纸花厂,目前制造的绸花(包括菊花、桃花、樱花等四十四个品种)已赶上全国先进水平,产品运销国外,并被列为昆明市优等产品。

昆明市社办工业在组织居民参加集体生产时,还注意了因人、因地制宜,方式灵活多样。公社对体力较好、孩子较少的妇女采取集中生产的办法,年龄较大、体力较弱的就采取统一管理分散生产的办法，做一些贴纸袋、糊火柴盒、裱纸板、打麻绳、纺纱线等比较轻的活，时间上也适当地灵活一些，这样就使所有有劳动能力的人都能参加一项力所能及的生产劳动和生活服务工作。华山公社还把一百多名过去靠救济度日的盲人也组织起来参加适合盲人劳动的药材加工生产，这样不仅使盲人成了自食其力的劳动者，而且也为国家增加了财富，去年这个盲人碾粉厂的产值即达一百五十二万元，成为华山公社产值最多的一个工厂。

昆明市城市人民公社工业大发展的结果，迅速改变了城市和广大居民的精神面貌，社员的物质生活水平也有了很大提高。

西安二十万妇女参加社会劳动

（一九六〇年五月十三日）

新华社西安 12 日电 西安市在建立城市人民公社以后,已经有二十多万妇女走出家庭,参加了各种社会劳动,这个数字占全市能够参加劳动的妇女总数的百分之八十左右。

西安市各城市人民公社举办的生产单位以及集体福利事业和社会服务组织共有八千八百多个,其中生产组织有二千七百多个,从业人员中家庭妇女占百分之七十三,以公共食堂为中心的集体生活福利事业中,家庭妇女占百分之八十以上。全市一千多个托儿所、幼儿园组织的工作人员,几乎全部是家庭妇女。

广大家庭妇女参加集体生产和各种社会工作以后,发挥了冲天干劲和无尽的智慧。如新城区西二路家庭妇女李秀英、刘素珍等,以一把裁刀、一个铁锤和小铁枕起家,办起了一个小五金保险丝工厂,她们开始只有四个人,用裁刀和铁锤加工眼镜盒,全部资金只有一百五十元,后来逐渐发展到加工铜丝和制造保险丝。现在这个工厂共有工人一百〇一人,今年头四个月产值就达到四十二万元。一年多来,仅保险丝就生产了五万五千多盘,支援了城市建设。从今年一月起,这个工厂又开始生产鼓风机。

家庭妇女们参加生产以后,技术水平和政治、文化水平已经普遍有了提高。各个街道党组织为家庭妇女们举办了各种技术训练班,妇女们也组织了许多技术研究小组,互教互学。现在,有些家庭妇女已经能够制作技术比较复杂的产品,包括式样美观、色泽鲜艳的塑料提包、针织窗帘、高级刺绣、玻璃仪器等。西安去年出口的一些地毯,就是由家庭妇女制造的。参加生产和工作的二十多万家庭妇女,绝大部分都摆脱了文盲状态,许多妇女已经进修到初中或高小以上文化水平。如中山门地区五千多名脱盲妇女中,有二千多名妇女已达到初中和高小程度。许多妇女由于在集体劳动中提高了觉悟和工作能力,已经被提拔担任领导工作,全市有数百名妇女担任着社办工厂的厂长、副厂长或其它重要职务。

为了使这些家庭妇女能够摆脱家务牵累参加集体生产和工作,西安市的各城市人民公社举办了大量集体福利事业。各人民公社举办的公共食堂就有一千七百二十一个,就餐人数有三十多万人;托儿所、幼儿园一千七百一十六个,收托儿童近十万名;各种生活服务站二千七百多个,有两万多名服务人员。在全市形成了一个居民生活服务网,受到居民的极大欢迎。

同大、中工厂、商业部门密切协作解决原料来源和产品销路

桂林榕城公社各工厂因陋就简
自力更生发展生产

（一九六〇年五月十五日）

本报南宁 12 日电　广西僮〈壮〉族自治区桂林市榕城人民公社的社办工业，根据城市建设的需要，贯彻自力更生的原则，一年多来有很大发展。现在全社已经拥有五金、化工、石灰等工厂（生产组）一百四十五个，职工一千八百七十人。一九五九年工业总产值比一九五八年增长七倍，今年仅一月至四月份的产值，就比去年全年的产值增长一倍，达到三百六十一万元，产品品种由一九五八年的三十二种增加到目前的八十三种。今年以来又大闹技术革新和技术革命，各厂已经实现三千五百多件革新项目，使机械化、半机械化的程度大大提高。

榕城人民公社是一九五八年十月成立的，全社共有八千二百一十二户，二万六千七百二十四人。这个公社从建立，就抓紧发展生产，他们根据桂林市工业基本建设任务繁重、国营工厂多属新建、生产和加工能力有限的特点，着重发展了为国营工业、为人民生活服务的生产部门，除了抽调劳动力较强、有一定生产建设经验的三千名居民直接参加基本建设和国营工厂的生产外，还建立了为大工厂加工、修配、包装和制造成品、半成品的工厂（生产组）作为大工厂的助手。如木器厂为桂林钢铁厂、桂林机械厂加工铁筛子，五金厂为桂林机床厂加工电焊条等，还建立了为基本建设、大工业生产原料材料的石灰厂等，去年七月以来，公社石灰厂已为桂林钢铁厂、桂林机械厂等大工厂生产了七百吨石灰。此外，公社还组织家庭妇女根据各人的具体情况，参加缝纫、打草鞋、搓麻绳等生产，他们根据市场每个时期的需要，采取有集中、有分散、有季节

性,也有长年性的生产方式,生产了大量产品供应市场的需要。

榕城公社发展社办工业,始终坚持因陋就简、由小到大、从土到洋、自力更生的方针。办厂初期,公社缺乏设备、资金和原料,技术力量也很少,但这些困难都由群众自力更生地解决了。他们大造土机器,曾经制造了锉床、冲床、造纸机等各种机器二百多台,逐步地解决了设备问题。为了解决原材料的困难,他们采取与商业部门挂钩、与大工厂挂钩、利用大厂边材废材、大搞综合利用等办法,化工厂利用土碱和重晶石大搞综合利用,四月上旬以来,已生产碳酸钡等七点五吨。

由于公社生产蓬勃发展,社员的生活水平有了很大提高。公社职工平均每人每月工资是二十七点四元,公社成立前,全社有七百二十三人靠政府救济为生。

随着生产的发展,榕城有五千六百名居民参加了生产和各种服务工作,其中有百分之八十以上是妇女,为了使她们摆脱家务牵累,公社举办了以食堂为中心的集体福利事业。目前,全公社已办起食堂四十个,托儿组织十七个,生产服务站三十五个,有百分之八十以上居民都在食堂吃饭。社员中热爱劳动、热爱集体的新风尚正在不断成长,政治觉悟也在不断提高,公社建立以来,已有二十六个居民入党,被评为红旗手、先进工作者的有六十六人。

广州中区财贸等部门采取集中训练、现场辅导等办法

帮助城市公社培训会计和炊事员

（一九六〇年五月十七日）

本报讯 为适应城市人民公社大量举办街道公共食堂的需要，广州市中区财贸部门和饮食行业，积极采取多种形式，帮助食堂大量培训财务会计人员和炊事人员，已取得显著成效。到五月上旬的统计，几个月来他们已帮助培训财务会计人员八十多名，炊事人员一千多名，在健全街道食堂的工作上发挥了显著的作用。

广州市中区财贸等部门在帮助街道食堂培训财务会计和炊事人员时，根据任务急、时间短、收效要快这几个要求和两个工种不同的特点，采取了不同的培训办法。在财务会计人员的培训方面，根据职工的文化水平一般不高，但时间较多便于学习的情况，便从财政局和人民银行选派两位业务科长和一批优秀的稽征干部、会计员、出纳员当教师，并编写了"简易会计制度"等通俗课本作教材，并举办短期会计业务培训班。训练班采用定期上课、分组讨论、分阶段进行测验和举行经验交流会演等方式进行培训。此外，这两个单位派往各食堂帮助清理旧账和建立新账的人员，还抽出时间，对学员进行现场辅导，使学员在课堂上学到的东西能够和实践更好地结合起来，达到学以致用的目的。今年三月以来培训的八十多名学员，基本上能掌握会计基本知识，一般能够独立做账，其中有二十九人成绩优异，还组成七个会计小组，分别负担起全区一百六十一个较大食堂的会计工作，使各食堂财务会计制度逐步走上健全轨道。如这个区宝华街食堂的会计员在受训前，由于不会做账，只能左边的口袋里放现金，右边的口袋里放粮票饭票，因此账目不清，更无法结算食堂盈亏损益。参加财务会计班学习后，便掌握了基本的会计知识，除建立了必要的财

务进、支、存登记制度外,并实行"两核一清"(即核算用粮数和回收饭票数以及即日清账)的办法,使饭堂账目一清二楚,并能按月在两天内把月收支情况向群众公布。现在,这个区的食堂基本上已经做到"餐餐核算,日日报账,账目清楚,财务公开"。

在帮助食堂培训炊事员方面,广州市中区饮食行业采取了三种办法进行:一是派出厨师到食堂进行现场辅导,实行边教边学,边学边做;二是吸收食堂的炊事员到饭店厨房就地实习,跟班劳动,由饮食店厨师具体指导,包教保学;三是编写简易的烹饪技术教材,组织食堂炊事员利用业余时间集中进行短期培训,并定期进行测验鉴定。据统计,这个区的饮食行业已先后派出厨师二百一十三人,分赴全区一百六十一个有一百人以上吃饭的食堂进行辅导,并从各食堂吸收了二百一十九名炊事员,分别到饮食店厨房实习。另外还举办了几十期的小型短期培训班。现在他们已为食堂培训了炊事人员一千多人,占全区应受训炊事员的百分之九十六点八。经过培训,这些炊事员的烹饪技术普遍提高,其中有一百五十一人还达到相当于三级或四级厨师的水平。食堂饭菜的花色品种和质量,也有了显著的增加和提高。过去,各食堂供应的菜大多只有三种,现在已普遍增到十种左右,有的还达到十种以上,受到群众热烈欢迎,到食堂吃饭的人数也越来越多。

延平公社各项事业扶摇直上

创建工厂两百多个，一季度产值接近去年全年产值
居民精神面貌发生深刻变化，全社涌现五百多先进生产者

（一九六〇年五月十八日）

本报讯 在 1958 年大跃进中诞生的福建省南平市延平人民公社，像初升的太阳一样光芒四射。它在迅速发展城市生产建设、组织集体生活等方面，都显示了伟大的生命力。

延平人民公社有三个管理区，包括二十个居民委员会、一个农场和一个畜牧场，社员共六万八千多人（包括南平地市委直属单位干部、职工及其家属）。公社建立后，自力更生，白手起家，陆续办起两百三十一个小型工厂。这些工厂生产内容多种多样，服务范围极为广泛。有为大工业服务的机械修配厂、建筑材料厂、林产化工厂和其他各类加工厂；有为农业服务的农具、农药和板车厂；还有为人民生活及出口服务的芳香油、刺绣、竹帘、针织、缝纫等加工厂。由于社办工厂具有灵活多样的特点，能够广泛利用当地资源和废料旧料，在生产中发挥了"拾遗补缺"的作用，有力地支援了生产建设。建溪水电站水库工程全面动工时，需要大量的洋镐柄、锄头柄和各种铁钉，当时外地供应赶不上，社办工厂就担负起这项生产任务。单是洋镐柄就突击赶制出十二万根，保证了这个工地的正常施工需要。社办机械修配厂积极为第二机器厂生产各种机器配套零件、铸件和锻件。许多社办工厂还大量生产各种生活日用品，供应居民生活需要。去年光是已供应到市场的日用商品就有一千三百九十二种、一百四十七万件。据公社统计，单是去年办起的六十二个工厂，一年中就生产了三百一十三万多件产品，总产值达到一百二十一万元，比公社化前增长十五倍，相当于 1952 年全市工业总产值的二点四倍，今年随着社办工业的发展，工

业生产更是扶摇直上，第一季度就完成工业产值一百一十五万元，比去年同期增长 62.9%。接近于去年全年产值。公社副食品生产基地建立后，全社二百八十一个农户在公社职工和居民协作支援下，大闹革新，大搞生产，去年就生产了六百四十万斤蔬菜，饲养了一千二百多头猪、一百七十五头奶牛，日产牛奶五百多斤，并且种植果树三万九千多株，造林二千多亩。

在组织发展生产的同时，公社又组织居民社员大办集体福利事业。到目前为止，全社已办起公共食堂六十三个，使 98% 的街道居民都参加了食堂。这些食堂根据"因陋就简、因地制宜、照顾特殊、便利群众"的原则，做到"三热"（菜热、饭热、汤热）、"六有"（饭有干有稀，菜有荤有素，有汤、有开水），品种多样，既照顾生产战线上职工的需要，又照顾在食堂吃饭的孩子们的需要。为适应集体生产的需要，这个公社还组织社员办起四十二个托儿所和幼儿园，收托了一千五百二十个儿童，并办起二十三个服务站，十七个食堂服务部和四十六个服务小组。社会服务项目大致有四种类型：第一种是修补服务组，补衣服、补鞋、修补家具用具；第二种是专业性服务组织，如临时托儿所、简易治疗所；第三种是家务劳动服务组，主要是上门服务、洗衣、挑水、照顾病人、照顾产妇、为产妇代买东西等；第四种组织是经营代办业务，主要是代售邮票、书报、代办伙食、代办户口等。

公社建立以后，随着生产、服务事业的发展，街道经济面貌和居民精神面貌起了很大的变化。过去妇女是"从早到晚三件事，洗衣煮饭抱孩子，针线花布零用钱，全靠丈夫和孩子"，政治上经济上都没有地位。参加生产建设后，她们被埋没的智慧放出了光彩。去年年底评比，全社就涌现出五百三十五名先进生产者和先进工作者，广大居民收入普遍增加，生活得到了改善。居民的储蓄去年比 1958 年增加一倍。购买力也有很大提高。随着人民经济生活的改善，文教卫生事业的发展也更快了。现在全社已办了九所小学，入学儿童达一千五百五十二人，并建立三十四所业余文化学校和三所业余师范。

土法上马　就地取材
变无用为有用　变一用为多用

江北公社自己武装自己

（一九六〇年五月十九日）

本报讯　浙江省宁波市江北人民公社，从一九五八年八月成立以来，以发展生产为中心，全面组织人民的经济生活和文化生活，现在已是社办工业欣欣向荣、生产蒸蒸日上，成为以生产为主的街道。

公社党委在公社成立后，紧紧抓住发展生产这一环节，贯彻执行了由小到大、从土到洋、土洋并举和社办工业为大工厂服务、为工农业生产服务、为人民生活需要服务的方针，大搞群众运动，发动群众因地制宜、就地取材、自力更生、大办工业。公社化前，这里只有几家装装配配的小工厂、小工场；公社化后仅一年多的时间，全区办起了电动机械厂、化工厂、塑料制品厂、煤球厂、灯泡厂、被服厂、纺织厂等五十五个工厂，职工达两千五百多人，其中一百人以上的工厂就有五个。这些社办工业，自开始投入生产以来，生产一浪高过一浪，去年提前七十六天全面超额完成了生产计划，工业总产值比一九五八年增长了十一倍多。今年第一季度又在去年大跃进的基础上获得更大的发展，总产值超过去年全年总产值的百分之三十九，产品由一百三十多种，增加到二百多种。

这些社办工业是社员们在党的领导下因地制宜、土法上马、白手起家办起来的，并且发展很快，由小到大、由土到洋，日益壮大。现在已有一百七十多名工人的江北机电厂，在一九五八年开办时只有一把老虎钳、两把扳头、两台竹木结构的手摇拉丝车等简单的工具，经过一年多的时间，现在已拥有全齿轮车床、龙门刨床、背包车床等十七种机械切削设备，这些设备除了由大厂支援的以外,都是工人们自己制造出来的,以自己的力量武装了自己。这个厂过去只能生产螺丝,现在已能生产电动机、补偿器、台钻、纱包丝、自动跌落保险丝具等七十多种产品了。资金从无到有,已扩大到三十多万元。他们还和农村人民公社挂钩,帮助修理水泵等农业机械。这些社办工厂,不但用土办法解决了设备问题,而且原料也大都取于当地,广泛利用大工厂的角料、边料和下脚料,变无用为有用,变一用为多用。如棉棕厂利用纱厂下脚纱,制成纱绳、帆布;利用旧麻、旧棕制成各种麻绳、棕绳;利用旧棉花做成被花、花筒。去年一年,共利用旧棉、旧棕等废料近五十万斤,为社会创造了大笔财富。

通过技术革新和技术革命运动,江北人民公社社办工厂的机械化、半机械化程度大大提高,许多工厂已改变了又小又土的面貌,生产规模日益扩大,生产技术水平也不断提高,过去许多不能生产的产品,现在能够生产了,而且已能生产多种尖端产品。随着机械化、半机械化程度和技术水平的迅速提高,劳动生产率也显著提高,为全社经济奠定了比较雄厚的物质基础。

上海人代会三届三次会议号召全市人民把上海建成高精尖产品基地（节选）

（一九六〇年五月二十二日）

据新华社讯 历时八天的上海市第三届人民代表大会第三次会议已经在17日闭幕。会议通过决议，号召全市人民更加紧密地团结在中国共产党和政府的周围，奋发图强，为完成和超额完成国家计划，为实现今年更好的全面的继续跃进，为多快好省地把上海建设成我国生产高级、精密、尖端产品的工业基地和先进的科学研究基地而奋勇前进。

会议检阅了1959年以来上海各条战线上继续大跃进的巨大成就，讨论和批准了上海市1960年国民经济计划和1959年决算、1960年预算。中共上海市委第一书记、上海市市长柯庆施在会上作了政治报告，上海市副市长曹荻秋作了关于上海市1960年国民经济计划草案的报告。

曹荻秋在报告中概括地叙述了1959年上海各条战线上所取得的伟大成就，国民经济各部门都多快好省地完成和超额完成了国家计划，实现了全面大跃进。曹荻秋在报告中提出上海市1960年国民经济计划的总要求是：不但要完成和超额完成国家计划，而且要积极发展高级、精密、尖端产品，力争产品质量都达到第一流水平；千方百计节约和综合利用原料材料；大力支援街道工业的发展；大力提高劳动生产率，不但做到增产不增人，而且要节约更多的劳动力。郊区粮食、棉花、油菜籽都将有较大增长，在大力发展农业生产的同时要积极促进农业的技术改造，要大搞科学研究的群众运动，大搞文化革命，使工人阶级的科学技术队伍迅速成长壮大起来。

曹荻秋说：上海和全国各地一样，也要大办城市人民公社。要切实做好建立城市人民公社的各项实际工作,用十分热情、十分积极的态度欢迎这个新生事物的诞生,促进它的成长。上海人口集中,情况复杂,各阶层的思想觉悟、经济收入、生活水平、生活习惯等有一定的差别,我们一定要贯彻中央的政策方针,既要积极发展、又要坚持自愿原则,对于一时不愿参加的人,决不勉强。我们要把生产和集体福利事业办好,充分显示集体生活的优越性,用事实来吸引他们。这样,我们的城市人民公社一定能够办得很好,就能更加广泛地调动全市人民的积极性。

黑龙江鹤岗全市公社化

韩之非　王宝馨　纪静如

（一九六〇年五月二十三日）

公社在"保主体,带全面"的思想指导下,统一组织全市各方面的力量支援煤炭生产大跃进。去年的煤炭产量超过特大跃进的一九五八年;今年第一季度又创造了月产量的历史最高纪录。

本报讯　记者韩之非、王宝馨、纪静如报道:以现代化国营大型煤矿为主体的黑龙江省鹤岗市,全市四十六万人从 1958 年 9 月开始,根据煤炭生产大跃进的需要,组成了一个城市人民公社,即"一市一社"。

鹤岗市是以煤炭生产为主的工业城市,煤炭工业产值占全市工业总产值82%,煤矿职工和为它直接服务的铁路职工以及他们的家属,占城市人口的80%以上。这个城市国民经济各行各业都是和煤矿发生联系的,就连这里的商店、饭馆、郊区副食品生产也是为矿工生活服务的。但是,鹤岗市长期以来存在着现代化煤矿发展很快,而其他各方面工作跟不上的矛盾。东北解放当时鹤岗煤矿年产原煤五十三万吨,到 1957 年的十多年时间已达到四百八十八万吨,而其他为煤炭工业服务的许多事业的发展,却跟不上主体工业发展的要求。这个现代化的煤矿所需要为它服务的钢铁、机械,过去主要依靠外地支援。在 1958 年煤炭产量需要更大量增长以后,这种状况就更不能适应大跃进的需要。加上煤炭生产的飞速发展,城市人口急剧增加,鹤岗市由原来的三万人,在 1957 年发展到三十六万人,大跃进以后人口增长更快,又发展到四十六万人,迫切要求大量供应生活日用品和副食品,要求更多的举办食堂、托儿所、幼儿园等公共福利事业;要求住宅、交通运输、自来水、文化娱乐场所等城市建设,相适应地跟上去。

鹤岗煤矿和铁路、主体工业和地方工业,城市和郊区,原来只有一般外部协作关系,缺乏统一的计划和安排。而且煤矿和铁路分属于不同的系统,煤矿本身的建设有先有后,每新建一个煤矿,铁路部门就得敷设一条新的铁路专用线,煤矿部门就得增加一套电气机车。这一切都说明迫切要求统一起来。同时,鹤岗市煤炭生产大跃进,一年当中要增加几百万吨煤炭,迫切需要大批的劳动力。这批劳动力若从外地招收,一时不能解决,任务又很急,而本市又有四万多名家庭妇女和闲散劳动力,经过整风和反右派斗争以后,社会主义觉悟空前提高,也要求组织起来参加生产。中共鹤岗市委根据生产大跃进的需要和群众的要求,在1958年9月就成立了一市一社的城市人民公社。

鹤岗这个一市一社的城市人民公社一成立,就促进主体工业煤炭生产的飞跃发展。公社在"保主体,带全面"的思想指导下,统一组织和调动全市范围内各方面力量支援煤炭生产大跃进。全市的地方工业、郊区农业、国营农场、商业、机关团体和街道居民等五万多人,有的部门自带机械设备,自带汽车和拖拉机,在二十多平方公里的煤田上,仅用二十五天的时间,就建成了东山、北大岭两座露天煤矿,剥离的土方达七十多万立方米,约等于鹤岗矿务局1952年到1954年露天剥土量总和的一倍还多。公社还调动了全市的力量,在很短时间建成了七十四对小煤井。现在,整个矿区新建的小煤井,经过整顿提高,很多已发展成为中型矿井,1959年这些小矿井的年产量达到二百五十九万吨,占鹤岗全市煤矿年产量的20%以上,为煤炭生产连续大跃进,奠定了雄厚的基础。由于全民支援的结果,鹤岗煤矿在生产任务最紧张的1958年第四季度,超额30%完成生产计划。1959年又达到一千一百八十多万吨,比特大跃进的1958年增产51%。今年第一季度,鹤岗煤矿连续大跃进,提前十天超额完成首季计划,创造了月产一百三十三万吨的历史最高纪录。4月上旬,继续高歌猛进,超额11.1%完成上旬计划。

鹤岗市城市人民公社,动员全市力量"保主体、带全面"的结果,促进了地方工业和公社工业的大发展,1958年地方工业和公社工业的产值还只占全市工业总产值的18%,现在已上升到31%。使鹤岗这个原来主要生产煤炭的城市,已迅速发展成为既大量生产煤炭,又有钢铁、炼油、机械制造,和各种轻工业、食品工业等十九个行业的综合性工业城市。

这个城市人民公社,还把大批的家庭妇女和闲散劳动力,组织起来为矿工生活服务。在职工家属宿舍区,已经办起了五百七十四处公共食堂,二百六十处托儿所、幼儿园,和大批生活服务站。这些服务网点,还伸展到井口,直接为生产服务,现在很多矿井,已经建立起井口食堂、小卖部、理发所、井口商店,其中仅井口食堂就有四十多处。这些井口食堂昼夜不停地为矿工服务,矿工上班前和下班后,都可以吃到热腾腾的烧饼、油茶、面条,和多种自制的点心。很多井口服务站,还按时为职工准备保护用品,使职工在上班前,不必跑很远的路程到煤矿管理部门去领取,有些井口服务站的服务员,还根据党的中心工作和政治运动,结合服务工作随时向矿工进行宣传,使服务站同时起到宣传鼓动的作用,促进了生产。公社把人们从生产到生活组织起来以后,使广大社员有更多的学习政治理论和文化、技术的时间。全市在 1958 年底就普及了中心小学教育,扫除了青壮年中的文盲。今年在一个多月的时间,又办起了一所全日制大学,和二十二处业余大学班,和各种业余技术、文化学习一百多所,形成了从幼儿园、小学、中学到大学的教育体系。还有十一万三千多名职工群众,参加了以毛主席著作为中心的马克思列宁主义学习。

一市一社的鹤岗市城市人民公社,使工农结合,城乡连成一片,因而有条件在平均十个城市人口,只有一个郊区人口的情况下,迅速改变过去这个城市蔬菜、副食品主要依靠外地供应的局面,达到全市副食品的基本自给。公社成立以前,鹤岗市所需要的猪、鸡、鱼、菜等副食品,大部分依靠省内各地,甚至需要从广东、河北、山东等地采购供应。建社以后,公社动员全社四十万人的力量,从工厂企业到街道居民,从机关学校到群众团体,都动手养猪、鸡,种蔬菜,大搞副食品生产。郊区还有计划地建立起大中小相结合的畜牧生产基地。由于积极发展郊区副食品生产,和大搞全民副食品生产相结合,鹤岗市在 1959 年就作到了蔬菜基本自给,结束了多年来南菜北运的局面。

现在鹤岗市广大人民群众,已把全力支援煤矿,为煤矿生产服务,看成是最光荣的职责。人们说:为了支援煤矿,凡是自己能做的,一定保证做到,兴安台煤矿井下店的女售货员施淑芹,看到矿工下井的时候需要带午饭,她就主动设法帮助做饭、热饭,并且把菜肴、茶水一直送到井下的掌子面上;工人们的衣服破了,她就用带在身边的针线,在井下一针一线的细心缝补,使矿工非常感动,矿工赞扬施淑芹说:"一件商品一片心,做饭送水鼓干劲,缝补衣服问寒暖,矿工歌赞咱们的'管家人'。"

北京城市人民公社各工厂
采取积极措施防暑降温

（一九六〇年六月五日）

据新华社4日讯 北京各城市人民公社的工厂、托儿组织和食堂，积极进行防暑降温和夏季卫生工作。

这一工作是在各公社党委领导下，以生产为中心，本着因陋就简的原则进行的。大多数社办工厂都采取自然通风的办法，在车间增开窗户，人员过多的车间就调整工序。

宣武区椿树人民公社玻璃厂安瓿车间在区劳动保险和卫生防疫部门的协助下，工厂的领导干部和社员一起动手，安上了土制的抽风筒，把车间里的烟雾和热气通过烟筒引出室外，并且从废品公司买了一些旧电扇改装成排风扇来通风。他们还自己配制冰镇盐汽水和延长中午休息时间来保护职工健康。二龙路人民公社化工厂高温车间也都安上了抽风设备。这个公社的综合工厂和绝缘厂等厂给露天操作的工人搭起了凉棚。

许多医疗部门也采取分片包干、定点定人的办法，帮助公社的工厂、托儿组织、食堂进行防暑和夏季卫生工作。医疗部门普遍为公社的工厂和托儿组织训练了保健员和卫生员，并且为炊事员讲解卫生常识。

因地制宜　就地取材　综合利用边材废料

灰堆公社千方百计为大工业服务

（一九六〇年六月十五日）

本报讯　以国营天津造纸总厂为中心组织起来的灰堆人民公社，利用大工厂的边材废料大办为大工厂和市场服务的工业，并且以大工厂为中心全面组织职工和社员的生活。公社和天津造纸总厂互相支援、互相协作，促进了生产的高速度发展。

灰堆公社的社办工业是在"为大工业服务"的思想指导下，因地制宜，就地取材，综合利用造纸总厂的边料、废料和下脚料，自力更生办起来的。天津造纸总厂每天都要出大量的废料和下脚料。例如，制浆车间每天就要出二百吨左右的亚硫酸盐废药液，这些废液过去都顺着大管道流进海河，从废水里流失的纸浆也很多。此外，炉灰、废气、碎纸头、废纸边等等，过去也没有很好利用起来。人民公社一成立，就办起九个卫星工厂，千方百计地综合利用这些废料和下脚料。他们利用废纸浆办了一个小型造纸厂；利用亚硫酸盐废药液办了塑化剂厂和粘合剂厂；利用过去造纸总厂扔掉的稀硫酸、废气和炉灰当原料，办起了硫酸铝厂。他们把造纸总厂过去当做废料处理的损纸经过精心整理，由制本厂用来制作各种簿册；他们还办了一个拉花厂，把碎纸头和纸条染色后制成灯笼、彩条等，成为布置礼堂、会场的装饰品。这些社办工厂有了充足的原料，产品又都是大工厂和市场上非常需要的，因此发展很快。小型造纸厂利用废纸浆一年多来生产了四百三十多吨包装纸、标语纸和草板纸。制本厂利用损纸制出了二千三百多万本各种练习本。粘合剂厂生产的八百八十多吨粘合剂，供应着鞍钢、包钢和许多耐火器材厂。公社塑化剂厂生产的塑化剂，是桥梁、水库等大型钢筋浇筑工程必需的材料，一年多来已经生产两千多吨,支援了三门峡、密云等大型水库的建设。

灰堆公社在发展生产的过程中,公社党委也曾对某些干部和社员单纯依赖大工厂的思想进行了教育,使公社和天津造纸总厂建立了互相协作、互相支援的关系,共同促进生产的高速度发展。硫酸铝是造纸厂里用途很广的材料,公社利用废稀硫酸、废气和炉灰生产出了硫酸铝,全部供应造纸总厂,可以满足造纸总厂需要量的四分之一。过去造纸总厂包装品用的草绳供应不足,公社就克服一切困难办起一个草绳厂,使造纸厂需要的全部草绳有了保证。

灰堆人民公社从生产出发,还以造纸总厂为中心组织了生活服务网,全面组织职工和社员的生活。在灰堆公社的两千七百多户共一万七千多居民中,有80%以上是造纸总厂的职工家属。公社成立以后,先后在职工聚居的工人新村和里巷办起了十五个公共食堂、十五个托儿组织和设有十一个医疗科目的卫生院,并且成立了八处生活服务站、商品代销店等生活服务组织和二百四十多个服务小组,形成了星罗棋布的服务网。去年11月间,公社为了使大工厂集中精力搞好生产,在条件逐步成熟的情况下,把造纸总厂的生活服务组织也统一管理起来。公社接管这些服务组织以后,改善了管理制度,增添了服务管理人员,使这些生活服务组织比以前办得更好。公社接办工厂的托儿所以后,把孩子的洗澡、理发、看病、拆洗衣服等都包了下来,而且延长了收托时间,使女工们有更多的时间休息和参加学习等活动。造纸总厂完成车间的女工过去只有49%的人参加文化学习,现在绝大部分女工都参加了。

长春南关区各人民公社开展
"五好"社员运动

（一九六〇年六月十七日）

据新华社长春 16 日电 长春市南关区各人民公社开展"五好"社员运动，为巩固和提高城市人民公社，打下思想基础。

南关区今年 4 月中旬以街道居民为中心，组成了六个城市人民公社。全区公社化以来，城市劳动人民特别是广大职工家属热情很高，迫切要求把城市人民公社办好，他们积极地参加公社的各项生产和服务工作，并且迫切要求提高政治思想水平。为了加强对社员的政治思想工作，深入宣传勤俭办社的方针和搞好生产对巩固和发展城市公社的重大意义，中共南关区委和各人民公社党委决定在广大社员中深入开展一个"劳动工作好，思想学习好，勤俭节约好，团结互助好，体育卫生好"的"五好"社员运动，以提高广大社员的思想觉悟，保证公社不断巩固和发展。

"五好"社员运动深入开展以后，大大提高了广大社员的思想觉悟，社员群众中普遍树立起了一为国、二为社、三为自己的先公后私的风格，更加积极地参加各种生产和服务工作，有力地促进了生产和其他事业的发展。

首都党组织不断增添新的血液

一年来三万多忠于人民埋头苦干的优秀分子入党

重庆城市人民公社加强政治思想
领导积极进行建党工作

（一九六〇年七月一日）

新华社 30 日讯 一年来，北京的党组织又增添了新的血液，有三万多名
优秀分子加入了中国共产党。

这些新党员一般都经过党的长期培养，并在整风运动、反右派斗争和总路
线、大跃进、人民公社三面红旗的贯彻执行当中经受了严格的考验。他们立场
坚定，能够密切联系群众，具有较高的共产主义觉悟，多数是在生产和工作中
的先进人物。据东城区和石景山钢铁公司等四个单位统计，在今年上半年接
收的一千零十七名新党员中，劳动模范、先进生产者和红旗手等先进人物
占 67%。

在这些新党员中，许多人是工农业生产战线上的优秀人物。出席北京市
群英会的北京电子管厂老工人虞中发，一贯积极劳动，坚决响应党的号召，积
极带头完成党交给的每一项工作任务。在技术革新和技术革命运动中，带动
职工，克服了许多困难，完成了不少革新项目，为国家增加了大量财富。他平
时经常帮助老工人和新徒工提高政治觉悟，并且毫无保留地把自己的技术传
授给徒工。十九岁的袁凤兰，是丰台区芦沟桥人民公社芦沟桥大队第四生产
队的队长。她积极负责，联系群众，关心群众，参加生产，领导生产，每年出勤
率都能保持三百四十天以上，从 1957 年以来连续获得了北京市劳动模范的光
荣称号。去年深翻土地时，她所率领的生产队，由于不断提高生产效率，平均
每人每日深翻地亩数比全大队水平高一倍以上。

新党员中，还有些是文教卫生战线上的积极分子，北京市第二十五中学物理教员王维翰、儿童医院外科护士周玉兰，都是出席全国文教群英会的先进工作者。王维翰坚决贯彻执行党的教育方针，刻苦钻研教材，认真辅导学生，重视理论联系实际，通过参加劳动，结合生产进行教学，做出了很好的成绩。他是物理教研组长，能带动全组教师学习政治，搞好团结，积极帮助其他教师。他还经常坚持学习马列主义和毛主席著作，积极参加劳动锻炼。周玉兰一贯埋头苦干，听党的话，在各项运动中，积极响应党的号召，党指到哪里就到哪里。她对病儿有高度的责任感，能千方百计地设法减轻病儿痛苦。有一个烫伤病儿，嘴肿得特别厉害，吃饭喝水都十分困难，她为了不再增加病儿的痛苦，和其他同志一起经过反复研究，想出用迪金氏管往嘴里滴入的办法，保证了病儿的营养。当领导上调她到急重病人较多的烫伤抢救病房工作以后，她更以负责精神克服困难，积极工作。

在全市商业和服务行业广大职工中，也有不少为社会主义建设事业忘我劳动的优秀人物入了党。宣武区清华浴池修脚工人安起，在平凡的劳动中作出了不平凡的成绩。他长期刻苦钻研，掌握了医治脚病的技术，群众都称他"脚病大夫"，有几个医院聘请他去治脚病。他为了更好地为群众服务，积极把自己的技术传授给徒工。

据新华社重庆30日电　重庆市的各级中共党委积极而慎重地在各城市人民公社中进行建党工作，进一步加强了党对人民公社各项事业的领导。

重庆市今春建立城市人民公社的时候，不少公社的许多重要部门当时没有党员。而这些公社随着生产和集体福利、文教卫生事业的迅速发展，需要进一步加强党的领导。各个公社党委就在中共重庆市委和区委的直接领导下，结合生产和中心任务，积极而慎重地进行建党工作。目前，全市城市人民公社已经发展了党员四百四十九名，各个公社不仅建立了党委，而且在许多重要的生产和集体福利部门中建立了党的支部或小组。

这些党组织的建立，大大加强了公社各项事业的政治思想领导，有力地保证了公社的巩固和各项事业的发展。七星岗人民公社在社员中发展了五十一名党员后，公社的政治思想领导显著加强。这个公社的机电厂在开展技术革新和技术革命运动初期，不少人认为自己是家庭妇女，没有技术和文化，不敢闹技术革新。这个厂建立了党小组后,党员们坚决贯彻党委指示,帮助群众解决思想问题,并且由三个党员分工包干三个车间向群众进行宣传鼓动。新党员李淑兰原来也是家庭妇女,又是学徒工。她带头破除对技术革新的迷信,积极钻研,大胆革新,改进了工艺规程,使作挫尖咀钳的工效由每天二十多把提高到四百多把,还同别人一起实现了尖咀钳生产作业线。这一事例,使职工们大大解放了思想。

各城市人民公社发展的新党员,大多数是家庭妇女,她们在党的教育下,通过各种政治运动,特别是 1958 年的大跃进和大炼钢铁运动,以及参加街道生产、生活等集体事业的锻炼,政治觉悟很快提高,具备了入党条件。沙坪坝人民公社副主任丘显珍,过去是一字不识的家庭妇女。解放后,在党的不断培养、教育下,她十年如一日地在街道上积极向群众宣传党的主张,还组织群众举办生产和集体福利事业。1958 年以来,她领导群众白手起家办起了一个目前具有电磨木粉、石棉等四个机械化车间的较大的加工厂。她也在这些工作中受到了锻炼,并且提高了政治觉悟,曾被评选为全国妇女的社会主义建设积极分子,并被吸收入党。

以发展生产为中心巩固提高城市公社

——重庆市委召开城市公社工作会议研究公社的形势和任务

(一九六〇年七月五日)

本报讯 据重庆日报报道:为了继续鼓干劲,继续大跃进,加强领导,整顿提高,使城市人民公社更加巩固、健全地向前发展,中共重庆市委在最近召开了城市人民公社工作会议,研究了当前本市城市人民公社化运动的形势和任务,以及有关的方针政策问题。

这次会议具体分析了当前重庆市城市人民公社化运动发展的形势,肯定了成绩,总结和广泛交流了经验,提出了整顿提高城市人民公社的任务。会议指出,当前重庆市城市人民公社化运动已经进入了一个新阶段。街道居民的组织程度已大大提高,生产、生活福利事业的发展很快。在这种形势下,把已经建立起来的三十八个城市人民公社加以整顿提高,使其更加巩固、健全地向前发展,已经成为当前重庆城市人民公社化运动的中心任务。各城市人民公社应继续鼓干劲,继续大跃进,大力整顿社办工业,大搞厂社协作,大搞综合利用,大搞技术革新和技术革命,进一步贯彻社办工业"为国营厂矿、为郊区农业、为人民生活需要服务"的方针,积极开展增产节约运动,力争提前和超额完成今年生产计划。

会议认为,各城市人民公社应在生产发展的基础上,有计划有步骤地发展和办好集体生活福利事业。大力发展生产,是办好城市人民公社的中心环节。为了使城市人民公社更加巩固和健全地向前发展,必须大力抓发展生产这个中心环节,并在发展生产的基础上逐步改善社员的生活。当前要整顿和巩固集体生活福利事业,建立和健全各项管理制度,不断提高服务质量。要切实办好街道公共食堂,保证群众吃饱、吃好、吃省、吃得干净卫生。对于托儿所、幼儿园、儿童乐园,特别是婴儿室,应当进一步提高工作质量。当前特别要做好过夏天的工作,以保证儿童的夏季生活过得健康愉快。

会议要求各城市人民公社深入开展文化革命,认真作好教育、文化、卫生、体育工作。目前城市人民公社的文化教育工作的主要任务是巩固扫盲成果,并在此基础上,普及高小,大办群众业余文化教育,迅速提高社员群众的政治、文化、技术、业务水平,以适应社会主义建设大跃进的需要。同时应积极办好"少年之家",把少年儿童的校外生活全面组织起来,实现儿童教育社会化。

以勤俭奉公为荣　以铺张浪费为耻

——巨城公社北庄头管理区党支部领导
干部群众发扬艰苦朴素精神

（一九六〇年七月九日）

本报讯　山西省阳泉市巨城人民公社北庄头管理区的全体党员和干部，一年多来在党支部的领导下，大讲艰苦朴素、大讲克己为公，带动全体社员树立了以勤俭、大公无私为荣，以铺张、自私为耻的新风尚。结果进一步提高了党在群众中的威信，大大加强了党的领导，促进了全管理区的团结，节省了大量资金，有力地推动了全管理区的各项生产、建设工作。

北庄头管理区党支部是一个已有二十多年历史的老支部，艰苦朴素、克己为公是这个管理区的优良传统。但是，在生产迅速发展，特别是经过 1958 年的大跃进、社员的收入和公共积累大大增加以后，管理区里的小部分党员和干部，出现了一些铺张浪费现象。

北庄头管理区党支部发现这种现象后，立即采取了措施，于 1958 年底，在全体党员和干部中开展了一个大讲艰苦朴素、大讲克己为公的思想运动。先是学习文件，然后组织大家讨论。为了把问题搞深搞透，党支部还召开了社员代表大会，让群众来发表意见。通过这样一次运动，党员和干部都明确地认识到：只顾眼前不顾长远，只顾排场不顾生产，和只顾自己、不顾群众利益都是极端错误的。党员和干部中开始普遍树立起一种以勤俭、大公无私为荣，以铺张、自私为耻的观念。在这个基础上，党支部又进一步抓紧制定了一整套严格财务手续、改进干部作风的制度。

经过这次运动，北庄头管理区过去那种艰苦朴素、克己为公的优良作风又发扬起来了。

　　首先是党员和干部都很好地遵守各项制度。制度规定凡是五元以上的开支都要经过社员代表大会批准。因为这条制度坚持的好,管理区一年多来节省了许多开支。去年管理区计划要花一千一百二十元买四个大车架子,提到社员代表大会上讨论,代表们认为派会木匠活的社员自己动手制造就行了,结果整整节省了一千元。在钱、粮上,大家要求自己更是严格。

　　北庄头管理区的党员和干部,为了使群众能在富日子当穷日子过的情况下把日子过好,他们还作到了舍己为人地去帮助群众克服困难,表现了高度的共产主义精神。为了搞好社员的日常生活,党支部书记发现哪个食堂吃得不好,就到哪个食堂吃饭、当炊事员,帮助改进工作。去年春节前,干部们下户访问,发现有十六户人多劳力少的社员过节有困难,党支部就立即动员党、团员和干部发扬共产主义精神,接连义务劳动了八个晚上,用义务劳动的副业收入,解决了困难户的问题。

　　党员和干部作风的改变,使群众大为感动。以勤俭、大公无私为荣,以铺张、自私为耻的思想深入人心,并成为全区的新风尚。点汽灯得想办法省油;幼儿园的保育员给孩子作了三、四百件玩具不花一个钱。因为大家当家,大家动手,一年多来管理区建设了公用房屋八十八间,总共花了不到四百元,还没有用一个整工。

　　北庄头管理区的党员和干部,一年多来大讲艰苦朴素、大讲克己为公,结果大大推动了管理区的生产、建设工作,使这个原来在公社里是最穷的管理区,成为全公社的一面生产跃进红旗。

适应城市公社生产需要
更好地为社员健康服务

沈阳建立新型卫生保健组织　　史立明

（一九六〇年七月十日）

新华社沈阳9日电　记者史立明报道：沈阳市为了适应城市人民公社生产和社员集体生活的需要，实行了一种新的基层卫生保健组织形式，效果很好。

这种卫生保健组织形式，就是在城市人民公社党委的领导下，把卫生保健所、爱国卫生运动委员会、红十字会的机构统一起来，统一使用卫生保健人员，实行卫生和生产相结合，预防和治疗相结合，妇女卫生保健和儿童卫生保健相结合，中西医药相结合，医疗机构和群众相结合的原则。人们把它称作"三统一、五结合"的卫生保健组织。

这种组织形式，首先在沈阳市大东区红旗人民公社出现，很快在各公社推广开来。全市原有的四十一个街道卫生所，目前已发展成为人民公社一级的卫生保健所七十六处；公社分区和居民委员会一级的卫生保健所由1959年11月份的七十五处，发展到三百二十三处。公社的卫生保健队伍也由过去的三百四十四人，增加到二千七百一十人。许多人民公社都以卫生保健所为中心，建立环境卫生保洁队，在生产车间建立卫生室，在托儿所、幼儿园、公共食堂、居民大院里设立简易药箱，普遍地设立保健员。这些保健员同时又是卫生防疫员、红十字会卫生员、卫生宣传员、卫生监督员。这样，就在公社范围内形成群众性卫生保健网，基本上做到那里有生产、那里有生活，那里就有医药卫生。

这种基层卫生保健组织的建立，推动了除害灭病运动的深入开展，并且使

"预防为主"的方针得到全面贯彻。各公社专业卫生保健人员按照各个时期，对社员群众进行身体健康大检查，同时依靠大批群众卫生保健员组成疾病情报网。这样，就能做到早发现、早报告、早隔离、早治疗，把各种传染病消灭在发病初期。各公社还依靠卫生保健组织协助生产单位做好女工劳动保护工作，普遍地建立女工卫生室，实行经期、孕期、娩期、哺乳期的"四期挂牌"办法，采取经期调干不调湿，孕期调轻不调重，哺乳期调近不调远的"三期调转"的措施。对社员集体福利事业，特别是公共食堂、托儿所、幼儿园的卫生工作，也加强了检查和指导。各公社的卫生保健组织还举办了九十四处卫生学校，对二万二千七百二十四名同生产、社员集体生活有密切关系的保健员、炊事员、保育员进行了较系统的卫生保健知识的训练和教育，依靠这批骨干和积极分子，广泛深入地开展卫生知识的大宣传、大普及、大提高，培养社员群众自觉地投入除害灭病运动。这些都有效地控制了各种传染疾病的发生和蔓延。

这种基层卫生保健组织，使卫生保健工作更好地为生产、为群众服务。自从卫生保健网建成后，工厂工人有病随时可以得到诊治，减少了患者不管病情轻重都跑医院的现象，大大提高了职工的出勤率。根据一百五十七个社办工厂保健室的统计，它们随时随地为工人看病，不到二个月就为工人们节约了五千三百四十三个工时。许多公社的卫生保健组织开展了"家庭病床"活动，从去年入冬以来，已经设立过"家庭病床"七千七百七十六张次，做到"医生走出门""患者不出门""医药送上门"，不仅减少了疾病互相交叉感染的机会，也改变了"医不叩门"，"坐堂看病"的旧习惯。

由于公社群众性卫生保健工作做得好，就使得一些大医院的门诊量显著下降。据红旗人民公社第七分区卫生保健所的统计，在所属范围内的患者，有60%以上都是就地医疗，效果良好，群众满意；沈河区第一医院帮助公社各工厂建立起保健室以后，不到两个月，门诊量就下降了23.5%。大东、沈河、和平等五个区在同麻疹作斗争中，专业医务人员和群众力量相结合，在短短几天就将十三万多名麻疹易感儿童的情况全部调查清楚，进行了综合性预防投药，大大提高了防治效率。

坚持当大厂助手　坚持为市场需要服务

前门公社树立全国一盘棋观点

社办工业小商品生产百花齐放,并逐步摸索出
一条解决原料和自力更生的道路

（一九六〇年七月十一日）

本报讯　记者孙世恺报道:北京市前门人民公社所属工厂积极发展日用小商品生产,在生产领域中起了"拾遗补缺"的作用,既补充大工业的不足,又供应了市场的需要。

这个公社现有十八个工厂,分布在前门外路东的街巷里。一来到这里,立刻就发现它的生产特点。在公社穿珠加工厂的大院里,八十多名生产人员细心地做着穿珠发夹,有葡萄形的,也有蝴蝶形的。在另外一些工厂里,有糊信封和做口罩的,也有做眼镜架和放大镜的。只要有原材料,市场需要什么,他们就生产什么。全公社现在生产的五十多种产品,其中大部分是日用小商品和为大工厂做的加工品。最近,有的工厂根据市场的需要,日用小商品的产量不断增加,并且增添花色品种,供应人民生活日益增长的需要。公社五金工厂从4月开始接受正阳五金厂下放的一批小商品生产任务后,抽出六十多人组成一个小五金车间,专门生产锥子箍、火筷子、火通条、火钩子。6月开始,这个厂又增加了新产品,有小学生用的石板檫,有办公用的插纸千。他们生产的鞋气眼,要经过三、四道工序才能出成品,而两个气眼只值一、两厘钱,但是他们并没有因为这些商品的产值低、费工多而不去生产。他们根据市场的需要,在6月安排了加倍的生产任务,由过去月产一千斤增加到两千斤,现在这个工厂的鞋气眼产量已占全市需要量的三分之一还强。有些工厂为大工厂做加工活,也多是加工各种小商品。现在,公社的包药厂正集中力量赶包各种夏季日

用药,二百多名参加生产的妇女每月包出仁丹一百五十万袋、无极丹一百万袋、保赤散一千二百万袋,供应市场的需要。

这个公社的小商品生产是以大带小,在为大厂加工过程中发展起来的。这个公社除广泛利用大工厂的下脚料、废料外,还和废品公司挂上了钩,经常得到回收的各种废料作原料。公社缝纫厂从3月开始就一直利用废料做手套。仅5月份从废品公司买回破布、废绒条一千三百多斤,做出各种手套四千三百五十副,现在又开始加工鞋垫。有些工厂还自己动手千方百计地克服原材料不足的困难。公社眼镜加工厂在生产眼镜架时,缺乏有机玻璃,生产人员在没有技术人员指导的情况下,发挥敢想敢做的精神,自造一座有机玻璃熔化炉,试验用本厂剩下的零碎的下脚料,复制出有机玻璃,为解决原材料问题摸索出一条自力更生的途径。

前门人民公社在发展工业生产中,坚持"作大工业的助手,为市场服务"的生产方向,是经过一番思想斗争的。发展小商品生产,有些社办工厂的管理人员认为"这种生产即无名又无利",产值低,积累又少,不如搞些产值高的产品,如公社纸盒厂5月份的产值计划由过去的月产值三万元提高到五万元。为了达到这个高产值,他们减少了过去一直生产的各种纸盒,改做产值较高的表厚纸活。公社党委发现这个问题后,立即进行了讨论,批判了盲目追求产值的错误思想,合理整顿了他们的产值计划,保证继续为一些工厂企业生产各种纸盒。这个公社的党委认为这是社会主义经济的一种分工,由城市闲散劳动力组织起来的公社生产事业,必须首先考虑到城市对零星日用商品的需要和为大工业加工服务,这样才能使较大的工业腾出手来生产国家迫切需要的其他产品。城市公社的生产事业同样要有"全国一盘棋"的观点,决不能单纯追求产值。在公社党委的这种明确的思想指导下,这个公社许多生产和加工小商品生产的工厂,一直坚持这个生产方针。公社穿珠加工厂加工的穿珠发夹虽然每个只有几分钱的加工费,但是,他们从1958年8月开始加工以来,从来没有间断过生产,产品精益求精,产量逐渐上升,发夹的样式现已近百种,不仅满足了市场的需要,还完成了一部分出口商品的任务。

采取"编辫子"的方法组织联合工厂

长春站前公社工业日益发展

组织起来可以统一使用人力设备，密切技术协作，便于加强党的领导

（一九六〇年七月十四日）

本报讯 吉林省长春市站前人民公社，采取"编辫子"的方法，分别将社（街道）办工业组成联合工厂，有力地促进了社办工业大发展和公社的巩固提高。

站前公社工业有了很大发展。社办工厂由过去十六个增加到十八个，街道办工厂由五个增加到四十个，职工从七百八十七名，增加到二千〇七十一名，今年工业总产值比 1959 年将增加十五倍。由于社办工业发展很快，也出现一些新问题。主要是社办工厂分布广，不便统一领导；经营管理跟不上，有的工厂生产有盲目性；设备配置也有不合理现象，缺设备的影响生产，设备有余的用不了，并且有互争劳力、原料现象。在这种情况下，站前公社党委根据省委、市委指示，从 5 月上旬开始，以公社老厂为核心，按照生产性质和协作关系编成"一条辫子"，将全公社五十八个工厂分别组成机械、电机、化工、纺织、木器、被服、纸张文具等七个联合工厂，并成立一个基本建设交通公司。这些联合工厂均在公社直接领导下，并将厂内生产计划、人员配备、财务供销等工作统一起来，加强了生产管理，对发展和巩固提高公社工业起了重大作用。

联合工厂的建立，使街道办的小工厂直接在公社统一领导下，改变了过去经营分散、面大、头多、不便管理的状况，有力地保证了党的各项方针政策的贯彻，并且逐步将生产纳入国家计划。自联合工厂成立以来，更好地贯彻了为大工业、为农业、为基本建设、为人民经济生活、为出口服务的方针。现在全公社

由省、市直接下达的产品品种有十五种。化工联合厂为了更好地为国营工业服务,生产了大量的氢氧化钾,供应煤气公司需用。机械、木器等联合厂,根据市场需要,大力发展了小商品生产。近一个月来,已经生产了大衣卡子、布鞋等十多种新品种。许多工厂纳入一个联合厂以后,统一调剂使用了人力、设备,使原来厂与厂之间的协作,变成内部分工配合,把"缺腿"的设备配成了套,解决了生产上的关键问题。小五金厂和制钉厂过去都缺压力,现在机械厂一同并到机械联合厂以后,用机械厂生产空隙时间,调剂使用压力,解决了缺压力的困难。同时机械厂还抽出一名钳工专门给五金厂制作各种小商品的模具,使许多小商品迅速投入生产。过去公社五金厂和引拔厂都有一部分小台钻零件,但都不全,配不上套,成立联合厂以后,将零件集中起来,装配成一台小台钻。

联合工厂成立以后,使各厂的技术协作更加密切了,有力地推动了技术革命运动的发展。公社老厂——红旗化工厂抽出三十五名老工人帮助各分厂大搞技术革命,收到了显著效果。化工一厂经过帮助,采用新技术熬硝酸钾,时间由过去三小时缩短为七分钟,并大大减轻了劳动强度。综合工厂也为原材料综合利用和开展多品种经营创造了有利条件。

站前公社党委在建立联合工厂中,大力加强了党对社办工业的领导。公社党委抽出一批较强的干部担任联合工厂的党支部书记,同时大抓职工政治思想工作,使广大职工进一步明确社办工业的服务方向。党委还从工人中挑选了一批政治觉悟高,具有一定工作能力的积极分子,担任基层领导工作。

在城市人民公社抚育下

——记三个修表刻字工人创办的日用电器厂

本报记者　纪静如　胡钟才

（一九六〇年七月十八日）

"我们这个白手起家的工厂，一年以前还是个'伸手派'；现在，已经变成'握手派'了。"哈尔滨香坊人民公社日用电器厂厂长汪新国，喜欢用这句话来说明他们工厂所走过的道路。

一年多以前，这个工厂是由三个修表、刻字工人创办起来的。当时，他们没有设备，没有技术，和其他工厂发生关系时，只能做一个"伸手派"。现在他们不仅可以生产安全变压器、电流互感器、电焊机、高级电子听诊器等十四种产品，供应市场需要，而且可以专门为其他工厂生产急需的电器设备，支援他们的生产。今年3月，国营建成机械厂制造一种产品，需要大批的直流和交流的小型电动机，日用电器厂很快把这个任务承担下来，满足了机械厂的需要。哈尔滨轴承厂有几条主要的自动生产线急等投入生产，迫切需要35个电磁铁，也是他们厂给赶制出来，为轴承厂救了急。所以，现在他们再不是单纯的"伸手派"，而是一个有来有往的"握手派"了。3个修表、刻字工人怎么能办起这样一个电器厂呢？这就不能不说到大跃进和城市人民公社的作用了。

电动玩具的启发

1958年大跃进中，党号召全民办工业，哈尔滨街道居民、各行各业纷纷办起了翻砂、机械、炼铁、轴承等各种小工厂。"我们能不能办个生产小电机的工厂,也给国家工业化出一把力呢?"香坊修表刻字合作社的几个手工业工人汪新国、张季育等在一起议论着。经过一番研究,他们买来几本有关电气知识的小册子,一块儿钻研。一天,他们看到了一架孩子玩的"电动风车"玩具。最爱动脑筋的张季育立即联想到这个玩具可能和风车带动的电动机有相同的地方,于是3个人如获至宝地把这架玩具捧回来。他们把这架"电动风车"玩具当成了活的"图纸",拆开它的转动部分,用他们修理钟表的心情,精细地探索着每个零件的作用。同时,找来矽钢片和铜线,照样剪开,又一层层绳上铜线。好容易做成了,可是,接上电却不会旋转,这可怎么办呢?

正在这时,哈尔滨市举办了一个技术革新、技术革命展览会,展出了群众五花八门的创造发明成果。汪新国、张季育等几个人,很快就被这展览会吸引住了。他们钻在"电器馆"里,把陈列出来的各种电机的结构、原理、用途,一直到安装,都追根究底地看了又看,问了又问。回来,再用学到的原理改进试制的电动机。这次再送去试验,这个经过一个月苦心钻研的小电机真的飞转起来了。

小电机试制成功了,他们想早日投入生产,就设法筹借冲压机床等设备。可是跑遍了很多地方,也搞不到一台冲床。这时,一个电器老工人给他们提了个建议:先从制造"安全变压器"入手。这种电器当时非常需要,而设备又比较简单,只要几台手扳压力和绕线机就行了。

他们接受了电器工人的建议,买了个变压器,又拆开来研究它的结构原理。真是俗话说的"一通百通",有了上次研究电机时的经验,这次一看就开窍了,很快试制了一台"安全变压器",送到中心变电所一试就成功了。以后,他们在当地党委的支持下,借了几百元资金,买了5台手扳压力和4台绕线机。这样,由三个修表刻字工人创办的香坊日用电器厂就此诞生了。

可是,只有3个工人,怎样成批生产呢?香坊人民公社恰好在这时成立了。成千上万的家庭妇女摆脱家务羁绊,走上生产岗位。香坊修表刻字合作社社员的家属——王淑华、侯淑芳、李香兰、赵杰等16名家庭妇女,首先满腔热情地支持了这个新生的小工厂,成为香坊公社日用电器厂的第一批工人。3个修表、刻字工人和从无线电修理合作社转业过来的汪木铎、李会修、张励芳等手工业工人,就算是她们的"师傅"。他(她)们一起摸索着,短短10天时间,就把第一批"国庆献礼"产品——50台"安全变压器"生产出来了。

到群众中去找智慧

香坊人民公社3个修表刻字工人大办电器厂的动人事迹,吸引着来自全国各地成千上万的参观者。而来到电器厂的人们,首先被吸引住的就是由工人们自己创造的结构巧妙、工效很高的各种各样机器。制造这些机器并没有图纸,依照工人们的说法,都是根据生产需要,用脑瓜想出来的。

为什么这些工人这样会想呢? 这和他们过去修理钟表、修理无线电的职业很有关系。以电器厂3个创办人之一的张季育为例,他从16岁就学习修理钟表,职业的素养,使他几乎对生活中凡是运用机械的东西都发生兴趣:一个小孩牵着玩具车在街道旁边玩,车轮一转动,车上的木头人就连着拍手,张季育看见了,就停下来研究这辆玩具车的构造;建筑工地安装了运送红砖的动力装置,张季育看见了,就细心观察这个牙轮有几个齿,那个牙轮和这个牙轮又是什么关系。他把这些随时随地观察得来的启发,又密切地和生产联系起来,和其他工人们一起创制和革新各种设备。过去,工厂用锯条拉螺丝帽口,每天要15、6个女工,既费劳力,又费锯条。开始,张季育根据自行车链子带动牙轮的原理创制出一台人工上料的铣口机。以后,他参观了量具刃具厂自动化生产线,又想把铣口机改成自动上料。但试了几次,都没有成功。究竟什么原因呢? 有一个工人说:"可能是牙轮齿数有问题,把齿数改成'偶数'行不行呢?"这个建议使张季育想到了以前经常摆弄的钟表零件。"钟表的牙轮轮齿不都是偶数吗? 而且各牙轮之间,轮齿都有一定比数"。他凝视一下戴在腕上的手表,跑过去一数铣口机的牙轮,发现有的齿数成单,有的成双,互不成"比数",怪不得不能有规律地自动控制送料。原因找出来后,自动送料的铣口机很快就制成了。拉锯条的女工个个欢呼:这可好了,再也不用累酸胳膊了!

就这样,生产中的每一个关键,都会成为张季育和这个工厂工人们创制或革新设备的课题。从公社电器厂成立一年半以来,张季育和工人们在一起共同创制和革新了"卷铝板机""电动锯床""切螺丝机"等各种设备、工具,共达二十几种。他还和其他工人一起钻研,由试制变压器到试制成电流互感器、电焊机、小型电动机等,使工厂由建立时只生产一种产品发展到能生产十四种产品。

现在,这个普通修表工人张季育已经成了电器厂技术革命办公室的主任,被评为省、市劳动模范,光荣地加入了中国共产党。和张季育一起创办这个工厂的汪新国也入了党,担任了这个工厂的厂长。其他在建厂初期,先后由修表或无线电修理合作社转过来的几个手工业工人,也多已成长为这个工厂的生产股长、工会或共青团支部负责干部或车间主任等。

从家庭妇女到电器技工

随着香坊公社电器厂的发展,在电器工业战线上,一支新生的女职工队伍正在不断壮大成长。这个厂最初建立时,只有16名女职工,现在已增加到450名(占全厂职工总数70%左右)。在一年半以前,她们多是连什么叫"电流互感器"都没听说过的家庭妇女。现在,当你走进这个工厂生产电流互感器的"三八"车间,就会看到,成百名的女职工,正熟练地操纵着冲压机、电钻、绕线机等进行生产。这些电流互感器,从断料、钻眼、绕线、绝缘……直到安装等全套工序,都是由"三八"车间女职工们承担的。这些女职工大部分是多子女的妇女。在城市公社化以前,她们虽也想参加工作,但附近没有街道工厂;进大工厂当学徒吧,年纪又稍大了一些。所以当她们听说人民公社的电器厂需要劳动力时,大家真是高兴极了。电器厂绕线组长、市红旗手侯淑芳,是第一批参加生产的女职工。那时,城市公社刚成立,托儿所还没有大量兴办起来。侯淑芳决心把孩子托人照管,自己参加工作。她和丈夫说:"哪怕我的工资全部都给孩子做保育费,只要能进工厂生产我就干!"她怀着这样的决心进了电器厂。开始时,虽然什么技术都不懂,可是她专心一意地勤学苦练,很快就掌握了冲压、绕线、安装等各种技术,成为全厂女职工的一面"红旗"。小型电动机车间下线组组长王淑华,是和侯淑芳一起进厂的4个孩子的妈妈,因为每天给孩子喂几遍奶,开始学绕线时,她赶不上同组的伙伴。中午,大家都回家吃饭去了,她把饭带到车间,匆匆吃完就抽空抓紧学绕线,连晚间回家的路上,也用手比划着绕线的动作,这样,几天就赶上了其他女职工的速度。过了不久,她就掌握了生产电流互感器各道工序的全部技术。今年3月,工厂又送她到电工学院去学习小型电动机的下线圈技术,回来就担任了小型电动机车间下线组组长工作。

像王淑华、侯淑芳那样生产上刻苦钻研、迅速掌握生产技术的女职工,在香坊公社电器厂是很多的。现在,第一批进厂的16名女职工都掌握了生产"电流互感器"、"变压器"等全套技术,成为各个车间的骨干力量。很多后进厂的女职工,在先进厂的工人们热情帮助下,也都迅速提高了生产技术。今年上半年,因为生产上做出了出色成绩、被评为全厂"红旗手"的女职工就有100名左右。

电器厂女职工们把全副精力都贯注在工厂的生产上,从各个方面关心着工厂。绕线组长侯淑芳,日夜考虑着怎么能使绕线这道工序由手工实现机械化,有时她夜里说梦话也在说工厂里的技术革新,她丈夫说她"成了革新迷了!"工厂绝缘组里,有18个40多岁的女工,她们在扎绝缘体上的棉绳时,想尽各种办法不使棉绳有一分一寸的浪费。有的老大娘说:"为了节省棉绳,我们在扎绝缘体时比我们当姑娘时扎花还要细心!"这种爱护工厂的思想,有许多方面都自然地表现出来。有一次,试制成功一批新产品,王淑华、侯淑芳、李香兰、刘恩英等6、7个女工,抬到一家有动力电的工厂去进行成品试验。半途上,忽然下了大雨,几个人谁也不用谁招呼,都自动脱下外衣包在产品的外边,她们宁愿自己挨雨淋,却谁也不肯让自己亲手制成的产品被雨水打湿一点。

正是由于张季育、侯淑芳、王淑华等无数在城市公社化运动中成长起来的新生力量,促进了城市公社小型工业的飞跃发展。现在,由三个修表刻字工人起家的香坊公社日用电器厂已经发展成拥有600多名工人、1000多平方米厂房和60多台设备的中型工厂。他们成批生产的小电机、电流互感器等电器产品,源源供应着全国17个省、市和支援了黑龙江省农业技术改造的需要。同时,还承担着每月给哈尔滨轴承厂修理各种损坏的电机、给国营建成机械厂承制电瓶车零件等生产任务,成为大厂生产大跃进中的有力助手。

满足城市人民需要　减轻农村公社负担

西宁城中公社组织开荒力争粮食自给（节选）

（一九六〇年七月二十二日）

据新华社西宁 21 日电　西宁市城东区城中人民公社在搞好社办工业的同时,掀起了一个垦荒和积极支援农业的群众运动。

这个人民公社把全社的劳动力进行了合理安排,采取了组织长期的农业队和临时突击队相结合的办法,保证农业上马。去冬今春以来,公社连续抽调了四百多名社员分赴贵南县和西宁郊区西山、北山农场开荒,力争粮食达到自给。这些农场在新开垦的一千五百多亩土地上播种小麦、青稞、洋芋等农作物,现在小麦、青稞已正在扬花、灌浆,不久就可收割。公社已抽调一批社员成立了农业专业队,在新垦地里安营扎寨,开展除草、追肥、防治病虫害等田间管理工作。

公社在大力发展农业的同时,在公社内部和外部之间广泛进行工业和农业、城市和乡村之间的大协作,大力支援农业。从今年春天以来,他们根据等价交换的原则前后共组织了两万五千四百多个劳动力,到中庄、东关、沈家寨等人民公社的农业生产队,帮助公社开荒、除草两千五百多亩;7 月中旬,又组织了二百五十多个社员去帮助进行田间工作。在这批支援农业生产的队伍中,包括五金修配、木工、被服、制鞋、砖瓦、综合加工厂等社办工厂的工人,还有公社服务站的服务人员以及中共青海省委、青海省农垦厅机关分社的干部和家属。和这同时,社办工业积极制造各种小农具支援农业生产。五金修配厂已试制成功七寸步犁,木工厂正在试制木制脱粒机等机具。

石家庄市二百多个社办工厂
半年生产农具二百九十万件

（一九六〇年七月三十一日）

本报讯 河北省石家庄市城市人民公社工业大力支援农业，普遍与农村生产队挂钩，大抓农业机器制造、修配以及农肥、农药的生产。

石家庄市桥东、桥西、长安三个城市人民公社，共有二百七十个较大的工厂，这些厂与三个公社所属的三百二十七个生产队，相互建立了挂钩关系，根据各生产队所需要的农械和水利排灌机械的要求，制定了分期分批完成任务的规划。据上半年不完全统计，共生产了煤气机、低压蒸汽水车等各种水利排灌机械六百五十九部，锹、镐、锄头等各种小农具二百九十万件，农肥（包括土化肥）八千多吨，农药八千七百六十九吨，修理的各种机械、小农具及机器零件约达七十四万多件；和这同时，还从劳力、机械修理、技术以及必要的设备等方面，对生产队进行支援。据初步统计，在上半年各农忙季节，挂钩的工业单位先后出动了五万多人次给生产队劳力支援，并通过大搞技术革新、技术革命，从内部抽出了锅驼机、柴油机、煤气机、水泵、电动机、车床二百五十多台，按照"等价交换"的原则换给生产队使用，还帮助生产队办起一些机器修理厂（站），为公社与生产队培训了各种技术人材九百八十多名。

公社工业的大力支援，促进了农业生产的发展，使各生产队今年的农活，不光进展快，而且质量也有提高。长安人民公社七十一个生产队今年战胜了严重的干旱，普遍增了产，夏季小麦的总产量比去年增长了66%，并通过大兴水利抗旱基本上实现了水利灌溉的电气化。

工厂与生产队挂钩以后，增强了工农亲如手足的深厚情谊。工业领导干部和职工大搞"试验田"，包丰产方，通过实践认识到大力支援农业的意义，进

一步了解农业对手工业的要求,在全面支援农业和指导生产上能够切实掌握
从农业的实际需要出发。长安和桥西两个人民公社的工厂职工为农业生产队
试制出了饲料粉碎机、小钢磨、薯类切片机等机械近二百台。工业的支援,使
广大农村社员受到了极大的鼓舞。许多生产队社员提出:工人老大哥给了咱
们无私的支援,引导咱们建设社会主义,一定要好好干! 农村社员首先保证工
厂菜蔬和其他各种副食品的供应。桥西公社有的生产队的社员,在农活不忙
时,还主动抽出车辆协助回民纸盒厂突击搞短途运输;长安人民公社的一些生
产队,主动把工厂所需要的工业原料,运往工厂。

河南城市公社大力支援农村公社

——郑州市人民公社开展"人人为农业做一件好事"运动

（一九六〇年八月七日）

据新华社郑州6日电 河南省城市人民公社千军万马支援农业,显示了人民公社"一大二公"的优越性和强大的组织动员力量。

全省城市人民公社的广大社员,经过认真学习农业是发展国民经济的基础,热情地展开了支援农业的活动。这些过去分散的居民,现在在人民公社的统一领导、统一组织、统一调动下,形成了一个强大的整体。他们逐级成立了支援农业的指挥部或办公室,把临时的突击性的支援,改为厂社挂钩、工厂包生产队的长期支援;把单一的支援,发展到从人力、物力、技术等全面支援;由一个行业的支援扩及各行各业的群众性的支援。

许多城市人民公社的社员,自发地组成了"共产主义义务劳动日",利用星期日到郊区参加农业生产,帮助农业进行技术改造。郑州市人民公社的社员开展了"人人为农业做一件好事"运动,已经做出了几万件好事。全省城市人民公社为农业服务的项目品种激骤增加,据十四个城市的社办工厂不完全统计,为支援农业生产的产品目前已达四千五百多项,其中包括排灌机械、动力设备等中型农业机械。郑州、洛阳、焦作、新乡、安阳五个城市的社办工厂最近几个月,已生产出各种农业机械三十七万台(部),小农具五十多万件,农药、化肥六万多吨,修理各种农具六百五十多万件。许多城市公社赠送给农村一些农业机械和小件农具,并派自己的技术员深入生产大队、田间,进行技术传授。农村社员把来自城市人民公社的支援,亲昵地称为:"从亲戚那里来的。"

当前,为了争取秋季大丰收,洛阳、郑州、焦作、新乡等四个城市人民公社,派出了几千名技术员,深入公社和生产队,帮助农村社办工厂搞技术革新,帮助农村建立农药、化肥工厂。有许多城市人民公社,结合城市粪便垃圾的处理,广开肥源,开展了"积肥、送肥突击周"的活动,许昌市人民公社两千社员出动几百辆架子车,浩浩荡荡,两天为农村积肥送肥四十八万斤。这个市的人民公社还在很短时间内办起一百个化肥厂,生产大量化肥支援农业。

　　城市人民公社的工厂,千方百计地为农业服务。许多厂增加了修配门市部,在抗旱斗争中日夜营业,并优先接受农业机械的修配和安装任务,开展了"先、快、好、送"运动。洛阳专区的一个重点水库工程急需要六千辆架子车,加速运输,争取在雨季前拦洪。洛阳市洛北人民公社车辆厂,接到这个生产任务后,全体职工全力以赴,奋战十七个昼夜,提早二十多天如数完成,受到水库工地农民的热情赞扬。新乡市人民公社五金电镀厂,跳出自己的业务圈子,主动找窍门、拾废料,为农村公社制造一批急需的水利工具和农具。郑州市金水公社五金厂的职工,听说郊区人民公社的马车坏了,正等着使用,便在倾盆大雨中连夜赶到,帮助修好。农民感动的只说:"亲兄弟!亲兄弟!"

勤俭办好城市人民公社大家庭

重庆各级党委大抓食堂开源节流工作使社员吃得又好又省
北京广安门外公社坚持因陋就简原则创办和发展各项事业

（一九六〇年八月十日）

据新华社重庆9日电　重庆各级党委大抓城市公共食堂工作，认真贯彻勤俭办食堂的方针，把办好公共食堂、进一步细致地安排好人民经济生活，作为当前的一项政治任务。

各级党委在领导办食堂中，自始至终贯彻勤俭节约办事的方针，使人民群众在食堂搭伙比在家里吃得好、吃得饱而又省钱。在开办之初，各公社党委就在食堂工作人员中开展勤俭节约的教育，并发动工作人员建立各种制度，做到事事有人负责，处处讲究计划开支，尽量省掉食堂不必要的开支，以减轻群众的费用。最近各街道公社充分发挥了公社一大二公的优越性，以大食堂为基点迅速建立了四十八个主副食品加工厂，为中、小型公共食堂加工米饭、面食等。由于主副食品加工厂已经蒸气化和部分炊具机械化，更便于推广先进蒸饭法、先进烧煤法和节约人力，能够更多节约粮食、燃料和减少食堂费用。

各城市人民公社党委还通过改善劳动组织、炊具革新等方面，尽量节约公共食堂工作人员，减少费用开支。朝天门三十一个公共食堂都没有专门设管理员、会计员等。在为生产服务、方便群众的原则下，朝天门公社党委采取集中管理，分别核算，各负盈亏办法，成立了财会组，集中管理食堂日常采购、售票、财务会计等工作。实行这个办法后，不仅减轻了食堂的事务工作，比分散管理时减少了四十二个工作人员，并且便于炊事人员集中精力提高饭菜质量。全市推广了这种食堂管理经验以后，许多食堂的费用减少，群众比在家里吃得好，而每月伙食开支比在家里要低。

重庆市办好公共食堂的第二项重要工作,是以食堂为中心开展群众性的副食品生产运动,采取"自种自食,自繁自养"办法大种蔬菜,大养其猪。现在,各单位公共食堂已养猪五万多头,种菜一万六千多亩,养家禽二十多万只。沙坪坝区三百六十四个单位中,有81%的单位种了菜。许多有空地的大型厂矿把菜地划给公社食堂,分片包干种菜养猪;没有空地或空地少的厂矿,便联合到市郊开垦荒地办农场。

据新华社9日讯　北京市广安门外人民公社勤俭办社,用实干苦干、自力更生的精神办事,使公社生产和福利事业更加迅速发展。

这个公社的生产发展很快,收入月月增加。但是不论社办工厂、食堂、托儿所、服务站,都是在保证安全、卫生的前提下,坚持因陋就简的原则,需要增添什么,首先是发动群众自己动手解决,而不是依赖别人,因此许多事都办得时间短、效果快,花钱少。

公社建立了一套财务管理制度,规定公社90%以上的开支必须用在扩大再生产上,并规定了各项开支的审批权限。在开支制度方面,公社领导干部一贯强调可买可不买的不买。由于坚持了以上原则和制度,公社每月实际开支的办公费用,比规定的数目要少得多。即使是用于添置设备扩大再生产的费用,他们也不是要什么就买什么,一大部分设备仍然靠自己解决。如建设石粉厂时安装碾子需要大轴,按照公社的现有生产能力没法解决,但是被社员们亲切地称为"张师傅"的公社党委第一书记张顺,亲自动手,和金属加工厂的工人一起苦心钻研,把两个小机床接在一起,终于生产出了比机床长得多的大轴。

这个公社所以勤俭成风,主要是公社党委一贯坚持勤俭办社的方针,不断向干部和生产服务人员进行了勤俭办社的教育。去年下半年,在公社生产发展、任务增加的情况下,缝纫厂等少部分人不积极挖掘生产潜力,反而认为要增加生产任务就要增加厂房、机器,单纯向上级伸手要钱。党委针对这种情况,决定每次讨论生产任务以前先务务虚。这样长期坚持的结果,本来叫喊不添设备完不成任务的缝纫厂等单位,经过实干苦干,都超额完成了任务。

现在,这个公社已办起了十四个工厂,生产发展很快,光是产品品种就由去年的九十种增加到现在的一百四十多种,包括为大工厂加工生产的石粉、焦炭、螺丝等产品和民用小五金等。一个破烘炉两把锤子起家的金属加工厂,现在已能生产近八十种产品。社员的福利事业也发展很快,因陋就简建立起来的食堂、托儿所、服务站等,布满公社的各个角落,还有洗澡堂和理发馆等。

关于城市人民公社组织生产协作和
联合企业的问题

管大同

（一九六〇年八月十九日）

在"全国一盘棋"的方针指导下，更好地组织生产协作，从生产的各个方面密切配合起来，这是高速度发展生产所需要的。最近以来，很多城市人民公社开展了生产协作运动；有些城市（沈阳、长春等）的一些人民公社在生产协作的基础上，进一步开展了组织联合企业的工作，使生产协作关系有了新的发展。在公社范围内组织联合企业，就是按照以全民带集体、以大带小、大中小结合的原则，以国营工业为中心，把生产相近的企业组织在一起，实行联合生产。这是城市人民公社组织工业生产的一种新的形式。

城市公社组织生产协作和
联合企业是工业生产发展的方向

当前生产力的大发展，要求进一步组织生产大协作，更好地实现国营工业和公社工业之间、大型企业和中小型企业之间以及土法生产和洋法生产之间的紧密结合，进一步发挥人力、物力的潜力，不断地促进工业生产的高速度发展；要求进一步大搞综合利用和多种经营，大搞技术革新和技术革命，大力向高、大、精、尖、新进军，更好地把发展大产品生产与发展小商品生产结合起来，把增加产品的数量和提高产品的质量结合起来。城市人民公社组织生产协作和组织联合企业，就是适应于这些要求而产生的。

城市人民公社是城市生产的统一组织者,它一开始就是为促进生产力的高速度发展服务的。城市工业生产是一个统一的整体,无论是在城市中占统治地位的国营工业,还是为数众多的街道居民举办的公社工业和街道工业,都需要在"全国一盘棋"的方针指导下,统筹安排,以有利于加强生产的计划化。事实上,自从城市人民公社建立和发展以来,在组织生产大协作方面已经发挥了重要的作用,在国营工业和公社工业之间,生产协作关系日益密切,使公社工业更好地为大工业和市场需要服务。毫无疑问,随着城市人民公社的不断巩固和发展,它作为生产统一组织者的重要作用,必将日益完善地发挥出来,这是生产力发展的必然要求。

毛泽东同志早就告诉我们,社会主义的生产关系,并不是一成不变的东西。它是和生产力的发展相适应的,但是,也还有相矛盾的一面。这种又相适应又相矛盾的情况,就要求我们在生产力发展的过程中,按照生产力发展的需要和具体的情况,对生产关系不断地进行调整和改善。联合企业的产生不是偶然的。它正是根据生产力大发展的要求对生产关系不断地进行调整的必然产物,是城市人民公社进一步统一组织生产和开展生产大协作的必然产物。

生产的联合化,并不是社会主义经济所独有的东西。列宁在《帝国主义是资本主义的最高阶段》这一名著中,就曾指出,资本主义发展到最高阶段的时候,有一个极重要的特点,就是所谓联合制,即把各种工业部门联合成一个企业,其中有些部门依次对原料加工(如把矿石炼成生铁,把生铁炼成钢,可能还用钢制造各种成品),有些部门对另一些部门起辅助作用(对废物或副产品加工;生产包装用品等等)。资本主义制度下的生产联合化,促进了生产社会化的过程;但是,它仍然以资本主义私有制为基础,它使竞争变为垄断,从而为垄断资本带来了更多的利润。我国社会主义制度下的生产联合化,在性质上则有着根本的区别,它是以社会主义公有制为基础,是为多快好省地发展社会主义建设服务的。随着我国社会主义建设的蓬勃发展,联合企业将不断增多。毛泽东同志在1958年视察武钢时,曾指示我们说,像武钢这样的大型企业,可以逐步地办成为综合性的联合企业,除生产多种钢铁产品外,还要办点机械工业、化学工业和建筑工业等。毛泽东同志这一指示,给我国工业生产指明了一个重要的发展方向。当然,城市人民公社组织联合企业,还是一个新生的事物，目前还很不完善。但是，这个新生事物必将随着城市人民公社的巩固和发展而迅速地成长起来，逐步走向完善，在我国社会主义和共产主义的建设事业中发挥重大的作用。

生产协作和联合企业显示了巨大的优越性

目前，从沈阳、长春等地组织联合企业的经验可以看出，它成立的时间虽然还很短，但是，已经显示了很大的优越性，证明这是一种高速度发展生产的组织形式。

首先，通过联合企业这种生产组织形式，进一步发挥了城市人民公社统一组织生产的作用，更好地调动了一切积极因素，大大促进了生产的高速度发展。联合企业的成立，使原来临时性的、不固定的协作关系，变成为经常性的、固定的协作关系；在联合企业所属各厂之间，劳动力、设备、技术等可以更好地统一安排，互相支援，从而大大改变了过去在各个工厂之间存在的劳动力忙闲不均、设备技术有余有缺的情况。组织联合企业以后，某些国营工厂劳动力不足的困难在不同程度上解决了；有一些过去闲置未用的机器设备利用起来投入生产了；过去只能生产一些部件产品的，现在能够生产成套的产品了。同时，联合企业还把所属各厂一些分散的从事运输、修理、建筑的人员组织起来成立运输队、工程队和各种服务队，把各厂一些零星的辅助性生产设备集中起来，建立了为各厂服务的综合性的工厂。这些，都进一步发挥了人力、物力的潜力，立竿见影地促进了生产的发展。

其次，联合企业能够全面规划，统筹安排，更有利于大搞综合利用，发展多种经营，为工业生产开辟了广阔的门路，更好地贯彻了增产节约的方针。事实已经证明，在工业生产中大搞综合利用，有着无穷无尽的潜力。因此，大搞综合利用和多种经营，是发展工业生产的一条极其重要的途径。尤其是在当前生产大发展，某些原材料供应比较紧张的情况下，大搞综合利用和多种经营就有着更为重要的意义。

联合企业成立以后，便于对所属各厂的边角废料、废渣、废液和废气实行统一筹划,合理使用。这样,就进一步做到了废物不废,化害为利,变一用为多用,变无用为有用,扩大了原材料的来源,增加了产品的品种。如:长春市二道河子人民公社汽车配件厂生产的一些小零件,本来只需要利用边角废料,但过去常常是大材小用。组织联合企业以后,充分利用了其他工厂的边角废料,并且还利用废铁屑、铜屑、废酸等试制成功十五种产品。这就为国家节省了大量的财富。

第三,联合企业的成立,还进一步推动了技术革新和技术革命的发展。在轰轰烈烈的技术革新和技术革命运动中,形成了一个大厂帮小厂、国营工厂帮公社工厂的高潮,因而使公社工业的机械化程度和劳动生产率提高得很快。但是,这种厂外的帮助仍然是不经常、不固定的。从当前一般情况说来,在公社工业中,手工操作比较多、设备比较简陋、机械化程度比较低的情况仍然相当普遍。因此,公社工业必须继续采取土洋结合,自力更生和国营工业帮助相结合的办法,进一步开展技术革新和技术革命运动,实行技术改造。组织联合企业以后,由于进一步实现了大中小企业之间的密切结合,加强了国营工业对公社工业的帮助和支持,可以集中使用技术力量来突破技术革命的关键,先进经验也能够迅速地得到推广和交流。这些,都有力地推动了公社工业技术革新和技术革命的开展。长春市汽车工具厂修的土煤气炉又快又好,联合企业就及时地组织先进经验推广队,使其他很多工厂都迅速地修建起来;沈阳市国营轻工机械三厂在组织联合企业以后,进一步加强了对公社工业的帮助,在短短的时间内,就使公社工业的机械化程度大大提高。

组织联合企业以后,不只是加速了公社工业的技术改造,同时也推动了国营工业技术革新和技术革命运动的开展。公社工业技术力量的加强,使它们能够承担起一部分国营工厂的生产任务,从而使某些国营工业能够腾出力量向高、大、精、尖、新进军。

第四,联合企业的建立,有利于进一步提高人们的思想觉悟,共产主义风格大大发扬。组织联合企业以后,大厂与小厂之间、国营工业与公社工业之间的关系,日益密切,在统一规划之下,互相支援;生产关系的这个变化,也反映到人们的思想意识中来,使人们的集体主义思想日益发扬光大,整体观念日益加强,团结合作的精神进一步发展。"别人的困难就是自己的困难""一家有事,万家帮忙",已经成为一种新风气。大厂对小厂的帮助比过去更积极、更热情,而小厂为大厂服务的劲头也比过去更大更足。国营工厂生产上需要劳动力的时候,公社工业就派出强壮的劳动力去支援;公社工业领导力量较薄弱,技术水平较低,国营工厂就定期抽调一部分优秀的干部和技术工人来大力帮助。这就加强了公社工业的领导力量,提高了公社工业的生产技术水平和经营管理水平。

第五,通过联合企业,还进一步加强了城市人民公社的统一组织生活的作用,促进了集体福利事业和文教卫生事业的大发展。组织生产和组织生活,从来是不可分割的。联合企业的成立,把许多工厂从生产上组织在一起,这就为进一步发展集体福利事业创造了良好的条件。各个企业的福利设施的潜力能够更好地发挥,人力、物力、财力可以节约使用。这样,集体福利事业和文教卫生事业就可以根据生产的需要,更好更快地发展起来。过去一个单位所无力举办的设施,现在也有条件兴办了。

由上可见,城市人民公社组织的联合企业,有着巨大的优越性。它不仅进一步促进了生产的高速度发展,尤其具有深远意义的是,通过这种生产组织形式,更好地发挥了城市人民公社的统一组织生产和统一组织生活的作用,并且扩大了城市人民公社的全民所有制因素,从而有利于促进城市人民公社的巩固和发展。

从组织生产协作入手充分发挥
城市公社作为生产组织者的作用

从组织生产协作入手,逐步加强城市人民公社作为生产统一组织者的作用,是当前生产力发展的要求。但是,还应当看到,当前城市人民公社有着不同的类型,有以国营工矿为中心建立的,也有以街道居民为主建立的,有一市一社或者一区一社的大型人民公社,也有一条街道或者几条街道一社的小型人民公社。这些不同类型的城市人民公社与国营工业的关系也还有所不同,在组织生产方面所发挥的作用也不可能完全相同。因此,城市人民公社组织生产协作,一定要考虑到不同的条件,采取多种多样的形式。联合企业,是组织生产协作的一种形式,并且是一种比较好的形式。通过这种形式,将使生产有关的企业在协作关系不断发展的基础上,逐步形成固定的协作体系。

组织联合企业,是根据生产力发展的要求对生产关系的调整和改善,这就必然会牵涉到一系列复杂的关系,出现一些新的问题。只有正确地处理这些关系和问题,才能办好联合企业,更好地发挥它的作用,也才能不断地促进这种生产组织形式的发展。目前,在城市工业中,还存在着不同所有制的企业,有全民所有制的国营工业,也有基本上属于集体所有制的公社工业。因此,当通过联合企业的形式把这两种不同所有制的企业组织在一起以后,首先遇到的问题是:在联合企业中,怎样来处理全民所有制企业和集体所有制企业之间的关系? 联合企业把国营工业和公社工业组织在一起以后,加强了全民所有制经济对集体所有制经济的领导,扩大了公社工业的全民所有制因素,这无疑地将有利于逐步实现公社工业由集体所有制向全民所有制的过渡。但是,我们知道,要实现这个过渡,归根到底要取决于生产力的发展水平,也取决于公社工业成员的思想觉悟水平。在目前,由于公社工业在上述两个方面与国营工业一般仍然存在着较大的差别,因此,在这种条件下,一方面,必须通过联合企业这种形式,来高速度地发展生产力,同时不断加强对公社工业成员的社会主义和共产主义教育,为实现集体所有制向全民所有制的过渡创造条件;另一方面,联合企业对于所属企业,除了根据生产的需要和条件,先从生产上编成"辫子"、统筹安排以外,在财务上目前仍应采取在全民所有制和集体所有制之间,分别核算盈亏、实行等价交换的原则,正确地处理有关财务的问题。国营企业参加联合企业以后,除了受联合企业的领导以外,同时仍应受上级主管部门的领导,国家规定的生产计划、产品调拨计划和利润上缴计划都必须保证完成;而联合企业也必须把保证所属各国营工厂完成国家计划作为自己的首要责任。

组织联合企业以后,公社工业可以得到国营工业更有力的支持和帮助,也可以更好地为国营工业服务。但是,在这里还必须指出,第一、组织联合企业以后,公社工业仍然应该贯彻自力更生、因陋就简、土洋结合、勤俭办企业的方针,而不是说,什么都可以指靠国营工业的帮助,事事可以依赖于国营工业了。

否则,不仅势必会影响国营工业的生产,同时也不利于公社工业的发展。第二、组织联合企业以后,公社工业除了要更好地为国营工业服务以外,同时也应该更好地为市场需要和农业服务,如果在组织联合企业以后,就只注意为国营工业服务,而忽视为人民生活和为农业服务,那是不对的。

城市人民公社除了为国营大工业服务以外,还要进一步发展小商品的生产。公社工业要为人民生活服务,就是要根据城乡人民生活的日益增长的需要,来生产更多更好的小商品。我们知道,生产小商品的特点是细小零星,所需的原料很多是边角废料。因此,从公社工业本身的特点来说,就有着大力发展生产小商品的有利条件。事实上,城市公社工业的生产,有很大一部分就是小商品的生产。城市公社工业的迅速发展,为发展小商品的生产增添了一支雄厚的新生力量。小商品的生产虽然零星琐碎,产值也比较低,但它是整个工业生产的不可缺少的组成部分,在国民经济生活中有着重要的作用。因此,城市公社工业必须把发展小商品的生产,作为自己一项重大的光荣任务。组织联合企业以后,为公社工业进一步大搞综合利用和多种经营开辟了广阔的门路,技术革新和技术革命运动正在日益深入地开展,这就为大力发展小商品的生产提供了更为有利的条件。在发展小商品的生产中,要不断地增加品种,提高质量。要防止和纠正那种单纯追求产值,忽视小商品的生产,或者只重视数量,而忽视产品质量的现象。

城市人民公社组织联合企业,是根据生产发展的需要建立起来的。目前,在城市人民公社的范围内,应该大力组织生产协作,不断地提高劳动生产率,提高企业的管理水平,加强企业从业人员和生产人员的政治思想教育,这是正确贯彻执行党的社会主义建设总路线所要求的。

干部和社员爱社如家克勤克俭埋头苦干

重庆米亭子人民公社勤俭办一切事业

（一九六〇年八月二十二日）

本报讯 重庆市米亭子城市人民公社干部和广大社员爱社如家，克勤克俭，埋头苦干，在建社后短短四个月内就把各项生产事业办得很出色。

这个公社没有向国家要过一文钱，要过一部完好的机器，全凭干部、社员白手起家，实干苦干，工厂就由原来的十七个发展到一百二十多个，职工近三千人，四月份到七月份工业总产值达到九百多万元，相当于去年全年这个地区所有工业的总产值的六点四倍。生产产品的品种由原来的一百多种增加到六百多种；公社建立了机电、轮机修配、化工、线带等一批骨干工厂，能生产马达、电焊机、电焊条、倒顺开关、航灯变压器、氨水、农肥和许多生活日用品。居民区内的托儿所、公共食堂、生活服务站已成套成网。

这个公社有三万多城市劳动人民和工人家属，原来只有几家街道工厂，没有什么生产事业，全社能在短短几个月中改变面貌，是和全社干部以身作则，和社员群众一道克勤克俭、埋头苦干的作风是分不开的。全社干部从党委书记、社长到各个基层生产单位的干部不仅带头到生产第一线，还都到街道公共食堂搭伙，和社员群众同甘共苦。公社办厂初期，机器修配厂只有一部"四肢不全"的破旧车床，不能开动，生产遇到很大困难。公社党委书记何玉福、社长刘朝荣就深入工厂，带头和社员一道自制、自装。何玉福和刘朝荣还领导全厂车工、钳工、锻工一齐动手，分头到大厂废钢铁堆里去找来废钢、破鼓风机壳子，白天搞生产，晚上全厂职工闹革新，没有钢材做架子、没有水泥浇座子，社员们找来木头和石板代替。就这样，经过领导干部和社员共同苦战，这个"穷棒子"的机器修配厂已经有了六部车床、刨床、冲床、鼓风机；这些机器又制造了许多工具和机具武装了自己。原来只能生产船钉、螺丝等小五金,现在已能为国家加工矿山钻机、卷扬机,试制了电焊机、马达、变压器等,成了公社的一个骨干工厂了。公社干部、共青团员喻成珍、江礼孝、艾英英等利用业余时间抬石头、搭工棚、建炉灶,利用旧铁锅办起了一个青年化工厂,生产了不少化工产品,现在已成为全社的一个中型工厂。在公社干部的带头影响下,工厂一个接一个地办起来,全社一百多个工厂,几乎都是公社干部群众一同辛勤劳动的果实。公社各个工厂的厂长,很多人在短期内学会了管理企业的本领和生产技能,他们爱厂如家,细心管理行政事务。由于他们勤勤恳恳踏踏实实的劳动,对社员影响很大。

广大社员在公社党委领导下,立大志,树雄心,个个发奋图强,决心创造幸福的劳动生活。四个女社员以院坝为工场,以一个破风箱、一把钳子和一个锤子办起了一个小五金厂,开工第一天只生产了一斤半船钉。接着党委书记又协助她们从别的工厂里找来了破旧车床、刨床、摇丝机,工人增加到二十多名。从此,全厂职工信心更大,在退休老工人刘国安的指导下,许多人很快掌握了技术。有一天这个小厂接到修复 403 号拖轮锅炉的任务,职工们又惊又喜,召开了诸葛亮会议,对锅炉进行"会诊"。经过七天的实干苦干,在附近轮船修配厂工人帮助下终于完成了任务。现在这个小厂不仅生产船只上需要的三十种零件和配件,而且担负了轮船的中修和小修,正式被公社命名为轮机修配厂。白手起家的轮机修配厂的办厂事迹,更加激发了社员群众和干部艰苦奋斗的决心。在办厂初期,许多人是吃家里的饭,办公社的事,他们不仅不拿工厂工资,还拿出部分积蓄给工厂购置用具,替公社兴家立业,发展生产。在办工厂中,全社干部和社员尽量搜集了城市的废旧物资,能改装的就改装,能修配的就修配。据七个工厂统计,目前已拥有土简设备一百三十多台,保证了生产。

在大批工厂和集体福利事业办起来后,广大社员立志改变旧面貌的信心更大,他们继续发扬革命干劲,冲破技术关和原材料关。全社原有的技术工人很少,为改变这种状况,公社派出了一批社员到大厂学技术,在生产岗位上的职工也发奋图强,苦苦钻研技术。机器修配厂原来只有一名电工工人,经过短期的培养、传授,现在全厂懂机修技术的工人增加到四十多个,全厂生产技术水平也大大提高。全社工厂数量猛增后，他们为不增加国家原材料的消耗，广大社员广找生产门路，充分利用城市废品、废料和大厂边角材料，有什么材料，生产什么产品，千方百计增加国家财富，没有一个工厂叫喊缺原材料的困难，没有人伸手向国家要原材料。他们利用烂铁废钢生产船钉，把大厂的废棉、收购来的破布、废鞋，经过加工做成擦机器的刷把、拼成童装、做成鞋底。线带厂、麻线厂、废布厂、草件厂、络纱厂等许多轻工业厂也开办了红炉车间、锻工车间，利用烂铁废钢制造船钉、角钉、剪刀、炊具、马铁掌钉、牛铁掌钉等小五金，变无用为有用，给国家增加了大量财富。

公社党委不仅重视政治思想工作，而且发动全社干部和社员建立了制度，保证了勤俭办社方针的贯彻。公社规定了各单位在五十元以上的购置费用，需要公社批准，一百元以上的还得由公社负责干部会议上讨论确定。这样保证了更多的资金用到扩大再生产上去，尽量减少非生产性的开支。今年上半年全社积累的十四万多元资金，有90%以上用于生产建设；全社还从其他开支中节约了四万多元，转用到生产建设中。许多工厂每月只有必要的开水费、办公用品、订阅报纸等几元的开支。在少花钱、多办事的原则下，公社领导也很注意社员福利事业的建设工作，深受社员们的赞扬。

公社人家

陈　健

（一九六〇年八月二十三日）

　　我在一处十分整洁的工人住宅区，找到了王玉梅的家，这时她家里没有人。晚饭时，我又到她家去访问，正碰上王玉梅的婆婆从食堂打饭回来，我说已经来过了，她抱歉地笑了，说："全家都成了上班的人啦！我是公社托儿所的保育员，玉梅是公社酒精厂的工人，儿子汪清河是工厂的炊事员，两个孙子一清早就去托儿所，除非礼拜天，或吃饭的时候，你在俺家找不到人。"

　　老太太刚把几样烧菜、一些饼子和馒头摆好，玉梅回来了。这天晚上，我也是这个家庭的客人。婆媳两个除热情的照顾客人外，还不时地互相把好菜偷偷地夹到对方碗内。看着她们那股亲密劲儿，可以想像这是一个多么融洽、和睦的家庭啊！吃饭的时候，婆媳两个告诉我许多关于她们家庭的事情。

　　汪清河正离职在职工文化学校学习，这时也回来了，腋下夹着一卷作业。我要过他的作文本，在第一页上，看到这样的题目："公社化后我的家庭的变化"，怎样变化的呢？让我们看看汪清河的这篇作文吧。

人民公社带来了和睦家庭

　　这个家庭，在城市人民公社里找到了真正的幸福、和睦、融洽和比较富裕的生活条件。但它却有着极其坎坷的过去的生活道路。解放前，汪清河的母亲带着儿子终年要饭。王玉梅那时还不是这个家庭的媳妇，她的"命运"比这母子还苦，很小就当童养媳，稍大后被转卖过几次。解放后，她跳出苦海，和纺织机械厂的炊事员汪清河结了婚。按理说,这些有着同样遭遇的人,结成一个家庭,应该很幸福的了,但是不然,他们虽然都知道解放后,生活比过去不知好了多少倍,还是有着新的苦恼,新的矛盾。王玉梅过去的牛马生活,没有摧毁她的强健的身体,她一身精力要想工作,但很快的有了两个孩子,被家务事拖住了。婆婆呢? 一直是带着封建的传统的道德观念来看待儿媳,觉得她是嫁过人的人,瞧不起她。汪清河呢? 一个人的工资,维持五口之家,有些紧张,每到月底就需要到左邻右舍借一点钱;这时,家庭问题也就更多了。那时汪清河一进家门,老太太不是吵玉梅把饭做多啦、少啦,就是吵做稀啦、稠啦,总之,一切都不顺眼。汪清河虽然那时已是共产党员,但对这样的家务纠葛,也没办法。

什么是解决问题的根本办法呢? 汪清河的作文里写的是:"城市人民公社给我带来了和睦、幸福的家庭。"

婆媳和好了

1958 年 9 月,郑州纺织机械厂人民公社诞生了。王玉梅把孩子送到托儿所,带头到食堂吃饭,并且第一批参加了社办工厂。在公社成立的最初的日子里,会议多,工作忙,条件差,一切都是从头做起,王玉梅对于这一切,都是全力以赴不计得失。她对于彻底解放妇女的道理,比别人更喜欢听。婆婆看到儿媳妇变了,脸上经常有了笑容,对自己也比过去亲切了,很受感动,也跟着几个老太太去公社托儿所报了名。

有一天晚上,一家几口围在一起,谈到深夜。玉梅说:"妈,过去咱们俩闷在家里,锅前转到锅后,屋里转到屋外,不开会,不听报告,不要说国家大事,就是咱们工厂的事情也不了解。加上我没有工作,碰上鸡毛蒜皮的事,就吵起来。我对你老人家不尊敬,家成了冰窖子……"老太太说:"我不对,老脑筋。"汪清河被婆媳俩突变的思想感情所震动,不知说什么才好。多少年来,他盼着这一天,家里人人都有工作,和睦相爱,融洽相处,生活的状况也因此能有所改变。现在理想成了现实,他望望母亲,又望望妻子,终于说出:"毛主席给咱指出了路，咱们就要好好走，咱们过去没有把家管好，今后要成为模范家庭。"

这个家完全变了。一年多来，母子三人没有缺过勤，没有吵过架，他们互相体贴，互相谅解，互相帮助。礼拜天，全家五口一起去看电影。晚上玉梅和汪清河去夜校学习，老太太每星期也要学习几次。汪清河因为最近一年进步得快，已被提拔为管理五千人吃饭的大食堂的主任，现在正离职读初中的文化课；王玉梅学习上也是模范，已进业余高小了，现在是公社酒精厂一个小组的组长。这个家庭不仅和睦了，今年还开始储蓄了。有时候，听听这个家庭成员碰到一起时的谈话，那是很有趣的。王玉梅随身有个小日记本，记着自己的跃进规划，克服缺点的办法等。汪清河问她："今天跃进得咋样？缺点克服几条？"王玉梅不正面回答问题，先将他一军："我听说工人对你的食堂意见大啦！面包烤得不好，菜炒得太淡，要改噢！"老太太一边笑了，说："过去一家人碰到一起，不是柴米油盐，就是互相埋怨，现在不是谈跃进规划，就是谈克服缺点。"

全家成模范

去年9月，郑州纺织机械厂为了向国庆十周年献礼，组织了全面的生产高潮。汪清河全家的成员，成了这个高潮中急骤的浪花。王玉梅、老太太、汪清河，商量了好几个夜晚，最后都订了计划。他们立志在这场竞赛中，使他们的家成为真正的模范家庭。王玉梅向工厂党委要求到最艰苦的车间去，党临时派她到工作最薄弱的蒸煮车间。汪清河睡在食堂里。老太太自动要求多做点工作。这个家庭的每一个成员的心，都和集体、和工厂紧紧相连，和社会主义建设事业的脉搏一起跳动。在酒精厂，当刚开锅的粉浆从一个被忘记堵塞的粗大钢管中向外喷泻时，许多女工都吓呆了，王玉梅却连忙扑了上去，用两个胳臂和身子堵住九十度的粉浆不使它往外喷泻，避免了严重的损失。但是，她浑身都烫得快要出血。这个月，王玉梅超额完成生产任务，被评为全公社的红旗标兵、郑州二七区的劳动模范。汪清河干劲十足地领导食堂工作人员烤出出色的面包,做出各样糕点和多种多样的饭菜。他把这些可口的食品,送到各个车间,因此他领导的食堂成为全郑州市的红旗食堂,他自己被评为郑州市的劳动模范。老太太呢? 一点也没有落后,9、10 月份都领了"跃进奖",而且对待儿子和媳妇的疼爱,也从来没有这么深。半夜三更,她想起媳妇正在工作;把自己的一份夜餐送给玉梅。玉梅好几次感动得流出泪,捧着饭碗说:"妈,你吃吧。"但是老太太总是说:"你比我做的活多、重,年青人要多吃,吃吧。"她有点空还要到儿子那里看看,告诉他玉梅成了公社的女英雄啦,党委书记一个劲儿地表扬她,这是个多么了不起的媳妇! 汪清河满意地望着母亲,想起她过去从来没有在他面前说过玉梅一句好话,现在变得多快。

郑州中原公社各厂大协作

（一九六○年八月二十三日）

本报讯 河南省郑州市中原人民公社纺织分社从"有利生产，方便群众"的原则出发，组织国棉一、三、四、五、六厂开展全面大协作。三个月来，在生产、生活和职工思想觉悟等方面，都出现了一番新生景象。

这五个国营棉纺织厂厂址毗邻，各方面情况类似，相互协作具有很多有利因素，但是，长期以来各厂除一般接触外，缺乏亲密的协作关系，这种状况和当前全面持续跃进的大好形势很不适应。根据这种情况，纺织分社在上级党委领导下，把组织这几个厂的大协作列为自己当前的一项重要任务，本着"统一领导，合理使用，分别核算，等价交换"的原则，并从各厂抽调生活厂长、供销科长、总务科长、机动车间主任等干部二十五人，建立了组织领导机构，逐步组织实现这几个厂的大协作。目前协作项目已有二十项，协作形式大体可分三种：

一、对性质相同、适合集中生产（或经营、使用）而又有条件集中的，如水电、翻砂、采购等，把人员设备集中起来，实行统一领导，统一经营管理（物资设备的所有权不变）。

二、对不宜集中或暂时没有条件集中的，如不同性质的生产和绝大多数的生活福利设施，实行统一领导，分散各单位为生产服务。

三、临时性的协作，定期召开协作会议，本着等价交换原则，互通有无，余缺调剂。

这几个厂实行协作以来，已经显示出以下的优越性：

一、便于充分挖掘各方面的潜力，做到人尽其才，物尽其用，更好地保证各项生产任务的完成。过去这五个厂各有一套翻砂设备，由于小规模的分散生产,人少技术低,大型铸件干不了,集中起来以后,由原来平均每四天开一次炉,到现在每天开一次炉,不但及时保证了小厂小型铸件供应,大型铸件也能制造了,而且只用两个厂的设备便满足了五个厂翻砂任务的要求。

二、在原材料供应上,实行了"统一采购,分别核算,互通有无"的办法后,采购范围扩大、来源增多,许多缺少的材料都得到解决。后来各厂在上海、天津等大城市都派有采购员,现在一个地方派一个人就够了。此外各厂还公开仓库互相参观,余缺调剂,解决了很多市场上不易购买的材料。据统计,几个月来各厂共调剂物资四十八种、六千五百一十八件,及时保证了生产需要。

三、集中管理以后,各厂职工生活福利也得到了改善。

四、在大协作中,职工把方便让给别人,困难留给自己,大大提高了共产主义思想觉悟。

以大工业为主体　按生产性质相同相近原则

沈阳红旗公社组织十个联合企业

（一九六〇年八月二十三日）

本报讯　沈阳市大东区红旗人民公社，将全社范围内的国营、地方国营工业和社办工业，按生产性质相同、相近的原则，组成十个以大工业为主体的联合企业，使大工业与大工业之间、社办工业与大工业之间的生产协作出现了新的气象。

红旗人民公社是以若干国营和地方国营工业为主体组成的。过去，在社办工业与大工业之间，已经建立了一些加工、订货和原料材料供应等协作关系。但是，由于缺乏一个统一的机构来有计划地加以安排，这些协作关系大都是临时性的、时断时续的，不能适应大工业和社办工业生产发展的需要。红旗人民公社党委为了更加促进生产的发展，就把全社的国营、地方国营和社办工业，按它们的生产性质组成机械、五金、化工、纺织等十个联合企业，在保证完成国营、地方国营工厂生产的同时，统一安排大工业之间、大工业和社办工业之间的加工订货关系，并且统一使用部分原料、材料和设备。

红旗人民公社举办联合企业虽然时间不长，但已在许多方面显示出了优越性。各联合企业都根据大工业的生产计划来安排社办工业的生产，目前社办工业的三百六十种产品中，就有二百〇八种经联合企业确定是固定为大工业服务的；有二百五十种社办工业的产品，有大工业固定地供给边材余料进行生产，这就使社办工业在更大程度上纳入了国家计划，并且改变了过去某些社办工业和大工业争原料的现象。这个公社的国营、地方国营工业，过去有三十五种产品的部件需要到抚顺、辽阳等地加工，现在这些产品通过联合企业的统一安排，全部在公社范围内得到了解决。这个公社五金联合企业的国营机械厂能生产电瓶车用的链子、牙轮,社办二厂能生产车体,社办九厂能生产直流发电机,社办小五金厂能生产各种零件。五金联合企业就把这几家工厂组织起来,联合生产出了适用于市内短途运输的电瓶车。

由于联合企业在公社党委的统一领导下,把各厂之间临时性的协作关系变为企业内部的统一计划、统一安排,这就使一些大工业可以有计划地下放一部分产品给社办工业,自己腾出手来生产更高级的产品。据十三个国营、地方国营工厂统计,上半年就将小型灯具、麻绳、药膏、文具用品等一百四十六种产品下放给社办工业。为了使社办工业能迅速将这些产品投入生产,国营、地方国营工业对社办工业进行了全面支援。

联合企业建立以后,社办工业由于在大工业的帮助下改善了设备,提高了生产技术,有了固定的原料来源,原有的专业生产,特别是小商品生产,也有了很大发展。全公社的小商品生产在建立联合企业后增加了九十七种,其中有市场畅销的鞋油、儿童车、头发夹等。

由于公社党委的统一领导,联合企业大规模地组织了生产协作,大工业和社办工业的生产都出现了新的面貌。全社二十七个国营、地方国营工厂在上半年都提前完成了全年国家计划的一半,7月和8月份的生产又有了进一步的发展;社办工业也得到了迅速发展和进一步巩固,上半年实际完成的总产值比去年全年还多77.7%,产品品种由年初二百一十三种,迅速增加到三百六十种。

一家生火 几家取暖 温暖舒适 节约煤炭

沈阳建成四百四十多座"土暖气"

（一九六○年九月十一日）

本报讯 据沈阳日报消息：为使全市人民温暖、舒适地过冬，并大力节约煤炭，中共沈阳市委及早发动群众大建热风炉"土暖气"。现在，全市已建成大小热风炉四百四十余座；沈河区小西公社友爱里红旗大院已实现"土暖气化"。

沈阳市有两万多个集体的和个体的取暖单位，大部分没有暖气设备，过去是用煤炉子取暖。由于大办城市人民公社，广大家庭妇女走上社会生产岗位以后，迫切需要有更方便、舒适的取暖设备。中共沈阳市委根据在黑龙江省嫩江县召开的全国性暖风炉现场会议的经验，确定充分发动群众大建热风炉。市煤业建筑器材公司抽出一批专职干部和技术力量，深入到集体福利事业单位、饮食服务行业和居民群众中广泛宣传热风炉方便、省煤、卫生、安全、容易修造等好处，并在沈河区友爱里红旗大院进行了试点工作。经过发动群众进行两次突击，使这个大院一百五十七户全部实现了"土暖气化"。

试点成功的消息很快传遍了全市各个角落，引起了各区领导和广大群众的重视，都纷纷到友爱里红旗大院参观、学习。全市掀起了一个群众性的大造热风炉的热潮。广大群众都自力更生，积极设法，找砖头、铁板等器材，突击建炉。

在大造热风炉的高潮中，市煤业建筑器材公司派出大批干部深入建炉单位、大院和居民组。群众缺白灰、铁桶、铁管等，他们就千方百计地想办法解决；群众不懂建炉技术，人手不足，他们就帮助设计草图，自己动手当泥瓦匠。由于采取群众齐动手，重点帮助、带动一般的作法，在开始的一个多月的时间内,就建起了各种各样形式的热风炉二百多座。

热风炉分卧式和立式两种。卧式的适用于供暖面积较大的集体单位。立式的较卧式热度效率低一些,适用于供暖面积较小的单位。居民用的热风炉分为三种。一种是做饭取暖两用热风炉;一种是做饭、取暖、烧炕三用热风炉。还有一种是邻里互助热风炉,在热风炉上安两个热风管,一根自己室内取暖,另一根通向白天家中没有人照料的职工住房,这样不仅自己烧火取了暖,邻户也取了暖。

热风炉有许多优点,据各单位试验结果,使用热风炉一般比烧煤炉子能节省煤炭30%至40%,有的还可达到50%以上;热风炉散热性能好,温度正常,没有暴冷暴热的缺点;能减少灰尘,使室内更加卫生并安全可靠;加上燃料之后,可以使烟、火、风同时发挥作用,达到一炉多用;构造简单,容易修造,而且可以节省炉具。

贯彻为大工业、为人民生活和为农业生产服务的方针

郑州红旗公社不断巩固壮大

社办工厂产品种类已达一千七百多种，
领导工作百分之九十以上由妇女担任

（一九六○年十月十一日）

本报讯 全国建立最早的城市人民公社之一——郑州市红旗人民公社，在不断发展、壮大和巩固中，日益显示出它的无比优越性和强大生命力。现在，这个城市人民公社的规模已经比它在一九五八年建立的时候大了好几倍，拥有七个分社、十五万名职工和居民，以及机电、铸造、小五金、化工、被服等行业的一百多个工厂和各种集体福利机构。它的社办工厂有力地辅助了国营工厂的生产，也供应了市场的需要，对当地的农业生产也做出了很大贡献。到八月份为止，这个公社社办工厂的产品种类已达一千七百多种，比去年增加了五百多种，比建社初期的六十六种增加了二十六倍，劳动生产率也比去年提高了几倍，产品成本下降了百分之三十。

红旗人民公社是在贯彻公社生产为大工业、为人民生活和为农业服务的方针中，不断得到巩固和发展的。从今年年初开始，这个公社的党组织就根据城市人民公社为大工厂、人民生活和农业服务的方针，在边发展、边整顿、边巩固、边提高的原则下，对社办工业进行了积极的整顿。在整顿、巩固、发展的过程中，坚决贯彻了勤俭办社的方针，他们广泛利用大工厂的下脚废料和废渣废水作为原料；在设备上，不能洋就土，不能大就小，做到了"一厂多用，一物多用，人尽其才，物尽其用"。管城分社利用大厂的废铁、废丝、废棕、碎布、面筋、粉渣等，制成了小五金、电焊条、棕床、酱油、味精、醋和小型家具四十多种。二里岗分社在为农业生产服务的思想指导下，根据地方国营制药厂的需要，建

— 234 —

立了纸袋、化工、木箱等七个卫星工厂,他们利用一切空闲时间,处理了制药厂几年来没有处理的许多废料,如碎木、破牛皮纸、蓖麻子、皂角子、干子土、旧纸心筒等,又为农药厂生产了主要的辅助材料纸袋、木箱、硫酸罐等四百七十多万个,使农药厂等这些过去需要到吉林、山东、太原等地区购买的原料和材料,在公社的帮助下得到了解决,光运费就可节约十四万元。二里岗分社的社办工业产品在为大厂服务中也得到了很大的发展。为了满足城市人民生活的需要,八、九月份,红旗人民公社开展了一个"清查仓库和向一切废料要小百货"的群众性运动,结果使小百货生产增加了三百四十八种。

红旗人民公社的社员们在支援农业上表现了极大的热情,元月至七月份,全社为农业生产了四千多吨化肥和两千多部水泵、电动机、锅驼机以及其它农具。公社最近还举行了一次"全民支援农业劳动日"的活动,组织了四万居民和汽车、马车、架子车到郊区生产队参加劳动和运输。这一天,他们为农业生产队运肥三百多万斤,拔草六千多亩,修理了五十部大型农业机械。现在,全社人民正广泛地开展"为农业办一件好事"运动。

这个公社的各行各业广泛深入地开展了技术革新和技术革命运动,对社办工业的巩固和发展起了很大作用。由于社办工业的技术条件差、设备简陋,手工操作比例大,而生产任务又比较紧迫,这就更加激发起职工改变现状的强烈要求。他们在很短的时间内,就提出了六万多条革新建议,有四万多条付诸实现,使全社社办工业的机械化水平有了很大提高。如铸造厂职工利用废料和代用品制成了土刨车、砂轮机、六尺自动元车、电钻和铣槽机等四十四件机器设备,其中铣槽机制成后使工效提高一百六十倍。

红旗人民公社在发展和巩固过程中培养出了一批干练的妇女队伍。在全社劳动力中,妇女占百分之八十五以上,现在公社的一百多个工厂和各个集体福利机构的主要负责人,如厂长、党支部书记、食堂主任、托儿所所长等百分之九十以上由妇女担任,她们在人民公社化前都是普通的家庭妇女,由于公社党委采取了一系列措施加强对她们的培养,加上自己的努力,她们很快就掌握了技术,提高了办事本领和政治觉悟。全社一年多来已有六百多名妇女参加了中国共产党,一千七百多人参加了共青团,大部分人摘掉了文盲帽子。

红旗人民公社的集体福利事业也有了很大的发展,社员的物质和文化生活水平有了很大提高。全社成立了五百多个公共食堂、一百七十多个托儿所、三百七十多个服务站,参加工作的两万多名妇女,基本上都脱离了各种家务牵累。为了满足社员文化生活的需要,公社建立了五十八所红专业余学校和三所技术学校,公社的三十一个图书馆藏书十五万多册,每到下班时间或星期天,借书的人济济一堂。公社还为社员补修和新盖了一批住房,在几十条街道上,植树二百四十多万株,使社员的居住条件得到不少改善。

天津市各级党委采用党校、训练班和读书会等
灵活形式大力培训城市人民公社干部

干部领导水平迅速提高，促使公社
各项事业进一步巩固发展

（一九六〇年十月十六日）

本报讯 天津市各级党委采取各种有效措施，培养和训练城市人民公社干部。通过培训，迅速提高了干部的政治思想水平和业务工作能力，使公社的各项事业得到了进一步的巩固和提高。

天津市城市人民公社化运动的发展是很快的，从 1958 年建立第一批公社开始，到目前，全市已经建立了拥有三百万人口的四十七个公社。为了适应这个新的形势和进一步推动公社事业的发展，各级党委着重加强了干部的培养和训练工作。市委和区委城市人民公社办公室，都设有专门组织或专人负责进行培养干部的工作。两年来，除了市委和区委为全市四十七个公社配备了一千多名干部以外，各级党委还通过各种形式培训了公社各级干部一万九千多人次，全市一万四千多名干部和基层负责人大部分都已轮训过一次。

各级党委在培训干部的工作中，主要采取了短期轮训和长期培养相结合、缺什么补什么和系统提高相结合的方法，大力采用了党校、红专学校、政治训练班、干部学习班、读书会等灵活多样的培训形式。市委重点抓了培养和提高公社领导干部的工作，今年 7 月间，市委曾举办了公社党委第一书记训练班，市委书记以及各有关部门负责同志，亲自到训练班讲课。各公社党委第一书记通过半个多月的离职学习，进一步明确了党的有关公社问题的方针、政策，系统地总结和交流了工作经验，并且共同研究了今后巩固、提高公社的具体措施。各公社党委第一书记学习以后，立即在公社内掀起了一个改进工作方法

和工作作风、加强公社建设的高潮。王串场公社党委第一书记通过学习，进一步加强了思想领导，改进了厂社关系。党委对公社内十六个国营工厂的具体情况进行了认真地分析，然后组织全社干部通过座谈、报告会、现场观摩等方法，教育干部树立为大工业服务的思想；同时党委又通过进行厂社领导干部座谈、访问，以及向大工厂书记、厂长兼公社领导职务的领导干部进行汇报等方式，进一步密切了厂社关系。

除了市委有计划地培训公社领导干部以外，各区委和公社党委着重培训公社各级干部，特别是分社干部。分社和基层生产、生活等单位的干部，绝大部分是原来街道中的积极分子。这些人和群众的关系密切，工作中一直勤勤恳恳、任劳任怨，一心一意地完成党所交给的各项工作。但是他们的文化水平比较低，缺少系统的政策理论知识，对公社工作缺乏管理经验。针对这种情况，各级党委采取了各种适当的方法，分期分批地进行了培训。有的采取细水长流的方式，利用业余时间进行学习，工作中缺少什么就学什么，遇到什么重要问题就随时研究解决。有的采取短期突击的方式，就一项中心工作或一个阶段的重大问题开办一期训练班。还有的采取半日工作半日学习的方式，边学习边指导工作。也有的利用两、三个月的时间组织干部离职学习，系统地提高理论和业务知识。经过多样形式的培训，这些积极分子很快地提高了领导水平，适应了当前工作需要。郭庄子公社第四分社是全市著名的勤俭成风、制度健全的先进单位，而担任这个分社领导工作的十二名干部，都是年纪在四、五十岁的大娘。她们过去主要是作一些居民调解、环境卫生、拥军优属等街道工作，但是经过培训、学习和工作中的锻炼，她们不仅胜任了领导分社生产、生活等全面工作，而且还创造了许多新的工作方法。分社建立了集体领导、分工负责、财会审批、时事理论学习等一套完整的制度。在工作中，这十二位大娘还采取了深入生产第一线，跟班劳动进行指挥的工作方法，把分社的各项工作作得井井有条，获得全面发展。

各级党委在举办各种训练班的同时，还采取了边干边学，在实际工作中锻炼提高的方法，随时总结、推广新的工作方法和工作经验。和平区十二个公社的三千多名基层干部，展开了干部与干部间的五好竞赛。通过竞赛，树立标兵，传播经验，从今年3月份开展竞赛以来，已经在全区传播了一百五十多项先进经验,使干部的工作水平不断得到提高。各公社党委书记和党委委员,还普遍地采取了深入第一线,亲自帮助基层干部改进工作、提高管理工作能力的培训方法。这样,既改进了公社领导干部的作风,又有效地培训了基层干部。

提高产品质量　力争消灭次品

北京城市公社工厂不断提高技术水平

（一九六〇年十月二十七日）

新华社 26 日讯　北京各城市人民公社所属工厂正在广泛发动群众提高产品质量,力争消灭次品,开展增产节约运动。

北京各城市人民公社许多工厂的产品质量,比办社初期已经有了不同程度的提高。据北京市商业部门最近对城市人民公社一百六十一种产品的分析,质量稳定或提高的占91%以上。福绥境人民公社"七一"制帽厂今年出厂的二十二万顶帽子,没有一顶返修。朝阳门人民公社五金加工厂生产的裤钩,被评为市的一级产品,这个厂生产的裤钩占全市销售量的一半。北新桥人民公社为北京新华橡胶厂加工的钢笔笔胆,景山人民公社生产的铁丝爪篱,天坛人民公社为建筑部门生产的泥灰抹子等产品,都达到或接近市内先进产品的水平。

现在,全市各社办工厂都把提高产品质量作为开展增产节约运动的一项重要内容。崇文区按行业组织了质量检查团和质量经验交流会,并在领导干部的带领下,分成七个工作组深入各厂进行检查;其他各区的有关干部,也都分头到社办工厂和群众一起大抓产品质量。许多工厂发动群众大鸣大放,开展了关于提高产品质量的政治意义和经济意义的辩论,并且举办质量对比展览会,公布从商业部门和大工厂征求来的意见。这样,就使广大生产人员认识到提高产品质量和开展增产节约运动的意义。生产泥灰抹子等产品的龙潭人民公社小五金厂,在讨论上请建筑工人报告泥灰抹子质量好坏对基本建设的意义后,这个厂的产品现已全部合格。西城区丰盛人民公社所属各厂贴出了一千六百张大字报,来辩论能否进一步提高产品质量的问题。这个公社制鞋厂的产品已被市轻工业局评为一级品,经过辩论,大家认为和大工厂的相同产品比较,还有许多地方需要改进。

许多社办工厂根据检查产品质量中发现的问题,正在采取各种措施提高生产人员的技术水平。一些和大工厂有挂钩关系的社办工厂,几乎都有大工厂工人在厂里当技术指导。崇文区的大工厂最近就派了三百多名工人、干部,帮助公社工厂提高技术水平。许多工厂还组织厂内的老师傅和技术员给大家讲技术课。宣武区大栅栏电机厂采取师傅带徒弟、培养重点带动一般的学习办法,使全厂的生产人员都比较熟练地掌握了生产技术。

许多社办工厂还加强了产品质量管理制度。崇文区最近检查了三十九种社办工厂的产品,其中三十六种产品已经建立了质量检验制度,并且用条文、样板规定了质量标准。许多工厂除了有专人负责检验质量外,并建立了生产人员、小组长、车间检验员的三级检查制度,做到处处有人负责,层层有人把关。

健全党的组织　选派有力干部　培训各种人材

重庆加强党对城市公社的领导

保证公社不断巩固发展　促进各项生产持续跃进

（一九六〇年十一月九日）

新华社重庆8日电　中共重庆市委和各级党委不断加强对城市人民公社的领导，保证了公社的进一步发展和不断巩固、提高。

重庆市现在有三十九个城市人民公社，这些公社建立以后，各项事业发展很快，因此，加强党的领导，就成为巩固和发展城市公社的关键。中共重庆市委和各区委一开头就把建立和健全党的组织、培养领导干部和骨干力量，作为城市人民公社工作中的主要环节。市委一面总结、推广全市最早成立的七星岗人民公社和工作较先进的上新街人民公社发展党组织、选拔干部、健全公社组织机构的经验，一面又派干部深入大溪沟、米亭子、沙坪坝等人民公社，并且组织机关、厂矿、学校派干部到各公社，具体帮助公社有计划地建立党的组织。现在各公社都建立了党委，一百二十九个分社都建立了党的支部，许多主要的生产和生活部门都逐步建立了单独的或联合的党小组，党的力量已经大大加强。许多优秀党员担任了公社各个部门的领导职务和主要职务，他们在各工作岗位上很快建立起党的领导核心，团结周围劳动人民中的积极分子，形成了一支骨干队伍，推动各项工作不断跃进。

在加强党的领导力量的同时，各级党委又从市、区厂矿企业、机关和城市劳动人民中选拔了一些思想先进、干劲足、作风好的先进人物和积极分子充实各公社、分社的组织机构。目前全市各城市人民公社、分社已选拔、配备了脱产和半脱产干部、社属工厂厂长、托儿所长、伙食团长、服务站站长、运输队长共四千多人。市委又以各区为单位，开办了各类专门的和业余的党校、训练班,帮助这些新干部迅速提高政策思想水平和业务管理能力。城区十个城市人民公社在市委党校的帮助下,普遍开办了业余党校,已有一千多名干部和积极分子分批参加了学习。

加强对城市人民公社社员的政治思想工作,是中共重庆市委和各区区委的另一项重要工作。市委和各区区委从 3 月份以来,就紧密结合全党当前的中心工作以及公社当前的中心工作,向社员群众宣传党的方针、政策和当前国内、国际的大好形势,各区委和各个公社党委都由书记挂帅,选拔了一千二百多名传授员、报告员。分头向广大社员作了多次报告,社员群众的学习情绪也很高涨,他们先后举行了很多次讨论会、座谈会,热烈讨论党的方针、政策和公社化给劳动人民带来的好处。有些公社和社办工厂还举办各种展览会,通过生动具体的事实向社员进行勤俭办社的教育。现在公社干部和社员都积极参加各种政治和文化学习,广大社员的政治觉悟和文化水平都比过去有了提高。

充分运用大城市的各种有利条件,通过党的领导和国营经济的巨大影响,把社办企业逐步纳入国家计划,是重庆市各级党委加强对公社领导的第三项重大措施。各人民公社办的工业、农场和集体生活福利事业发展都很快,党对这些社办企业和事业必须按社会主义企业管理原则加以指导和扶持,使它们适应国家建设的需要。市委在大力领导公社发展生产的同时,采取通过国营厂矿企业、国营商业与城市公社挂钩协作的方法,把社办工业的生产逐步纳入了国家计划。现在全市城市公社已有 70% 到 80% 的社办工厂与附近的国营大厂企业建立了密切的协作关系。许多大型厂矿党委还派出一批老工人到各公社担任指导员,他们不仅把技术教给公社的广大社员,而且用工人阶级的优秀品质来影响广大社员。社办工业逐步纳入国家计划后,就避免了本位主义、分散主义和资本主义的经营作风,树立起为政治、为生产和为人民生活服务的思想。南岸区需要的小商品一向依靠外地支援,今年这里的各城市人民公社在国营工厂和商业部门的支持下,利用大厂的边角废料、废品、野生植物等有计划地积极发展小商品生产,先后建立了三条小商品生产街、七十一个工厂,成批生产的小商品、小五金达一百六十多种,充分发挥了社办工业为人民生活服务的作用。

适应城市特点　实行半日劳动半日工作　保证深入基层

体育馆路公社干部改进工作方法

（一九六〇年十一月十一日）

本报讯　北京市崇文区体育馆路人民公社党委结合城市的特点，推行半日劳动半日工作的方法，大批公社干部深入社办工厂、食堂、托儿组织和服务站，有力地促进公社各项事业的发展。

体育馆路人民公社党委为了改变部分干部习惯公社成立前在街道办事处的工作方法，遇事就开会，整天忙于事务工作脱不开身等情况，根据"二五制"的精神，结合城市公社生产和集体生活服务单位比较集中和交通方便等特点，制定出一套新的工作方法。公社领导干部在一周内，除一天学习、两天开会和处理日常工作外，保证有四个半天深入基层，以领导生产为中心，分工蹲点，抓关键、找经验。公社一般干部在学习时间外都实行半日劳动半日工作的制度。为了深入基层，全体干部分别到街道居民食堂和社办工厂食堂入伙，和社员们一桌吃饭。

这个公社改进了工作方法和领导作风以后，实现了"三抓一深入"，从公社党委书记到一般干部都能做到抓思想、抓生产又抓生活，深入生产和生活服务单位第一线，使领导工作愈抓愈准，愈抓愈深，切实解决问题，推动公社各项工作不断跃进。党委书记刘迈到公社制帽厂蹲点，找工厂里管理人员谈不出问题，一下子就跑到车间里参加生产，她在劳动中看见有两个生产人员整天做返修活都忙不过来，就进一步检查，发现了制帽质量没有达到指标，当场就找老师傅和大厂派来的检查员共同研究，订出改进产品质量的措施。从此，各车间除每天上下午向生产人员公布当天产品质量情况外，还建立不脱离生产的质量检查员、节约监督员和计产员等，加强了产品质量的督促检查，使这个厂的主要产品皮便式帽的合格率由过去的80％左右提高到95％以上；刘迈又抓住这个典型事例，在工厂进行思想教育，纠正一些管理人员对待生产满足现状的情绪。党委副书记赵书深入食堂和服务站以后，掌握情况更及时更具体，发现一些过去坐在办公室听汇报时没听到的问题，使领导工作做到心中有数。他到第六管理区发现两个服务站一忙一闲，立即找服务员座谈。原来是由于两服务站距离较近，活源不足。经过研究后，确定两个服务站合并，服务人员减少一半，工作效率提高了一倍以上，为群众拆洗缝补和其他服务工作做得更好更快了。

由于公社领导干部以身作则，在改进工作方法和领导作风方面作出了榜样，也大大促进了社办工厂和集体生活服务单位的管理人员深入细致地加强管理工作，进一步推动增产节约运动深入展开。公社风镜厂的党支部书记和厂长都到车间参加劳动，遇到问题就当场解决。厂长贾辛丑在纱斗车间劳动时，发现生产人员试验改进做风镜边的操作技术很好，马上采纳推广，结果省去两道工序，每班生产人员由过去二十三人减少到一人操作，每月还节约一百斤面粉。公社所办工厂因厂房分散，厂部和车间距离较远，现在也搬到一起。支部书记和厂长分工包片下车间，和生产人员同吃同劳动，遇到脏活累活都抢着干，给群众很大的鼓舞。这个厂由于加强生产管理，生产的皮带油、洗衣粉等十一种小商品，近两个月都月月超额完成生产计划。

这个公社的干部踏踏实实地下去领导生产，深入细致地安排群众生活后，全公社出现了"两多两少"的新气象。公社领导干部深入第一线多了，蹲在办公室少了；现场调查研究多了，机关汇报会议少了。在当前的增产节约运动中，公社生产又出现了一派大好形势，产品的产量、质量和品种也都有了提高。

依靠城市公社增产小商品　天津工商部门帮助
社办工业提高技术改善经营增产新品种三百多种

武汉江汉公社因地制宜固定一批
工厂生产小商品品种增多产量增长

（一九六〇年十一月十九日）

新华社天津8日电　天津市工商部门积极帮助城市人民公社社办工业发展小商品生产，小商品每月产值已经相当于社办工业总产值的40%以上。

今年以来，天津市的小商品生产随着大工业生产的持续跃进有了很大发展。1至9月份全市小商品生产总值比去年同期增加了很多，花色品种共达两千四百多种。今年以来，还生产了三百多种新品种，像过去依靠外地供应的刮脸刀片、千层锁、碰锁等，都已大批生产供应市场。

天津市许多人民公社因陋就简办起的生产小商品的工厂，由于得到工商部门的大力支援，已经迅速成长起来。工商部门帮助社办工业提高生产技术，解决设备、工具、原料材料问题，并帮助制定生产规划、提高产品质量和改善经营管理。产品则由商业部门包销。许多大工厂还组织技术推广队，到社办工厂传授技术和培训工人。据和平、河西等五个区的不完全统计：共有四百多个工厂派出技术工人到社办工厂传授技术。生产菜刀、煤钩、通条等产品的三条石人民公社工厂，在大工厂的帮助下，变手工操作为机械化，不仅使产量增加了两倍，而且提高了产品质量。

社办工厂生产小商品所需原料，主要是利用大工厂的下脚废料。这些工厂在商业部门的帮助下，直接同大工厂挂钩，签订供料合同。仅河东区就有三百一十五个社办工厂同大工厂签订了合同。

本报武汉8日电　武汉市小商品生产最集中的江汉人民公社,根据统筹兼顾、全面安排的原则,采取定工厂、定产品、定数量、定劳力、定原材料、定责任、定措施的"七定"办法,固定一批工厂生产小商品,为发展小商品生产创造了良好条件。目前,这个公社生产的小商品已由三百八十一种增加到五百一十一种(连计划外的达一千多种)。小商品的产量也不断增长。

在实行"七定"的过程中,公社党委书记亲自挂帅,组织专门力量进行调查研究,大力发动职工群众务虚辩论,并且举办日用小商品展览会等,进行宣传教育。广大职工进一步认识到小商品和人民群众的生活有着十分密切的关系,关系到党和人民群众的联系。职工们纷纷表示,要为生产更多更好的日用小商品贡献一切力量。各厂在这一基础上,根据设备能力和技术条件,制订了产品产量计划。

江汉人民公社实行"七定"时,注意了因地制宜,因厂制宜,并把当前工厂的实际可能同长远发展规划结合起来。他们把"七定"落实到厂,主要依据下述原则:(一)所定产品是工厂一贯生产的主要产品;(二)工厂的技术、设备和生产条件相当;(三)厂内各车间生产的衔接和厂外左邻右舍产品配套的协作关系;(四)从产品的季节性或者所需各类原材料的比重方面考虑定型产品的合理搭配,使工厂能保持正常生产。

在"七定"过程中,江汉人民公社充分发挥了公社统一组织生产的优越性。首先,按行业把已经定型的工厂和同这些工厂有协作关系的工厂共二百二十个,组成了日用五金、小百货、文体用品、竹木藤棕草、民用电器、日用化工、毛棉针织和食品原料等八条生产线。每条生产线有三、五个重点厂负责研究本行业提高技术、产品分工、发展重点产品等问题,并且统一组织力量共同克服本行业的生产薄弱环节。这样不仅加强了生产的计划性,而且把协作关系大大提高了一步。其次,统一安排老厂和新厂的生产,保证在少数厂有计划地转向其他行业以后,原有小商品品种的生产仍然保持和发展。如武汉工农工具厂原来有一部分工人生产算盘,但是根据农业生产的需要,这个厂已转向主要生产农业机械,已经没有多余的力量生产算盘。因此,有关领导部门便把生产算盘的任务交给街道妇女办的一个新厂,由工农工具厂支援她们一部分设备,帮助她们提高生产技术。通过这种大带小、老带新、国营大厂、中型手工业工厂、社办小工厂三级分工的办法,已经组织二百多个小厂分别同大厂、老厂挂了钩,建立了协作关系;大厂、老厂共下放了三百五十多个产品和部件,帮助小厂培养了近三百名技术工人,促进了小商品生产的发展。为了保证小商品生产的需要,江汉人民公社除按照国家计划将分配给手工业的物资实行专料专用以外,还依靠群众千方百计地扩大原料材料来源。例如,公社商业部门组织街道居民采取经常和突击相结合、定点和串门相结合等办法,大搞废品旧物回收工作。今年1月到9月,就收回了七百六十八万斤旧橡胶、玻璃、破布、旧棉花、杂铁等物品,经过整理加工,分类分配给各有关工厂当原料材料。

"七定"实现以后,在很短时间内就显示出许多好处。第一,建立和发展了一支小商品专业生产队伍,从劳力、技术、工具设备等方面保证了日用小商品生产的发展,避免了可能出现的"缺门"、"空白"现象。第二,生产计划性加强了,可以合理地使用人力、物力,并能促进企业管理的不断改善。第三,由于生产专业化,产量、质量、生产技术等都能迅速提高,老产品不断增加产量,新产品能迅速上马,以更多更好的产品供应了市场。

鼓舞群众干劲　发扬勤俭作风

——北京二龙路公社加强财务管理促进各项事业发展

（一九六〇年十一月二十一日）

本报讯　北京市二龙路人民公社党委加强财务管理工作,在生产和服务事业单位基本做到财务收支有计划、仓库保管有制度、费用开支有标准、审核批准有手续、积累分配有办法、账务处理有凭据,促进了公社各项事业进一步巩固和发展。

二龙路公社一直重视财务管理问题。建社不久,举办了财务训练班,由党委主管书记带领公社所属工厂厂长、支部书记,认真地学习了有关公社的财务业务。同时,采取加强政治思想教育和组织财务人员下车间参加生产的办法,树立财务工作为生产服务的观点,发动基层干部积极做好财务工作。

为了适应公社各项事业的发展,二龙路公社及时建立和健全了财务机构,全公社除了成立财务计划组,统一管理公社财务工作外,还根据公社所属单位的需要,从生产和服务事业中选拔一批政治思想好、具有一定文化水平的人,担任基层的财务工作。现在,公社的三十多个工厂企业普遍建立起财务机构,并配备了财务人员。在一百八十多个集体福利和服务事业单位中,采取财务统一管理、分别核算的办法,按公共食堂、托儿组织和服务站等系统,分别设立了七个中心会计,下设兼职报账员,逐日清理账务。

公社各单位的财务会计人员,绝大多数是从街道妇女中选拔出来的。公社党委采取各种办法进行培训,迅速提高了她们的政治和业务水平。从1959年以来,这个公社陆续开办了十次训练班,培训会计人员四百多人次。为了不断巩固培训成果,公社还按地区组织了财务会计人员互助组进行辅导,并在工厂企业内部采取以老带新、以熟带生等方法,组织互教互学。

在建立财务机构和培训财务人员的同时,公社党委又紧紧抓住建立财务制度这一重要环节。在建社初期,针对公社企业和事业单位中财产不清、账实不符等情况,在全公社普遍开展了一次清产建制工作。通过这项工作,清理了资产,摸清了家底,并在社办工业财务管理、公社费用开支标准、仓库保管以及服务事业和集体福利事业的财务工作等方面,都相应地建立了必要的制度。为了严格贯彻执行各项制度,公社财务人员除在日常工作中深入实际,采取平时抓点、定时抓面的办法,对社办工厂企业的财务工作进行辅导和检查以外,还开展了"两抓、三查"的运动,发动基层企业管理人员抓财务管理和贯彻执行制度,查资金使用、成本预算和计划执行情况。这样不仅督促检查了各项财务制度的贯彻执行,还进一步提高了公社财务管理水平。

在各项管理制度逐步健全的基础上,为了充分调动生产人员的积极性,促进公社生产的发展,这个公社从今年4月开始在重点工厂实行群众核算。许多工厂组织了群众核算推动小组,广泛发动生产人员讨论班组核算计划,不仅鼓舞了群众的生产热情,还进一步树立起勤俭办社的思想。

家庭妇女在党的教育下迅速成长
霍菊莲领导生产井井有条

坚持社办工业方针，
促使美工厂日益发展壮大

（一九六〇年十二月三日）

本报讯 二十年来一直围着锅台转的家庭妇女霍菊莲，在参加城市人民公社后，经过集体劳动的锻炼和党的教育，进步很快，现已成为一个能干的女厂长，并光荣地参加了中国共产党。

霍菊莲所在的北京椿树人民公社美工厂，是一个主要生产石膏美工品的工厂，全厂有六十多名生产人员。去年，公社党委派她当厂长时，她想："自己既不懂生产技术，又不会经营管理，一个家庭妇女能领导一个工厂吗？"公社党委鼓励她说："只要听党的话，依靠群众，没有克服不了的困难。"当她回家谈起当厂长的事，她的丈夫——一位铁路老工人也这样鼓励她说："事事听党的话，处处依靠群众，加上自己努力干，什么事都能办好，我就是这样从一个工人锻炼成车站值班站长的。"

霍菊莲来到公社美工厂，正是1959年2月快过春节的时候。她利用春节放假的机会，挨门沿户到生产人员家中去访问，了解生产人员的思想情况，也谈工厂的生产管理问题。在厂里，她看到哪里脏哪里累，就到哪里干活。生产人员看见霍菊莲事事都带头干，因此都愿意接近她，无话不谈。经过一段时期的工作以后，霍菊莲很快就熟悉了工厂生产管理方面的情况。于是她又利用休息时间到有关商店，探听售货员和顾客对她们产品的意见，作为改进工作的依据。

生产发展了，工厂的规模一天天扩大。她逐渐发现自己作为一个工厂领导人,绝不能像过去在家里管柴米油盐那样"一锅粥",没有分工,没有制度。她还是抱定"学"字当先的态度,在公社党委帮助下,吸取其他社办工厂的经验,建立经营管理制度。从车间生产到财务、仓库管理都实行专人负责制,又通过群众讨论,建立了班组核算、行政开支批准手续和领料退料等制度,并且从积极分子中选拔一批职工家属参加经营管理工作。她自己文化水平低,就虚心向会计学习,从记账到财务管理,无所不钻。在很短时间内,厂内就建立了正常的生产秩序,各项工作井井有条。

霍菊莲牢牢记住公社党委的指示:领导生产的关键是掌握好党的政策。有个时期,市场上急需供应学校开学使用的粉笔,公社党委指定美工厂及时生产,霍菊莲毫不迟疑地接受了这个生产任务。参加生产的职工家属,听到这个消息也非常兴奋。但是,几个从小业主转业来的技术人员,感到放下产值高的石膏美工品做粉笔,既费工,产值又低,表示不愿干。霍菊莲对生产人员说:"咱们办工厂就是为社会主义服务,现在市场需要粉笔,咱们就生产粉笔。"生产开始时缺乏设备,又不懂技术,霍菊莲就亲自带领生产人员,到永定门外粉笔厂借来全套的工具,随后又到西城一个粉笔厂学习技术,使生产月月超额完成计划。从此,她们就抽出一些人专门生产市场上需要的小商品。如油雨布、糊信封和小铁铲等加工活。由于坚持社办工业为大工业服务、为人民生活服务的方针,全厂生产也日益发展起来。

西安固定一批工厂有计划地生产日用小商品

南昌广大城市公社
利用边角废料增产小商品

（一九六〇年十二月三日）

据新华社西安电 西安市固定一批城市公社工业和市、区属工业有计划地生产日用小商品，使小商品的产量、质量和品种迅速增加和提高。目前，全市已经指定二百一十五个工厂生产小商品，品种达二千多种，比规划以前增加30％，产量一般也比过去增长50％左右。

为了进一步有计划的发展小商品生产，西安市计划委员会、经济委员会、轻工业局、手工业局、商业局等单位专门组成小商品生产规划办公室，对公社工业和市、区属工业的产品、设备、技术、原料供应等情况进行了全面调查研究；同时对市场需要摸了底。然后根据各厂的生产条件和市场需要作出规划，采用定工厂、定人员、定设备、定任务（产品的品种、数量和质量）、定供销关系的办法生产小商品。在规划中，还根据小商品主要利用下脚料、废料生产的特点，有计划地建立了压延、拔丝、废油提炼、废品加工、废金属冶炼等原料材料加工工厂。

据新华社南昌电 南昌市广大城市人民公社利用大工厂的边角废料积极发展小商品生产，使社办工业的小商品产品由原来的七十多种增加到近四百种。其中，许多产品是南昌市过去没有生产过的。

广大公社先后与附近十多个国营大工厂建立了收取边角废料的协作关系，用这些边角废料，精算巧裁，加工处理，做出大批适用的小商品。社办工厂利用华安内衣厂剩下的大块布角做成童装，小块布角做成鞋面；再小的布块垫鞋底；最后剩下的布条经过加工成为再生棉，用再生棉纺纱织布又做出了很好的沙发套。他们利用从纺织厂收取的废纱,纺成合成线,也做出了很好的凉布鞋。在铁木、五金方面,社办工业综合利用的范围更广。他们利用国营钢铁厂、五金厂、罐头厂等工厂不用的较大的废铁板、铁皮做成饭锅,小些的做成饭勺,零零碎碎的做成汤匙或者箱子角上的包钉;用废铁丝制成老鼠夹子、钉子,剩下的铁丝梢制成鞋带头,使大量边角废料变无用为有用、变小用成大用。

依靠城市公社工业发展小商品生产

吉林浙江两省小商品品种扩大产量
增加质量提高

（一九六〇年十二月三日）

据新华社长春电 吉林省积极组织城市人民公社工业生产小商品，截至10月末止，全省小商品自给量已比年初增加8%；品种达到五千九百多种，比年初增加16%。

为保证小商品生产稳步发展，吉林省各级党委普遍加强了对生产小商品的城市人民公社工业的领导，并根据企业性质、技术条件作了适当分工。长春、吉林、四平、白城、通化等地区，以城市人民公社工业为主，建立了小商品生产基地网。白城市已经有九十四个生产小商品的专业工厂，二十二个专业车间。吉林市船营人民公社工业自从划为生产小商品的基地以后，小商品的品种逐月增加。6月份生产五十一种小商品，7月增加到八十二种，8月增加到一百七十六种，9月猛增到三百二十四种。

各地在发展小商品生产中，除由国家调拨一部分原料材料外，还同国营工厂挂钩，充分利用大厂边角废料，建立小商品原料基地，大搞综合利用，节约用材，用多种办法开辟原料材料来源。

吉林省还对小商品的产、供、销实行分级管理，把小商品生产逐级纳入计划，逐季、逐月安排生产，保证市场供应。

据新华社杭州电 浙江省小商品生产大幅度增长，花色品种由原来的二千多种增加到三千多种，其中有一百种产品原来是依靠外地供应的。本省出产的张小泉剪刀、温州雨伞等几十种有悠久历史的名牌产品，产量月月上升，质量也有提高，花色品种增加很多。这些产品源源运销全国各地，深受消费者欢迎。

浙江省需要的小商品,省内生产的很多,但历年来仍有一部分产品要靠外地供应。今年以来,随着人民生活需要的日益增长,对小商品的数量、质量、花色品种的要求越来越高。浙江省有关领导部门对市场需要作了调查,合理地安排了小商品生产。各级党委也都加强了对这项工作的领导。宁波、杭州、温州等地建立了城市人民公社小商品生产专业队伍,实行定点、定人、定设备、定产品、定供销关系的"五定"办法,使小商品生产得到迅速发展。各地生产的许多名牌产品就比去年同期增长50%左右。

广大工人在生产小商品中千方百计地用最少的原料,生产更多的产品。湖州综合五金厂充分利用大厂边角废料生产小商品,今年前十个月的产量比去年同期增加一倍以上,品种由十多种增加到五十多种,成本显著下降。

南京广州增加小商品花色品种

（一九六一年一月四日）

据新华社南京电　南京市各城市人民公社千方百计增加小商品的产量和花色品种，去年 1 到 10 月，全市生产的小商品的品种，比 1959 年同期增加了60%以上。

中共南京市委为了促进全市的小商品生产，不久前曾举办了一个日用工业品展览会，展出全市人民吃、穿、用等方面的生活用品一万多种。全市小商品生产单位的职工前往参观后，进一步了解了市场需要以及小商品生产和人民生活的密切关系，生产积极性更加提高。丹凤街五金厂的职工在参观展览会的时候，凡是展览会上注明市场上需要增添的小商品，都一一记下，回厂以后立即增加了十八种品种。

据新华社广州电　广州城市人民公社目前生产的日用小商品已达一千二百多种，比 1959 年增加五百多种；许多产品的产量也迅速增长。

去年 9 月份以来，广州市纳入计划的小商品的品种，已由年初的一百多种增加到四百多种。凡纳入计划的小商品，由有关部门按季、按月将计划下达给工厂安排生产，并与商业部门签订产销合同，保证按质、按量、按时交货。

发挥骨干带头作用　出色完成工作任务
北京五千多名优秀妇女入党

（一九六一年三月八日）

新华社 7 日讯　一年来,北京市各个战线有五千五百四十多名优秀妇女参加中国共产党。

这些妇女新党员一般都经过党的长期培养教育和群众斗争的考验,其中多数人是生产上的先进人物和工作中的骨干分子。北京国棉一、二、三厂和北京毛纺厂、北京汽车公司等五个单位党组织在去年接收的二百五十名女党员中,有一百九十六名先进生产者和红旗手。北京国棉二厂挡车工王凤宵,是出席两次北京市群英会的先进生产者。她从 1956 年进厂以来,创造了五十六个月没出次品的突出成绩。由于她刻苦钻研和虚心学习,不断提高技术水平,从看管二十四台织布机迅速增加到四十八台,成为女工们的标兵。北京市公共汽车公司十四路售票员张秀兰,也是全市的先进工作者。她工作一贯认真负责,对乘客体贴入微,被群众称为"乘客的知心朋友"。她还耐心帮助十四路汽车十多名售票员提高业务水平,发挥了共产党员的模范作用。

郊区农村党组织接收的大批女党员,坚决贯彻执行党的各项政策,积极带动群众完成党的各项任务。黄土岗人民公社郭公庄大队女社员刘文英,把自己的全副精力放在养猪事业上。她在去年 5 月被调到大队猪场担任场长,带头细心护理仔猪,仔猪成活率达到 98% 以上。四季青人民公社北坞生产队第一小队食堂管理员冯淑舫,廉洁奉公,不断改进食堂经营管理,保证社员吃好。去年割稻时,有的炊事员下地生产了,她和其他三名炊事员坚持把食堂办好,并在农忙时送饭到田间。她领导的食堂被评为全区的先进食堂,群众称她是"咱们的好当家"。

　　文教卫生、商业服务部门和城市人民公社的党组织也接收了许多优秀妇女入党。这些新党员中有全市先进工作者、崇文区第三中心小学教师程静容，十年如一日坚持护理工作的北京同仁医院急诊室护士杨旭，以及全心全意为群众服务的广安门玉虚观商店蔬菜售货员马玉茹等，她们在工作中都一贯积极努力，并带动周围群众出色地完成各项工作任务。建国门人民公社金漆镶嵌厂新接收的九名女党员，虽然都是有两、三个以上孩子的妇女，但是她们在群众中处处发挥骨干和模范作用，成为全厂二百七十多名生产人员的标兵。

提高城市人民公社服务能力
桃源站广开修补材料门路

（一九六一年四月一日）

本报长春 31 日电 吉林长春桃源城市人民公社桃源综合服务站，广找修配服务所需的原料材料，提高了服务能力。

这个综合服务站，共有洋铁、锯锅、修鞋等八个行业。服务网点有三十个，遍布于全公社。服务站每天修理着上百件物品，需要大宗零星、品种复杂的原材料。这些原材料，除一部分由区商业处供给外，绝大部分都由服务站自己解决。为了保证需要，这个服务站认真贯彻了"以旧补旧、加工改制、自力更生、就地取材"的方针。在修理布鞋、服装、棉毛衫裤和针织品时，采用多改少、大改小、老式改新式的办法，充分利用了顾客的原有材料。如修补皮鞋、棉鞋、衣服，把大人的改成了小孩的，把二、三件破的改成一件好的，使原材料充分发挥了作用。如有的衣服、鞋、洋铁制品太破了，不能修理，便取得顾客同意，收下来作原料材料。破壶底、盆底等换过新的之后，破的如果顾客不要，他们也收下来，做别的补修材料。另外，他们还想方设法广辟原料、材料来源。为了收购边角废料，这个服务站和二十多个厂、社挂钩。他们共收集了碎薄铁、铁头、胶板等十八种一万多斤材料，及大批破旧鞋、破胶靴、皮底、罐头盒等，基本上满足了多种多样的修理需要。

这个服务站，在广泛收集材料的同时，还经常对职工进行思想教育，开展了节约原料材料的活动，使一寸布、一寸铁皮都能充分发挥作用。

城市公社里巷的变化

黄　晓

（一九六一年五月六日）

本报记者　黄晓　清晨，在天津市的一条普通街道——裕德里的各个胡同里，从城市人民公社的皮毛厂、五金工具厂、五金拔丝模厂、缝纫厂等工厂中传出了机器的响声。分布在街道上的公社洗衣房、修理服务站、卫生保健站和托儿所、幼儿园等集体福利事业也开始忙碌起来。天津市兴安路城市人民公社巨龙分社的社员们，以生气勃勃的姿态，开始了一天的生活。

巨龙分社的副社长、六十多岁的杨金奎，在他住的房间里接待了记者。

杨金奎是天津评剧演员莲小君的父亲，在房间里的墙上，还挂着莲小君和她的两个也是评剧演员的妹妹穿着戏装拍的照片。杨金奎年轻时在日本化学工厂做工，受化学中毒，全部牙齿脱落，后来又到戏院当过茶房。到今天，他谈起解放前那种血泪生活的时候，还不禁热泪盈眶。

对新社会怀着强烈的爱的杨金奎，在大办城市人民公社的时候，成了这一新生事物的积极组织者和拥护者。他到处奔波，组织妇女参加生产。没有办公地址，他就在胡同里办公，没有办公桌，他身上挂着一个书包，到处去找人们研究生产和办厂的问题。他和其他办社积极分子们的活动，在党组织的领导下结出了丰硕的果实。现在，在裕德里这一片地区，就有六百五十名家庭妇女参加了生产，其中有七个妇女当了厂长，二十多人当了社干部，一百多人成为生产上的红旗手，使街道的面貌发生了深刻的变化。

这时，有一大伙妇女走了进来，有年青的、年老的，房间里顿时热闹起来。杨金奎一面接待她们，一面向记者说："要说城市人民公社给家庭妇女们带来了什么变化，从这些人里面挑几个说说就够清楚的了。"原来，这些妇女都是各工厂的厂长和各生活单位的负责人,她们是来找杨金奎汇报工作的。

"就拿申秀珍说吧,城市人民公社给她带来了什么样的地位?"杨金奎指着一位面貌清秀的年轻妇女——缝纫厂的厂长说。

在成立城市人民公社前,申秀珍是一个家庭妇女,因为经济上完全依靠丈夫,婆婆有些看不起她,丈夫也不很尊重她。她成为城市人民公社社员后,学了技术,有了自己的经济收入,还当了厂长,一家人对她的看法就完全变了。婆婆夸她能干,丈夫过去认为和"家庭妇女"一块儿出门不光彩,现在到了星期天,也陪她去看电影、游公园了。现在,申秀珍的孩子由婆婆照管,自己和丈夫一同上班下班,生活安排得有条有理。

"阎玉珍也是我们的榜样啊!"有谁把阎玉珍——一个收拾得很利索的中年妇女说了出来。她是食堂主任。成立城市人民公社后,她从做全家十几口人的饭转而管理一个有三百人吃饭的食堂。工作和小家庭大不相同了:食堂炊具有很多是机器,扭开电门,一个钟头就能切出三千个花卷、包六千个饺子,使用煤气锅炉,厨房里一尘不染。她长期被埋没的聪明才智在这个岗位上得到了发挥,把这个食堂办成了公社第一流的红旗食堂。当问起她家庭起了什么变化,她爽朗地说:"我的全家出来吃食堂,婆婆也出来参加了街道工作,公社化以后,我们一家我和两个小叔三个人成了共产党员。"

这时,五金拔丝模厂的厂长周文娟也来了。兴安路公社的五金拔丝模厂是天津街道工业中办得较好的单位。这个热情、坦率的妇女,一到就使房间里热闹起来。周文娟由一个普通的家庭妇女,变成一个有文化的、有相当工作能力的厂长,是遇到过困难的。她和周围人的落后和缺点作过斗争,和自己的落后和缺点作过斗争,也为使自己能掌握机器和技术作过斗争。"周文娟当厂长之初,也不少哭哩。"杨金奎这样生动地介绍说。

周文娟在管理工厂的第一年就遇到了挫折。因为缺乏经验,准备工作没有做好,全厂五部车床坏了四部,整整三个月没有把机器修好。眼看着几吨原料在等待机器,把周文娟急得哭了起来,跑去找党支部书记说:"我说挑不了一百斤,非要叫我挑一百斤,现在让工作受了损失。"党支部书记不但没有批评她,反而帮助她总结起经验来。经过这次教训,周文娟懂得了工作要有预见性,此后车床上的各种精密零件都有了备件,什么时候坏了,只要停车几小时就安上了。她还发动群众到大工厂学技术,请老师傅到社办厂来作技术指导,培养出了一批熟练的技术工人。

周文娟也注意做人的工作。工厂建立之初,工人大都是家庭妇女,心眼狭小,为一件小事就闹情绪,影响生产。周文娟找人谈话,方法简单,道理有限,说不服人家,非常着急。党支部书记说不应该只是在生活上关心职工,而应该进一步提高他们的觉悟。周文娟回去后,试着将厂内所存在的问题进行排队,加以分析,找出矛盾,然后发动大家讨论,果然,问题一个个地解决了。劳动纪律加强后,生产面貌焕然一新。就这样,周文娟在实践中锻炼成了一个出色的厂长。她从家庭走出来参加工作时还是一个文盲,现在已经有初中文化程度。像周文娟这样的妇女并不是少数。裕德里有五十几个青壮年文盲,两年来,参加工作的社员已经全部摘掉了文盲的"帽子",有了一定的文化程度。

记者出来的时候,沿着干净的胡同走着,听着工厂里传来的机器声,想到了这个街道的过去。提起裕德里,天津人都知道,解放以前这里流氓满街,恶霸横行,有的是烟馆、赌场和妓院,被压迫的人过着血泪的生活;如今,这一切肮脏和罪恶都被社会主义革命的暴风雨冲刷得干干净净,城市人民公社根本改变了人们的生活面貌。而杨金奎、周文娟、申秀珍、阎玉珍等等,都是这一翻天覆地变化的目击者和参加者。他们正在亲手建设着自己的全新的生活。

在城市公社抚育下成长

艾 蕴

（一九六一年五月二十三日）

随着城市人民公社的诞生，青岛市大批家庭妇女走上了生产和工作岗位。现在，她们在城市公社的抚育下正逐渐成长起来，有的人当了厂长，有的成了熟练的技术工人和先进生产者，还有许多人成了受社员信托的炊事员和保育员。下面记述的，是几个普通妇女在城市人民公社抚育下成长的情形。

从家庭妇女到厂长

一个浓雾迷茫的早晨，天下着小雨。台西人民公社郓城北路筐篓加工厂厂长、四十多岁的张秀云，披着一件旧棉衣冒雨来到海边。海水里泡着一捆一捆的棉柳条和黄荆条。泡料组组长邵瑞廷一见张厂长来了，连忙笑盈盈地迎上去，同她一起检查了泡条子的质量和数量，一边商量怎样加快泡料、出料，迎接新的任务。泡料是筐篓加工的第一道工序。张秀云对工厂里的每一道工序，每一个细小部分的工作，都时时放在心上。

张秀云是在两年多以前，和几个邻居姐妹一同走出家庭的。她们起先在街道工厂里糊纸袋子，不久又分出来编筐篓，由四、五个人的编筐小组发展到七十六人的加工厂。她是那样热爱自己的事业，她兴奋地对记者说："别看俺这些大筐筐，对国家可有用场咧！这里靠海，大批渔船靠岸后，要用它装鱼；蔬菜公司要它装菜；出口公司也要各式各样的包装筐、鼓筐和水果筐；还有附近工厂、商店、运输站，也要我们编制抬筐、扁筐和煤球筐。去年一年我们生产了近两万多只筐。现在是捕鱼旺季,活儿更多……"

张秀云领导的这个筐篓加工厂,并不只是编筐、编篓,女工们还经常根据需要外出服务。去年夏天,大港码头来了四只渔轮,满仓的鱼必须要在很短时间内卸下来,码头上人手少,不能很快完成这个任务。正在焦急的时候,张秀云带领三十多个姐妹闻讯赶来,她们抬的抬,背的背,很快就卸完了六万多斤鲜鱼,使渔轮按时返航。去年10月间,食品出口公司和冷藏库急需一批包装箱,一时找不到那么多木工,就和张秀云商量。张秀云想:只要国家需要的,我们就干。她马上抽出十五个人,风雨无阻地干了一个冬季,加工任务完成得又快又好。

勤学苦练成巧匠

杨淑芝初到台东人民公社太平镇五金厂钳工车间时,一些有保守思想的人议论说:"干这活,女人不顶用!"杨淑芝听了这话不服气,她暗下决心:在干活上一定要好好学习。

可是,老师傅开始只让她学习打门环儿、门鼻子最简单的小零件,把打鱼钩等精细活只交给男徒工。杨淑芝就在师傅教别人时,在一旁用心听、留神看:怎样掌钳,怎样烧料,怎样锻打。别人下班了,她还留在车间里找块废料练习,回到家里也拿着废铁丝在琢磨。就这样,她终于学会了打鱼钩的技术。由于她胆大、心细、手又巧,打出的鱼钩质量好,合格率高。比她早学的男徒工一天打三百多个,她能够打五百多个。不久,厂里接受打菜刀的任务,她又自告奋勇要求学习。在学会了技术以后,她还大胆创造和革新,使产量提高了一倍,产品质量比过去更好。这时,原先歧视妇女的人也心悦诚服地向她学习了。但她并不自满,又开始学习新的技术。就这样,杨淑芝逐渐成了一个能够掌握全面锻打技术的熟练工人,当上钳工组的组长。

杨淑芝进厂以后就报名参加夜校学习文化。她每天晚上风雨无阻地去上课,回家后还把当天的功课重温一遍。生字记不住,她就在旁边画个记号,有时为一个笔画多的字要练几十遍。现在,杨淑芝已经快读完夜校六年级的课程了。

一心一意为大家

在台西人民公社，很多社员把自己上学孩子的伙食交托给炊事员刘淑梅代管。她们觉得刘妈妈是最贴心的人。刘妈妈每天总是天不明就准备好早点，不让孩子们空着肚子去上学。孩子们放学回来，她总要让孩子洗洗手，先喝口水再吃饭。有时，天已很晚，早已过了下班的时间，哪怕只有一个孩子没有回来，她也像慈母一样守在食堂里，把留的饭热了一遍又一遍。

刘淑梅非常关怀社员们的饮食。她为老年人做些容易嚼的饭菜；给胃口不大好的人拌点辣椒粉，调点香菜，使老老少少都吃得很高兴，她才放心。有一天，中午饭开过了，可是保育员孙福全还没有到食堂来。一打听，才知道福全生病了，她马上把自己留着没舍得吃的鸡蛋拿出来，做了一碗鸡蛋面，给福全端了去。

刘淑梅一心一意为公社大家庭操劳着，还经常以她自己的模范行动来教育新来的炊事员。两年多来，她一直保持了"模范炊事员"的光荣称号。

工具租赁商店方便群众

北京十多家工具商店开展租赁业务，出租工业和生活用工具

（一九六二年四月十日）

据新华社 9 日讯　工具租赁商店在北京设立以来，很受小型企业和居民的欢迎。在这里，人们花费很少的租赁费，就可以租到自己需要的工具。

记者最近访问了崇外大街工具租赁商店，看到有不少工人和居民前来租赁工具。一位司机租用小型钻床半小时，就地修理好了汽车传动轴盘。一位公社工厂的生产人员租去了两只氧气表。一家服装鞋帽机械修配厂的工人送回来租赁到期的两根钻头。一个中学生租了推刨回家，请木匠出身的爷爷利用旧木板做凳子。

一位无线电业余爱好者，租用店里小型钻床半小时为他新装配的收音机修理外壳。

这家商店出租的工具有工业用的量具、刃具、工具、仪表，有居民用的木工工具、修鞋工具、理发工具、铁镐铁锹，还有修缮房屋的瓦刀、抹子、刷子，修理自来水龙头的管钳子，等等。租赁费每件每天最少二分钱，最多几块钱。

一年多以前成立的这个工具租赁商店，还委托三个城市人民公社的邻里服务站代理一部分租赁业务。现在，他们出租的全部工业用工具有一百六十二种；人民日常生活中用的工具有八十二种。

目前，北京市的工具商店中有十几处也已开展了工具租赁业务。

（二）《工人日报》

儿童之家

——介绍哈尔滨市大方里街组织学龄前儿童的经验

（一九六〇年三月七日）

　　哈尔滨市大方里街有儿童二千多名,除部分已入幼儿园外,还有一些在家里由奶奶、姥姥或由大一些的孩子看管,没入幼儿园,他们整天乱跑乱闹,对交通安全、社会秩序、自身的成长和家长的生产都有很大影响。在这种情况下,大方里街道党组织经过深入调查和细致研究,根据区委提出的"校内儿童带动校外儿童"的号召和"两条腿走路"的方针,又在原来的基础上办起了四个街道幼儿园,共收六百多名儿童。去年暑期还向小学校输送了二百一十八名适龄儿童。

　　这些街道幼儿园,是在区党委领导下,以街道为主,群众自办的,由附近的小学校、居民委员会干部、家长、民警组成辅导委员会,负责全面组织领导与教育工作。每个园有园长一名,由居民委员会主任兼任,主要负责组织领导工作。教学由小学校负责,从三、四年级学生中选拔了一百三十名成绩好、品行好、身体健康、有组织能力、擅长歌舞、会讲故事的学生充当小先生,每个小先生每周平均担任两节到三节课,每节半小时。小先生的领导工作,由学校少先队辅导员负责,具体帮助他们安排活动时间,制定课程表,定期召开会议,及时解决问题。小先生的培训,由教员中选出的四名擅长体育、音乐、语言、游戏的人来担当,每星期六放学后训练半小时到一小时。

　　幼儿园的组织活动,每天分上下午两部进行。上午班由九点到十点半,下午班由两点到三点半,每节三十分钟,一天共六节。夏季户外活动时间占三分之二,室内活动时间占三分之一。冬季则以室内活动为主。在室内主要活动有:唱歌、读歌谣、短诗,讲故事、卫生常识等;室外活动有:跳舞、体育、游戏、散步;冬季还组织了打冰嘎、溜冰、堆雪人、小民兵训练等户外活动。

这些街道幼儿园的特点是:组织形式灵活,以居民委员会为中心来建园,儿童们都在园的附近住,可以自来自去,不用大人接送。多数小先生都是带着自己的弟弟妹妹来上课,既教别人的孩子,又照看了自己的弟弟妹妹,尤其是夏天,多带几个也行,真是热闹非凡,一举两得多方满意。

六个月来的实践证明,街道幼儿园的好处是说不完的。它使一时不能入幼儿园的儿童有了受集体教育的机会,对培养儿童的体育、德育、智育,保证儿童身心健康的成长有很大好处。过去那种每天散在街头,淘气、惹祸、不讲卫生、不守交通规则的现象大为减少。爱干活、讲礼貌已经成为孩子们的良好习惯。儿童智育也有很大发展,他们学会了许多歌子、舞蹈,还排练了"小海军""朗诵诗""小演唱"等节目。在群众义演中,很受欢迎,并获得了优秀表演奖,就连原来被称为"傻丫头"的于春菊,也学会了讲故事、唱歌和跳舞。

街道幼儿园的建立,由于有学校参加,使校内外教育做到有机结合。小先生教育幼儿园儿童的过程也是自己受教育的过程,因此他们对自己的要求严格了。过去大方里小学学生纪律、礼貌都不够好,但现在却成为附近小学中间纪律、礼貌最好的一个。三年级学生于英华学习成绩好,但反映一个事物时却不够完整,担任小先生以后,反映一件事就有头有尾了。这个幼儿园向小学输送的适龄儿童,由于入学前都受到一定的教育,所以质量都较高。

街道幼儿园的建立,也进一步促进了妇女生产的积极性。被服厂女工王桂芬有六个孩子,两口人都在工厂工作,四个大孩子上学,两个小的放在家里由大孩子看管,她很不放心,每天都回来看两遍,因而每天只能做八、九十条裤衩。自从把两个孩子送入幼儿园以后,每天都做一百二、三十条,去年还被评为红旗手。第三幼儿园有四十二个孩子妈妈,由于孩子得到妥善安置,一心无挂地搞生产,有两名被选为红旗手,十二名被评为先进生产者。

街道幼儿园的建立,还使邻里之间更加团结和睦了,社会秩序也好了。过去因为儿童打架,引起邻里纠纷的事情很多,派出所每天都得处理几起,现在这样的事就基本没有了。因此,街坊们这样歌颂着:儿童之家好,全靠党领导,好好去生产,留下小宝宝,寄托幼儿园,宝宝玩得好。

　　为了进一步提高工作质量,保证孩子们健康成长,更好地为生产服务,目前,这些幼儿园正在扩大园地,在今年计划把全街应该入园的孩子全部收进来,做到全面普及,适当延长在园内的活动时间,使妈妈们更好地从事各项生产。

（哈尔滨市妇联供稿）

北京福绥境大办街道集体福利事业

面向生产　组织人民经济生活

劳动逐步社会化,解放了大批妇女劳动力,促进了生产的
发展,集体主义思想大大发扬,精神面貌显著变化。

（一九六〇年三月十五日）

本报讯　中共北京市西城区福绥境街道党委,以生产为中心,面向广大劳动者,大办街道集体福利事业,大力促进家务劳动社会化,有计划地全面组织好人民的经济生活,促进了生产的继续跃进。

通过全面组织人民的经济生活,大大改变了福绥境的街道面貌,使生产、街道工作和群众精神面貌都出现了一片新气象。首先,解放了大批妇女劳动力,使她们摆脱了家务劳动,参加了街道生产,从而壮大了街道工业的生产力量,有力地促进了生产的发展。这个地区已有一万〇四百名家庭妇女和闲散劳动力参加了社会劳动,仅今年2月份就有三千八百多名妇女走上工作岗位。其中为街道工业输送了一千七百多劳动力。她们投入生产以后,个个干劲十足,发挥了很大的作用,使2月份的生产任务提前超额完成,月产值达到了二百六十万元,相当于去年全年产值的33%。福绥境金属加工厂,在这次运动中,由于补充了一百多名劳动力,使2月份完成产值九十二万元,等于去年全年产值的总和。最近福绥境街道党委还新办了光学仪器、汽车修理等四个工厂,试制成功了电流表、硫酸锌等十七种新产品。其次,由于大办社会服务事业,使家务劳动逐步社会化,改变了几千年来一户一灶的个体生活方式,开始了集体幸福的新生活。从2月中旬开始,仅用了二十几天的时间,就兴办了六百二十五个街道食堂,有一万六千余人用饭;二百〇五个托儿站,有一千八百余名儿童入托;一百六十四处服务所,全街道的人民经济生活已经基本上组织

起来。同时,人们的精神面貌有了显著的变化,改变了过去那种"各个自扫门前雪,不管他人瓦上霜"的个体小生产者的狭隘观点,树立了集体主义思想,使广大群众大大提高了社会主义觉悟,发扬了共产主义风格,出现了"人人忙生产、个个谈政治"的新局面。椅子圈甲一号大杂院有十一名家庭妇女参加了街道工厂,有半体力劳动的四个老大娘,主动提出了为大院做饭、看孩子。郝秀珍有六个小孩,她从 1958 年参加街道生产以后,白天劳动累了一天,晚上还要给孩子们做饭、照料他们的生活,相当疲劳。自从大院办起了食堂,孩子们都有院里的服务站照料,一天三顿按时吃饭,再用不着她操心。她感激地对居民委员会主任李翠如说:"党对我们的关心真是周到啊!我一定要努力生产,把自己的全部力量都贡献给社会主义建设事业。"当你白天走进这个大杂院,看不到一个闲人,未上学的儿童由老大娘看管,做饭、清扫院子,都由老年人负担起来,年轻力壮的青年妇女全上班做工去了,团结得像是一个大家庭。

他们是怎样组织好人民经济生活的呢?

组织人民经济生活是生产发展的必然趋势

自从 1958 年下半年以来,随着社会主义建设事业的飞跃发展,福绥境街道在党的正确领导和总路线光辉照耀下,迅速掀起了一个大搞街道工业的群众运动。很多家庭妇女和街道闲散劳动力参加了社会劳动,成为城市建设中的一支新生力量。目前,参加生产的街道居民已有六千五百余人,街道工厂办起了二十三座。随着街道工业的大发展,对劳动力的要求急剧增加。今年计划二十三座街道工厂产值将比去年增长八倍,需要从街道上补充近两千名劳动力。客观形势的发展,迫切要求广大妇女能彻底摆脱家务劳动,走出家庭,参加生产建设。广大家庭妇女在大跃进形势的鼓舞下,也愈来愈强烈地希望过集体幸福的新生活,就是已经参加社会劳动的妇女,由于家务的牵累,白天上班生产,晚上还要搞家务,不能安心生产和很好地休息,影响了她们参加各种社会活动,这就使家务劳动和社会劳动的矛盾突出了。谁烧饭、谁带孩子、家务事由谁来管等等，现在已经变成社会性的问题了，广大群众热烈希望家务劳动逐步社会化，迫切地要求党和政府能全面组织和安排人民经济生活。福绥境街道党委针对上述情况，进行了认真的研究，认为关心群众生活是党的一贯政策，而在今天这种新形势下，需要更加关心群众生活，更加全面地安排群众生活，并且确定"以生产为中心，面向劳动者，大办集体福利事业，大力促进家务劳动社会化，有计划地全面组织好人民的经济生活，促进生产的继续跃进"的方针。在今年2月中旬，深入发动街道居民，开始有计划地全面组织人民的经济生活。

以劳动人民为主，大搞群众运动

福绥境街道党委从2月份以来，在街道居民中广泛地进行了劳动光荣的宣传教育，大大提高了居民群众的政治觉悟。紧接着，又依靠街道积极分子，进行了充分的思想动员。在具体组织人民经济生活的过程中，他们坚决地贯彻了"积极办好，自愿参加"的原则，首先把那些迫切要求家务劳动逐步社会化的劳动居民组织起来，依靠他们大办社会服务事业，自办小型的托儿站和居民食堂。广大劳动居民由于对生活集体化和家务劳动社会化有迫切的愿望和要求，所以，一开始组织，她们就是积极拥护者，成为组织人民经济生活当中的基本群众，她们向群众积极地宣传党的政策，宣传生活集体化和家务劳动社会化的优越性，而且带动大家筹办各项社会集体福利事业，自动报名担任民办食堂的炊事员，为群众义务劳动和服务，产生了良好的效果。如后广平库居民委员会主任王荣珍是五个孩子的妈妈，由于家务拖累过重，长期以来参加社会劳动的志愿未能实现，这次组织人民经济生活当中，她热烈响应党的号召，带动群众苦战一昼夜，办起了一个大院食堂，自任炊事员，目前入伙的已有六十多人。食堂办好以后，她又立即组织周围居民群众进行参观，具体地宣传了家务劳动社会化的优越性。在她的积极带动和组织下，这个居民委员会的全体居民白手起家，自办了十三个大院食堂，一个托儿站，从而使五十五名家庭妇女走上了生产岗位。

大中小结合,大办社会服务事业

　　广大劳动妇女为了立即实现参加社会劳动的夙愿,白手起家,因陋就简,因地制宜,大办各种形式的服务组织。能大则大,不能大则小,大、中、小结合,以小型为主,收效很大。例如简易食堂、大院食堂、简易托儿所、服务站等等。这些简易的托儿所和服务组织由于因陋就简、因地制宜,既适合当前的物质条件,又分散在各居民点上,方便群众,一经提倡,立即遍地开花,收到实效,几天之中就形成了一个高潮。据统计从 2 月 26 日到 28 日三天时间群众就兴办了各种类型的食堂四百八十八个,托儿组织四十九个,新增的入伙人数一万余名,入托儿童一千三百〇七名。三天的发展速度大大超过了过去一年半的发展速度,三天入托儿童等于过去一年半的 48%,入伙人数增加了五倍。现在,各种社会服务组织又朝着"成套""成网"的目标发展,街道党委实行了"以老带新"、"以大带小"的办法,对民办食堂进行了逐步调整,组织了十三个大食堂专为八十四个简易食堂加工主食,这样来减轻简易食堂的劳动强度,他们能集中力量增加花样品种,改进伙食。同时,把已经办起来的三十五个托儿所,通过划片包干、定人定点,逐步健全管理制度,还组织保育人员学习保健知识,提高保、教质量。

　　全面的组织人民经济生活,是形势发展的必然趋势,充分反映了群众的衷心意愿。因此,在这次运动中,广大劳动群众都表现了高度的政治热情和建设社会主义的积极性,他们以穷干、苦干、实干的精神群策群力,白手起家,坚决克服困难。很多群众主动腾出房子,凑集炊事用具和儿童玩具,大办社会服务事业。喇叭胡同居民为了让食堂立即上马,苦战了一天,就凑集了一百多件炊事用具,第二天开伙有八十多人用饭。这正是大大发扬了共产主义协作精神的具体表现。

全面发动，大搞共产主义协作

组织人民经济生活是一项内容十分丰富的工作，既是经济工作、政治工作，又是群众工作。街道党委采取了全面发动，大搞共产主义协作的办法，充分调动各方面的力量，拧成一股绳，分工协作，统一行动，并分别召开了群众会、散居职工会、财贸部门干事会和机关企业单位的负责人会，条条块块一起贯彻，同时发动，使组织人民经济生活变成"人人支援、处处支援"的全面运动。幼儿师范学校主动地包干三十五个大型托儿组织保、教人员的业余辅导工作，民用灯具厂帮助街道办了一个容纳一百六十人的食堂，支援了一整套炊事用具。广大职工群众在组织人民经济生活当中表现了高度的共产主义协作精神，互相支援，通力合作。仅 2 月 27 日一天当中，就有一百九十九名职工、学生和三百二十五位居民，苦干了一夜，砌起了十五座炉灶，搭了八个棚子，粉刷了三十一间房子，拉运修缮材料五十九车。第二天九十八个食堂开伙，两千六百余人用饭。柳巷十一号有位六十多岁的采药工人赵奎主动帮助砌炉灶，他说："我年岁大了，别的干不了，为了社会主义，一定把炉灶砌好。"

加强党的领导，坚持政治挂帅

福绥境街道党委，在全面组织人民经济生活工作中，加强了组织领导和思想领导，在党委统一领导下，由书记挂帅，成立了组织人民经济生活领导小组，每个地段由管片干部、商业职工、居民委员会主任等有关人员组成的工作小组，从上到下建立了一系列的组织机构，统一领导，统一指挥，统一行动，及时解决问题，从而有力地推动了这一工作的开展。与此同时，党委还加强了政治思想工作，对干部进行了政治观点，生产观点和群众观点的教育，组织他们对各项重大问题进行务虚学习，统一思想，提高认识，明确了组织人民经济生活和发展生产是互相促进、互为一体的联系。对于广大群众主要是加强劳动光荣的教育。在社会集体福利事业中，加强了增产节约的重要性，使大家树立了勤俭办一切事业的思想，明确了各项服务事业的发展，应当是"因陋就简、因地制宜""由小到大、由简到繁、由低级到高级、一面发展、一面巩固、一面提高"。

当前，福绥境街道党委正在以不断革命的精神，制定组织人民经济生活的全面规划，准备把各种类型的托儿、服务组织进一步向"成套"、"成网"的目标发展，并加强业务技术等方面的培训工作，开展以改善管理、提高服务质量为中心的竞赛热潮，全力把社会服务事业办得更多、更好，以便更有力地促进生产的继续跃进。

（北京记者组）

大力兴办服务事业　全面组织经济生活

——重庆市南岸区郭家沱镇妇女联合会

（一九六〇年三月二十日）

重庆市南岸区郭家沱镇共有四千多户，其中98%是望江机器厂的职工家属。大跃进以来，绝大部分家属都参加了社会劳动，家务、孩子、吃饭等问题急待解决。我们根据党委一手抓生产，一手抓生活的指示，着重抓了职工生活福利和服务事业工作。一开始发现部分家属对搞服务工作有"四怕"：怕麻烦，怕代销货物、错账错钱，怕理发不体面，怕工作时间多，照顾不了自己的家务。针对这些思想情况，立即召开大会小会，反复进行了两大教育：一是进行总路线和形势任务的教育，使大家懂得作好厂区职工的生活服务工作，是职工家属的光荣责任；二是进行先进人物先进思想和先进事迹的教育，同时，开展了"为什么要搞生产服务工作？"等问题的辩论。在进行教育的同时，层层干部以身作则，到食堂当服务员等，使大家受到了很深刻的教育，纷纷批判了自己"怕麻烦""怕不光彩"的错误思想，进一步认识到"服侍人"的工作也是光荣而崇高的事业，从而树立了安心这一工作，热爱这一工作的思想。如家属刘桂兰家庭人口少，爱人工资高，最初认为自己不缺吃少穿，不愿当代销员。经过学习和亲眼看到村干部董慧珍干劲冲天，一天到晚东奔西跑，为群众生活服务，大受感动。她想："论年龄她比我大，论经济条件她不比我差，她能为职工服务得这样好，我为什么不能为生产贡献点力量呢？"于是，她很高兴地担任了代销员，在工作中耐心细致，积极负责，从未出过差错。

在解决职工家属思想问题的同时，还注意解决她们的具体问题，协助建立一些必要的制度，如建立轮流值班制度，发动家属大搞协作等，使参加服务工作的家属不致因工作时间延长而影响本身的家务，做到了人人安心，个个欢喜。

服务项目应有尽有,服务员比亲人还亲

思想问题解决之后,我们与商业部门挂钩,发动广大家属先后成立了代销店十七个,服务组五十二个,做到了服务项目应有尽有,各色俱全。其中包括流动供应、民办理发、洗补、擦皮鞋、熬药、送饭、代买车船票、代办储蓄等一百五十余项。总之,职工需要什么,我们就服务什么。我们还在单身职工宿舍内设立了生活服务站和代销店,专门替单身职工服务,单身职工需要什么,不出宿舍就能买到;衣服、鞋袜破了、脏了马上有人缝补、浆洗;生病卧床,有人送饭熬药,做到了热情关怀。如单身职工有了病,戴淑端老大娘亲自送饭熬药,把药送到病人床前。病人想吃广柑,她不怕路远地滑,给病人买广柑吃,使职工感到"在外犹在家,服务员象妈妈"。有个工人因工手受了伤,在宿舍休养,服务员知道后,连续送了半个多月的饭,这个工人感动地说:"你们比亲人还好,比父母还亲,我恢复健康后,一定好好生产来感谢你们。"单身职工题诗表扬道:"一个补丁一颗心,洗缝织补像娘亲,补好衣服穿上身,炼钢想念补衣人。"

有了互助组,事事不发愁

厂区范围大、人口多,单靠已经组织起来的各种生活服务组和十多个家庭服务员,还不能完全满足职工家庭的需要。因此,在职工家属中大力提倡团结互助,组织家庭互助组,就成为一件很重要的工作。郭家沱镇妇联就以村、段居民组为单位,本着自愿互利原则,发动职工家属积极参加家庭互助组。到目前为止,全镇共成立了一百二十三个互助组,基本上达到户户参加。

家庭互助组互助的内容是:全组轮流值日,每天由值日统一到市场买东西再分配给全组各家;在打扫清洁、照顾病人、产妇和小孩等日常家务琐事上互助;商店的货到组后,由互助组指定专人负责分配。

组织这种互助组,解决了家属的具体困难,同时进一步培养了家属之间互

相关心,团结友爱的良好风气。他们说:有了互助组,不愁家中人手少,十家变一家,困难如山倒。很多家庭妇女由于有了互助组帮助解决一些具体困难,职工安心生产,干劲越来越足。

公共食堂开红花,称心如意胜在家

从 1958 年大批职工家属就业开始,我们就大力发动群众,先后办起了十二个公共食堂,把家属们从油盐柴米酱醋茶的家务琐事中解放出来,积极参加社会劳动。镇妇联的干部又根据群众的要求,进一步在公共食堂内附设了多种多样服务组织:冷酒热面小点部、日用商品代销部、理发部、洗衣组、茶室、文娱图书室,以及其他代办储蓄、代买车、船、戏票等二十多种服务组织。这样,就大大方便了广大职工和家属,不出食堂,就基本上能够满足日常生活的需要。使食堂成了既是吃饭堂,又是休息、文娱和处理个人生活的场所,更是一家男女老少团聚畅谈的好地方,从而受到广大男女职工的欢迎。他们心情舒畅地歌颂道:"公共食堂开红花,称心如意胜在家;饭香菜鲜味道好,看书下棋饮香茶;不出食堂买百货,办完储蓄又理发;省时省钱真方便,生产定把干劲加。"

为了进一步办好食堂,党提出了大力发展生猪,多种蔬菜,进一步改善职工生活的号召后,镇妇联马上在家属中开展了一个家家养猪、人人种菜的竞赛运动。在养猪方面,贯彻了以食堂和村段集体饲养为主、家属私养为辅的原则,广泛发动群众养猪,并组织大人、小孩打猪草、收潲水,以保证猪饲料的供应。在种菜方面,发动群众利用屋前屋后,田边地角,见缝插针。到目前为止,全镇家属已养猪二百一十头,种菜成绩更大,已开辟蔬菜基地两百多亩,除职工外家属吃菜基本可以全部自给。

插红旗树标兵,你追我赶齐跃进

大批的家属服务组织办起来后,需要迅速加强领导,才能不断巩固提高服务质量,切实做到为生产、为职工生活服务。我们除了协助各服务组织建立必要的制度外,还着重抓了"巧姑娘"竞赛运动,建立了评比制度,表扬的形式多种多样。如去年8、9月份大搞生活福利及发展副业生产的竞赛中,这个区的第三地段被评为全区的先进集体。我们就提出了"学习第三段,赶上第三段"的口号,各段奋起直追,并且拟定了具体措施。第一段的干部,苦战一昼夜后,使服务项目猛增到二十多项,超过了第三段。紧接着第三段又跃了上去,增加到三十多项。就这样,你追我赶,大大推动了全镇生活服务事业及副业生产的飞跃发展,同时涌现出了大批先进集体和先进个人。据不完全统计,1959年共奖励了镇一级巧姑娘一千一百二十余人次,先进集体三十五人次。

组织起来,为工业服务,为居民生活服务,为农业服务

天津兴安路街道生产花果满枝

3277 人参加生产,占全街现有劳动力 90%,妇女占生产人数 84%,一年来办厂 56 个,产值达 506 万元,获利 120 多万元,全街办起公共食堂 18 处,托儿所幼儿园 22 处,小学 3 所,业余学校 1 所,俱乐部、敬老院、保健院、产院、传染病隔离院各 1 处

（一九六〇年三月二十五日）

本报讯 本报记者报道:"一轮红日当空照,兴安路上乐滔滔;幸福花开万里香,组织起来无限好。"天津市和平区兴安路街道居民,用这个赞歌来歌颂组织起来的变化。

兴安路街道组织生产、组织生活是在总路线的光辉照耀下,在工农业生产大跃进的基础上,于 1958 年 9 月间开始的。这个街道自从组织起来以后,生产、生活各项事业已蓬勃发展起来。一年来,这个街道已办起各种工厂五十六个,公共食堂十八处,托儿所、幼儿园二十二处,此外还设有小学三所,业余学校一所,俱乐部、敬老院、保健院、产院、传染病隔离院各一处。组织起来以后,参加各种劳动的人数已达到三千二百七十七人,占这个街道现有劳动力人数的 90% 以上。妇女占生产人数的 84.6%。大批劳动力从家务劳动中解放出来。居民经济收入普遍增加,社会精神面貌发生了崭新的变化。

一张白纸画新画
平地起家办工业

兴安路街道工业,在组织起来以前,可以说是一张白纸,生产基础很薄弱,只有千余人分散在家里从事一些拆线、糊纸盒、剥云母片等简单的加工生产。开始组织的时候,什么都没有。街道党委就提出了"克服困难,白手起家"的口号,得到了居民的热烈响应。他们没有厂房,就利用巷里空地,没有空地,就利用夹道、过道干起来。大家积极地找原料、借工具、出空地、借房屋,平地建立了工厂、露天搞起了生产。五金车间开始搞时只有十几个人,居民主任杨金魁拿出六块钱,各人从家里带来一些简单的工具,在巷里搭了一个棚就办起来了。原料没有,也不知道该生产什么,他们就到处联络找门路,和工厂挂钩。经过区里各部门的支持,这个车间现在的厂房已扩大到十几间,各种车床已有十余部,人员发展到八十多人。

街道办工业时,开始普遍缺乏资金,许多生产单位的居民,提出了"苦战三个月,白干不要钱"的口号,有的积极分子还把自己积蓄的钱拿出来投资办工厂。不懂得技术,业余时间就向国营厂工人请教,遇到困难就苦学钻研。他们这种穷干、苦干、实干的精神,正像他们写的诗一样:"苦战搞生产,为的今后甜;不为工资为建设,流汗心也甘。"

兴安路街道生产,一开始就贯彻了"因地制宜""就地取材"的原则,充分利用了大厂生产剩余下的边料、旧料和废料。他们用这些下脚料生产的产品有十二种,其中有用旧皮做皮袄、用碎皮做手套、用废硫酸生产出硫酸亚铁、用废铁丝生产小刀、用木边料做板凳等。去年全年用废料生产的商品总值达三十九万多元,做到了物尽其用,大大节约了原材料。

街道集体搞生产,充分发挥了统一使用人力、财力、物力的作用,便于全面安排,保证重点,比原来居民分散搞生产有巨大的优越性。今年,街道从各生产单位抽调了劳动力五百多人,输送到水暖厂等四个急需劳动力的单位,促进了生产的发展。根据技术人员分布的情况,按行业对技术人员进行了调整,根据"统一规划,积极培养,少者增加,多者支援"的精神,使每个单位都有了技术员。去年一年,街道扶植了八个重点单位,投资总数达到六十四万元,推动了各生产单位的全面跃进。

经过一年多的苦干,兴安路街道生产规模已空前壮大。现在已有五金、木器、化工、玻璃仪器、缝纫、电器、文教、皮毛等九个行业,共有生产单位五十六个。拥有生产厂房三百六十多间,机械设备三百三十多台。去年生产的产值达到了五百○六万元,共积累纯利一百二十多万元。

补充国营经济不足
发挥拾遗补缺作用

兴安路街道生产,认真贯彻了为工业服务、为居民生活服务、为出口、为农业服务的方针,补充了国营经济在某些方面的不足,发挥了拾遗补缺的作用。全街为大工业加工生产五金、水暖、纺织等各种部件产品有六十六种。一年来,仅曙光、高峰等三个翻砂厂,就为天津第一电讯厂等十几个大厂铸造电焊条、机座等五金零件有六十吨。前进、巨龙等五金生产单位,为天津第一开关板厂等单位加工磁铁三百二十多吨。春光五金车间月产马达灯口二万五千个,可供装配一万二千五百辆汽车之用。在支援重点建设方面,也起了一定的助手作用。1959年水暖厂为支援包钢,制成了双孔多弯煤气管二十部。一年来,他们还为天津市玻璃厂等百余大厂安装了工业锅炉及管道二百五十多部,修理电机一百五十多部,保证了大厂的生产。瓶塞厂去年生产了大小瓶塞四千五百多万个,不仅满足了天津市食品厂、制药厂的需要,而且还供应到内蒙古、河北、山东等地。由于起到了大厂的臂膀作用,许多工厂表扬了他们的共产主义协作精神。

为了更好地为居民生活服务,兴安路街道生产大力发展了日用生活品的生产,由1959年初的十二种增至现在的三十六种。大的有服装、皮帽,小的有手套、笔记本、小刀小剪。

另外,他们根据因地制宜的原则,还发展了为出口服务的产品四种,他们生产的电闸拉杆和绒球等远销至越南、朝鲜、苏联、东欧等国。

大办集体福利事业
使家务劳动社会化

兴安路街道生产各单位,有 84.6% 是妇女。街道党委在组织生产的同时,也大力组织了各种集体福利事业,使广大妇女摆脱了家务的牵累,参加了劳动。目前,街道办了食堂十八处,入伙的近二千人,托儿所、幼儿园二十二处,收托了一千○三十二个儿童,拆洗缝纫组十个。全街还设有服务站十四个,服务点有七十多处。服务项目有无线电、自来水管修理等三十六项。去年一年,服务站就为居民修理好水管二千五百多处,修理无线电一千五百多台,粉刷房屋二千四百多间。在一些巷里、大院,还设立了家庭服务员,负责扫院、打水、代买东西、照顾病人等事。许多"双职工"(夫妻都工作)一天不在家,下班后回家,家庭服务员什么都给他们办好了,大家把家庭服务员亲切地叫做"管家总务"。

由于家务劳动社会化,广大妇女走上劳动岗位以后,都能安心生产,积极钻研技术。春光生产单位,现在有二百○五名女工,每人都能熟练地掌握本部门的操作。其中并有七十四人掌握了两种以上的生产技能。五金制品厂刘俊英,在一年多以前,还是个带领三个孩子、围着锅台转的家庭妇女。参加生产以后,她在党的鼓舞和师傅的教导下,很快地就能独立生产。当街道党委提出大闹技术革新的号召以后,刘俊英就积极学习别人的先进经验、刻苦钻研,还提出了技术革新建议。

文教卫生事业大发展
物质文化生活大改变

兴安路街道生产,根据广大妇女刚走出家庭的特点,实行了"六二"制,即每天六小时劳动生产,两小时学习。做到了生产、工作、学习、家务四不误。街道办的业余学校，入学人数不断增加，现在已达到一千七百多人，其中高小班、初中班的学员有八百多人。四十岁以内的文盲已全部扫尽。通过学习，大家的文化水平普遍有了提高，大大便利了学习技术和政治。巨龙五金电器厂切铁组封欣荣，在1958年还是个文盲，刚到社里做切铁活时，连要多长、多宽的规格尺码单子也不认识，每次切铁都得要师傅把卡尺摆好。生产上的困难促进了她学习的决心，经过一年多的努力，她不但摘掉了文盲帽子，而且升入了高小班。

每周除学习文化六小时外，其余学习技术四小时、学习政治两小时。技术课是干什么就学什么；一边学、一边干。政治课主要是围绕着当前国内外大事和党的中心工作，由街道党委负责同志作报告，或小组进行读报等活动。

由于生产的发展，壮大了街道的经济力量，使街道集体生活福利事业、文教卫生事业和其他事业也全面发展。街道现在有俱乐部、敬老院、产院、传染病隔离院各一处。丰富了居民文化生活，改善了居民的医疗卫生条件。去年一年，仅在文教福利事业方面的开支，就达十二万余元。

随着生产的不断增长，广大居民也增加了收入。仅去年一年当中，兴安路参加街道生产的三千多人，领到的工资总数就达到六十一万元，每人平均月工资的收入是二十四元七角二分。今年每人平均工资又增加到二十八元。特别是广大妇女，生活起了显著的变化。原来，她们大都依靠丈夫的工资收入来维持生活；现在，她们不但不再依靠丈夫，而且还可以拿出一部分钱来，为家庭购置一些生活资料。巨龙五金电器工厂女工赵淑霞，原来家中有五口人，她的丈夫每月收入四十一元，家庭生活困难，每月都要受国家补助。现在赵淑霞家六口人，她和她丈夫的收入共七十四元，生活富裕了，一年多以来，家里添置了收音机一架、闹表一个，添置了棉猴、绒衣、单棉衣裤共四十件，每月还储蓄两元。他们说："父母亲、儿女亲，不如党亲。"

一条街就是一家
精神面貌大变化

街道组织起来后，成为一个大家庭，增强了人们的集体观念。街道居民的精神面貌和社会风尚也发生了巨大的变化。

广大家庭妇女参加生产劳动以后,社会地位、政治地位有了显著变化。在兴安路街道一百二十二位各级领导人员中,有一百〇六名是妇女,其中有三十七名妇女担任了厂长和车间主任。一年多以来,有三百四十七名妇女被评为先进工作者,有二百五十人被评为女红旗手,并且有二十四名妇女光荣地参加了中国共产党。

在一年多的生产劳动中,街道居民在思想上也起了巨大变化。关心集体、爱护公共财产、舍己为公、团结互助的共产主义风格也大大发扬。巨龙生产单位王桂英,过去经常为了一些小事和邻居闹意见,参加生产后,她不再计较个人得失了。去年一个雨夜,王桂英已经下班,她看到晚班生产的人冒雨搬运铁料,便毫不迟疑地参加搬运工作,一直到运完才回家。春光缝纫车间组长刘文英,是五个孩子的妈妈,一天夜里已经睡下了,想到车间内加工的雨衣易燃性很大,自己没有亲自检查,很不放心,在深更半夜里又跑到车间去检查,果然发现一捆裁好的雨衣没有打开,已经烧得发热了,她马上把这捆雨衣打开,避免了火灾。

街道组织生产、组织生活以后,还安排了十几个老、弱、残的居民参加了力所能及的劳动。有一个居民,只有一只手,现在做了看管自行车的工作。有两位干了四十多年小贩的无依无靠的老人,现在送进了敬老院。街道不仅供给他们食宿,有专人侍候,而且每月还发给他们零用钱,经常请他们看戏。两位老人感激地说:"这要不是共产党和毛主席,我们早就要饭了。"

兴安路街道搞生产、搞生活的事实,已吸引了附近广大街道居民的注意。现在有两个街道办事处的居民要跟他们合并,组成更大的集体,更好地发展生产,更好地安排居民的经济生活。

一支共产主义大协作的凯歌

——记天津郑庄子街附近各厂职工帮助建立
机械化食品加工站的经过

吴汉民

（一九六〇年三月二十七日）

清晨,东方天色刚刚放明,天津市河东区郑庄子食品加工站就开始忙碌起来。隆隆的机器声,像交响乐一般地响个不停。焦黄、喷香的玉米面烧饼,源源不断地从巨大的自动烤炉里流出来,然后,再装进一辆辆保暖车,分别送到周围的民办食堂。

这个土洋结合的机械化食品加工站,是最近在党提出全面组织人民经济生活的号召以后建立起来的。这不仅进一步解放了广大妇女劳动力,而且对加速实现家务劳动社会化有很大的意义。

这个加工站只有六十多个生产、服务人员,它的设备能力,每天可以加工四万斤粮食,供给三万人食用。目前,他们除了供应郑庄子一带二百多个中、小居民食堂而外,还为棉纺三厂、天钢一厂和二厂等单位的职工食堂和两个营业食堂加工部分主食。

三个月以前,这个食品加工站还是一座空空的房子,可是现在,里边却摆满了和面机、切面机、烧饼机、花卷机、包饺子机、切菜机以及自动烤炉、蒸汽锅炉等,这些机械化设备是怎么来的呢?

原来,郑庄子街自从办起了许多居民食堂以后,参加吃饭的人越来越多,不仅炊事员感到忙不过来,就是原来一些炊具设备,也大都不能适应,人们迫切要求实现食堂机械化,可是由于食堂较多,而且分散,要分别实现机械化是有困难的。因此,区委和街党委就决定统一建立一个机械化食品加工站。附近的天钢一厂、二厂，棉纺三厂、五厂以及食品一厂、二厂，张贵庄信号厂，河东区糕点厂、河东区饮食福利公司修配厂、五金站等单位的职工听到这个消息以后，都积极表示要为这个机械化食品加工站贡献自己的一份力量。他们利用一切业余时间，给食品加工站制造各种机器和加工零件，常常是在工厂下了班，家不回，饭不吃，就急着往加工站奔。上夜班的工人经常是先干加工站的活，然后再去上班；而下夜班的工人，也经常是连觉都不睡，就接着做起加工站的活来。天津市特等劳动模范、食品一厂工程师于洪章，在听说加工站的蒸汽锅炉管道发生问题时，下了班，就同张国林老师傅带领十多个工人，用小车子推着工具，到加工站来帮助修理，从傍晚一直干到将天明。人们看于洪章年纪大了，一再让他回去休息，他坚决不肯，并说："帮助居民食堂搞机械化，是我们工人阶级的责任，我们受点累算得了什么。"

棉纺三厂老工人何春堂、崔长祥、秦可权和其他工人，从建立食品加工站开始，每天在完成厂里工作任务以后，接着就到加工站来帮助安装自动烤炉。没有零件，他们就到废料堆里找，出了问题，他们就在一起研究，经过了多少个不眠之夜，克服了一连串的原料和技术困难，终于把这座自动烤炉安装好了，提前投入生产。

河东区饮食福利公司修配厂职工，为了赶制切菜机、和面机、花卷机、榨果子机、联合切面机等设备，支援食品加工站建立，奋战了好几个昼夜，提前把这些机器送来了。

机器安好以后，买不到马力电线。张贵庄信号厂听到这个消息以后，马上介绍他们到丰台材料仓库买来了。一时没有电源，棉纺三厂就主动把自己厂发的电供给他们用。

由于各工厂和工人们的支持，所以使这个食品加工站很快就建成了。

加工站为了让人们花钱少，吃得好，节省粮食，也想尽了各种办法，采用了粗粮细做、细粮精做的技术，现在已能生产一百多种主食花样，除了米饭、馒头、花卷、丝糕而外，还有各种点心、烧饼、烤饼、碗糕、蜂糕等，不仅味美适口，而且价值便宜。由于用机械化生产，大大地减轻了各个民办食堂炊事人员的劳动强度。可以集中精力把副食做得更好。同时，还节省了三百多个劳力，参加到其他生产建设中去。

现在，当工人们亲眼看到或者亲自吃到这个加工站里生产出来的食品的时候，心里有说不出的快乐和激动，并为自己在社会主义和共产主义建设中，贡献出一份力量而感到自豪。居民们对食品加工站供应的主食花样多，又好吃又省钱，都感到非常满意。因此，他们写诗赞许道：

郑庄食品加工站，花样品种真齐全，

粗粮做得赛细粮，味美适口价又廉，

每日准时送食堂，大家吃饭笑开颜。

全面规划　统一安排　大工厂主动同街道挂钩

合肥二十天办起大批街道工厂

超过前两年所办街道工厂的总和，产品
也由原来的一百二十种增加到五百多种

（一九六〇年三月二十七日）

新华社合肥 25 日电　合肥各大工厂主动同街道挂钩，积极抽调设备、原料和技术人员帮助街道办工厂，促进了街道工业迅速发展。据二月二十六日到三月十五日的统计，全市在大工厂直接帮助下新办起的街道工厂有一百六十六个，超过了一九五八年和一九五九年两年所办街道工厂的总和，产品也由原来的一百二十种增加到五百多种。现在，平均每个区有二十多个工厂，每个居民委员会有两、三个工厂。

在街道办工业中，中共合肥市委采取全面规划、统一安排的办法，普遍组织大工厂同街道挂钩，全面帮助街道解决办工厂的设备、技术力量和原材料等方面的困难。据统计，目前全市已有八十七个大工厂同街道挂了钩，在最近二十天中就支援了九十五台设备和五十三名技术人员。三孝口居民委员会办气眼厂和搪瓷修配厂缺乏设备、原料和技术，合肥搪瓷厂就支援他们一台旧冲床和做原料的下脚料，并且抽出老工人帮助搪瓷修配厂打炉子、砌烟囱、培训技术工人，使这两个厂很快建成投入生产。合肥针织厂主动同联合居民委员会挂钩，了解居民委员会需要缝纫机、栲壳机以及原材料以后，第二天就把厂内一部闲置的栲壳机和几部缝纫机拿出来支援，同时还把厂内的棉毛布、汗布、块头布、棉毛刀口布等零碎料，给联合居民委员会办的针织厂做原料。长江制线厂根据街道工业的需要和自己的条件，主动把厂内一套生产丝线的设备、六个落丝老师傅、十四台花绳机抽出来，支援了宿州路居民委员会，同时还抽出

一部分设备和一批技术力量，支援东、西两个市区大办街道工业。

为了进一步提高和发展街道工业，各大工厂还积极帮助街道工厂培训技术人员。现在全市街道工厂派往大工厂学习各种技术的，共有一百五十六人。

合肥市工厂同街道挂钩以后，不仅使街道工业得到迅速发展，而且也使大工厂的下脚料得到更充分的利用，使大工厂原来的废料变成了有用原料。据统计，全市在最近新办的街道工业中，可以利用二十五种废品，生产出三十多种过去合肥不能生产的产品。庙后街办的棉织厂，每天可以利用安纺一厂二件废棉纱生产八十匹包皮布。联合居民委员会街道工厂利用针织厂的零碎料，已生产出各式各样的童装和成年人的汗衫、裤头。这些工厂利用废料和下脚料生产出来的产品，既美观耐用又便宜，很受居民欢迎。

街道工业还担负了一部分大工厂生产所需要的产品，成为大工厂有力的助手，使大工厂能集中力量生产更多的高级产品。安纺一厂过去每天用一百多人抹纱管脚纱，现在帮助庙后街办了棉织厂，不但原来一百多人节省下来，而且厂内需要的包皮布也全由棉织厂利用脚纱生产了；火柴厂过去有四十多人专门糊火柴盒子还不能满足需要；街道办了糊盒厂，就保证了盒子供应；电器厂缺乏原料，需要回收旧电池，街道办起加工厂之后，仅半个月就加工两万多斤废电池，帮助电器厂克服了原料不足的困难。

随着街道工业的迅速发展，愈来愈多的家庭妇女和闲散劳力也都参加了生产劳动。据统计，全市最近二十天内就有四千○六十个居民参加了街道工厂，占居民总数的百分之五十以上。这些居民由于亲自参加劳动，精神面貌也起了很大变化：家庭纠纷减少了，邻居关系改善了，参加政治活动更积极了，而且街道工业的发展，对于提高居民的生活水平，也起了很大作用。

依靠群众　自力更生　大办街道工业　大办社会服务事业

哈尔滨纯化街变消费街为生产街

实现"五化"——生产化、托儿化、食堂化、服务化、学习
普及化,有力地促进了生产持续跃进和人民生活的改善

（一九六〇年三月二十七日）

哈尔滨 21 日电　哈尔滨市道外纯化街,在街道党委的领导下,大搞群众
运动,大办街道工业、集体福利事业和社会服务事业,全街基本上实现了"五
化"(生产化、托儿化、食堂化、服务化和学习普及化),从而把消费街变成生产
街,把分散的家务劳动变成社会劳动,有力地促进了生产持续跃进和人民生活
的改善。

原来的纯化街,仅有一些商店和小型手工业工厂。住在这里的居民有一
万零一百多户,居民中的广大妇女,都从事繁琐的家务劳动。1958 年以来,党
提出全党全民办工业号召,大大鼓舞了这条街上的居民,立即出现了一个有人
出人、有钱出钱、有技术出技术、有房子出房子、有机器出机器的群众办工业的
热潮。一个多月的时间,就集中了价值十万多元的旧生产工具和生产物资,还
有民房二千五百多平方米,技术工人一百五十多人,办起了二百九十个小工
厂。一年来,经过调整,建立起五金、服务等十八个工厂。目前,这个街已经
有了自己的工业、商业、文化教育、卫生、福利等事业;能够生产服装、鞋帽、
五金产品、塑胶、电气器材、纸制工艺品等一百六十三种产品。在工业生产
上,他们贯彻了"三就"(就地取材、就地生产、就地销售)、"四为"(为出口
贸易服务、为大工业服务、为农村服务、为人民经济生活服务)的方针,采取
了集中管理、集中生产,统一管理、分散生产等形式,把有劳动能力的家庭妇

女和闲散劳动力组织起来,一年来为国家创造了一千五百多万元财富。随着人人参加生产,人民生活水平也大大地提高了。像第二居民委员会三百八十一户人家,每户每月平均收入由原来的五十七点九六元增至八十三元。人们写诗说:党的政策放光芒,大办工业放红光,幸福生活谁赐给,感谢中国共产党。

在组织居民参加生产劳动的同时,纯化街的党委贯彻了一手抓生产、一手抓生活的方针,发动群众自己动手,大办集体福利事业和服务事业。目前,他们已办起了三十六个公共食堂,六十五个家庭互助食堂,建立了五十六处托儿所和幼儿园,还有为便利职工临时上街办事或学习、看戏而组织的一百二十五所托儿组、托儿户和临时收托的钟点站,入托儿童达四千一百多人,急需入托的儿童全部入托。街道又为学龄前儿童举办了六十五个幼儿园,已经把 60% 的学龄前儿童组织起来,聘请二百六十名少先队员担任小先生,教他们认字、唱歌和组织各种集体活动。这里还以国营商业部门为核心,组成了二百二十七处生活服务站和生活服务组,已形成了委委(居民委员会)有服务站,组组(居民小组)院院、楼楼有服务点、机关企业有服务部的社会生活服务网。这些服务站(点)为居民办理吃、穿、烧、用、住、拆洗、缝补、接送孩子、请医生、修鞋、理发、美化家庭环境卫生、订书报、储蓄等六十多种服务项目,不仅担负起居民的家务琐事,还为居民筹备婚丧事宜,这样,就大大有利于合理分配商品,大大便利了居民的日常生活需要,因而受到了群众的热烈赞扬。家务劳动社会化,直接促进了生产。松江电机厂女工陈淑珍,过去因为办家务事经常迟到,自从街道办起服务站,她就不迟到了。精益制花厂的二十八名女职工,由于解除孩子牵挂,集中精神搞生产,有十一名被评为红旗手。

家务劳动社会化之后,广大居民对文化生活的要求更加迫切了。为了满足这个要求,纯化街举办了二十五所包括文盲班、小学、中学到大学的街道业余文化学校,吸收了三千六百多居民参加学习。此外,还组织了二百九十五个时事理论学习小组,建立了图书馆、文化馆和业余文工团,在街道上还举办了两个卫生所和保健院,拥有五十余名中西医生,三千多个家庭病床,基本实现了病人不出门,医生登门治疗,对保证人民健康事业、预防疾病起了很大作用。

由于实现了"五化",大大地提高了居民的思想觉悟,改变了精神面貌,以帮人为荣的共产主义风格,在广大居民中间大大发扬,加强了邻里之间的团结友爱,成为一个和睦大家庭。

(黑龙江记者组)

办好城市人民公社
组织人民的生产和生活

中共郑州市委书记处书记　牛万里

（一九六〇年四月七日）

　　郑州市组织人民公社，是从一九五八年八月中旬开始的。一年多以来，在党中央和省委的领导下，经过一系列的工作，城市公社已经走上了巩固发展的道路。

　　郑州市是一个新兴的工业城市，市区共有六十万人，一九五八年在社会主义建设总路线的鼓舞下，广大群众政治思想觉悟空前提高，迅速掀起了全民办工业的高潮，由于生产大跃进，一部分妇女要求把家务劳动社会化。清真寺街的群众，敢想敢干，自动地推倒了界墙，出人力，腾房子，找设备，建立起公共食堂、托儿所，还办起一些零星的集体生活福利事业。省委对这一做法极为重视，当即指出：必须在大力发展生产的前提下，相应地组织群众生活福利事业。市委分析了当时群众的迫切要求，认真贯彻了省委的指示，及时总结和推广了清真寺街的经验，使我市群众集体生活福利事业迅速地发展起来。到目前，已建立起街道公共食堂五百八十个，加上工厂、企业、机关、学校原有食堂，就餐人数已占市区总人数的百分之七十；举办幼儿园、托儿所二百七十二个，入园入托儿童占全市适龄儿童的百分之五十一点八；试办了敬老院十四所，入院老人二百四十九人；设立了服务站一百九十九个，服务点九百八十个，共有服务人员四千二百三十人，形成了一个群众性的服务网。

　　随着城市人民公社的建立，随着生活集体化，全市进一步挖掘出劳动力五万〇九百三十一人，其中妇女四万八千〇二十三人。输送到国营工厂企业的一万四千余人，其余则分别参加了街道工业生产和社会服务事业。

建立城市人民公社,全面组织人民经济生活,解放了大批劳动力,大大促进了工业生产。一年多来,全市办起了街道工厂七百四十三个,职工达二万〇六百多。一九五九年街道工业总产值是四千五百三十九万元,比一九五七年全市手工业合作社(未转地方国营前)的总产值还多百分之二十四;一九六〇年一、二月份的街道工业总产值为二千七百二十万元,相当于一九五九年全年总产值的百分之六十。产品品种,由一九五八年的一百一十三种,增加到一九五九年的七百五十五种。街道工业迅速成长壮大,已经成为地方工业的重要组成部分,对支援国家工业建设、对支援农业生产和改善城市人民生活,都起了重要作用。

经过一年多来的实践,我们体会到要组织城市人民公社,组织人民经济生活,必须做好以下几方面的工作:

第一,加强党的领导,坚持政治挂帅,大搞群众运动。组织城市人民公社,是广大群众的迫切愿望和要求,因此,他们情绪很高,干劲很足。但是如同其他工作一样,必须经过大宣传、大教育,使组织人民经济生活的重大意义深入人心。我们在成立人民公社和全面组织人民经济生活时,各级党委都组织了工作组,深入重点,及时总结经验,召开现场会议加以推广。群众方向明确了,纷纷提保证、表决心,踊跃参加人民公社和各项服务工作。国棉五厂一号至五号楼的三百六十一名家属,经过宣传教育后,有二百一十四人随即报了名。

第二,以生产为中心,全面组织生产和生活。只有从生产上把群众组织起来,才能使组织人民经济生活工作巩固地发展。在发展生产中,我们始终贯彻了为国家建设服务,为农业生产服务,为城市人民生活服务的方针。没有资金,群众提出"翻天覆地,挖掘潜力,积累资金,依靠自己"的口号,自动拿出多年的"私房"积蓄;没有设备,就东拼西凑,土法上马;没有材料,就充分利用废料;不会技术,就到处拜师学艺,刻苦钻研。终于有效地突破了办工业所需要的资金、设备、技术、材料的困难,使工业生产迅速发展起来。

除了积极发展工业生产外,还大力发展养猪种菜等副食品生产。到今年年初,全市有三百七十三个单位达到肉食自给或半自给,有效地改善了人民生活。

第三,充分发挥财贸部门的作用。财贸部门直接担负着商品交换、分配的任务。在组织人民经济生活的高潮中,我市财贸部门积极地调整了商业服务网,增设了较大的综合商店、事业商店和流动车、流动摊,开设了早点和夜宵店。为了合理地分配商品,改进了商品供应办法,对病人、产妇和婴儿都给予照顾。国营服务部门还建立了专为母子服务的"妇婴旅社",为病人服务的"健康旅社",为农民服务的"农民旅社"。饮食业为了照顾各种人的不同要求,建立了细食店、风味店、招待餐厅等。修配行业普遍改变了服务方式,开展了登门接送,补旧翻新等服务项目。但是,人民经济生活是极为细致复杂的,除了国营商业以外,还必须大力组织群众的各项服务事业。

第四,注意做到实事求是,因地制宜,灵活多样,逐步发展。由于每个人的生活习惯,经济收入,居住条件不同,要求也就不同。因此,我们从不同的实际需要出发,举办了各种集体福利事业。在建立服务站中,对工厂集中、职工较多的建设区就多办了些理发、洗澡、浆洗、缝补、代销商品等业务。在举办托儿所中,有全托、日托、夜托、临时托等形式;有的幼儿园还办了小学辅导班,把家庭无人照管刚入学的儿童,继续留在园内,辅导他们学习,并照管他们吃饭、穿衣、住宿,给学校和家长都带来了方便。

第五,发挥各有关部门的相互配合作用,相应地建立统一领导的组织机构。组织城市人民公社是细致复杂的工作,牵涉面也很广,除了与财贸部门有直接的关系外,也是工会、妇联、共青团、民政等部门的工作任务之一。为了把组织人民经济生活工作做得更好,我们在市委的统一领导下,由财贸、妇联、民政等有关部门参加,成立了"人民经济生活委员会"。各基层单位成立了"人民经济生活小组",经常根据上级指示,加强调查研究,征求群众意见,总结推广先进经验,具体领导这一工作。

建立城市人民公社,全面组织人民经济生活,是有关生产高速度发展、有关全市人民切身利益的工作,是实现生活集体化的重要措施。

万能服务部

全国人民代表大会代表　李冬青发言摘要

（一九六〇年四月七日）

扩大服务范围　增加服务项目

武汉市武昌区民主路户部巷的"万能服务部"，是由一九五八年八月组织的服务站逐步发展起来的。当时只有洗衣、缝衣、供应开水、代办储蓄等四个站，服务人员仅有十四人。随着社会主义建设事业的发展，在街道党总支部的领导下，目前已经成立公共食堂三个，有五百多人搭伙；幼儿园、托儿所（包括简易园所）十七所，收托幼儿四百七十七个；生活服务事业站十八处，每天服务达到一千四百多人次；开水、热水站四处，每天供应六百人用水。另外还有商品代销店和小卖部十二处，家务劳动互助组三十个。服务内容应有尽有，仅生活服务站的服务项目就有洗衣、缝补、打扫房屋、代购东西、代办婚丧事、粉刷裱糊房屋、护理病人和孕妇、代理搬家送货、帮助旅客寻亲访友、引路投宿等五十多项。它已经开始把人民经济生活全面地组织起来了，成为"万能服务部"，群众称它为街道的"总务科"。

经过学习北京二龙路和天津大伙巷等地服务站的先进经验，通过党的八届八中全会文件的学习和开展反右倾、鼓干劲的教育运动，并在实现一九五九年"红到底"和一九六〇年"开门红"的战斗中，又学习了重庆上清寺全面组织人民经济生活的经验，以及随着形势的发展和广大群众的要求，服务站不断扩大了服务范围，增加了服务项目，由原来的四个服务站扩大到现在的十八个专业分站，服务项目由六十三种增为三百五十多种，使服务工作登上了广泛地组织人民经济生活的新高峰,做到了"户户无闲人,人人有事做;服务普遍化,琐事全包下;事事不担忧,样样送到手;一切为生产,红色后勤部"。户部巷居民委员会现在已经基本上实现了"五化",即家务劳动社会化,吃饭食堂化,孩子托儿化,代销店普遍化,服务全面多样化。

服务工作千条万条　服务生产是第一条

服务工作千条万条,服务生产是第一条,她们提出"一切为生产服务,为党的中心工作服务"。只要有利于生产,服务员不论晴天雨天,白天黑夜,随叫随到,哪里需要就到哪里,下厂服务已经成了服务部的制度,附近的三十六个工厂、机关、餐馆等单位的职工,成了她们的服务对象。每天,服务员们带着针线、剪刀、碎布和洗衣工具,热情地走到工厂,见脏就洗,见破就补,她们关心职工胜过亲人。如武昌棉织厂的职工杨淑英因棉袄过大,穿上不暖和,请服务站的陈玉清服务员代为翻改,陈玉清因为白天开会忙没改成,到了晚上,北风呼呼地刮起来了,天气转冷,这时候她想起杨淑英脱下棉袄的时候,只换了一件单薄的棉袄,天这样冷,要是冻病了,不仅人吃亏,生产也受影响。于是连夜赶做,直到深夜四点钟改好了,天刚发白就把棉袄送过去了。当杨淑英穿上这件合身的棉袄时,感动得好久说不出话来,激动地说:"服务站比我的亲人还要亲啊!"

对于孩子多、家务重的双职工(夫妇均参加工作),更是照顾得无微不至,服务员分别与自己同屋住的或左邻右舍的双职工挂上钩,上门服务。如一纱厂工人王培芸有五个孩子,过去屋里常常弄得一团糟,生产时一心挂两头,自从服务站上门服务后,每天只要把钥匙交给服务员,就可以无牵无挂地去上班,她常对服务员说:"你们服务这样周到,真像有个老人在家里一样。"

食堂和开水站做到工人战斗在哪里,热茶热饭供应在哪里,托儿所、幼儿园做到随送随收。如果妈妈们开会或生产忙,保教员就不离园,做到了让妈妈们能安心上班生产。

有了服务站　　到处是亲人

对于孤老残废、烈军属、孕产妇等人，照顾得更是无微不至，并给以亲人般的体贴和安慰，对在行动上有困难的还作到天天为他们送饭、送热茶热水，打扫房屋，还代煎汤熬药。群众反映很好，有的说："这比孝子还好些。"都说："党对人民真关心，有了服务站，到处是亲人，就像一个温暖的大家庭。"

服务部为了方便群众，更好地为群众服务，还设立了四处服务箱，每天开两三次，群众有事，只要在附近的箱内丢个字条，服务员就会上门服务，真是"事事不担忧，样样送到手"，人人满意。

另外，服务部每天还要接待几百个来自四面八方和提出各种各样要求的人，有本市的、外地过路的，有工人、农民，有老年人、小孩，服务员都像接待亲人一样地去接待他们，尽量把困难留给自己，把方便让给别人，处处为群众着想。如有一个路过武汉来北京的旅客，当时急需一顶合适的棉风帽，因为时间紧，缝纫店都不肯做，就让服务部代做这顶棉帽子，服务员立即答应了这个要求，当夜做成，按时把帽子送到旅客手里。服务部就是这样有求必应，全心全意地为群众服务。

各尽所能　　灵活方便

户部巷自成立"万能服务部"以来，凡是有劳动力或半劳动力的妇女，基本上都组织起来了，分别参加到社会各项生产。在普遍发动、自愿报名的基础上，组织了二百二十五名妇女参加了服务工作，充分发挥了家庭妇女的潜在力量。服务部根据个人的特长和劳动力的强弱，分配她们参加各种不同的服务工作，比如会缝纫的到缝纫站，会理发的到理发站，有劳动力的到劳动服务站，家务活少的到站内工作，家务活多的把活带回家去做。这样，做到了各尽所能，灵活方便，既照顾了家务，也参加了社会活动，又增加了个人收入，一举三得。同时,服务部还组织了家庭妇女的大搞副业生产,比如撕麻、包药、打鞋底、粘纸袋等,还养了二十八头猪,鸡鸭五千五百二十五只,种菜二点五亩,进一步地改善了群众的生活。这正如列宁所说的:"……只有在开始把琐碎家务普遍改造为社会主义大经济的地方,才有真正的妇女解放,才有真正的共产主义。"

为群众服务最光荣

户部巷"万能服务部"逐步发展到全面组织人民经济生活,主要是由于党的领导和群众觉悟的不断提高、政治思想挂帅的结果。在开始建立服务站的时候,有的人有着错误的看法,认为"服务站尽是做些伺候人的事,没有出息","干这种事拿钱少,又麻烦,还不落好"。街道党的组织针对这些思想,组织群众学习辩论,划清光荣与不光荣、有出息与没出息的界限。党总支书记说得好:"什么叫丑不丑,为群众服务是最光荣的事。"他还亲自挑着担子上街喊叫"修焊白铁!"支部书记也在百忙中抽空参加服务工作,因而扭转了群众的错误看法,服务员都感动地说:"我们和支部书记一比,真要加油干才行!"在党的总路线和社会主义教育的基础上,特别是通过学习毛主席的著作,群众觉悟进一步提高,划清了两条路线、两种思想的界限,提高了"我为人人、人人为我"的集体主义思想和劳动光荣的观念,人人以争先参加服务工作为光荣,如过去有些宁愿在外边做临时工而不愿搞服务工作的人,也自动地参加了服务部的工作,做到了人人关心集体,以站为家。大家一致表示树雄心、立大志,要高速度飞步向全国先进水平看齐,把服务工作推向全面跃进的高峰。

目前,她们在党所提出的开展以机械化、半机械化、自动化、半自动化为中心的技术革新和技术革命的运动中,掀起了大闹技术革新的高潮,迅速地革新了洗衣机、切菜机、量米机、万能灶等十一种工具、炊具,现在还正在继续革新创造,为提高服务质量,更好地为不断满足群众的要求而努力。

我们是怎样组织人民经济生活的

中共重庆市委书记处书记　辛易之

（一九六〇年四月八日）

　　正确地组织人民经济生活和指导人民经济生活,不仅是群众的迫切要求,而且也是促进生产、加速社会主义建设发展的一项十分重大的任务。特别是1958 年以来,随着生产建设事业的飞跃发展,由于城市的广大家庭妇女参加了生产劳动,更迫切需要组织好人民经济生活。现在重庆市的各厂矿区和街道,在党的统一领导下,通过商业、财政、银行、民政等部门以及工、青、妇各群众团体的协作配合,已经掀起了一个组织人民经济生活的群众性运动。这项工作的开展,使得广大闲散的居民,从往日的消费者变成生产者,从一家一户的各不相干的生活,走向了互助互爱、团结和睦的社会主义集体生活。目前全市大约有十八万妇女摆脱了家务劳动,参加了生产和工作。这样一来,居民收入普遍增加,因而生活得到进一步改善。为适应集体生产劳动要求,全市基本上实现了家务劳动社会化,街道和厂矿区居民已建立起公共食堂三千七百多个,有 80% 以上的居民搭伙;办起了托儿所(站)一万七千多个,有 60% 的适龄儿童入托;组织了群众自我服务组织三千多处,在工矿区和主要街道,已经形成了一个广泛的服务网。

　　实践证明:这一工作,是深得人民热烈拥护的,这是大跃进的产物,是贯彻执行党的社会主义建设总路线的伟大胜利,也是正确贯彻毛泽东同志关心群众生活这一指导思想在实际工作中产生的伟大胜利。

几点作法

在组织人民经济生活的方法上,我们主要是从组织居民参加生产,举办集体福利事业,合理分配商品,指导生活消费四个方面进行的。

第一、组织居民参加生产。组织群众参加社会主义建设,从事生产劳动,是群众的根本要求,也是改善群众生活的根本途径。毛主席早在 1943 年就教导我们:"在财政经济问题上,应以百分之九十的精力帮助农民增加生产,然后以百分之十的精力从农民取得税收。对前者用了苦功,对后者便轻而易举"。我们组织居民生产,一方面是动员了大批劳动力参加了大工厂的生产,另一方面把半劳动力、辅助劳动力组织起来,充分利用社会上闲散的劳动力,进行各种生产劳动。现在全市居民、厂矿、学校共养猪十二万八千多头,养禽九十四万只,种菜两万多亩,已有四百五十多个集体伙食单位,按现行供应标准实现了肉食自给,全市的各街各段都有组织居民生产小百货的工厂和生产小组。此外,还组织居民发展修配业务,串街串巷,上门服务,就地取材,以旧补旧。现在全市有一千四百八十多个修补店和三百五十多个流动修补小组,共有服务人员七千多人,形成了一个星罗棋布的服务网。这样,我们就把全市90%以上的居民组织起来,参加了各种生产和社会服务劳动,为社会创造了大量财富,为自己增加了收入。

第二、举办居民的集体福利事业。在生产劳动发展的基础上,我们根据"群众的事情群众办,大家的事情大家管"的精神,主要是举办公共食堂、托儿所和生活服务站等事业。

(1)根据群众生产、生活的不同特点和要求,办好各种集体食堂。如在厂矿区有大型食堂、联合食堂;在街道有居民食堂,还有流动食堂、儿童食堂等。商业、粮食部门和民政部门、妇联、街道组织对公共食堂实行"五帮":帮助街道地段对居民群众进行政治思想教育,帮助解决设备,帮助食堂提高烹调技术,帮助解决货源,帮助建立经营和民主管理制度,并且根据需要和可能,在食堂内设立小卖部,设立供应开水热水的老虎灶,设立简易浴室,设立茶园,满足搭伙群众在这些方面的需要。由于公共食堂不断提高了服务质量,因而深受欢迎,搭伙人数不断增加,全市有80%以上的人口在食堂搭了伙。

(2)广泛组织群众生活互助,分区、分片举办生活服务站。修理、拆洗、缝补、理发、浴池等服务事业,在各个厂矿区和街道均有普遍发展。同时,商业部门也办起"万能服务部"四百多个,解决其它方面不能解决的、而又为群众所必需的一切生活问题。这就形成了以国营服务事业为骨干,与群众举办的服务事业相互配合,而又相互补充的服务网。在社会生活福利事业中,具体地贯彻了"两条腿走路"的方针。同时,以生活服务站为中心,又按地段组织群众生活互助,全市已有七百七十个生活互助组,参加人数有一万二千多人,他们在打扫家庭清洁、照顾小孩、购买东西等零星家务劳动方面,都是互相帮助,不分彼此。

生活服务站和群众所举办的其它生活互助组织,是一种新型的社会福利事业,由于它为群众自我服务,又为社会服务,因而深得群众爱戴。例如在市中区七星岗街道生活服务站举办的服务项目,已有一百多种,家里无人照顾的生病老人,得到服务站经常照顾;有一些群众的婚丧大事,也一概委托服务站办理。在南岸区上新街,甚至外来旅客也经常找服务站代买东西或者寻人、问事。还有外地居民,委托服务站长途接送子女的。所有这些,都说明了它已成为群众生活的重要依靠,在群众中享有很高的威信。

(3)积极办好街道托儿所。办托儿所的原则是:"因陋就简、因地制宜、照顾特点、方便群众。"如忠恕坨地区由商业部门和工厂家属委员会协助居民建立起了一套托儿组织,包括有幼儿园、托儿所、婴儿室、临时的托儿所、计时托儿站。婴儿满月以后,就可以入托,直到入小学。这个地区三千多个儿童有90%都入了托儿所,这样孩子们高兴,家长们参加劳动也放心。

第三、组织合理分配商品。全市商业部门依靠生活服务站、家属委员会等组织,进行商品合理分配,以适应广大群众不同的需要。商业部门采取群众路线的工作方法,深入群众,全面了解消费变化情况,切实掌握供应人数及不同类型人的消费特点。按照"保证重点,照顾特需,集体优先,安排一般"的原则,组织合理分配。同时,商业部门又依靠公共食堂、生活服务站等组织了群众性的代购和代销。这样,就在全市范围内,形成了一个以地区商店或工矿区贸易商店为中心的而又适合群众要求的商品分配网,既保证了群众的合理需要,又加强了商业工作的计划性。

第四、指导居民消费。这方面主要是积极帮助居民安排生活,指导消费,提倡节约。主要作法是:(1)作好储蓄工作,开展爱国储蓄运动。(2)帮助群众安排计划开支,储蓄员一般都做到熟悉居民经济情况,协助群众精打细算,细水长流过好日子。(3)开展勤俭建国、勤俭持家的经济宣传,大力宣传勤俭朴素的好人好事,养成节约的社会风尚。

几点体会

组织人民经济生活是一项经济工作,也是一项政治工作,群众工作。因此,必须切实贯彻执行群众路线,运用群众路线的工作方法进行工作。同时,由于它关系群众的切身利益,是一项很重大的政治任务,具有很强的政策性,因此,还必须保证党的绝对领导,并在党的统一领导下,相应地加强组织机构来具体推动工作。根据实际工作的体会:

(一)为了切实贯彻执行群众路线,组织人民经济生活必须树立坚定的群众观点,一切依靠群众,一切相信群众,一切通过群众。依靠广大群众的自觉性与积极性,很多工作就可以顺利地进行。如上新街等地区在组织集体生活福利中,由于普遍发动了群众,很多家庭妇女自动要求组织义务服务员,她们采取了包院、包段的方法,把左邻右舍的家务事安排得妥妥当当、整整齐齐。由于很多工作交给群众自己办理,就激发了大家的责任感,只要对集体生活有利的事,人人当仁不让。因此,在很短的时间内,就建立了群众自我服务网。在分配商品工作上,哪里依靠了广大群众,哪里就做到分配合理,群众满意。

(二)组织好人民经济生活是一项细致的、复杂的工作,在党的统一领导下,把有关方面的力量,特别是财贸部门、民政部门、妇联、街道居民委员会等组织起来,拧成一股绳,统一行动,分工协作,这是保证做好工作的根本关键。上新街在组织人民经济生活中,大搞一条街大协作,街道党委除负责全面抓居民生产、生活、教育外,并重点领导居民生产,提高群众生活水平;地区商店除全面负责组织居民生活外,并负责搞好服务网点和帮助办好集体食堂;粮站负责安排好口粮,提高伙食质量;蔬菜、食品两个商店除作好供应外,并负责发动群众养猪、种菜、改善生活,妇联负责办好托儿网,银行部门负责解决房屋、设备和建立集体食堂的管理制度;厂矿、机关、学校主要是反映情况,宣传政策;区街人民代表、派出所负责组织群众、发动群众、进行宣传,选择并确定服务人员。这样各方分工,共同协作,做到了事有所归,责有所专,就实现了全街各行各业的大跃进,促进了生产的大发展。

(三)为了组织好人民经济生活,还必须有一套相应的组织机构。最近时期以来,重庆市在调整商业网的基础上,成立一揽子式的地区综合零售商店和贸易商店。它既经营吃的、穿的、用的,又搞生活服务。这种商店和街道基层政权的设置对口,就是说有一个街道人委,就设一个地区商店。这就有利于在街道党委统一领导和安排下,行动一致,步调一致。在市区主要街道,还保留和设立各种类型的专业商店,经营某些高级品种和具有特殊风味的菜肴、特产,适应"人民群众的需要总是大体相同,但又有所不同"的特点。同时,在厂矿街道党委领导下,要吸收消费者代表和居民积极分子参加商业监督,并协助商业部门具体安排好每家每户的生活。

组织好人民经济生活,这是党的一贯政策。毛主席早在 1934 年就教导我们:"一切群众的实际生活问题,都是我们应当注意的问题。假如我们对这些问题注意了,解决了,满足了群众的需要,我们就真正成了群众生活的组织者,群众就会真正围绕在我们的周围,热烈地拥护我们。"多少年来,全党遵循毛主席的教导,把组织群众的经济生活作为领导革命斗争和生产建设的一个密不可分的部分,因而团结了广大群众,战胜了困难,取得了无数次的胜利。党的八届六中全会又提出了"一手抓生产,一手抓生活"。大跃进以后,群众收入普遍提高,对物质需要也不断增长。形势要求我们,应当根据各个时期生产发展的状况,来合理地组织商品分配,指导群众消费,把分散的消费与社会主义有计划的生产联系起来。这是社会主义建设事业中的一个重要问题。随着生产的持续大跃进,更迫切需要我们加强这方面的工作。因此,组织人民经济生活,不仅促进生产发展,而且也关系着人们生活方式和精神面貌的改变,是改造旧城市,建设社会主义新城市的一个重要方面。但是,这项工作是细致的、繁重的,随着社会主义建设事业的不断发展,工作还要做得更加全面、更加细致,它的内容和形式还要不断的充实和提高。根据重庆市的具体情况,我们准备进一步巩固和发展这一工作,把人民经济生活安排得更好,因地制宜地举办更多的集体福利事业,使人民生活得更加愉快,生产和工作得更加有劲,以加速社会主义建设。

毛主席搭了幸福台　劳动人民走上来

香坊人民公社健全发展香飘万里

以国营大厂为中心，广泛组织社内大协作、工农大协作，
解放了妇女劳动力促进了生产大跃进

（一九六〇年四月八日）

据新华社哈尔滨 7 日电　以哈尔滨市香坊区的国营大企业哈尔滨轴承厂为中心组织起来的城市人民公社——哈尔滨市香坊人民公社，从 1958 年 9 月举办以来，已经把全区的大厂、小厂和街道、职工和居民、工业和农业等各个方面，从生产到生活，全部组织起来，促进了生产的大跃进，解放了妇女劳动力。

"打成帮，连成片，永远不分散"

香坊人民公社是在 1958 年 8 月生产大跃进的高潮中诞生的。在当时的工农业生产大跃进中，哈尔滨轴承厂的生产任务连续增加六次，最大的矛盾是劳动力不足。同时，因生产发展太快，原来与外地工厂的协作配套关系也远远不能满足生产的需要。在这种情况下，哈尔滨轴承厂就组织职工家属成立了"家属生产服务社"，为工厂作辅助性的生产，又成立"艺工学校"，吸收当地一部分居民参加半工半读，但仍不能完全解决问题。接着，中共轴承厂和中共香坊区委就酝酿试办一条"轴承大街"，把轴承厂周围几条街的居民都组织起来为这个厂服务。恰好那时毛主席发出了"还是人民公社好"的伟大号召，这个区的人民群众十分高兴，认为既然在农村可以办人民公社，也就可以根据城市的特点办城市人民公社。中共香坊区委根据大跃进的需要和群众的要求，就

从 8 月下旬开始筹备试办香坊人民公社,这个消息像春雷一样传遍了香坊区的大街小巷,人们欢欣鼓舞,奔走相告,纷纷要求入社。街道居民自动串连,大办工厂,大办公共食堂、托儿所等集体福利事业,用实际行动迎接人民公社的建立。就这样,黑龙江省第一个城市人民公社——哈尔滨市香坊人民公社就在 1958 年 9 月 27 日正式成立。

香坊人民公社成立一年多来,不仅在群众的心中扎下了根,而且已走上了健全发展的道路。广大社员——不管是职工、农民还是街道居民,对公社都表现了无限的热爱,他们把自己同公社的关系说成是:"打成帮,连成片,永远分不散。"人们歌颂这个公社说:"毛主席搭了幸福台,劳动人民走上来,山在水在石头在,穷苦一去不再来。"香坊人民公社一经建立,便在促进生产大跃进、大发展、解放妇女劳动力、提高人民的文化科学技术水平和物资生活等方面,显示出了巨大的优越性,并且随着公社的发展,逐步在全社的范围内形成了四网:生产协作网、人民经济生活网、文化教育网和科学技术网。

社内形成大中小企业的协作网
生产一片热气腾腾全面大跃进

香坊是哈尔滨新兴的工业区,这里的十八个国营工厂和地方国营工厂之间原来就有一般的协作关系。公社一成立,过去厂与厂之间那种分散的外部协作变成了公社内部有组织、有领导、经常性的大协作。大批兴办起来的社办工厂,都组织起来为大厂加工辅助性生产配件,和利用大厂的边材余料,生产人民生活需要的各种日用品,弥补大工业的不足;各大工厂也热情地扶植社办工厂,并逐步形成了大中小企业密切结合的生产协作,解决了各大厂的辅助性生产的协作问题,使许多原来需要到千里迢迢的外地去加工的配件在当地就能加工。公社为了保证重点工厂的大跃进,采取大中小企业密切结合的办法,把兴办起来的几百个小工厂加以整顿合并成为翻砂、机械、金属、铆焊等二十九个工厂,分别同大厂挂钩,为大厂加工各种配件。

公社组织社内生产大协作和全党全民保重点的结果,使公社内出现了一片热气腾腾、生产全面大跃进的局面。哈尔滨轴承厂 1958 年生产比 1957 年翻了一倍半。1959 年又提前六十二天超额完成国家计划。今年第一季度轴承厂又提前十天超额完成了生产计划。公社的新办工业生产也扶摇直上,产质产量成倍增长。全社大大小小的工厂,从建社以来月月季季超额完成计划,1959 年工业总产值比 1958 年提高 62%,今年第一季度又提前二十三天实现了满堂红。

成千上万的职工家属和家庭妇女
成为各个生产战线上的重要力量

在生产全面大跃进中,香坊人民公社大批在一年以前还是家庭妇女的女职工,由于勤学苦练,迅速提高了业务技术水平,已经成为各个生产战线上的一支重要力量。像轴承厂的电修、翻砂、磨光等工种中的新技术工人,原来都是家庭妇女,现在基本上能独立操作了。女职工们在技术复杂的劳动中,显示了智慧和力量,白手起家建立小五金厂的十名家庭妇女,开始时一点技术也不懂,在老工人的热情指导下,她们凭着顽强的意志,在一年多的时间里,就掌握了钳工、冷压、烘炉、截断等生产技术。北京地质学院用的活动房子上的零件,哈尔滨最大民用建筑北方大厦上的异形窗钩,都是她们生产的。随着生产的发展和广大家庭妇女就业,社员的生活水平有了显著提高。据安埠街八千三百三十户,一万九千二百〇一人的调查,1959 年社员收入比建社前提高28.6%。由于生活水平的提高,人们的文化生活也更加丰富多彩了。

由于生产大发展,成千成万的职工家属和街道妇女喜笑颜开地参加了社会生产。集体生产和分散个体生活的矛盾使她们迫切要求从生活上也组织起来,要求大办公共食堂、托儿所和生活服务站。根据群众的要求,公社在职工家属宿舍和居民大院兴办起了公共食堂三百四十六个,托儿所、幼儿园二百六十六个,生活服务和服务组三百多个,由三千一百多名服务员代替了一万多名家庭妇女的家务劳动。这样就在全社范围内形成了一个纵横交错的组织人民经济生活网。这个人民经济生活网以国营商业和服务行业为骨干,把公社的公共食堂、托儿所、幼儿园、服务站都组织了起来。

成千上万的职工家属和街道妇女走上生产岗位，参加社会劳动以后，迫切要求学习文化，同时，以机械化、半机械化、自动化、半自动化为中心的技术革新、技术革命运动的蓬勃开展，也使广大职工要求迅速提高文化技术水平。而公共食堂、托儿所、幼儿园、服务站等集体福利事业的大量兴办，就使女职工们每天下班以后可以没有牵挂的到业余学校去学习文化和技术。根据职工们的要求，香坊人民公社发动群众办起了各级各类业余学校五十一所，使 86% 的职工都参加了文化学习。公社的社员不仅参加文化学习，而且组织了各种科学研究小组和学会，进行了科学研究活动。现在，全社从各个大中工厂到街道居民委员会，已经成立了二十一个科学研究所，几十个科学研究协会，拥有三千多名科学研究协会会员。去年一年，这个公社共完成了一百〇九项科学研究项目，现在这个公社的科学技术网正在迅速形成中。

香坊人民公社的广大社员，从生产到生活全部组织起来以后，社会主义思想觉悟空前提高，在一年多以前还是家庭妇女的女职工们，现在不仅加入了工会，很多人还参加了共青团，有些人还提出了入党的申请。广大社员迫切要求提高自己的政治理论水平，最近全社又轰轰烈烈地掀起了学习以毛主席著作为中心的马列主义理论学习的高潮。社员们在集体生产、集体生活中得到锻炼，精神面貌有了显著变化。全社出现了：人人劳动，互相关心，热爱集体，邻里和睦的社会新风尚。

开展经常性的工农业大协作
使郊区农业生产面貌大改观

香坊人民公社在工业生产大跃进的同时，在农业生产方面贯彻了以菜肉为纲、为城市服务的方针，由于开展了经常性的工农大协作，使郊区农业生产面貌发生了很大变化。现在，这个社的农业大队在工业支援下已基本上实现了机耕和非田间作业机械化。工业帮助农业建立了五万平方米的温室，等于哈尔滨市过去六十年来所建温室总面积的一点三倍。最近这个公社的农村在工业支援下,已经建成了一条养猪自动线,从饲料粉碎直到粪便的清除,全部过程实现了机械化作业,这样,一个饲养员可养猪三千头,使这个公社发展六个万猪场有了保证。现在,这个公社已经建立了万米蘑菇场,还准备兴建万鸡场、万鸭湾、万米冷库、万米菜窖,十万米温室和三百万个盆菜。这些被人们称为十个"十万"运动,正在工业支援下,在农村里轰轰烈烈开展起来。

现在,香坊人民公社正在以它那一大二公的优越性,使这个公社生产集体化向着更高的程度发展。目前,香坊公社把过去由各个大大小小的工厂和街道各自一套用电系统变成了合作化用电,实际上等于增加了四千瓦的电力,并腾出大批的电气设备,用来支援了农村的电气化。公社还以哈尔滨轴承厂为中心,包括周围的轧钢厂、化工厂等十几个工厂企业,和一些机关、商店及上千户居民的范围内实现了合作化用水。目前,这个公社正向着全社实现合作化供水的方向发展。像这样大规模的城市用电、用水合作化,在公社成立以前没有把生产和生活统一组织起来的时候,是办不到的。

人人有工作　事事有人管
家务劳动社会化　工业生产大发展

石家庄桥东区人民公社万象更新

一年多来办起工厂六十九个,生产摊子三百四十五个,
食堂三百六十七个,托儿所一百二十六个,业余学校
一百二十二所

（一九六○年四月十日）

本报讯　河北省石家庄市桥东区人民公社,经过一年多来的发展,目前已进入巩固提高的新阶段。由于大办街道工业、大办服务事业、大办公共食堂、托儿所和文化卫生事业,公社内出现了"人人有工作、事事有人管、家务劳动社会化、工业生产大发展"的新气象。

到今年 3 月底为止,这个公社已经建立起固定的工厂六十九座;组织起编鞋、纳鞋底、纺棉花等各种生产摊子三百四十五个,使一万二千多名家庭妇女和街道闲散劳动力参加了社会生产;兴办了公共食堂三百六十七个,就食人数达六万九千九百多人,托儿所一百二十六个,入托儿童三千二百七十六人,幼儿园（队）五十六个,入院儿童二千九百六十四人;敬老院四个,有三十四位无依无靠的老人入了院,建立起分布在各街、巷、大院的一百十七个服务站和三百四十八个服务组,服务人员有二千○八十多人,形成了一个星罗棋布的群众生活服务网,服务项目达一百二十多项,基本上把群众生活中的吃、穿、用、生、老、病、死等事务总管起来。在文化卫生事业方面也有了迅速的发展。

桥东是石家庄市的老工业区,居民中 90% 以上是职工和他们的家属。自1958 年大跃进以来,随着这个地区的国营工业和地方工业生产成倍的提高,

一方面工业生产感到劳动力不足;另一方面,广大街道居民,在总路线的光辉照耀下,积极要求参加生产劳动。于是,在党的领导下,这个地区的居民群众在 1958 年 6 月间,就掀起了大办街道工业的群众运动,经过两个多月的时间,街道上办起了各种生产摊子七百八十多个,有一万多名家庭妇女和闲散劳动力参加了劳动生产。大量的家庭妇女参加生产后,出现了带孩子、做饭、洗衣等新问题。广大街道居民迫切希望摆脱这些家务劳动,安心搞生产。这时,桥东区的党和政府,在全国农村公社化的启示下,为了更好地发展工业生产,组织群众集体生活,于 1958 年 11 月在八个街道办事处的基础上,成立了桥东人民公社。公社一经成立,就受到了广大居民的热烈拥护,他们歌颂道:

> 人民公社好,人民公社强,
> 孩子有人管,吃饭上食堂。
> 衣鞋有人做,病了有人帮,
> 积极搞生产,感谢共产党。

桥东人民公社经过一年多来的发展,显示出巨大的优越性。首先是推动了工业生产高速度发展。人民公社成立后,就从组织生产开始,发动和依靠群众掀起了全民办工业的热潮。在发展街道工业生产中,公社党委确定了"三就""四自"的原则(三就:就地取材、就地办厂、就地加工;四自:自己找生产门路、自己解决设备材料、自己解决技术力量、自己解决资金),充分发挥群众的力量。广大居民在党的领导下,意气风发,千方百计地通过群众"献、借、找、凑、修、代、做"等办法,解决技术、设备、资金等问题,使街道工业生产迅速地建立和发展起来。到目前,已建立起固定的公社、街道工厂六十九座,产品达八百〇一种,1959 年的工业总产值比 1958 年增长了二点二五倍,今年第一季度的总产值又超过了去年全年的总和。

为了发展公社、街道工业生产,这个公社贯彻执行了"为国营大工厂服务和为国营商业服务"的方针,并且广泛地组织公社范围内的国营工业、地方工业和街道工业全面大协作,互相帮助、互相支援,促进了整个工业的不断跃进。一年多来,桥东公社的街道工业对大工业除人力上支援外,仅为大工业服务生产的产品达三百多种,街道工业成了大工业的有力助手。街道工业的发展也有力地支援了农业生产,他们先后为农业生产了五十九种产品,其中制作铁锹、镐头等工具十四万三千多件,生产土化肥六千七百七十吨,修配农具十三万七千八百多件。

桥东人民公社成立后,迅速地自力更生地举办了大量的集体生活福利事业和服务性事业,使公社内一万三千三百多名家庭妇女从家务劳动中解放出来。这个公社本着"积极办好、自愿参加"的原则,采取谁最需要,就组织谁;哪里最需要,就在哪里组织的办法,放手发动群众,大办集体福利事业。为了使新建的集体福利事业迅速巩固和提高,公社党委抽调了大批力量,到各街道食堂和托儿所组织中,通过现场传授技术,以师带徒和培养训练等办法,帮助群众提高技术,改进工作,建立和健全管理制度。比如大兴分社为了帮助群众办好食堂,编制了百余种炒菜谱,并且组成了两个技术传授队,一队带着流动锅灶,串街、串巷就地表演传授,一队深入到各食堂实地操作,帮助一般食堂的炊事员掌握了五十至六十种炒菜技术,因而各个食堂普遍增加了饭菜花色品种,提高质量,受到了群众的欢迎。在托儿所组织方面,通过培养保育、教养人员和整顿管理制度,目前这个地区已经建立起日托、喂奶、半托、全托等不同形式的托儿组织,基本上适应了广大妇女的不同要求。为了全面地组织好人民经济生活,公社党委还把百货、副食、蔬菜、粮食、煤炭等部门的力量统一起来,在各个分社内成立了综合商店,下设分布在各个角落的服务站、服务组,与群众服务员密切结合,形成群众性的生活服务网。并且以综合商店为主,吸收居民参加,成立了商品分配供应研究小组,根据不同的需要,依靠群众,合理组织分配商品。现在这个公社内的有些街道,已经实现了"居民不出院,老、弱、病、残不出屋"就能买到所需要的物品,大大便利了群众。

桥东人民公社为了满足从事生产后的广大妇女提高政治、学习文化和改善街道医疗卫生工作的需要,在街道中大量举办了工农业余文化学校和医疗卫生机构。目前这个公社已经建立起一个大专班。两个中等技术班和一百二十二所业余学校以及分布在大院里的读报组、识字班等,初步地建立起由小学到大专的教育体系。在医疗卫生方面,公社成立前,这个地区只有一所联合医院,现在除一所公社医院外,在各分社建立了保健站、医疗门诊部、妇产医院二十六所,并且培养了五千二百多名群众义务针灸员和保健员,分散在各街、巷里,形成了医疗卫生防疫网,大大减少了发病率。

随着广大居民群众参加社会生产过集体生活,人们的精神面貌也发生了变化,人们之间互相帮助、互相服务的集体主义精神大大发扬,邻里之间建立了互相关心、互相帮助的新关系。一种民主和睦的新家庭也已出现。

街道工业之花

——记石家庄市长安人民公社建设大街综合工厂的成长

王 林 士 楷

（一九六〇年四月十二日）

在石家庄市建设大街上有一座街道工厂。这座工厂是在 1958 年办起来的。开始只有两个人，一台胶面机，一种产品。可是，到现在这个工厂已发展到一百一十人，有了杂质分离机、锭带机、七尺元车、钻床、复写纸机、图钉机等，产品也逐渐增加到皮碗、复写纸、蜜蜂糕、淀粉、皮革等十五种。开办时只有八十元资金，去年一年上缴的利润就达五万多元。这是一个奇迹。因此，最近到这里来参观的人络绎不绝。许多人被它的成长事实所感动，称赞它是"街道工业之花"。

八十元起家

1958 年 6 月间，全市广大居民在党的领导下，掀起了轰轰烈烈大办街道工业的热潮。居住在国棉一厂宿舍中的两名家属——王寅生和叶文汗，也积极报了名。他俩一合计，决定生产能够就地取材、就地销售、操作简单的胶皮圈（即橡皮筋）。两个人凑了八十块钱，由王寅生从天津买了一台胶圈机和一些自行车废胶胎。这样，一个名叫"胶圈厂"的小工厂，就在石家庄市国棉一长宿舍中诞生了。这就是现在的综合工厂的前身。

胶皮圈生产出来了。他们两个人高兴地拿着产品到市场上去卖，开始，销售比较困难。经过一段时间，市文化用品部门知道以后，才把他们的胶皮圈全部包揽下来。有了销路,生产也有了发展。两个人的劲头也就大了。

不久,街道党组织向胶圈厂的人们提出了新的要求:向文具厂方向发展。虽然当时人们还不清楚搞什么文具生产,但是,却给了他们很大的启示。他们不分昼夜地四处奔跑,寻找门路。后来找到了做复写纸的门路,可是手头又缺乏资金。正在为难的时候,石家庄市塑料厂找上门来问他们能不能加工布条和制作一批盛塑料的大木桶。他们感到这是积累资金的机会,就立刻通过街道组织,找了二十多名家庭妇女,成立了剪布条生产组,开始加工布条。可是大木桶怎么制作呢? 一来没钱去买那么多木料,二来木料也不容易买到。经过大家商量,就派出几个人到市里去找木料。不久,在桥东区废品收购站里,发现有一千多个盛过"六六六"粉的旧木桶。因为钱不多,先买回一个。经过用酒擦洗和加工修理,送到塑料厂去看样品,塑料厂很满意,立即订了合同,拿到了工本费,这才把废品收购站的旧木桶全部买了过来。银行里也开始有了户头,存下了一千多元。家底大了,复写纸正式大批生产了,人员增加到四十人左右。胶圈厂改称为文具制造厂。

为大工厂加工

这个厂生产的更大发展,是在认真贯彻执行了"为国营工业、为国营商业服务"的方针后开始的。1958 年秋末,郭茂林老师傅回北京的那天,厂里的几个人难舍难分地把他送上火车,不住地感谢老师傅的帮助。一个偶然的机会,这个厂的工作人员在火车站同北京义利食品公司的工作人员冀德昭闲谈起来,知道冀德昭来石家庄是找华北药厂联系制造"色干"原料的,他找到了原料,可是没有找到加工的地方。文具厂的人一听这事,就答应愿为义利加工"色干"。三言两语,事情谈成了。于是厂子里盘灶的盘灶、找风箱的找风箱,买大锅的买大锅,很快就把架子搭起来了。不久,义利公司派来了技师和工人,教给他们加工的操作技术。生产"色干"以后,及时解决了义利公司的急需,到年底,文具制造厂净得利润七千多元。后来,建设大街街道组织又把一个皮革手工业社合并到文具厂,产品增加了皮革、皮碗、造纸等五、六种。文具制造厂又扩大成综合工厂,厂里的工人也随着大大增加了。

1959年春天,正当全市纺织厂职工掀起了高速化运动的时候,他们了解到许多纺织厂很需要打梭板和皮梛头,职工们提出了"为高速化运动服务"的战斗口号。不会制作,就从纺织厂借来打梭板和皮梛头做样子,大家一分析、研究制作的方法。很快,厂子里开始了打梭板、皮梛头的生产,有力地支持了高速化运动的开展。后来,华新纺织厂浆纱车间急需淀粉,但是运输赶不上,这事也找这个小厂支援。综合厂的职工白天下了班不休息,套上五辆胶轮车,到十几里以外的仓库,连夜给华新厂运输淀粉。这件事使华新厂职工很感动,他们把一台七尺元车送给了综合工厂。

一年多来,综合工厂在国营大工厂和商业部门的热情援助和扶植下,不仅在技术、原料等方面克服了重重困难,而且增加了十多种主要设备。正如厂里的工人们所说:"有了大厂支援,我们什么困难也不怕。"

一个大院的新面貌

马　虹

（一九六〇年四月十二日）

石家庄市桥东人民公社大兴分社积善里大院跟过去大不相同了。人们由一家一户个体生活逐渐走向了集体化。

清晨，阳光刚刚染红了西屋的房檐，南屋的杨素英老大娘就起来了。她一会儿扫完了院子，从屋里抱出一个暖壶，端上脸盆和茶缸，跨下台阶。这时候，一群两岁到五岁的孩子，从各家房子里跑出来，跳着，叫着："老奶奶好！""小朋友好！"然后孩子们簇拥着老大娘跨进东边一个小院里，小院的门口挂着一块红红的牌子："幸福大院幼儿园"。孩子刚走，大院北屋的王明珍和北院的刘宝仁、王德芳就分头到各家门口摘"服务本"，询问当天各家有什么事要办。许多准备上班走的职工，把钥匙也交给王明珍她们。接着，王明珍她们三个人有的去买菜，有的去倒炉灰，有的去照顾产妇……这时二十多个妇女从各家里走出来，携着板凳，带着麻绳，汇集到杨荣家里来纳鞋底。不大工夫，大院门口百货商店的女售货员于竹淇也拿着当天的"石家庄日报"来了，她是给大伙读报的。

这个情况是在最近街道全面组织人民经济生活后才出现的。

原先，这里住着六十八户人家，家家有上班的职工。但是还有三十五名成年妇女还没有参加社会生产。居民委员会根据这一情况，首先从抓生产入手，结合进行社会主义教育，组织成年妇女成立生产组，为桥东鞋厂加工鞋底。居民委员会向大家说，你们可以不出大院就能参加生产，劳动时间也不长，还可以适当照顾家务。大家听了，都表示愿意参加。工人家属杨荣说："我家一月收入一百来块钱，本来不愁吃，不愁穿，可是我也不能光靠别人吃饭啊，我报名。"她还表示愿意把她家的房子腾出来让大家集中到一块纳鞋底。勤俭持家的红旗手王瑞雪老大娘,五十四岁了,她也报名:"我纳不了底子,我能给你们看孩子、做饭。"王明珍等孩子少的积极分子自动报名当服务员。在几个积极分子的带动下,三十五个家庭妇女,个个都报名参加社会劳动了。

不久,大院里又成立起服务组、食堂和幼儿园。服务组成立起来之后,给大家办了许多好事。在东华服装厂上班的女工陈兰,生孩子住了院,自己家里扔下三个孩子不放心,生下孩子第二天就要出院。她爱人刚从医院接回她来,大院里成立了服务组。王明珍来告诉她:"让孩子爸爸去上班吧,一切事由我包了。"陈兰兴奋地说:"我一辈子也忘不了共产党给的这种幸福。"华北药厂工人李梦俊,快临产的时候,从藁城把她娘接来准备侍候她,可是老太太等了快一个月,孩子还没生。因为公社里活忙,老太太只好先回去了。可巧老人家刚走不久,孩子生下来了,再给母亲捎信也来不及了。这时服务员李保仁跑来侍候她,孩子生下来奶不足,李保仁跑东跑西给她买代乳粉、买炼乳,一天到她屋来三四次,常常跑得满头大汗,总是那么热情,李梦俊感动地说:"你们比亲人还亲。"

再说说大院的幼儿园吧。这里有三四十个儿童。幼儿园的木马和压板是附近百货商店送的。孩子们都愿来这里玩。三个保育员也挺起劲。保育员杨素英老大娘在成立幼儿园的时候,她首先报名当保育员。由于幼儿园是白手起家,一时设备不齐全,她老人家就把自己家的暖壶、脸盆、茶碗、笤帚都带到幼儿园来,供园里用;下班抱回去,上班又抱回来。大院服务站决定给服务人员们一定的津贴。大娘不要,她说:"在过去给多少钱我也不一定干,现在都是为了建设社会主义嘛,就别再提钱不钱的。"

大院里的小食堂办得也满不错。听说勤俭持家的红旗手王瑞雪老大娘来给大家做饭,人人都赞成。现在有五十个人在食堂吃饭。王大娘当了炊事员,人们说:"大娘呀,可要把在自己家里那股勤俭劲头带到咱食堂来啊。"大娘没辜负大伙的期望,在家里炉灰过筛子,食堂的炉灰也照样过筛子;在家里省吃俭用,食堂里谁浪费一点她都心疼。

大院里出现了这种空前未有的"劳动、团结、和睦、进步"的新风貌,怎能不使人高兴呢?怪不得人们把它称作:"幸福大院"。有的职工还编了一首这样的诗歌:"咱们这个幸福院,样样事情有人管,生老病伤管到底,家务琐事照顾全。感谢党的好领导,从今一心搞生产。"

以国营煤矿为中心，组织大协作，积极发展工农业生产

焦作中站人民公社发挥
"一大二公"优越性

公社成立一年多，六个大厂矿总产值增加百分之四十，
社办工业总产值增长十六点四倍。农业、交通运输、财贸、
文教、卫生等也有很大的发展。

（一九六〇年四月十二日）

本报讯 河南省焦作市中站煤矿人民公社，以国营煤矿为中心，组织大协作，积极发展社办工业和农业生产，全面安排社员生活，充分显示了城市人民公社"一大二公"的无比优越性。仅一年多的时间，六个大厂矿的总产值，较前增加百分之四十。社办工厂由初期的六个发展到现在的一百一十二个，产值增长了十六点四倍，品种由四百三十一种增到二千〇四十七种。农业、交通运输、财贸、文教、卫生等也有很大的发展。

这个公社是在原焦作市中站区的基础上以国营煤矿为主体组成的。社内有国营王封煤矿、李封煤矿、龙洞粘土矿等十六对大型矿井；还有地方国营厂矿三个，社办工厂一百一十二个，农业生产大队十五个，商业门市部二十六个，服务站八十六个，并有业余大学一所，业余中学四十二所，中学五所，小学十一所，俱乐部、图书馆、运动场三百七十六处，医院和医务所二十六个。全社共有七万八千三百九十五人，其中厂矿职工和职工家属占百分之七十七点〇七。

生产需要 群众需要

中站煤矿人民公社是总路线、大跃进的产物。一九五八年,中站煤矿的生产任务比一九五七年增加百分之五十五左右,同时,还担负着支援新建矿井的任务,因而感到劳动力不足。据三个矿井统计,当时需补充劳动力一千五百人。那时候,手工业合作社(组),摊子小,分散,技术力量薄弱,也赶不上煤矿生产、农业生产发展的需要。农业上有四万三千八百亩耕地,为了实现亩产"千斤粮"、"万斤菜"的计划,要搞水利化、机械化、电气化,但自己力量小,这是一方面。另一方面,却有四千多个整半劳动力闲散在街道上,他们在党的社会主义建设总路线的光辉照耀下,通过社会主义教育运动,政治觉悟空前提高,迫切要求走出家庭参加社会劳动,因而在一九五八年六月,街道上出现了居民生产合作社,并举办了一些小型的食堂、托儿所、幼儿园等集体福利事业。在农村人民公社化运动的影响下,广大职工家属积极要求组织人民公社。因而,中站煤矿人民公社于一九五八年八月十五日诞生了。

强大的生命力

这个公社虽然成立还只有一年多的时间,但它已经显示了强大的生命力,解决了公社化前没有解决的、或者根本不能解决的问题,促进了煤炭生产全面大跃进,加速了社会主义建设事业的大发展。在一九五八年第四季度大办钢铁和"夺煤大战"的时候,许多厂矿需要从馒头山、杏子城、大洼等山头,把矿石、粘土、石料等二百二十八万多吨工业原料运下山来,但那些山头只有两条崎岖小道,不能行车,虽然每天都组织二万多人上山背扛,但也不能满足生产的需要。刚建成的人民公社,立即动员了全社二万二千七百八十多个劳动力和一千多辆汽车、马车、平车等运输工具,用三个多月的时间,完成了四百三十二万六千二百土石方的开山、架桥、铺路的巨大工程,共建成两条铁路、四条公路、六座桥梁。公社为了把水引到焦作,彻底解决农业灌溉以及工业用水的问题,组织了一万二千一百多人与解放、马村两个公社的社员合作完成了饮水工程。放水后,可以浇地五万多亩,供应十五个厂矿用水,七万人吃水。一九五九年初,煤矿"夺煤大战"展开后,矿车运输赶不上,社办工业为支援煤炭大面积高额丰产,用废钢铁制造成矿车轴承一万二千八百套,使十六米矿井的三千二百辆矿车,全部实现了轴承化,矿车周转量比原来提高百分之十六以上。这样,又余下来五百多辆矿车,支援六对小矿井,使这些矿井每天多出煤三千多吨。又如在坑木缺乏的情况下,社办工业利用炉渣制成支柱,仅今年元月至三月,就制成一万六千七百一十二根炉渣支柱,供应王封、李封、朱封三个矿,节约坑木一千一百一十四立方米。社办工厂把各大厂矿的废物、废料充分利用起来,制成生产和生活需要的物品,保证了煤炭生产的连续大跃进,彻底杜绝了挤压浪费。公社化以来,他们把废坑木、钢铁、胶管、机器、硫矿渣、破衣服等一百一十七种物品收集起来,经过加工,制成生产、生活需用的成品一千二百一十六种。

从建社以来,共挖掘出劳力四千一百九十七人,其中支援国营煤矿生产建设的达一千六百三十五人。在挖掘出的这些劳力中,百分之九十五以上都是家庭妇女,她们在公社化前,由于家务的纠缠,大部分不可能参加社会生产劳动。公社化后,由于家务劳动社会化的实现,使她们彻底从家务劳动中解放出来,做到了各得其所,人尽其才。

积极支援社办工业和农业

各大厂矿从人力、技术设备、房屋等方面积极支援公社工业和农业,使工农业生产都得到了迅速的发展。六个国营大厂矿除了将自己闲置不用或破旧的机器工具支援公社工业外,还培养了一千二百名技术工人,输送管理干部一百七十六人,加强了二十六个社办工厂技术力量和领导力量,如社营机械厂,在公社化前,仅有七十五名职工,电动机一台,元车两部,月产值两千多元,只能生产道钉等简单产品。公社化后,这个厂一方面自力更生,一方面得到王封矿和李封矿的支援,到目前为止,已经有三百五十多名职工,各种设备二十八部,月产值达六十六万元,产品六百五十多种。所有国营厂矿的职工,都把支援公社农业当成光荣的任务。他们采取"矿队挂钩,以矿包队"的办法,使八个农业大队实现了排灌机械化、磨面电气化、点灯电气化。

搞好生活　为生产服务

在为生产服务的同时,公社将大厂的生活福利事业统一管理起来,使大厂矿集中力量搞好生产。目前,全社共办公共食堂二百三十二个,就餐人数七万二千一百二十二人,占总人数的百分之九十二;托儿所、幼儿园一百八十六个,入托儿童一万三千二百〇四名,占应入托儿童的百分之八十一点四。此外,还大量发展了敬老院、妇产院、医院、俱乐部、图书馆、电影院、广播站等文化福利事业。商业部门职工掀起了"学习同家梁商店"的经验,从街道到井口,从井上到井下,普遍建立了经营生活上的吃穿用、生产上的修补配等三十多种业务的一百七十四个服务点、站,做到了生产到哪里,服务到哪里;哪里需要,就到哪里服务;啥时需要,啥时服务。有一次王封矿一批新工人等着下井生产,没有胶鞋,服务站知道后,立即派人到焦作马村购进一千三百多双胶鞋,连夜送到王封矿,保证工人按时下井生产,矿工们称赞道:"服务站、为了咱,雨中送伞、雪里送炭,风雨无阻,支援生产。"

重庆七星岗一片生气勃勃景象

以生产为中心把居民的生产、生活、教育三位一体地组织起来,实现几千年来的伟大理想,开始做到了:幼有所育,少有所教,壮有所用,老有所养,鳏寡孤独残疾者都有所依靠。

(一九六〇年四月十三日)

本报重庆 12 日电 重庆市第一个城市人民公社——市中区七星岗人民公社,从 1958 年 9 月建社以来,在党的正确领导下,以发展生产为中心,大力发展社办工业和修补服务行业,大办集体福利和文化教育事业,把居民的生产、生活和教育三位一体地组织起来,有力地促进了生产的发展,普遍改善了人民的生活,提高了居民的组织程度和觉悟程度,呈现了一片生气勃勃、空前大团结的大好景象,充分显示了城市人民公社的无比优越性和强大生命力。

七星岗人民公社是以职工家属和街道居民为成员,在 1958 年 9 月 18 日成立的,还在建社以前,这个地区的街道居民,就在党的社会主义建设总路线的光辉照耀下,为大跃进的形势所鼓舞,积极响应党中央全民办工业的号召,自力更生,白手起家,克服各种困难,几天之内办起了一大批街道工厂、公共食堂、托儿所、幼儿园和许多生活服务组织。把大批闲散劳动力组织起来,参加了社会生产,出现了城市人民公社的萌芽。接着在农村人民公社化高潮的影响和鼓舞之下,广大街道居民,迫切要求进一步组织起来,走人民公社的道路。当地党组织积极支持了人民群众的这种要求,领导他们建立了七星岗人民公社,举起了重庆市城市人民公社的第一面旗帜。

公社成立以后,公社党委坚决贯彻了以发展生产为中心,对生产、生活、教育进行全面安排的方针。公社一年多以来的发展,充分表现了把城市街道居民全面组织起来的巨大优越性。七星岗人民公社，目前共办有五十三个工厂，拥有职工二千八百六十人，工厂的生产包括金属加工、日用品、化工、耐火材料、服装缝纫、木器、皮革和文教用品等九大行业，两千多个品种。他们在发展社办工业中，贯彻执行了为国营工业、郊区农业和人民生活需要服务的方针。在国民经济中，起了填空补缺的作用。在生产经营上，坚持了勤俭办社、自力更生、因地制宜、因陋就简、就地取材、就地生产、就地服务的原则。并且通过各种形式，把社办工厂的生产纳入了国家计划。社办工厂的职工群众，充分发挥了穷干、苦干、巧干的精神，艰苦奋斗，大闹技术革新和技术革命。由于这些原因，社办工业获得迅速发展，一年多来制造了日光灯整流器三万三千多个，还生产了大量的尖嘴钳、螺丝、洋钉、道钉等产品，直接供应了国营工厂的需要。社办工厂生产的童鞋、便鞋，已有九万三千六百多双、卫生带两万七千多打，木梳十八万把，扫帚六万多个，还根据市场需要，生产了大量的痱子粉、洗衣粉和包装用品。社办工厂已成为国营工厂的一支重要的补充力量。社办工厂充分利用城市里的废旧物资和大厂的边角废料，进行废品整制等生产，变无用为有用，变一用为多用，为社会节约了大量财富。据不完全统计，去年一年单是收集废旧棉纱就有九十多万斤，整制好了以后织成各种针织品。社办工业的总产值，1959 年比 1958 年增长了十一点七倍。特别是今年以来，在伟大的技术革新和技术革命全民运动中，社办工厂的职工群众，贯彻土洋并举、由土到洋的方针，大造土简设备，使全社机械化、半机械化程度由 13.86% 上升为 47%，并且实现了单机自动化、半自动化十二台，制造了一条打粉生产自动线和一条尖嘴钳流水作业线，使第一季度生产超额 44% 完成了任务，总产值比去年增长 47%。

由于公社生产的发展，使一万四千三百多名家庭妇女走上了生产工作岗位，公社还先后调出九千多人，支援了国家工业建设。现在全社二万零六百多名成年居民中，除了一千二百多人完全丧失了劳动能力以外，全都参加了力所能及的各种生产劳动，真正是人人忙生产、户户无闲人。特别是广大妇女，一旦摆脱了家庭繁琐事务，就成了生产建设上的一支主力军。她们在生产上干得热气腾腾，革新创造不断涌现，生产街电器材料车间的三十三个妇女，原来一点不懂技术，但是她们敢作敢为，到工厂学技术共同研究，终于试制成功了日光灯整流器。现在这种产品已畅销省内各地。安乐第三制绳厂的黄明珍，大闹技术革命，苦心钻研，用木料仿制机器，将制绳的半机械操作改变为联动生产，提高功效六倍。

随着生产的有组织的发展，公社还大力举办了集体福利事业，全面、深入、细致地安排了人民的经济生活和文化生活，开始做到了幼有所育、少有所教、壮有所用、老有所养、鳏寡孤独残疾者都有所依靠。从吃穿用到生老、病死、伤残，以及文娱、卫生、学习都有所安排。公社根据积极办好、自愿参加的原则，目前共办有四十一个公共食堂，加上公社地区内的机关、学校、工厂办的食堂一百一十二个，共有四万五千七百多人入伙，占全部居民的 91.8%。为了照顾特殊需要，食堂里一般还设有老弱、病残餐厅和儿童餐座，商业部门还专门开设了"幼婴园"（婴儿餐室），"康复园"（病残产孕妇餐室），"寿星阁"（老年餐室）等，满足群众的不同需要。公共食堂还大力充实工作内容扩大服务范围，做到了"一堂兼八室"（即文化室、理发室、浴室、小卖部、百货代销店、储蓄部、开水炉，还有代客加工饭菜的服务部），使食堂成了居民群众进行各种活动的中心。公社本着"因地制宜、精简并举、大小结合、各收其效"的办法，以托儿所为中心，建立了幼儿园、幼儿队、儿童之家、托保小组等，共二百一十六个，已经组织了七岁以下儿童总数的 70% 左右。此外，公社还抚养了四十二个孤儿，使他们享受了社会主义大家庭的温暖。以国营地区、综合商店为中心，与群众相结合，组成全社商品计划供应网。公社建立了一个修补市场，和一百九十五个修补服务点，修补项目有一百七十九种，采取定点和流动相结合的形式，为广大居民服务。此外，在各地段还共有六个生活服务站和三十六个生活服务组，服务项目有三百多种，缝补、拆洗、代办家务、生活琐事无所不管。还有一个迎宾馆，专门为旅客服务。一套完整的生活服务网，把群众生活组织得细致美好，做到了小事不出街，大事不出社。以公社医院为中心的卫生保健网，包括两个门诊部、六个卫生所、三个简易产院和一百四十六个卫生保健站，通过除四害、讲卫生、防治疾病等工作，有效地保证了人民群众的身体健康。1959 年居民发病率比 1958 年下降了 70%。根据坚持自愿，积极储蓄的原则，以人民银行分理处为中心，建立了储蓄网，开展经济宣传和对居民进行勤俭持家，发展生产的教育。在每个居民段，还组织了居民互助储金会，发挥了团结互助的精神。组织好人民经济生活的同时,公社积极开展了政治理论学习和文化技术教育工作。

公社成立以后,随着各项事业的发展,社员群众普遍要求学习政治文化和业务知识。生活集体化和家务劳动的社会化,为进行各种学习创造了极为有利的条件。因此建社一年多以来,文化教育事业有了很大发展,现在,全部学龄儿童都已入学,公社还办了七所业余学校,开展了大规模的群众性的业余政治文化业务学习。为了学好毛主席著作,公社党委成立了领导小组,开办了业余红专学校。全社现有毛泽东著作学习小组和读报小组二百三十多个,有六千七百多人参加学习,对提高思想、推动工作起了积极的作用。现在这个公社在已经全部扫除了青壮年文盲的基础上,有九百三十多人正在业余高小学习,一百九十多人在业余初中学习,四十五人在业余高中学习,还有十八人在业余大学学习。公社还建立了以文化站为中心的文化活动网,公社有文化站一个,业余文工团一个,还有十个文工队、十个俱乐部和三十六个文化室,群众文化活动十分活跃。

人民公社迅速地改变着人们的精神面貌。曾经是习惯于只管家务不问外事的家庭妇女,现在都是以舍己为人、助人为乐自豪。"把困难留给自己,把方便送给别人",已成了七星岗街道居民的行动口号。

生产生活集体化　精神面貌大改观

沈阳红旗人民公社红旗飘飘

一年多来办起十一个综合厂、十六所业余
学校,六百六十人成为生产红旗手

（一九六〇年四月十四日）

本报沈阳 13 日电　沈阳市大东区红旗人民公社,在党的领导下,经过一年多来的健全发展,在组织人民生产、生活、教育方面,充分显示了人民公社的优越性。红旗人民公社是 1958 年 9 月 1 日成立的。当时农村人民公社化运动正在蓬勃发展,广大街道居民受到启发,纷纷要求成立人民公社。现在这个公社有五万二千多人,有十一个综合工厂,每年产值达一千一百二十万元,从公社成立到去年年底,已为国家积累资金三百七十多万元。

社办工厂的主要产品是小五金和日用小商品,生产这类产品,一方面可以补充国营大工厂的不足,另一方面小商品生产技术容易掌握。这样,对于辅助大工业、活跃市场、满足人民生活需要都起了积极作用。如沈河区化工厂过去大量使用的香粉盒,全部是从上海订购,为了保证及时得到需要,第五综合厂便和这个厂挂了钩,派人到上海学习了造纸盒的技术,不久,便正式生产,充分地满足了沈北区化工厂的需要。这个公社的第四综合厂,也是由几个家庭妇女办起来的,开始是生产耐火砖,原料用得多,劳动强度大,装窑、烧窑、拆窑都非常吃力,以后,改为生产大工业急需的小型耐火仪器。她们生产的防爆器、瓷喷嘴、扩散器、灭弧室,都达到了全国先进水平。哈尔滨锅炉厂、长春汽车厂、沈阳第二开关厂等二十多个大型企业,都争着给她们订货。为哈尔滨锅炉厂生产锅炉用的喷嘴,过去是从外国进口,是钢作的,自从改用瓷的后,不仅降低了成本,节约了大量钢材,而且还不生锈。这些大型企业,也在技术、设备上,给了她们很大的支援。她们生产上所用的原料,除国家拨给很少的一部分外,绝大部分都是利用大工业的边角废料和废旧物品。第十综合厂熔炼车间,利用大工业的垃圾灰土,一年中,生产出三十七吨马蹄铜。第八综合厂童鞋车间利用垃圾堆里和擦机器的废布,经过加工后,制出儿童鞋四万八千两百双,肩垫一万五千片。做到物尽其用,死物复活。经过一年多的时间,公社工业得到了很大发展,有六千二百三十人参加了社会劳动,从生产上组织起来,并向大工业输送了两千五百个劳动力。去年一年,生产了两百一十三种产品。不仅增加了国家收入,也为再生产积累了资金。

随着生产的迅速发展,公社大力兴办了集体生活福利事业,促进了生活集体化,提高了人民的物质文化生活水平。为了适应生产的需要,使生活更好地为政治、为生产服务,整个公社划分成十一个分区,把原来的一百一十二个小型工厂合并成十一个综合工厂。在每个分区内,以工厂为中心,把这个地区的政治、经济、文化、生活统一地组织起来。每个分区都举办了托儿所、幼儿园、公共食堂,有二千多名儿童进入了幼儿园和托儿所,有一千七百多人去食堂就餐。为了照顾年老无人照顾的老人,还设立了敬老院、抚老院各一所。另外,还开办了一个儿童食堂和园所食堂,有两千多儿童在那里吃饭。

除大办集体福利事业外,还广泛深入地开展了社会服务工作。公社和商店、粮站、煤站、银行、邮局等部门密切配合,在住宅区内设立了五十一个服务点,一百三十四个接活站,深入到每家每户,开展服务工作。为了更进一步地方便群众,现在已开始普遍组织“幸福大院”,每“院”约五十户到八十户左右。“院”内有小型食堂、土托儿所、代销点,每个“院”还有一人担任社会服务员,无论主食、副食、日用杂货、缝补拆洗、邮信储蓄、购买戏票电影票,全部可以在“院”里办理。幸福大院的服务工作和分区举办的各种福利设施结合起来,形成了一个有大有小、有土有洋、星罗棋布的生活服务网。儿童就托人数已由二千多增加到五千多,食堂就餐人数也猛增一倍。

在组织人民经济生活时,坚持了发动群众,依靠群众的方针,大家事大家办,大家事大家管。食堂和托儿所的房子,都是群众腾出来或者是群众大家动手翻盖的。很多人白天参加生产,夜里办集体福利事业,搬砖、抬土、砌灶、垒墙。九分区的公共食堂,就是经过大家三天的夜战盖起来的。在组织“幸福大院"时,很多人都主动要求担任义务服务员,伺候病人,给双上班的职工买东西,请医生……

大办集体福利事业、大搞社会服务工作的结果,促进了生产,改善了人民的生活。街道工业和服务行业的职工出勤率达到95%以上。职工下班后,由于没有家务的牵累,可以安安静静地学习,可以看电影戏剧,可以考虑生产上的各种问题,可以好好地休息,干起活来,也就更加振奋。

生产生活组织起来后,就给政治、文化、技术教育打下了良好的基础。过去,妇女们由于家务的牵累,总不能安心学习,一下班就往家跑。家务劳动的社会化,给她们的学习创造了条件。广大妇女参加生产和社会劳动后,她们急于提高自己的政治觉悟和技术,因此,学习文化的要求十分迫切,参加学习以后,进步也很快。去年6—9月,有一千多名青壮年参加扫盲班,经过四个月学习,全部摘掉了文盲帽子。

目前,全公社已办起了各种业余学校十六所,学员四千六百多人,不仅办有小学、初中,还开办了卫生、师资、工程建筑等三个专业班。在业余学校里,除学习文化外,每周有一课政治,一课技术、学文化的时候,年岁大的职工便分组读报。学习方法上,能够联系实际,文化课也结合生产和当前的政治运动,技术课也都是针对当前生产上的关键问题。

学习,提高了人们的政治觉悟,也直接促进了生产的跃进。不少妇女经过学习和生产中的实际锻炼,能力大大提高。一年多来有二十个人光荣地参加了中国共产党,有七十二人入团,有六百六十人成为生产上的红旗手。

随着生产和生活的集体化,人们的精神面貌起了显著的变化。爱护国家,爱护集体,团结友爱,互助互敬,已经成为人们的生活习惯。由于人们觉悟程度和组织程度的提高,政府的政策法令,得到顺利贯彻;党和政府的号召,受到人们的坚决拥护和响应。过去,大街小巷谈论的是"谁家长,谁家短",现在谈论的是"谁入了党,谁当上了红旗手,谁改革了技术";过去,邻里、婆媳之间不断发生争吵,现在互敬互爱,团结和睦。旧社会人与人之间的那种虚伪、欺诈的关系,已经被诚实、信任、互敬互爱的新关系代替了。

把家务琐事包下来

——记裴家街生活服务站

本报记者　杜希圣

（一九六〇年四月十八日）

　　在椿树人民公社，称心如意的新事儿可真不少。要是一提起那生活服务站，更是了不得啦。随便找个人，就能给你讲个十条、二十条的，他们准会指向裴家街，请你一定到那去看看。裴家街服务站有什么可吸引人的呢？是它们窗上的装饰好吗？是它那儿的设备好吗？都不是。它最吸引人的地方，是它那儿勤勤恳恳、深入细致的工作作风，是那些服务员同志不分昼夜、不辞辛苦的服务精神，是它把千百年来束缚在人们身上的家务琐事，一一解决下来的作用。如今，住在这儿的许多居民，都把服务站当作最体贴的管家人。

　　服务站是管家人。可贵的是它不光"管"，而且"包"。群众请服务站当管家人，主要是希望它能把一些家务琐事给包下来。仅仅是一个"包"字，就给多少人解脱了繁琐的家务纠纷！你问问塑料厂的女工盛秀庭，她对这个"包"字有多么大的兴趣。盛秀庭是个新工人，可是这并不意味着她是第一次进工厂。还是1958年呢，在那大跃进的洪流激励下，她也曾勇敢地跨出了家庭的小圈子，走上生产岗位。热烈的生活，作为一个工人的自豪感，曾带给盛秀庭多少欢乐啊！她不是只为个人那一丁点儿小天地奔忙了，而是为大伙、为集体贡献力量了。可是这样的日子并不长，有家就躲不开家务，大孩子还好办，可是那两个双生子真是麻烦人，喂奶、做饭、擦擦、洗洗、缝缝补补，事儿就是没个完，这些累人的家务琐事，终于又把她拖回家去了。今年春天，组织人民经济生活的热潮遍及北京城。"三八节"这天，裴家街生活服务站召集大伙开了个会，问姐妹们参加生产有什么困难，服务站打算用包户的办法帮助大家来解决。盛秀庭一听，真是心花怒放，她激动地说："过去谁来管？留在家里吧，又不情愿。要是服务站能包我的家务，明天我就上班去！"第二天，盛秀庭就高高兴兴地踏进了塑料厂的大门。妇女们的家务琐事可多呢，要是不给"包"下来，还是不能帮助他们彻底解脱出来。就拿北京印刷一厂的女工吴玉生来说吧，虽然是参加生产了，可是家务事多、每天老早就起来，急急忙忙把孩子送进幼儿园，赶回来再抱小的去工厂。晚上下了班，先忙着接小的，回到家，火还没生，屋子里冷冰冰，得把小的放在街坊家，生了火，再去幼儿园接大的，夜里还要缝缝洗洗，一搞就是十一、二点钟。就这样，从早忙到晚，别说学习和文娱生活了，就连一些会议也没法参加啊！她是多么盼望能够摆脱这些家务事，像大家一样地积极工作和学习啊！吴玉生盼望的事这一天来到了，裘家街服务站来到她家访问，说可以包她们的家务，吴玉生可高兴极了，马上就跟服务站合计好了。从这天起，人们每天都能看到一位老大娘在她家里忙活着，就好像她家里又添了一个亲人。吴玉生呢！看吧，整天都是喜洋洋的，她精力充沛，成了生产上一把好手，工厂里无论是开会、文化学习，哪样没有她！同志们都说小吴积极起来啦，吴玉生却说："这是因为服务站包了我的家务，才解决了我的大问题。"

这种把家务事彻底包下来的办法，是怎么兴起来的呢？其实，裘家街服务站早在去年就成立了，那时候，她们并没有想到这个办法。今年春节的时候，工厂职工们都在轰轰烈烈地搞竞赛，要闹开门红。公社党委就给了服务站一个任务，要她们帮助职工实现这个心愿。大伙就讨论开了，因为她们都是刚从家庭里走出来的，家里那些事她们都清楚，都说，咱们在职工的家务事上出把力，就能帮她们好大忙呢。于是，他们在春节前就帮助职工把家务安排好，该拆洗的就拆洗，该买的就买下，给职工们以很大的方便。从做这件事中，服务站的同志们得到了启发。于是，一个"包户"服务队就产生了。

众口称赞的"服务到户，一包到底"的办法，是灵活多样的，有全包，也有单包，像对棉花上二条十九号黄家就是单包。黄老太太是个病人，只有一个侄儿，是个机关干部。过去，侄儿每天中午、晚上都得赶回家来，照料老人，把学习和参加社会活动的时间都挤没了还不算，老太太还直唠叨，说"我需要你的时候你不在，不用你的时候你倒回来了"。真是伤脑筋。服务站知道这个情况后，就把这位老太太包下来了，每天去黄家做两顿饭，还给老人洗脸、洗脚、倒屎盆、尿盆、洗脏衣服。这位八十七岁的老人，今天一提起服务站，就感动得流泪说："这都是毛主席领导得好，成立人民公社，有了服务站，要不然，我这老婆子谁管啊！"

服务到户不仅解决了人民生活中的大问题，就是小事，也给管起来了，像椿树玻璃厂工人、红旗手马慧萍，因为忙生产，没空料理家务，她爱人老说：拿起衣服没扣子，拿起袜子大窟窿，两人常为这点小事抬杠拌嘴，自从让服务站包月洗衣服以后，服务站不单给他家洗衣服，还补袜子、钉扣子，两口子一心一意搞生产，再也不为这些小事吵架了。

职工们生产上的成就，蕴含着服务员们的多少心血啊！当他们聚精会神学习的时候，当他们苦心钻研一个革新项目的时候，是这些老大娘们在用自己的辛勤劳动支持他们。像那四十多岁的陈增苏老大娘，当了这么多日子的服务员，就从来没有缺过勤，不管刮风下雨，定要挨户串到，夜里十二点了，人们都睡了，可是她还留在别人家里，一边看着小孩睡觉，一边等着孩子的爸爸妈妈他们回来。"党是我的妈、社是我的家，我听党的话，我爱我的家。"这是一首感情多么纯真的诗啊，它表明了集体大家庭给人的温暖和人们对大家庭的热爱。这就是黄老太太的侄儿写的啊！有时，人们觉得语言简直表达不了自己的感情，女工靳淑贞因为服务员帮她照料好了生病的爱人，感激得不知说什么好，干脆挽着服务员去照相馆拍了个合影，留作永久的纪念。

"服务到户，一包到底"这个办法就是好。大家庭把小家的琐事全包下来了，帮助人们摆脱了家务牵累，轻松愉快一心一意地搞生产。今天，在椿树人民公社，到处都是一片欣欣向荣的建设景象，人们都在精神振奋地努力工作着，他们深深体会到了党的深切关怀，体会到了人民公社的优越性。胡同里，一个古老的大红门上有这样一副对联："根深叶茂；本固枝荣"，这不正是他们对党和人民公社最好的歌颂吗！

从组织生产入手，生产生活一起抓

中共北京市椿树人民公社委员会书记　刘　勇

（一九六〇年四月十八日）

北京市椿树人民公社是在 1958 年 9 月建立的。1958 年 5 月街道居民开始组织起来参加生产劳动时，可以说是两手空空，什么生产资料也没有，到 9 月公社成立时，平地起家办起了一些小型工厂。由于公社组织社员穷干苦干，1 年多的时间，已经建起了十七个初具规模的工厂。去年，这些工厂的年产值达到八百五十多万元，公社由此获得了纯积累九十一万元。1960 年社办工业生产又有了更大的发展，第一季度的产值猛升到一千二百六十多万元，今年一个季度比去年一年还高出 48.7%。公社由于有了九十一万元积累，现在正在扩建和新建一批工厂，添置一批机械设备，增加新的产品品种，使社办工业将有更大的跃进。

椿树人民公社所以能够获得这样大的发展，主要是贯彻执行了"从组织生产入手，并根据和适应生产发展的需要，逐步发展集体生活福利事业和服务事业"的方针，依靠群众、因地制宜、就地取材、自力更生、勤俭办事的结果。

这里首先谈一谈发展和办好公社工业的问题。发展生产，是使公社得到巩固和发展的基础，因此，一开始公社就从组织生产入手，大办公社工业。椿树人民公社辖区没有一个大工厂，基本上是一个居民区，要搞生产，一无技术设备，二无资金原料，有的只是广大家庭妇女迫切要求参加社会主义建设的高涨热情。在这种情况下办工业，这就决定了必须走由小到大、由手工到机械、由简单的到复杂的道路，逐步建立成一批技术较高的工厂，例如电镀厂、塑料厂、五金厂、仪器厂等。

这些工厂所以能够白手办起来，主要原因有：第一，方向明确，做到因地制宜。我们明确了公社工业要为大工业服务,为农业服务,为城乡人民生活服务。在这个范围内,根据公社本身的条件,积极寻找适合于自己生产的门路和采取了积极的又是逐步发展的步骤,因而使公社工业得到了健全的发展。第二,依靠群众穷办苦干,苦锻苦研,白手起家。一开始办工厂的时候,我们什么也没有。群众听说办工厂,积极性很高。西草厂二百多名家庭妇女,冒着大雨拉土、运砖、砌墙、连夜整修破房,苦战三天,办起了二个工厂。现在月产值达到几十万元的化工厂,原是过去由十个妇女弄了两口锅和一个风箱搞起来的。她们不懂技术,就请大厂老工人和技术人员教,并亲自到大厂去参观实习。化工厂的工人,仅用了一个星期的时间,就向兴华行的一位老工人学会了骆驼牌爱耳染料的配方和合成技术,去年一年这个厂共生产出爱耳袋色一千四百万袋。第三,大厂协作支援也是一个重要因素。和大厂搞协作,在争取大厂支援方面,我们的做法有这样几点:(1)大厂供给半成品,并派人作技术指导,社办工厂为大厂作产品某些工序的加工;(2)社办工厂利用大厂的废料下脚,搞综合利用;(3)大厂将一些不用的破旧设备作价卖给公社,并输送几个技术工人给社办工厂作骨干。由于大厂的协作支援,使社办工厂获得了一定的技术力量和机械装备以及部分原材料,因而促进了社办工业的大发展。

其次,谈一谈发展和办好公社集体生活福利事业和服务事业的问题。椿树人民公社在明确了集体生活福利事业和服务事业必须根据和适应生产发展的需要而发展的指导思想之后,根据"自愿参加,方便群众"的原则,先后分批办起了二十二个食堂,七十六个托儿组织(其中托儿所二十四个,幼儿园三十二个,哺乳室二十个)、二十二个服务站(其中有八个综合性服务站),基本上满足了那些急需入伙、入托的人的要求。由于集体生活福利事业和服务事业的大发展,使五千七百多名家庭妇女摆脱了繁琐的家务劳动,走上了社会劳动生产的新岗位。这部分人占全社具有劳动能力的家庭妇女总数的88.9%。

我们在办好集体生活福利事业和服务事业的过程中,贯彻了因陋就简的原则。为了提高服务质量,我们组织炊事人员分批到美味斋、晋阳饭庄等大馆子里学习烹调技术,并请区教育局和保健所为我们托儿组织轮训保教人员。现在,我们的食堂不仅饭菜有味,而且省钱,入伙的人一天天增加,目前已由去年的六百三十二人增加到三千五百多人。托儿组织不仅收费低,而且孩子也教养得好，如山西街哺乳室等单位一年多来没有发生过传染病，目前入托儿童已由去年的一千六百多名增到三千四百多名。服务站的业务，最近也有了新的发展，除有拆、洗、缝、补、修理等项目外，建立了专业服务队，实行包户到家，为没有人照顾家务的职工服务，这就彻底解除了这些职工的后顾之忧。

椿树人民公社从成立到现在，虽然时间不久，但由于生产获得了飞跃的发展，社员们的收入增加了，集体福利事业和服务事业得到了广大社员的好评，公社在群众中已深深扎下了根，目前正在迈开跃进的步伐，向新的高度前进。

全面组织铁路职工和家属的生产、生活

潞王坟车站人民公社蓬勃跃进

（一九六〇年五月十三日）

本报讯 位于河南新乡附近的京广铁路线上的潞王坟车站人民公社，从一九五八年成立以来，充分地显示了它的优越性，在全面组织铁路职工和家属的生产、生活、进一步办好人民铁路方面，发挥了极其重要的作用。一年多来，这个车站的装卸运输能力大大提高，做到了装卸及时、畅通无阻。公社还白手起家办起了工业，去年一年就创造了十三万元的财富。在发展生产的基础上，职工和家属的生活也有了相应的改善，基本上实现了生活集体化，人们的共产主义新风尚也正在迅速成长，使这个车站出现了日新月异的新面貌。

潞王坟车站是一个四等小站，距离新乡车站十公里。车站、养路工区、装卸作业所共有职工及家属五百一十多人。现在的潞王坟车站人民公社，是属于新乡市郊区耿黄人民公社的一个分社。它的成立，是总路线、大跃进和人民公社化运动的产物。

解放以来，随着国民经济的发展，潞王坟车站的运输任务也逐年有了增长。解放初期，这里每年只装车三、四千车，到一九五七年就增加到两万二千多车。一九五八年的大跃进高潮中，在潞王坟车站附近就兴建起了钢铁厂、耐火材料厂、石灰厂、水泥厂等十五个工厂，车站的月装车任务猛增到近三千车，车站上一时显得异常紧张。车站党支部在耿黄乡党委大力帮助下，及时动员和组织了全体职工和家属，日夜突击装卸任务，坚决保证了运输任务的完成。但是，这样一来，就出现了要人看孩子、要人做饭等新问题，虽然建立了临时性的托儿所和伙食团，还是满足不了生产和群众的要求。群众已经感到，常这样干下去不行，非组织起来不可。正当这个时候，报纸上传来了毛主席"人民公社好"的伟大号召,大家欣喜若狂,兴奋地说:"这一下子可找到方向了,我们也要成立人民公社。"于是,耿黄人民公社潞王坟铁路分社很快就在原有的临时性集体劳动和集体生活的基础上诞生了。

这个分社成立以后,大大地解放了生产力,特别是有力地支援了铁路运输。职工家属从家务劳动中解放出来以后,办起了石灰厂、草绳厂、化肥厂等。去年一年就创造了十三万三千多元的财富,并经常装车卸车,搬运货物,成为铁路运输的一支有力的突击队。同时,这个分社作为当地人民公社的一个组成部分,就直接加强了当地党委对于铁路工作的领导,更好地贯彻执行了全党全民办铁路的方针,使铁路运输工作与当地农业生产结成了一个整体和更好地为工农业生产服务。耿黄人民公社党委经常听取铁路分社的工作汇报,并且把分社的装卸搬运任务列入自己任务之内,帮助车站把原来二十六人的装卸队扩大为一百二十七人,加上职工家属的装卸预备队以及公社的预备队,车站共拥有了一千五、六百人的装卸力量。每有大量的装卸任务时,这支大军就出动了。一九五九年大战八、九月时,曾有一天利用了一列车皮完成了"四装、三卸"的任务,大大加速了机车车辆的周转。由于全党全民办铁路的方针贯彻得好,保证了随来随卸、随到随装、抢装抢卸,畅通无阻。潞王坟车站的生产大踏步向前跃进了,一九五八年到一九五九年,共获得了十二次月度优胜红旗。

在保证铁路运输任务的同时,工农商学兵也获得了全面发展。分社白手起家、自力更生地办起了三个生产性的工厂和两个服务性的工厂,还建了蔬菜基地和饲养场。全体职工和青壮年家属都参加了业余文化学习,职工都升入了高小班,运输忙了就全体出动突击,平时大家就做工、务农、学习、练兵,"五业"都获得了发展。

生产的发展,为改善社员生活奠定了物质基础。分社大办集体生活福利事业和副食品生产,全面组织群众的生活。全分社的五百多人都在一个食堂里吃饭,饭菜花样多,质量也好,老工人冷子厚的爱人说:"我活了六十多,都没有现在过得痛快,有了食堂,省得操家务事的心,领导上给我啥活我都愿意干。"托儿所的婴儿有牛、羊奶喝。此外,分社还办了缝纫厂、制鞋厂、浴室、小卖部和俱乐部等,使社员的生活逐步集体化了,人人一心一意搞生产。

　　随着集体生产和集体生活的发展，人们的精神面貌也在发生新的变化。和睦、团结、互敬互爱的幸福新家庭已经建立起来了。党在职工和家属中建立了新的政治工作网，群众觉悟提高很快。群众中也成长了爱护集体、关心同志、互相友爱的新风尚。现在，这个小站面貌一新，出现了"户户无闲人，个个心欢畅"的生动活泼的局面，它对保证铁路运输的持续大跃进正在起着巨大的推动作用。

加速发展社办工业的一条途径

——天津市灰堆人民公社工业废料综合利用情况调查

李振风　任　涛

（一九六〇年五月二十七日）

　　灰堆人民公社是以国营天津造纸总厂为中心，在 1958 年 10 月建立的。公社成立后，在发展生产方面取得了很大的成绩。仅 1959 年一年，就办起了九个工厂，社办工业产值达到一百二十七万元。灰堆人民公社用一年多的事实生动地证明了大搞协作，大搞综合利用，是加速发展社办工业的一条重要途径。

　　国营天津造纸总厂是一个利用芦苇制浆、造纸机械化程度较高的大型工厂。它每天在生产过程中排出废料约三百五十吨至四百吨之多。这些废料经过科学鉴定证明，都有一定的经济价值，综合利用起来能制出三十余种工业产品。但是，过去由于种种条件限制，未能得到有效利用，白白地扔掉了。

　　灰堆人民公社建立起来以后，就给综合利用带来了新的力量，它打破了纸厂和街道的固有界限，开辟了各种部门大协作和充分利用工业废料发展生产的广阔途径。在公社党委的统一领导下，把各方面办工业的积极性组织和调动起来，加强了政治思想工作，广泛地发动了职工和社员的积极性，本着能洋就洋，能土就土，土洋结合，不断提高的精神，先后建立了专搞综合利用的小造纸厂、硫酸铝厂、塑化剂厂、粘合剂厂、制本厂、草绳厂等六座卫星工厂，把天津造纸总厂的废料从以下几方面利用了起来：

　　一、用流失的稀硫酸制液体硫酸铝。天津纸厂的焙烧炉用的是硫化铁，每日约有一吨半稀硫酸一直顺地沟流走。这种稀硫酸回收后，配以一定比重的炉渣，经硫化和分解处理，每吨可产硫酸铝二百公斤。而硫酸铝是造纸不可缺少的材料,缺了它纸就会发阴,影响质量。1959 年硫酸铝供应紧张,公社为了解决纸厂的需要,组织社员利用流失的稀硫酸做原料,建成了液体硫酸铝厂。厂房设备都是利用废旧器材,所以一文钱也没花就投入了生产。目前日产量为二百五十公斤,可以供应纸厂四分之一的硫酸铝的用量。

二、利用流失纸浆造纸。纸厂在制浆过程中每日约有十五吨纸浆随洗浆水流入河沟。公社建立之后即发动社员打捞并筹建一个小造纸厂,除烘缸和打浆机外,厂房、设备都是由各单位闲置器材拼凑成的。目前有两台小造纸机,日产有光纸、招贴纸、包装纸、薄板纸等四吨,年产值为十二万多元。

三、利用流失的亚硫酸盐废液制粘合剂和塑化剂。亚硫酸盐废液是纸厂用芦苇制浆过程中排出的,每日约有二百余吨,过去全部排入海河。废液经济价值很大,含有大量的木素和精素,其中的木素可制粘合剂和塑化剂。粘合剂是耐火器材工业和冶金工业所需要的一种代替植物油的黏合材料,黏合效能高。将废液所含水分加热蒸发后,每吨废液可制成粘合剂二百九十公斤。为了把这些废液利用起来,公社和纸厂各建立了一个粘合剂厂,年产量为二千三百四十吨,年产值为二十三万四千元。所产粘合剂质量很好,现已销往鞍钢、包钢及耐火器材厂。

公社塑化剂厂也是为了利用亚硫酸盐废液而建立起来的。废液与石灰化合后,即变成塑化剂。每吨废液可产五百公斤之多。它是桥梁、水库等大型钢筋浇筑所需要的原料,不仅可以提高工程质量,增强抗碱性、抗渗性,缩短养护期,而且可以节约水泥 10%。目前,这个塑化剂厂日产量为五吨,供应了三门峡、密云、岳城等大型水库和大型桥梁工程,有力地支援了重点工程的建设。

四、利用损纸制文化用本。在纸厂每日所出的损纸和边纸中,其中有一部分(约三吨左右)是尚可利用的好纸,而过去都是回抄重新造纸,公社为了把这部分好纸利用起来,发动了五十名家庭妇女,赶制了一些设备建立了制本厂,每吨损纸可制六百公斤练习本。

五、用废稻草打草绳。草绳是纸厂包装成品用的,市场供不应求。而公社所属农业单位,每年有打风障用过的废稻草三百二十吨用去烧火。公社成立后,为了解决纸厂用绳的困难,利用这批废稻草作原料建立了草绳厂。目前月产量已达二十四吨,能用的稻草几乎全部都用上了,基本上满足了纸厂产品包装的需要。

除上述已经利用起来的之外,目前公社还正在研究和试验利用云母渣和铁矿渣;现在已有一座三立方米高的小高炉,用铁矿渣炼铁可日产铁三十吨。

从上述情况可以看出,以大工厂为中心的人民公社,在大搞工业废料的综合利用方面有非常广阔的前途。灰堆人民公社从成立到现在,虽然只有短短一年多的时间(社办工业的发展只有半年时间),就利用废料创造了产值六十七万元,并为国家和市场提供了大量的工业产品。目前,一个以大搞综合利用为中心的技术革新和技术革命运动正在公社范围内全面地深入地开展。同时,扩建原有小造纸厂等单位,组织发展对亚硫酸盐废液、炉灰渣、苇毛等废料的综合利用。今后随着科学技术的发展和实践经验的积累,综合利用的范围也会愈来愈广,废料中所含许多的贵重成分,会逐渐被人们所认识并加以利用起来。可以预期,灰堆人民公社只要继续坚决贯彻为国营大工厂服务的方针,大搞工业废料的综合利用,社办工业的发展将是十分迅速的。

发展多种经营　促进生产力的发展

综合性联合企业显示巨大生命力

长春市二道河子人民公社把六十多个中小型工厂
组成三个综合性联合企业之后，充分利用了人力物
力财力，协作关系更加密切，进一步提高了生产改
善了职工生活

（一九六〇年六月四日）

本报讯　长春市二道河子人民公社，把六十余个地方国营工厂和社办工厂，按工业布局，组成了以机械制造业、轻化工业、建筑材料业为主的三个综合性联合企业，有力地促进了生产力的发展，并逐步发展多种经营，为中、小型企业向综合性联合企业发展提供了一条途径。

二道河子是长春市中、小型企业比较集中的一个地区，1958年城市人民公社建立以来，又在原有基础上，大兴了一批社办工业。目前，全区有地方国营工厂和社办工厂六十八个。全区形成了一个有机械制造、轻化工、建筑材料等多种企业的工业区。今年以来，伴随着技术革新和技术革命运动的发展，企业之间的协作关系已把国营工业之间、国营和社办工业之间联为一体，许多工厂成为兄弟厂和母子厂的关系。生产要求各企业联合已成为必然趋势。二道河子人民公社党委从全面发展生产和巩固提高人民公社出发，把国营中型工厂和社办工厂按原来人民公社管理区，组成了以一业为主、多业为辅、多种经营的综合性联合企业。这种联合企业，它是人民公社进一步从经济上、生产上加强对国营企业和社办企业领导的一种组织形式，它充分体现了人民公社对生产、交换、分配和人民生活福利的组织者的作用。

联合企业把国营中型工厂联合起来，壮大了技术、设备力量，有力地促进

了中型企业发展多品种和高、大、尖、精产品。这个地区的市机械厂、汽车配件厂、汽车工具厂都是生产汽车和拖拉机配件的中型工厂。几年来,都打算生产汽车,但是因为市机械厂铸造能力强,机械加工能力弱;配件厂和工具厂机械加工能力强,铸造能力弱,而都没有实现。联合企业成立之后,统一安排、取长补短、分工合作、集中配套,第一辆 1.5 吨载重汽车很快投入试制生产,三个分散的制造零件工厂,一跃为既生产汽车零件,又能够生产汽车的制造厂。目前仅这个联合企业就试制成功一百多种新产品和尖端产品,并有石墨电极、电石、硫酸、优质铜等四十余种急缺产品已经投入和即将投入生产。许多物资,不仅可以自给自足,还有部分产品供应外地。机械厂联合起来以后,挖掘了潜力提高了机械设备利用率,原来需要外地加工的协作任务,可减少 60%。

联合企业也把国营中型企业和社办企业联合起来,进一步发挥了大厂带小厂、小厂辅助大厂的积极性,使大小企业联合发展。机械制造联合企业建立以后,极力扶助社办工厂,从设备上、技术上、原料上武装社办工业,帮助小厂发展。一个月来,支援各种设备五十六台,工人、技术人员和干部一百九十余人,建立了二十多个小工厂。目前已有汽车纸垫、滤芯、尾灯盖和各种冲压件等二十多种产品大量投入生产。这些小工厂紧紧为国营中型工厂服务,支援了国营工厂,使他们腾出力量,向高、大、尖、精产品发展。

各联合企业都以一业为主,大力发展其他工业,逐步建立更加完善的工业体系,发展多种经营。这个公社的机械制造业联合企业,目前正根据本企业和地区工业分布特点,筹划建立三个工业体系:以市机械厂为核心,包括小型机械厂,建立炼铜炼铁部门,发展成为生产大型成套设备的机械制造工业体系;以汽车配件厂、工具厂为核心,包括开关、轴承、模具等厂组成汽车制造工业体系;以造纸厂、农兽药厂为核心,逐步发展为生产电石、过滤纸和无线电等多种产品的轻化工业体系。

成立联合企业,加强了对各中小型工厂的统一领导,更便利和更有条件统一调动分散在各单位零散的人力、物力和财力,由分散到合一,发挥更大作用。五月初,这个公社三个联合企业分别提出了"十二合一""八大集中"的规划。机械制造联合企业已经实现了"六合一":修建工人合一,成立土木基建队;主要交通运输工具合一,成立专业运输队;部分设计和化验人员合一,成立中心化验室和设计室;木型工合一,成立木型工厂;电话合一,组成统一的电话网;电工合一,成立电机厂。这样联合起来好处是:一能办大事,二能提高技术,三能提高设备利用率。基建队成立以后,不仅保证完成各单位零星修补任务,还新建了大大小小工程二十六处,建筑面积共达三千多平方米。原来分散在三个工厂的木型工组成了木型工厂,承担全联合企业的制造木型任务,生产效率比过去提高了一倍。由于集中使用财力、物力,更便于合办较大型的集体福利事业,为全企业职工服务。仅半个月就新建食堂十个,托儿所和幼儿园八处,一座较大浴池,同时分散在各单位原有的俱乐部、学校、浴池等福利设施也向联合企业职工及家属全面开放,从而大大活跃和改善了职工的文化和物质生活。

随着联合企业的建立,厂与厂之间,"你求我援"的外部协作关系发展为联合企业内部分工合作的关系,"见困难就帮"的共产主义风格得到空前发扬。汽车工具厂因铜板供应不足,5月20日仅完成月计划的47%,汽车配件厂职工听到这个消息,敲锣打鼓把自己用的两吨铜板送到汽车工具厂,使这个厂提前两天完成了5月计划。农兽药厂为进一步发展新的化学工业产品,必须增加一套较完善的生产硫酸的设备,曾经在全市有关单位求援,未得到解决,这次联合企业成立,由机械厂、洪兴阀门厂合作,用不到十天时间就制造了一套硫酸生产设备,使农兽药厂由原来只是化学合成厂一跃为生产化学原料的综合工厂,硫酸生产的产量比过去翻了七番,不仅满足了企业公司的需要,而且有一半以上支援了兄弟工厂。

以全民带集体,以大带小,按片结合

郑州城市公社巩固发展

全市基本公社化,办起八百多个工厂,集体福利和文化事业大发展

（一九六〇年六月十三日）

本报讯 郑州市在市委领导下整顿了城市人民公社,全市在一九五八年大跃进高潮中建立起来的人民公社已经走上巩固发展的道路。一年多来,根据生产的发展和"以全民带集体,以大带小,按片结合"的原则,已经把一百二十六个人民公社合并为十七个,并且在三个区建立了区联社,全市已基本实现公社化。经过整顿以后,人民公社的优越性得到进一步发挥,更加受到广大人民的衷心爱戴,他们歌颂公社说:"人民公社一棵松,不怕雨来不怕风,太阳普照往上长,顶天立地万年青。"

城市人民公社的巩固发展,在促进生产、解放妇女劳动力、提高人民的文化科学技术水平和物质生活水平等方面,显示了无比的优越性。全市解放出劳动力六万二千多人,参加了社会生产和服务性工作。目前十七个人民公社,共办起了八百四十六个工厂。今年元月—四月份的产值达六千七百七十万元,等于去年全年总产值的百分之一百四十四点四。

公社工业的迅速发展,已经成为地方工业的重要组成部分。在公社工业的一千四百多种产品中,直接为国家建设服务的有三百三十七种,为城乡人民生活服务的有三百三十六种,为农业服务的有七十九种,及时地弥补了大工业生产的不足,特别是日用小百货生产和小型修配加工,已成为解决市场需要的重要力量。如生产的布鞋,就占市场供应总量的百分之三十,同时,有的产品还远销国外。

公社工业的大发展，是通过广大社员的艰苦奋斗而取得的，他们在"自力更生，克服困难，办起工厂，幸福万年"的口号下，没有设备，就土法上马；没有材料，就到处找；不会技术，就到处求师访友。如建设区绿东村人民公社安装二处分社的陶瓷管厂，建厂时只有十个妇女，她们从国营企业借了五百元资金，拾来大量零散砖块垒成小窑，开始了露天生产。她们经过艰苦奋战，在不长的时间里，就由只能生产直管，增加到能生产二十多种异型管子；由十人发展到八十七人，并且扩建了四平方米的大窑三座、临时工棚六千多平方米，还增添了电动筛、电石碾、鼓风机等，已成为一座半机械化生产的工厂了。管城区南关人民公社机械加工厂职工，千方百计闹革命，自己动手武装自己，经过一个多月的奋战，制成了砂轮机、自动元车、铣箭槽机等一百四十多台(件)机器和工具，使百分之七十的工人使用机器生产，大大提高了生产效率。

全市各人民公社在工业生产全面大跃进的同时，在农业方面认真贯彻了以菜、肉为纲，为城市服务的方针，开展了经常性的工农业大协作，促进了农副产品的大发展。去年蔬菜产量较一九五八年增长了五倍以上，生猪增长五点六五倍，羊增长五点六六倍，家禽增长五点五六倍，鱼增长六倍以上，奶羊增长二点九倍。

随着生产的发展，公社兴办了大量的集体生活福利事业和服务事业，使家务劳动逐步走向社会化。人民公社大办集体生活福利事业和服务事业，把几千年来人们所梦想的"老有所终，壮有所用，幼有所长，鳏寡孤独残疾者皆有所养"的理想变成了可靠的现实。随着生产的发展和广大家庭妇女的就业，社员的生活水平有了显著的提高。目前，全市社员平均工资较建社初期提高了一点四倍。

成千上万的职工家属和街道妇女，摆脱了家务琐事，参加社会劳动以后，迫切要求学习文化。全市各人民公社根据社员群众的愿望，办起了各种红专学校一百八十三所，中等学校五所，初等学校二十八所，满足广大社员的学习要求。此外，公社还成立了二十九个俱乐部、三十一个图书馆(室)、三个广播站、三十三个业余剧团。社员们歌颂人民公社道："人民公社是红星，个个社员成万能，进了工厂是工人，到了田地是农民，拿起枪杆是战士，拿起笔杆是诗人。"现在，广大社员又正在掀起一个波澜壮阔的学习毛主席著作运动。

敢想敢干　自力更生　土法上马

不断革命洛北人民公社麻袋纺绳厂

技术革命一步登天

十二道工序实现机械化半机械化,制成五条简易
自动流水线,有四个车间实现远距离操纵

（一九六〇年六月十三日）

本报讯　河南省洛阳市洛北人民公社麻袋纺绳厂职工,紧紧依靠党的领导,发扬了敢想敢干的共产主义风格,自力更生,采取土办法,连续大闹技术革命,在短短的时间里,在十二道工序上实现了机械化、半机械化,并且建造出纺绳、合线、编袋、裁袋、压光等五条简易自动流水线,进而在全厂五个车间中,有四个车间实现了远距离操作。今年第一季度超额百分之四十三完成了生产计划,比去年第四季度产值提高了一倍。四月份又提前两天完成了生产计划,比第一季度平均月产值提高百分之四十一。

这个厂的革新成就,引起了各地重视,几个月里,到这个厂参观的已超过了十万人。

突出的矛盾

这个麻袋纺绳厂,是一九五八年八月与洛北人民公社同时诞生的。公社化前,它是纺绳合作社,当时没有固定的厂房,工人们利用路旁和街道上的空隙地进行生产,使用的是陈旧简陋和笨重不堪的古老工具,每人每天的产值不过十二元。公社建立后,把纺绳合作社扩大为社办工厂,有了固定的厂房,工

人从五十三人增加到一百七十五人。但是,直到去年十一月以前,仍然使用手摇木纺车进行生产。工人们形容自己的劳动状况是:"手摇合绳机,每天跑百里,膀痛腰又酸,汗流擦不及。"在大跃进的年代里,麻袋、麻绳的需要量骤增。洛阳市商业局和厂里订的合同是每月八万到九万斤,而他们"日战太阳夜战星,不分天黑与天明"地大干、特干,一个月只生产两万多斤。工人对这种现状也不满,大家迫切的愿望就是:"扔掉破工具,换上新机器。"如何实现这个愿望呢? 一种意见是向上要、向外买,更多人的则是主张自己动手、因陋就简、革旧换新。厂的领导上也是向上要、向外买的打算,便专门抽出三四个人,由副厂长带队,走南闯北跑了十五个大中城市,路费花了一千七百多元,可是,连机器影子也没有见着。后来,打听到无锡有个工厂可以制造纺麻绳、织麻绳的机器,到那里一问,光买这套机器,不算运费,就得五十万元。这个厂子的全部资产只有三万多元,怎能买这套机器呢!

打开了缺口

党的八届八中全会发出的"反右倾,鼓干劲,开展增产节约运动"的口号,清醒了人们的头脑。党支部提出"自力更生,土法上马,苦干六十天,实现机械化",这个口号得到大多数职工的拥护。在小组讨论会上,他们说:"乱跑是行不通的,必须自己动手自己干,自己解放自己",共青团员翟光欣在党支部发出号召以后,他想到自己家乡做绳是用脚踏,比手摇省劲,他又想:如果做电动的不是更省劲吗? 于是,创制电动纺经机的想法便产生了。他把自己的想法同老工人张天社谈后,老张很支持他,并且找出一部小马达同他一起研究试验。他们怕搞不成,人家说闲话,因此,偷偷地进行。当支部书记同翟光欣谈话以后,他们的胆子壮大了,信心也增加了。七天七夜,试制成功了第一部电动纺经机,试用结果,生产效率比手工操作提高四倍。党支部立即指示,成批生产,全面推广。于是全厂二十部手摇纺经机全部改装成电动纺经机。当试车的时候,只见机器架子摆动,机器却不转动。这时,又有人开腔了:"我说造机器就不是我们这种人干的,可你偏要干!"翟光欣听到这些话,心里也有些动摇。支部书记一面鼓励他,一面同大家找原因。检查结果,原来是机器架子下面打的木桩埋得太浅,锁不住机器,他们便用铁锤一个一个地往下打,到天明时,机器全部正常运转了。

突破一个缺口,技术革新的洪流就滚滚向前了。人们说:"人家翟光欣能够搞成机器,我为什么不能呢?"魏书华提出搞电动合绳机,杨广德提出搞电动梳麻机,连刚进厂不久的女学徒工郭玉凤、张翠芳也提出要搞三个头的抽纱机。

彻底走自力更生的道路

当工人们一个个的建议提出来了以后,唯一的困难就是没有材料,没有工具,没有技术。党支部提出"没有材料自己找,没有工具自己打,不懂技术苦钻研,彻底走自力更生的道路"。安地杠、地道没有木材,工人搬来了自己家的床板;地杠上没有铜瓦,工人拿来了自己家的铜锁、铜勺、铜脸盆。合绳车间主任马天通和工人薄振西顶着大风大雪跑到市里废品公司找材料。半截的自来水管、坏掉的打气筒,买回来锉一锉,锯一锯,接一接,就成了"无缝钢管"。大家就是这样克服了困难,制成电动合绳机、电动纺经机、送经机、麻袋机。前后一共只用了四十天的时间,就使全厂由原来的手工操作一变而为机械化,麻绳月产量达到十五万斤,产值比革新前增长十五倍,提前六十三天跨入了六十年代。工人们歌颂道:"革新花开满厂红,生产指标破长空,一步跨过万里浪,赛过猴王孙悟空。"

更上一层楼

今年二月间,洛阳市职工举行向"四化"全面进军的万人誓师大会。党支书翟法舜一边听着报告,一边琢磨自己厂里如何由机械化向自动化前进的问题,他忽然从旁边看到一本苏联书报上刊登的无人操作拖拉机的照片,他想:

"我们能不能也搞它个无人车间呢?"他回到厂里,便把这想法提出来,让大家讨论。有的说:"已经机械化了,还有啥东西可革呢?"可是合绳车间主任马天通和魏书华却说:"他们没有,咱们来创造。"党支部大力支持了他们的意见,并决定先在合绳车间试验。但是,究竟用什么办法来使机器联动和控制生产,谁也没有想出。他们去找党支部,支书对他们说:"关键在于装置好电闸。"于是,马天通、魏书华就研究利用铁路扳闸的原理制造电闸;又研究用指示灯来显示断经和机器出故障的讯号。老工人张天社听说搞无人车间,半夜里爬起来跑到邮电局去借干电池。几个人苦战了一通宵,到天亮的时候,五部合绳机运转起来了,原来三十二个人的劳动一下子由一个人代替了。可是还有一个问题:原材料和成品不能自动运送。女学徒工郭玉凤、张翠芳想到存放原材料和成品的仓库在比车间高的地方,用个自动滑车不就可以解决了吗? 这一来,原材料和成品的运送也由操作室操控了。

第一个无人车间的诞生,轰动了全厂、全区和全市。合绳工李宗炎作了一首祝贺诗:昨日跨上千里马,今日又乘跃进龙。苦钻巧干创奇迹,直攀技术新高峰。

紧接着,纺经车间、纺线车间也实现了无人车间,工效提高七点二倍,节约劳力六十人。

三个车间实现远距离操作以后,马天通、魏书华、杨广德、马登云等,又在研究如何把全部车间集中在一个操作室里控制的问题,作为向"五一"节的献礼。区公社知道了,马上组织机械厂为他们加工曲轴、滚筒和其他一些零件,在"五一"前夕,除原来三个车间外,又加上织袋车间,一共是四个车间集中在一起实现了远距离操作。现在,只剩下抽纱车间还没有集中控制,工人们正在围攻这个最后的堡垒。

(河南记者组)

公社工业技术革命的凯歌（短评）

（一九六〇年六月十三日）

河南省洛阳市洛北人民公社麻袋纺绳厂根本改变了"手摇合绳机，每天跑百里，膀疼腰又酸，汗流擦不及"的生产方式，全厂五个车间，在短短的时间里，一步登天，就有四个车间实现了远距离操作，为广大社办工业展现出了光辉的前途。这是伟大的技术革新和技术革命运动中的又一支凯歌。

这是一支雄心壮志、敢想敢干的凯歌。

麻袋纺绳厂同许多社办工业一样，设备简陋，技术力量薄弱。要从一个"一穷二白"的起点出发，攀登技术高峰，在前进的道路上，摆满重重困难。可是，麻袋纺绳厂的职工们，并没有因此被吓倒，他们满怀雄心壮志，坚决向"穷"挑战，豪迈地提出，要扔掉破工具，换上自己制造的新机器，他们说到做到，很快就实现了机械化、半机械化，之后，又马不停蹄，兼程前进，提出"海再宽，也有边，技术革命没有边，河再长，也有头，技术革新无尽头"。又搞起了生产自动线，紧接着又把四个远距离操作车间改装为由一人控制生产，登上了技术高峰。这个事实说明，穷不怕，只要有雄心壮志、有敢想敢干的共产主义风格，虽然是"一穷二白"的社办工业，也能直登技术高峰。

这还是一支自力更生、土法上马的凯歌。

麻袋纺绳厂的职工不仅有雄心壮志，而且能脚踏实地地干。他们把雄心壮志和党一再指出的走自力更生、因陋就简、土法上马的道路相结合。这个厂在开始时有个别领导同志曾把希望寄托在到外地购买机器上，结果一无所得。但是一旦他们觉悟过来，在党的领导下，马上批判了依赖思想，发动群众走自力更生的道路。只有在这以后，人们的主观能动作用才真正得到充分发扬。土办法搞革新，又一次显示了它的强大生命力，一个"一穷二白"的"土"工厂在很短时间里实现了机械化、自动化。这个事实告诉人们，依赖别人，看起来似乎是最省力的，实际上并不牢靠，自力更生看起来是有困难，却是最可靠的。

雄心壮志，敢想敢干，是社会主义建设中的革命抱负，有了它，人们就想得深远，看得开阔，不会因循守旧，不会因一点小的成就而陶醉；自力更生，土法上马，是社会主义建设中的求实精神，有了它，人们就能脚踏实地，刻苦自励，使雄心壮志不致流于空想。把雄心壮志、敢想敢干与自力更生、土法上马结合，是社会主义建设的革命抱负与求实精神的结合，这是党的总路线的思想，是毛泽东的思想，也是一切社办工业应该走的道路。

麻袋纺绳厂的成就，使所有的社办工业大开眼界，大增志气，相信不要多久，在社办工业的战线上，这一支凯歌，一定会发展成为巨大的合唱。

郑州南关人民公社大办业余红专学校

（一九六〇年七月二日）

郑州市管城区南关人民公社业余红专学校，是由二十一个分校组成的。这些学校分散在二十三条街道里，共有学员一千五百多人。红专学校现有三十一个高小班，学员一千四百七十五人，四个初中班，学员九十六人，一个高中班，学员十一人。

一九五八年实现公社化后，公社党委加强了对业余学校的领导。首先，公社成立了业余教育委员会，由党委书记、社长任正、副主任委员。委员会下设办公室，配备五名专职干部，做具体工作。各分社分别建立了分校，由分社的领导同志担任分校的校长。这样便使教育在社党委的直接领导下迅速发展起来了。

由于业余红专学校认真贯彻了党的教育方针，开展了政治、文化、技术三结合的教育，有效地提高了学员们的政治、文化和技术水平。二年来，他们共培养出会计、统计人员四十八名，儿童保教人员四十九名，记工员七十九名，为工厂培养四级技工三十一名，三级技工五十四名，二级以上的工人七十六名，其中妇女有二百二十二人。

加强领导　统一规划　广泛利用废弃物资

成都各公社大量生产优质小商品

比去年同期产量增长两倍多,不少产品
赶上名牌货,品种达五七〇多种

（一九六〇年八月十二日）

新华社成都 11 日电　成都市各城市人民公社小商品生产不断增加,主要小商品品种已达到五百七十多种,今年头三个季度产量比去年同期增长两倍多,不少小商品的质量已赶上或超过外地的名牌货。

成都市的小商品生产一向比较发达,今年春天城市人民公社成立后,更加强了对小商品生产的领导。各人民公社一方面教育干部和社办工业认识增产小商品是社办工业的光荣任务;一方面协同市、区有关部门组成工作组,调查公社内各小商品生产单位的生产、原料材料、劳动力、技术设备等情况。然后,根据市、区有关部门的统一规划,在全社范围内对生产小商品的社办工业重新进行了安排,例如扩充、建立了一批需要量大的小商品生产单位,合并了一些同类的生产单位等。在此基础上,各生产单位实行了以定产品、定数量、定质量、定原材料、定成本为内容的"五定",使国家分配的小商品生产计划落实到各工厂、车间和小组,把小商品生产纳入了国家计划。仅东城区各公社经过重新安排后,恢复和新增加的小商品就有一百三十多种。

各城市人民公社都从各方面解决增产小商品的原料、材料问题。他们通过和市、区物资部门、废品站等有关单位订合同,与附近国营工厂挂钩,广泛利用这些部门的废弃物资,在社内按"五定"精神进行分配。王家坝公社同六十多个单位建立联系后,取得了锯条、钻花、猪鬃等各种边材废料和废弃物资四十多种。沙河人民公社猛追湾熔炼厂专门从大厂的灰渣中回收铜、铅、锌等有

色金属,用来生产小五金产品。各城市人民公社并且开始自建原材料生产基础,和采取代用材料、改进产品设计等方法,增产节约原材料。

全市各城市人民公社的小商品生产单位,都注意发动群众革新技术,提高机械化水平。东城区七个公社的机械厂,在最近两个月中就为社办工业生产了一百多个马达和其他许多机具。王家坝人民公社各小商品生产单位在近五十天中实现了八十项技术革新,使工效不断提高。

十四把剪刀办工厂

——记南昌市潮王洲人民公社人造棉厂的成长

（一九六〇年八月十三日）

　　江西南昌市潮王洲人民公社的人造棉厂，是由十四名家庭妇女带上十四把剪刀创办起来的。这个厂，在短短的一年多时间里，由于妇女群众在党的领导下发奋图强、穷办苦干，已经得到发展和巩固。

　　一九五八年五月，家庭妇女张城婆、涂五香、张水女等十四人积极响应党的号召，决定办人造棉厂的时候，她们一无设备，二无资金。但她们不怕困难，开头各带一把剪刀，后来又凑集了三台废织布机、两部残缺不全的脚踏弹棉机，还有锅、盆、铲、桶等生产工具，利用"石头做板凳，露天为工场，月亮当电灯"，到底把生产搞起来了。当时，由于从选料、蒸煮、锤打、洗涤、梳弹、漂白等造棉过程，都靠落后的手工操作，不仅产量低，而且产品质量差不易售出。这时，多数人是表示坚决干到底的，只有个别人猜疑观望。在这种情况下，党组织针对群众的思想情况，从党内到党外，从干部到群众，开展了大鸣大放大辩论，辩论了人造棉厂有无前途、能不能办好的问题。通过一场激烈的辩论，使大家明辨了是非，认清了前途，坚定了信心。群众向党表示："天冷冷不了热心，地冻冻不了决心，大雪遮不住信心，邪风吹不动恒心，'四心'俱全加干劲，千艰万难一扫平"，从而擂起了跃进战鼓。这时，已是一九五八年的深秋时候，妇女们不畏寒冷，下河捞石打灶，冒着风雨，到河里挑水洗麻，晚上还去三十里外的梅岭搬运燃料。就这样，日日夜夜地穷干、苦干，终于使人造棉厂由亏损变为盈余。

　　人造棉厂的职工，不仅有勤劳苦干的精神，而且也有钻劲。他们为了改变手剪足踏的落后操作方式，把技术革新和技术革命运动搞得轰轰烈烈。开初，这个厂党支部都结合本厂的革新事例，教育群众破除迷信，解放思想，宣传了六十多岁的魏三堂搞成了双层织布机、学徒刘年妹革新了双管打穗、中年妇女徐秀兰创造了双筒打纱、普通工人王恩荣制成了曾由一个大学生搞了一年多没有成功的打筒机等典型事例，大大鼓舞了士气。工厂为了集中解决生产上的关键，以技工李鑫泉为首组织了研究小组，针对造棉车间工序多、工效低、原材料损耗大等问题，提出了简化造棉工序的方案，并发动群众苦战了四、五天，终于将造棉的八道工序改为三道工序，从而提高了工效二十八倍多。同时，各车间的妇女们上班比干劲，下班比革新，先后制成了电动铁木混合纺纱机、织布机、弹棉机、合纱机、打筒机、裁剪机、梳棉机等大小七十余台机器，使全厂基本上实现了机械化、电动化。

旧的矛盾解决了新的矛盾又产生了。正当新制机械投入生产的时候，出现了原料供不应求的问题，曾经经过风浪考验的人造棉厂的职工，响亮地提出了"无棉自己造，无纱自己纺，不做伸手派"的口号，他们在党的领导下向废纤维和野生纤维大进军，将油棉、废麻制成了人造棉。这样，不仅保证了生产原料的长年供应，而且由于废料利用，大大降低了成本，也有力地供应了工业建设和人民生活的需要。仅一九五九年利用废棉和人造纤维织成的土帆布就达五十八万三千九百米，经过缝纫加工，制成各种防护用品达四万多打，价值一百三十七万多元。

（中共南昌市委城市人民公社办公室）

香坊人民公社香飘万里

——哈尔滨香坊人民公社工作经验介绍

（一九六〇年八月十六日）

编者按：哈尔滨市香坊人民公社是在原香坊区的基础上，以哈尔滨轴承厂等十八个国营和地区国营工厂为主体，联合六个街道行政组织和近郊十一个农业生产大队，以及在这个地区的机关、学校、居民组成的。市区有六个分社，十七个街道委员会；另外，在与郊区接壤的地方还有两个农村分社，十一个农业生产大队。

香坊人民公社是我国城市人民公社中办得较早、较好的一个。一年多来，香坊人民公社已经积累了不少办社经验。这些经验是十分宝贵的。为此，我们特请中共哈尔滨市委城市人民公社办公室把香坊人民公社在组织生产、生活、教育各方面的具体工作经验，分九个专题进行总结。从今天起，本报将陆续刊登出来，供大家参考。

一、组织生产大协作

香坊人民公社从成立以来，充分发挥了一大二公的无比优越性，以国营大企业生产为中心，把大中小型企业、国民经济各部门紧密结合起来，在全社范围内组成了一个纵横交错的生产协作网。这不仅保证了国营工业生产的高速度发展，而且有力地促进了公社经济的全面大跃进。

香坊这个地区内的各工厂企业都有对外协作关系，而地区内企业之间的协作虽然在公社成立以前就有，但是，由于这些企业的隶属关系和生产性质不同,往来不多,即或有一些也多半是零星的。各大厂都是依靠上级部(局)解决协作任务,有的不辞千里迢迢去外地搞协作。1958年生产大跃进,许多国营和地方国营工厂,不但产量骤然增加,而且生产性质也有很大的变化,有些工厂从修配变为制造,由原来生产一般产品转向生产(高、大、精、尖、新)的产品。因此,各大厂急需补充大量劳动力,对协作的配件和辅助性产品也要的多、要的急,外部协作关系满足不了需要;同时刚刚兴办起来的社街工业,也急待解决原料来源、增添设备、加强技术指导和确定生产方向。这些情况表明,原来那种协作关系已不能满足形势发展的需要,必须大力开展地区内的大协作。公社成立以后,就抓住了发展工业生产这条纲,认真地贯彻了"保重点、带一般、大中小企业相结合"的方针,组织了全社范围内的共产主义大协作。一年多以来,在"全国一盘棋、公社是一家"的共产主义思想指导下,生产由点到面,由低级到高级,逐步地发展起来了。

为了保证国营和地方国营工厂的大跃进,公社通过"合并""转业""编辫子"等办法,将数百个社街小厂进行整顿、巩固、提高,到目前,共组织一百三十多个小厂为大厂服务,其中有四十八个中小型工厂专门为国营轴承厂加工各种工具、半成品和辅助用品。一年多来,据不完全统计,社办工业为国营轴承厂加工锻铸件达七百多吨,制造和修理工具七十五万多件,加工包装箱、盒二十四万多个,为保证轴承厂月月季季超额完成计划起了重要作用。同时,由外地转向社内加工,不仅节省人力、运费,而且由于利用轴承厂大量废料加工成本也降低了。

公社为了保证国营大、中工厂生产的需要,组织社办小厂对大厂实行"三保",即:一、保证按时完成任务。大厂交来的任务,社办工厂都尽量设法完成。他们的口号是:"要什么生产什么,要多少做多少,什么时候用就什么时候到,绝不影响大厂配套。"二、保证产品质量。社办电器厂为了从根本上保证产品质量,同有关专业大厂挂钩,采取长期和短期相结合的方法培养各种技术工人,使职工技术水平不断提高。很多社办工业,订立了检验产品的制度,有的还设立专职检验员,保证所加工的半成品和部件合乎质量标准。三、保证降低成本。社办工厂充分利用大厂的边材废料,降低加工费。如社营建新机械厂为国营轴承厂加工的刀杆,大部分利用国营轴承厂废刀具,一年时间就节约好钢四百吨,而加工费过去在外地加工,一把刀二元,现在只需六角钱。

在协作中,国营大、中工厂也根据自己的需要,积极地帮助了社办工厂的发展,他们在社办工厂自力更生的前提下,以自己的边材余料、闲置设备和生产技术不断对小厂进行帮助,这就使小厂能够更好地为大厂、农业和人民生活服务。在大厂的帮助下,社办工业迅速地发展起来。

通过组织大协作,大家都把公社看成是一个整体,增加了完成全社任务的共同责任感。因此,各企业之间改变了过去那种厂房相连,烟筒相望,机声相闻,而很少往来的现象,变老邻为新友,代之以"一厂困难,八方支援"的新的关系了。如国营轴承厂、轧钢厂和啤酒厂虽然都是一墙之隔的近邻,但是因为隶属关系不同,生产性质不同,过去往来很少。公社成立之后,他们之间的关系发生了变化。当轴承厂生产任务紧张时,轧钢厂职工在努力完成自己计划的同时,为轴承厂锻造了五万套半成品,因而保证了轴承厂生产计划的完成;轧钢厂在生产中缺少焦炭时,轴承厂又主动送去了焦炭;啤酒厂关键设备上的糖化锅牙轮坏了,若是自己抢修,最少得一个月时间,轧钢厂听到这个消息后,党委书记亲自领着机修车间的支部书记、主任、老技工到机器旁画图纸,并连夜加工,结果只用一天多的时间就赶制出来了,为了防止以后发生类似故障,还做了一个备品送去;当轧钢厂的炼铁高炉因停电上不来水有爆炸危险时,啤酒厂把自己部分设备暂停下来,把电输送给轧钢厂,解决了轧钢厂的急需。现在,两厂又将机修力量合并在一起统一使用,因而使机修力量由不足变为有余。两厂工人写诗歌颂道:"啤酒和轧钢,只隔一道墙,过去有了事,互相不来往,公社成立后,大大变了样,遇有困难事,共同来担当,就如一家人,两厂如一厂,生产齐跃进,友谊日日长。"

公社在组织厂与厂之间协作,开始是采取一个月一次协作例会。当各厂每月生产计划定了之后,各工厂就将自己厂解决不了的问题,提到全社协作会上,在全社范围组织解决。各工厂也都把自己工厂的呆滞材料账和余品账,带到协作会上,别厂提出要求,凡是自己工厂能解决的,就全力支援,甚至有的工厂虽然自己解决不了,也通过自己在外地的关系帮助解决。在每次协作会上各单位提出的协作项目有80%左右的问题得到了解决。这样,公社就将这个地区内,企业之间原来那种没有组织、零散的协作,变成了社内有组织有领导有计划的经常的大协作。

1960年以来,生产大协作又有了新的发展,以工农业生产为中心,组成了工农、财贸、文教、大协作网,在全社范围内将各经济部门更紧密地结合起来。这种大协作的形式主要有以下几种:1. 工业企业之间签订合同,常年固定协作,工、农之间以厂带队、厂队挂钩长期互助协作。2. 工农、财贸、文教协作例会每月召开一次。主要是安排和解决各部门本月和下月在生产上和技术革新、技术革命运动中需要的协作问题,检查协作任务完成的情况,总结交流经验。3. 分社协作例会,每月召开一次,解决各分社在生产和技术革新、技术革命运动中一般性问题,并且为公社大型协作会议作准备。4. 专题专业协作会议,解决各工厂企业临时发生的比较复杂的关键性问题。5. 采购协作,在采购工作上采取"一统、二包"的方法,即公社把社内小厂的采购计划进行统一安排,由分社或大厂包采购、包运输。其好处是,既提高了采购效率,又节省了劳动力和旅费。

通过组织大协作,大大地挖掘了社会的潜力,调动了各个方面的积极因素,在保证工农业生产全面超额完成和促进技术革新和技术革命运动的迅速发展等方面,取得了巨大的成绩。仅就1959年和1960年前四个月的统计,共组织了三千四百多项协作。其中:铸锻件加工七百三十吨,挖掘、调剂原材料和边材废料九百三十吨,互相调剂和支援原煤、焦炭六千七百多吨,加工设备、工具和零星配件一百四十万台(件),组织了五万八千多个工时的协作和二万多人次劳动力的互相支援。因而,1959年公社工业总产值比1958年增长了63%;农业总收入增长了46%,1960年又提前四十四天完成了上半年工业产值的计划,同时,农业机耕面积不断增加,非田间作业基本上实现了机械化和半机械化;修建了水库、灌溉站、电井,有50%的土地实现了水利化,有三千八百农户安上电灯,实现了队队有电话有广播,户户有喇叭;在农村新办了五个小机械工厂,使农具小修理不出队,大修不出社。

共产主义大协作使公社整个面貌,日新月异地发生着变化。

二、水、电、气、电话、运输"合作化"

在建立协作网的基础上，生产大协作不断向前发展着。现在，香坊人民公社已实现了"高压闭式大环形供电"、"环形供水"、"环形电话"、"环形运输"和正在积极组织实现"环形供煤气、热气"。这"五环"的出现，不仅给大协作增添新的内容，而且使公社的组织越来越高，使工厂之间、工农之间、生产和生活之间形成了密不可分的联系，极大限度地挖掘了社会潜力，推动了生产和各项事业的迅速发展。

大跃进以后，一方面，很多小工厂办了起来，因为没有电源或电源不足而不能进行生产或不能进一步发展，城市供水也跟不上建设和生产发展的需要，不少新建事业单位长时间安不上电话等等。另一方面，公社一些老的企业单位，在电、水和通信等方面都蕴藏着巨大潜力，由于各单位"自立门户"，以致存在着"有者用不了，无者用不着"的现象，在这样一个形势下，领导上及时提出了向"五环"进军的口号，公社党委吸收各分社党委参加，召开了公社党委扩大会议，分析了全社情况，进行务虚，统一了思想，在务虚和统一思想的基础上，全面进行了规划，建立了机构，进行了战斗部署。各级党委对这项工作，都给予了极大的重视，许多领导干部和群众一起，通宵夜战，所需的物资，各厂都以共产主义大协作和公社是一家的思想，积极进行支援，从而使"五环"这样一项艰巨的任务，仅仅两个多月的时间，就基本上实现了。

环形供电

公社党委首先组织学习了哈尔滨市电线厂"四合一"环形供电的先进经验，以国营轴承厂、建成厂、电炭厂、木材厂为中心，实现了四个地区的"小环形供电"，使各工厂之间用电合一，工厂内部用电合一，工厂与居民之间用电合一，以及厂用电网和公用电网之间合一。以后，又进一步实现了"高压闭式大环形供电"，即把四个地区的"小环形供电"，用一条线路连接起来，"简化、升压、环形供电"，即把四个地区的"小环形供电"，用一条线路连接起来，"简化、升压、环形供电"。经过这两次变革以后,不仅节约了大量器材,更重要的是每年将多供出电能两万一千度,满足了公社十六个工厂和五十二个单位的用电需要,并给五百七十六家农户新送了电。

环形供水

"环形供水"的实现,是在"环形供电"的启示下搞起来的。首先在国营轴承厂地区进行了试点,对工厂、机关、学校、居民等用水系统,进行了合理的调整和改革。原来轴承厂地区公用水的管道,每小时只能供水一百七十吨,但各单位实际用水量需要二百四十吨,这就不能满足需要。另外,轴承厂地区原来四个厂的备用水源——十一口井每小时出水量是五百九十吨,但是由于各自"自立门户",缺水的工厂就不能利用。实现了"环形供水",这个问题解决了,而且也给国家节省了大量人力、物力和财力。

环形电话

公社把大厂周围用户的电话接在大厂的电话总机上,形成一个小"环形网",同时,根据合理布局,增设了电话服务站。然后把大厂的电话总机和新增设的电话服务站之间,以及电话局和大厂的总机之间建立中继线,形成一个全社电话"大环形网",这样,大厂的电话总机和新增设的电话服务站之间,各大厂的总机之间,新增设的电话服务站和服务站之间,可以不通过公社电话局,直接通电话,提高了通话率,降低了电话局的通话负荷量。同时,由于增设了四十六条中继线,挖掘出电话设备五百四十四门,相当于公社电话局原有设备容量的50%。

在实现了"环形电话"以后,相继实现了"邮电服务网""电报网""共用电话会议室网",加速了电服、信件的投发速度,而且也提高了服务质量。

环形运输

把公社交通部的车队和工厂企业的车队,在"保重点、带一般"的原则下,统一组织起来,实行多班作业,合理调配,消灭车辆的往返空驶,增加货运量,解决运输工具少、运输量大、运输力不足的问题。实现了"环形运输"以后,交通部车队的出车率就提高了三倍。同时,又在公社党委领导下,把各大工厂的铁路专用线改为公用线,形成环形运输网,挖掘了潜力,方便了生产。

环形煤气和热能

以轴承、玻璃、建成、电炭厂为中心,扩建和新建煤气发生炉,使工业、建筑用煤气和热能以及居民用的热源实现"四合一"供应。目前,除玻璃厂煤气站在补充煤气发生炉以外,其他各煤气站也都在积极筹划扩建和新建中。另外,公社党委还积极大搞土煤气炉。

事实证明:实现"五环",不仅说明公社组织协作、综合利用的道路极其宽广,而且也说明这是促进生产,高速度进行社会主义建设,勤俭建国的一项上策妙计。

香坊人民公社香飘万里

社办工业不断巩固提高

——哈尔滨香坊人民公社工作经验介绍

（一九六〇年八月十八日）

香坊人民公社成立后，就遵循着"以工人阶级为领导、以全民所有制为主体、以发展生产为中心"的原则，贯彻了"两条腿走路"和"保重点、带一般"的方针，在发动群众大办工业的同时，不断进行整顿、巩固、提高工作，使社办工业迅速地、健康地壮大起来。

大搞综合利用

香坊人民公社建社以前的一百〇八个小厂，绝大部分是 1958 年办起来的。由于建立这些小工厂的时候，是采取有人会干什么，就办什么工厂的办法，也没有可靠的原料来源，所以时间一长，问题就出来了。这时，一部分人对公社要不要办工业，能不能办好工业发生怀疑、动摇。然而，大多数人都希望把这些小工厂办好。于是，如何解决原材料来源，就被提到刚刚建立的人民公社党委的议事日程上来了。

正在寻找社办工业生产原料的时候，许多国营和地方国营的大、中工厂向公社提出就地搞协作的要求。因为生产建设的不断大跃进，许多国营工厂的产量大大增加，品种要求也越来越多。有的工厂原来生产配件要转向生产主机，这样，企业内部的生产能力就不相适应。同时，由外地协作制造的部件，因为兄弟企业的生产发展，不能继续加工，也要求适时转向就地加工制造。可是,如果有些部件要由大厂自己加工,必须增添设备、工具,甚至要增建厂房,不仅时间拖得长,而且成本也提高。这显然是实现大跃进的一个不利情况。于是,公社按照党的"两条腿走路"的方针,使大中小型企业相结合,采取了"合""转""编""建"的办法,把过去举办的一百〇八个小工厂,改组为二十四个社办工业企业,同国营大工厂分别挂钩。例如把社内小铁工厂合并为一个建新机械厂,主要为国营哈尔滨轴承厂打刀杆、加工锻件;把社内的翻砂、木型工厂同社办翻砂厂编成一个香坊翻砂厂,为轴承厂制造钢球锉板等铸件;把草麻绳厂转建为卫星轴承厂,利用轴承厂的残材废料为轴承厂粗加工一部分轴承、工具及配修和自制一般轴承。同时,还新建了一个纸盒厂和蜡纸厂,专为哈尔滨轴承厂制造包装用品。

大小协作厂实行"三保""三包"

经过整顿的社办工厂,对大工厂实行了"三保",即以保证按时完成任务,要什么生产什么,要多少生产多少,什么时候用就什么时候做,绝不影响大厂配套;革新技术,提高工人技术水平,建立产品检查制度,千方百计地保证产品质量;利用大厂的边材余料穷办巧干,保证降低成本。有力地支援了国营和地方国营工厂的大发展,从而激发了大中工厂扶持社办工业发展的积极性。这些大中工厂采取了"三包"的办法:①包计划,为大厂服务的小厂,每月根据大厂需要安排生产计划;②包设备,小厂不能解决的设备由大厂借给,产权仍属大厂;③包技术,一是大厂调工程师或技术人员驻小厂,就地指导,或随叫随到,一是为小厂代培技术工人。实践证明,实现了"三保"、"三包"的办法就可以改变社办工业盲目生产和原材料不足的局面。如社营翻砂厂专门为轴承厂铸造部件,在初建时仅有厂房七十多平方米,小炉一个,日产量只有五吨左右,远远满足不了轴承厂的需要。轴承厂便进行技术指导,安排计划,在轴承厂积极武装下,现已成为日产五十吨的中型翻砂厂,有力地支援了轴承厂的需要,在 1958 年为轴承厂节约了三十二万元。由原来的草麻绳厂转建起来的卫生轴承厂,经过国营轴承厂帮助改造机器、安装设备、培养技术力量、进行日常技术指导,已经使它变成了年产一百万套轴承的工厂了。社营建新机械厂在轴承厂、轧钢厂等大厂的大力支援下,现在发展到有五个车间,由原来手工操作变为机械化、半机械化生产,今年已成为成批制造机床的工厂了。由三个刻字、修表匠创办起来的电器厂,在大工厂的支援下,现已发展成为中型厂,一年来已生产出电流互感器、电动机等十四种产品,同时,在各大厂和科学研究部门的帮助下,还制成三种尖端产品。

1959 年 7 月,公社党委根据省委工业会议关于恢复和发展小商品生产的精神,对社办工业又进行了整顿。除了新建一些满足人民生活需要的,像生产布鞋等小商品工厂外,还把一些与国营工厂争原材料的社办工厂转业,生产小商品。

香坊公社的卫星轴承厂是由原来几十个人的草麻绳厂改建的,只有一年多时间,就发展成为一个拥有六十多台机床、六百多工人的工厂。

公社党委在 1959 年 9、10 月间,又决定把社办工业中生产麻绳、草制品、石膏制品等小厂,下放到当时的管理区(现为分社)经营。这样做,既增加管理区办工业的积极性,又便于公社集中力量搞好几个比较大的工厂。

进行"八定"不断提高

1959 年底,香坊公社根据市委的指示,建立了工业办公室,发动全体社员生产缺门和短腿产品,如化工、建筑材料以及原材料的生产等。因为今年兴办社办工业的生产方向比较明确,但是,在一个时间里,朝着大体一致的方向办起工业,同一行业的产品大体相同的重叠现象在所难免。另外,由于技术工人缺乏,劳动力需要加以调整等等一些问题,都需要及时加以解决。

定产品、定任务、定厂址、定组织、定人员、定计划、定原料、定制度是香坊人民公社最近对社办工业进行一次集中整顿的主要内容。公社把二百八十多个小工厂,用"梳辫子"办法,使就近生产同一产品的厂子适当合并,就把厂房固定下来,把产品固定下来,把人员也固定下来。同时,又根据化工生产连续性的特点,把原料生产和成品生产的上下工序衔接起来,尽可能地综合利用原材料资源。

在整顿的过程中,派出一批干部和党、团员、老工人,充实与加强了社办工业的领导,并且还培养了一些骨干力量。同时建立了财务、计划、生产、人事等必要的制度,使社办工业沿着健康的道路前进!

酒泉市厂矿、机关包干
帮助公社办好食堂

（一九六〇年八月十八日）

本报讯　中共酒泉市委组织厂矿企业、机关、学校、部队等单位,采取分片包干的办法,帮助城市人民公社办好公共食堂,取得很好的效果。

酒泉市在实现公社化后,全市新建的居民食堂有三十五个。食堂的管理员和炊事员都是刚从家务劳动中解放出来的家庭妇女,缺乏经验,技术也比较差。为了帮助办好居民食堂,中共酒泉市委要求各厂矿企业、机关、学校、部队采取分片包干的办法,抽调优秀的管理员、炊事员到居民食堂去带徒弟帮助提高业务、技术水平。在市委组织下,全市有二十八个单位分别和三十二个居民食堂挂钩,选派了有经验的管理员和技术较高的炊事员住在食堂、吃在食堂。同时,各公社党委也都加强了对食堂的领导,由一名书记专管集体福利事业,管理区由一名主任抓食堂。在公社党委加强领导和各厂矿企业等单位分片包干帮助下,全市绝大多数食堂都办得很好,做到了饭菜质量好、价格便宜,受到了群众的赞扬。要求入食堂吃饭的人越来越多,仅东北街人民公社邮电管理区食堂在二十六天内就由原来的三十五人增加到一百八十七人。

狠抓小商品生产

建邺公社升州路分社建立
小百货生产基地

（一九六〇年八月二十三日）

本报讯　南京市建邺人民公社升州路分社建立小百货生产基地，狠抓小商品生产取得成绩。六月份全分社共生产出"三用刨"（刨瓜、刨丝、刨碎）、花漆筷、碗橱、白铁壶、打水桶等当今小商品一百〇三种，比五月份未建立生产基地前扩大品种将近一倍。

这个分社党委在市委召开小商品生产会议后，就立即召开会议，研究了当前小商品生产如何更好地适应人民生活日益增长的需要，决定迅速建立小百货生产基地，从根本上改变现状。于是，一面在广大职工中进行公社工业为市场、为人民生活服务的重要意义的思想教育，大搞群众运动，一面组织人力对产品、产量，生产设备、劳力等进行排队摸底，随即将全分社生产小商品的十九个主要工厂组织起来，根据全面规划、统一安排的精神，定厂，定产品，定产量，定人员，定时间，定质量，使计划落实到厂、车间、小组以至个人。各厂在接受任务后，也迅速地组织了人力、物力（原料、材料），合理地安排了劳力，大部分领导干部都亲临生产第一线，在劳动中指挥作战。许多厂还采取一天"三抓"（早抓安排，中抓进度，晚抓验收）的办法，及时发现问题、解决问题。

小百货生产基地建立后，分社党委除了抓生产进度、定期呈报、统一平衡计划调度外，还组织社办工厂之间和社办工厂与区属工厂之间的协作，大搞节约、代用，克服原材料困难。六月份建立基地以来，各厂之间的协作会议就召开了三次，各厂都发扬了共产主义精神。健民针股厂原料有困难，区属先锋五金厂当即支援了五百斤；新中五金厂生产的油印机铁零件，因为缺少一批洋元影响到木器厂油印机装配出厂,区属建邺拉丝厂知道后立即帮助解决。在克服原材料困难方面,各厂还千方百计广找门路,开源节流。如五一雨伞社先后与中山陵、浦口东门农场联系,由厂长带队上山自砍自运,用松树枝、杂树枝代替整料,使生产雨伞的上下芦头用料基本上得到解决。为了解决铜的供应问题,最近这个分社的建邺锁厂还生产了一种铁制锁芯的弹子锁,既不影响质量,又降低了成本。

最近分社还组织各厂与各商业专业公司签订了联系协作合约,准备根据市场需要进一步安排更多的小商品生产,以满足市场需要。

(鲍启鑫)

开展以粮钢为中心的增产节约运动

城市人民公社千方百计为粮钢服务

焦作市根据钢铁煤炭超产需要组织人力物力投入战斗
许昌市组织群众大搞短途运输随到随运不误粮钢生产

（一九六〇年八月二十五日）

本报讯 焦作市各城市人民公社,在市委的领导下,积极组织了机械、电力、交通运输、财贸等单位的人力、物力千方百计为钢铁、煤炭服务,有力地保证了钢铁、煤炭大幅度上升。

他们的做法是:根据钢铁、煤炭大超产的需要,组织人力物力投入战斗。全市各公社共组织了一千三百多人,上山开矿、下井挖煤,大搞土法炼焦。共开采出矿石十五万四千八百多吨,挖煤九万九千二百多吨,炼焦二千四百多吨;组织了四百余人兴建"土"铁路二十五条,全长一百三十公里。公社又组织了六十多辆汽车,九百多辆汽轮马车,一千六百多辆平车,昼夜不停地为钢铁厂、煤矿等基地运送矿石、焦炭、坑木和职工生活日用品。中站公社运输公司组织汽轮马车一百四十六辆、平车一百四十八辆,七月上旬为王封矿运送坑木二千〇四十立方米,解决了这个矿由于坑木供应不及时而影响生产的问题。

全市各公社还积极组织机械工业职工为钢铁、煤炭生产单位日夜制造和修理各种机器与配件。如王封矿因新开拓一个采煤工作面,急需用道钉、道夹板、螺丝、道轨等物资,中站公社立即动员所属钢铁、机械职工集中力量,连夜赶制了五吨道钉、三吨多道夹板、二百八十多吨道轨、八吨螺丝、一百三十六根矿车轴和各种配件,供应了该矿的急需。与此同时,各公社的财贸战线职工,分赴钢铁厂和煤矿,到炉前、井下登门访问,了解需要,送货上门。仅七月上半月送货就达四千五百多人次,供应了鼓风机、大锤、洋镐、铁锨、灯泡、矿车、平车零件、工作服、帆布棚、床板、席子等生产资料和生活用品达一千三百余种。

由于公社组织各方面的力量支援钢铁厂和煤矿,第二季度以来,全市钢铁煤炭的生产有了大幅度的增长。据四月到七月份的统计,全市钢产量比去年同期提高七点七五倍,生铁比去年同期提高一点八二倍;煤产量比去年同期提高一点三二倍。

（牡　丹）

本报讯　河南许昌市城市人民公社为了突破当前运输薄弱环节,确保农业丰收和钢铁超产,充分挖掘一切潜在力量,大力组织群众搞短途运输,使运输的紧张局面大大缓和下来。

近年,这个市随着以保粮保钢为中心的增产节约运动的开展,调运物资急剧增多,运输力量不足已成为一个薄弱环节,特别是钢铁原料和烤烟用煤由于调运不及时,使生产受到影响。为了迅速解决运输力量不足的问题,在公社的统一领导下,各分社除了进一步加强对原有运输队的领导外,又把二千多名分散的群众运输力量组织起来,突击抢运。许城分社党委还专门派了一个党委委员住在运输队,具体负责组织群众运输工作,并且调集了汽车、马车三十二辆,架子车一千三百八十七辆,手推车一百〇六辆,抬筐五百一十九个等运输工具投入战斗。为了保证农业和钢铁等主要物资的及时调运,运输队在火车站、专区冶金局批发站和市钢铁厂等附近扎营,随到随运,不误生产。

由于加强了运输战线的领导,这个市八月上旬就完成了焦炭、生铁、矿石、煤、化肥、各种机械、粮食、农业技术作物等主要物资的货运量九万九千八百多吨,占八月全月运输计划的百分之五十五点五。这些物资的及时调运,大大促进了钢铁生产的迅速提高。八月上旬,全市生铁的日产量已由七月份的二十三吨上升到二十八吨,八月十一日的生铁日产量又猛增至四十吨。

（刘铭典）

香坊人民公社香飘万里

办好托儿所、幼儿园

——哈尔滨香坊人民公社工作经验介绍

（一九六〇年八月二十五日）

一年多来，香坊人民公社本着白手起家、因地制宜、因陋就简、勤俭办事业的原则，贯彻执行了国家办、集体办、群众办的方针，大办托儿所、幼儿园，把学前儿童组织起来。目前已办起托儿所（组）、幼儿园（队）六百五十九处，入托儿童达一万八千八百多名，占全社学前儿童的百分之六十一点二。

托儿组织的大发展，不仅是以共产主义思想培育接班人，而且还促进了生产的大发展，为提高小学教育的质量和妇女的彻底解放，创造了有利条件。公社建立以后，党委就在组织生产的同时，发动群众大办托儿组织。

千方百计地挖掘房子的潜力，是大量兴办托儿组织的重要问题。香坊公社发动了群众，根据自愿原则，采取"让、调、借、盖"等方法来解决房子问题。在职工集中居住地区，采取工厂、街道、学校、幼儿园（所）四结合的方法，积极发展托儿事业。如建成机械厂党委，在本厂职工集中居住的地方和街道党支部共同组成领导小组，按车间包楼，苦战七天，办起三十一处托儿组、十一个儿童食堂。各小学校都和街道结合起来，利用居民住宅或大院，把未入学的儿童组织起来，由学校老师和优秀少先队员教唱歌，讲故事，组织游戏。

在职工大楼大院里，因地制宜，就地办小型园、所，使职工们不出院、不出楼就可以把孩子送到托儿所、幼儿园。在接送孩子的时间上也不受限制，给了职工们很大方便。

托儿组织大量兴办起来，保教人员大都是刚走出家门的中年妇女，她们虽然愿意做好工作，但是缺乏业务知识。因此，迅速提高保教人员质量，尽快地

— 380 —

建立一支又红又专的保教队伍,就成为巩固提高托儿组织的另一个重要问题。一年多来,香坊公社根据业余进修和短期训练相结合、普及和提高相结合的原则,采取上下齐动手、层层训练的办法,大力培训保教人员。一年多来,共举办了五期十三个班,培训了一千二百九十名保教人员,还选送百余名保教人员到市幼儿师范学校去深造。除了有领导、有计划地进行培训外,公社还普遍地组织了新老园、所互教互学活动,采取以老园、所为核心,选择工作能力较强的保教人员,和当地医务部门的大夫结合,组成学习领导小组,利用业余时间定期组织保教人员学习,共同研究每天在工作中碰到的实际问题。还从老园、所抽出业务较强的保教人员派到新园、所中去短期驻园指导,又从新园、所抽出新参加工作的保育员到老园、所来短期实习和观摩,使新保教人员很快地熟悉了业务。

组织保教人员学习马列主义和毛主席著作,参加各项政治运动,大大地提高了保教人员的共产主义觉悟。目前绝大多数保教人员已经树立了干一辈子保育工作的事业心。她们干劲十足,解放了思想,想尽办法改革教具和设备,提高工作质量,使幼儿教育贯彻了结合政治、结合生产、结合实际的无产阶级教育方针。她们编选了教材,向儿童们进行了热爱党、热爱毛主席、热爱祖国、热爱人民公社的教育。各幼儿园,除了在课堂上讲解一些生产知识之外,并在儿童力所能及的范围内,逐步培养儿童独立生活的能力。

为了增强儿童体质,加强了卫生保健工作。如建立卫生防疫和妇幼保健制度,开展儿童体格锻炼,加强户外活动,在幼儿园中推行"三浴"(日光浴、空气浴、冷水浴)锻炼,在托儿所中推行主动操和被动操等等。

广大保教人员也投入了技术革新运动,一年多来,各园、所改革、创造出体温计、洗衣机、烘干室、多用切菜机、多用活动教框、活动日光浴架等各种机具共七十二种,七百二十一件。从而减轻了保教人员的劳动强度,节省了人力,提高了工作效率。

香坊人民公社香飘万里

办好公共食堂

——哈尔滨香坊人民公社工作经验介绍

（一九六〇年八月二十八日）

香坊人民公社基本上形成了以食品加工站为中心的公共食堂网。到今年7月10日为止，全社已办起各种类型的公共食堂496处，就食人员占全社人员的62.9%。

自从1958年公社建立以来，随着生产的发展和社办工业的兴办，为了广大妇女参加社会劳动的需要，香坊人民公社党委按照"从生产出发，为生产服务"的方针，积极发动和依靠群众，自力更生，大办公共食堂。各分社在今年2月仅用七天时间，就办起了135个公共食堂。像兴顺分社第二居民委员会兴办公共食堂当中，充分发动群众，调动了各方面的积极力量，召开了街道干部、积极分子以及粮食供应部、社办工厂等有关单位负责人会议，反复深入地宣传办食堂的意义，因此，广大社员就积极地行动起来兴办食堂。服装厂女工赵玉兰主动把自己的房子腾出来做食堂，居民委员会主任和服务站站长亲自动手搭炉灶，带头当服务员，在附近住的工人也在业余时间，帮助拆间壁、修房子、安锅炉和电灯，街道修缮队用旧木料做出了食堂用的桌子和凳子。由于充分发挥了群众的积极性、主动性，仅用一天时间，就把食堂办起来了。

食堂办起来以后，怎样把它办好，是一件艰巨的工作，也是关系到食堂能否巩固的关键。食堂的工作人员政治热情高，积极为群众服务，但是有些同志缺乏经验。为了解决这个矛盾，香坊人民公社，一方面以分社为主，以粮店、商店和服务部门为骨干，密切配合，互相协作，加强了食堂管理工作。如建成分社粮店对食堂实行了"两参、一包、五帮助"。"两参"是：参与食堂的领导，粮店主任或分片的营业员兼任食堂的副主任,参加食堂民主管理委员会的工作。"一包"是:包送粮到家。"五帮助"是:帮助建立各项管理制度,帮助建立伙食账,帮助调剂粮食品种,帮助核算饭菜成本,帮助发餐券和算粮食账。商业服务部门也大力支援公共食堂,经常送货上门,帮助研究饭菜花样等等。各食堂还建立了民主管理委员会,定期召开会议,根据群众意见研究改进工作,使食堂工作得到巩固和发展。

为了使广大群众吃得好、吃得饱、吃得省、吃得干净,吸收更多的人到公共食堂来吃饭,香坊人民公社的许多食堂已实现了饭菜多样化。根据群众风俗习惯的不同,采取多种多样的灵活经营方式,既办大食堂,又办小食堂,还有少数民族食堂和儿童食堂;既可以单买主食,也可以单买副食;既可以在食堂吃,也可以拿回家去吃。对于老人、小孩、病人、孕妇和某些有特殊情况的人,给予适当的照顾。

节约粮食也是办好公共食堂的一个重要问题。公社曾组织服务人员参观、学习,举办炊事员训练班,交流推广经验。

为了节省劳动力,香坊公社的各食堂广泛地开展了炊具改革运动。到目前为止,全公社已革新工具 15 项、610 件,制成自动线 23 条,有 62 个食堂实现了机械化、半机械化。

香坊人民公社最近为了适应食堂就食人员大量增加的需要,本着"以大带小、以站带堂、站堂结合"的方针,建立了不同类型的主副食加工站 10 个。哈尔滨轴承厂的主副食品加工站,每天可加工 15000 斤左右的粮食,除供应 7 个食堂 20000 多人就餐外,还通过粮食部零售一部分。此外,公社还设有面条、煎饼、馒头等专业加工站,手续简便,拿粮食或粮票随时都可换取或购买食品。这些不同类型的食品加工站的建立,便于推广先进经验和采用新技术,进一步提高了炊具机械化程度。同时,食品加工站与粮食部门、商店密切协作,根据粮食和副食品供应情况,对主副食品统一调配,统一安排,既指导了消费,又满足了群众需要。

由于公社党委不断加强了对公共食堂的领导,使公共食堂办得越来越好,因而受到了广大社员的热烈欢迎,社员们都一致反映:公共食堂就是好!

香坊人民公社香飘万里

文化教育协作成网

——哈尔滨香坊人民公社工作经验介绍

（一九六〇年九月六日）

随着公社经济基础和社员生活方式的巨大变革，香坊人民公社的文化教育事业，也本着条块结合、大搞协作的精神逐步形成了一个比较完整的文化教育网。

教育成网　　全社学文化

在工农业生产大协作深入发展的影响下，业余教育工作，也在公社建立前的教学经验的基础上，发展到办学方法和办学力量上的协作。但仍然是各单位自办，分散管理，因而办学、教学有很多问题，不好解决。特别是刚办起来的公社工业，厂小职工少，文化程度不齐，师资不足，物质条件比较差，影响教学质量和学员的积极性。根据上述问题，公社本着结合生产、方便社员、合理布局的原则，以分社为核心、大厂为骨干，组成学校组织网。在公社统一领导下，按大厂分布情况，划分中心校，由分社直接领导。中心校负责领导由中型企业为主组成的分校。分校负责领导设在小单位和居民组里的学习班级。学校组织网的日常工作由中心校统一领导，统一规划，统一安排。同时，调整了原有的班级网点，建立了新网点，在人员集中的地方，就地开班；分散的人员，便吸收到就近学校；人员少，教学有困难的班级，适当合并，从而做到了合理布局。目前公社的业余学校已由今年2月份建网前的六十三所增加到中心校四十三所,分校一百八十八所,学习班(组)一百六十四个,比建网前增长了三点八倍,基本形成了"哪里有生产,哪里就有学校;哪里有社员,哪里就有班级"的新局面。

随着教育事业的大发展,出现了师资不能满足需要的矛盾。香坊人民公社以中心校为骨干,采取高集中、低分散三级培训,层层负责,脱产和业余并举的办法组成了师资培训网。公社举办师范学院负责培训大专和部分高中教师;分社办师范学校(或训练班)负责培训初、高中教师;中心校和较大工厂培训高小、初中教师,或高中、大学教师。通过师资培训网的各种活动,建立了一所全日制的师范学校,两所半工半读师范学校、四所业余师范学校。在分校和中心校中普遍组织了业余进修小组,公社还组织了七百四十二名专兼职教师参加了市办的广播师范大学和电视大学学习,从而扩大了教师队伍,提高了教学质量。

新教师一般热情高、干劲足,但缺乏教学经验,急需提高业务水平,以便提高教学质量。为此,香坊人民公社又以分社为中心,以中心校为基础,采取领导、教师、学员三结合的方法,进行三级教学研究活动。公社建立教学研究会,根据每个时期业余教育的中心任务,定期开展活动,并负责组织全社教学研究活动;分社建立教学研究分会,根据教学研究会的要求,领导本分社研究教学改革与教学工作中的经验和问题;中心校各科教师组成教学研究组,研究本科教学中的经验与做法,这样又形成了教学研究网。公社教学研究会,从今年二月份以来,共总结教学改革的经验二十多条,对提高教师的政治、业务水平有很大好处。

公社又以工厂为主,以车间宿舍为点,以优秀学员为骨干,以高带低,灵活多样,教师辅导和群众辅导相结合的方法,组成学习辅导网,来解决自学的问题。分社和工厂设立了学习辅导站,领导全面工作;车间和宿舍建立了分站,设辅导员;生产小组和寝室建立小组,由文化高的工人当辅导员,并通过集中学习分散辅导、狠抓中下、就地消化的办法,来解决学习中的各种疑难问题。如轧钢分社共建立了三百〇三个辅导站(组),聘请了一千〇七十三名辅导员,使得六千多名工人每天都能得到辅导。

在业余教育网继续巩固发展中,公社党委又提出了"实现普通教育网"的战斗口号,但是,有人认为"普通教育人员集中,领导集中,教学制度健全,用不着再搞什么网"。也有人认为"普通教育大搞协作,势必影响正常教学秩序"。针对这种情况,在党委领导下,展开了层层论虚,辩论应该以什么态度对待教育革命;普通教育高度组织起来有没有好处。思想认识统一后,经过两个月的奋战,实现了由学校分布、师资培训、教学研究、生活服务、生产劳动基地和科学研究等六个专业网组成的普通教育网。

实践证明:普通教育成网是适应公社化新形势需要的新方式,是多快好省发展教育事业的重要办法。截至今年上半年,全社办起各级各类学校十五所、幼儿园(队)一百三十一处,形成了由高等教育到学前教育完整的教育体系。全公社的中小学还办起一百零四个工厂,使教育与劳动结合起来。

卫生保健成网　维护社员健康

香坊公社党委从实现劳动社会化、生活集体化的新形势出发,改革卫生保健机构,全面贯彻预防为主的方针,保护社员的身体健康,以促进社会主义事业大发展。他们把公社的医院、卫生所、保健站等组织起来,形成了卫生保健网。卫生保健网包括卫生防疫、医疗预防、妇幼保健、医学教育、卫生宣传等五个专业网。

卫生防疫网是由公社一个卫生防疫站、居民委员会三十八名地段医生、居民组一千二百四十三名义务疫情报告员组成的,负责掌握全社疫情和开展防疫工作。

医疗预防网是以公社一处中心医院为中心,通过四处城市分社卫生院、十四处街道卫生保健站、八十五名居民组卫生员,和一处农村(分社)卫生院、十四处管理区卫生保健所,以及二十个工厂卫生保健所、十处车间卫生保健站,进行医疗预防工作。做到了小病不出委(车间、生产队);一般疾病不出分社;大病不出公社。

妇幼保健网是以公社儿童医院为中心,通过各所(妇女保健所)、站(接生站)、员(接生员)担负起广大妇女儿童的卫生保健工作。

医学教育网是由一所公社业余医学院中级卫校一所、初级护士学校三所、保健员训练班一处和中医带的徒弟组成。

卫生宣传网是以公社卫生宣传教育所为中心,通过地段医生、保健员以及义务卫生员、宣传员进行全民性的卫生知识教育。目前共开办六十七个卫生知识训练班,使万余人次受到了初步的卫生知识教育,在全社已基本树立了社会主义的新风尚。

体育活动成网　人人参加运动

城市人民公社化后,体育活动也成为全体社员的共同需要,为满足广大社员这种迫切要求,香坊公社积极建设公社体育场,并统一使用各基层单位运动场地,形成了一个以公社体育场为中心,由八十五个运动场地组成的场地共用网。

为开展体育活动大协作,解决各单位在场地设备、教练员、经验交流等方面的困难组成了体育协作网,公社成立体育协作办公室,各分社成立体育协作小组,定期召开协作会议。

为不断提高体育水平,加强运动骨干的培训锻炼工作,在公社党委统一领导下,各分社、各单位,掀起了大办业余体育学校的高潮,经过几个月的奋战,形成了以五个业余体育学校为中心、六个业余体育训练班、二千多个体育锻炼队(组)、五千多名等级运动员为骨干的培训锻炼网,从而培训了运动员骨干,活跃了体育运动,提高了运动水平。

体育运动的大普及,原来一个公社体委就不能完全适应形势发展的需要,为此,在各分社成立了体委、体协,形成了以公社体委为核心、由九个基层体委和体协组成的体育运动工作的组织建设网。

各分社和各直属基层单位设义务通讯员,形成了由一个通讯组为中心、由十五名通讯员组成的宣传通讯网,及时地组织交流经验,宣传党的有关体育的方针政策,报道体育运动情况。

文化成网　遍开艺术花

随着公社生产大发展,各分社成立了文化馆,各居民委成立了文化站,生产队成立了文化室。根据全体社员对文化艺术的迫切要求,公社又陆续组成了文艺辅导、电影放映、有线广播、图书发行、图书馆分布、文艺创作等六个方面的工作。

目前,全社有三十八个俱乐部,一百六十一个文化馆(室、站),三十六个图书馆(室),四十一个广播站(室),一百五十个文艺创作组,一个专业文工团,四十六个业余中心文工团,一百二十二个业余文工团(队)。这就在社内初步形成了文化事业网。文艺活动遍布全社,社街工业,服务行业,居民群众的文艺活动都活跃起来了。一年来,演出八百多个节目,自己创作的占百分之七十,有一百二十个节目获奖。

五棵不老松

中共河北省委城市人民公社办公室

（一九六〇年九月十七日）

河北省秦皇岛市山海关公社南关分社的"长青修配厂"里，有五位年过花甲的由大企业退休的老工人。引人深思的是：为什么那么大的年岁还出来办工厂、每日里辛勤地劳动？

永远为着党的事业

五位老工人中，有的原来是山海关桥梁厂的高级技工，有的是山海关铁路机务段的司机。每个人都有三十多年的工龄。他们在工厂的时候，有的是生产上的骨干，有的是劳动模范，并且先后都参加了共产党。但是年岁不由人，按着国家劳动保险条例的规定，他们享受了退休养老的待遇。

可是，一个养成了劳动习惯的人，怎么能闲得下去，何况又是一个共产党员。五位老工人中，年龄最小的六十三岁的王文林，原是火车司机，退休以后，他就每天抱着一把扫帚，不声不响地在街上转，看到哪儿脏了，就扫哪儿；1958年全民大炼钢铁，他又曾背起行李，到几个铁厂去帮助培养开锅驼机的人材。六十八岁的刘文彬原是桥梁厂的七级钳工，在大跃进的1958年，当他听到厂里要制造牛头刨床的消息时，回到和自己别离已久的钳工案子上又干了好几个月。街道上人人尊敬和爱戴的这几位退休老工人被选为街道党支部书记和委员以后，更是终日不分早晚，事事走在前面。去年冬天，党号召大搞积肥支援农村，他们亲自领导街道妇女挑灯夜战，挖肥造肥。

去年12月的一天，分社党总支找五位退休老工人开了个会，向他们传达了党关于全民大办工业的号召，想请他们帮助出个主意。但他们一听党在号召大办工业，就要自己干。刘作林说："我是钳工，修修配配是内行。"刘文彬说："我也是钳工，干脆咱们几个老头儿就办个修配厂吧！"薛家声说："钳工离不开锻工，锻工离不开钳工，咱们一配合，就什么都能做！"老火车司机张惠和王文林，一时有点沉闷。可是，没有多久，这两位老工人好像想起了什么，激动地说："唱戏还得有打旗的呢！你们出技术，我们可以拉风箱。我们也要参加修配厂。"

总支书记管永富想到他们都是国家照顾养老的老工人，应该让他们多休息。五位老工人好似猜透书记的心事，几乎是异口同声地说："我们是工人，是共产党员，怎么能够光动嘴不动手呢！"管书记看到五位老人的决心这么大，感动地说："好！党支持你们。"

勤俭办起修配厂

第二天清早，管书记把五位老人带进兴华街自行车修理门市部后院的一间房子，说："这就是你们的厂址，还缺什么，提出来，总支会帮助解决！""有了房子，还愁办不起工厂来吗？"五位老工人说干就干起来了。建烘炉没有砖，他们拆了一铺炕；砖还不够，他们又推上一辆小车，到街头巷角去搜寻，连半截砖头也被捡回来，砌炉没有"抹子"，他们用手抓泥，用手指头抹泥，没有鼓风设备，他们从旧货摊上买来了一个破风箱，找了些布条子、鸡毛，自己修补修补就能用了，他们又冒着凛冽的寒风，到桥梁厂的废铁堆去找料。前后只用四天时间，烘炉就点着了，工厂开工了。

五位老工人在生产中互相关心，每个人都抢着干重活，工作中遇到困难，就一块研究。一天，业务人员拿来一个手推车的轴碗，对他们说：山海关有很多手推车的滚珠轴承坏了，没有得换，不能用了，从前修理车子门市部遇到这样的活，都没敢接。老锻工薛家声接过轴碗一看，肯定地说："我们接吧，能做！"于是五个老工人经过研究，做出一种轴档，不用放滚珠，只要注点油，既不研轴,又轻巧,这件事传出以后,许多单位都把坏了的手推车送来修理,一辆跟着一辆的"死车",在五位老工人的手中"复活"了。不久,铁路服务站的一位同志,拿来一个铁架子,说是他们正在大搞炊具改革,和面机还没有完全做成,想请几位老工人帮忙把它成全上,几位老工人听说是大闹技术革命的,就一口答应下来了。仍然运用一边研究,一边做的办法,画得墙上、地上尽是粉笔的图样,终于在半成品的基础上,做成了他们从前连看也没看过的和面机。

工人阶级的本色

按力气说,五位老工人是比不过年轻人的,可是论干劲,他们比年轻人一点不差。党总支再三再四地关照他们,要注意休养,不让他们工作得太多,五位老人却自己订了个考勤制度。从建厂以来,谁也没有掌握他们的考勤,可是他们有着工人阶级的劳动自觉性,严格地遵守着自己制定的工作制度,不管多大风雨,多么冷的天气,没有一个人迟到过。去年冬天的一个早晨,北风在呼呼地刮着,窗子的玻璃上结满了厚厚的一层白霜。老锻工薛家声从床上坐起来,他的老伴劝他说:"今天这么冷,你就少去一天吧!"他说:"生产是大事,冷又算得了什么!"随手披上棉袄,依然和往常一样,从工人新村走了四里多路去上班。春节时,党组织动员他们多休息几天,他们说:"各厂工人都在响应党的号召,春节后全勤闹高产,我们不能比别人特殊啊!"

五位老工人把办工厂看作是自己应该干的事情。从办厂那天起,他们就一文报酬也不要。春节时,党总支决定发给他们每人一笔奖金,他们说:咱们这厂子,刚办起来,家底子还薄呢,有这笔钱留着多添点工具吧。说啥也不要。

多积累点资金,添补一些设备,快点把厂子办好,同时再把自己所会的技术和几十年的经验,传授给接班人。总之,一句话:为社会主义多使点劲,这便是五位老工人的共同理想。为了实现这个理想,他们整天喜气洋洋,精神奕奕,活计来了,就忙着干活;活计一不忙,就打工具,研究新产品。现在他们已自制了手锯、扳手等二十余种,一百多件自用工具,制造出四十一种新产品,并且帮助很多单位解决了技术革命中的一些关键问题,成了山海关公社各部门大闹技术革命的加工厂,先后收到了四十多件感谢他们支援的表扬信和大字报。

　　"五棵不老松"的光荣事迹,影响和教育了山海关街道的广大群众,积极走出家门,参加各种社会劳动。现在的长青修配厂在公社党委的积极领导和各部门大力支援下,已经不再是一盘烘炉、五名工人的小工厂,而是拥有七十九名工人和四座烘炉的综合修配厂了。

组织联合企业巩固提高社办工业

中共焦作市委城市人民公社办公室

（一九六〇年九月二十二日）

城市人民公社以其"一大二公"的特点，从人力、物力上为公社工业高速度发展开辟了广阔的道路。进入一九六〇年以来，我市各公社在发展国民经济以农业为基础的思想指导下，为了"保重点、带一般"，保证全市煤、铁大超产，粮食大丰收，本着有利于生产、有利于协作、便于管理的精神，把社办工厂逐渐结成"网"，编成"辫"，形成了各种形式的联合企业的雏形。如中站煤矿人民公社将公社办的机械修配厂、炼铁厂、铸造厂等组成为钢铁机械公司；将运输队、装卸队、车辆修配厂等组成为交通运输公司；将建筑队、青砖厂、石料厂、石灰厂等组成为建筑公司；将针线厂、制鞋厂、被服厂、副食品加工厂等组成为服务公司。

社办工业一经联合起来，对促进生产的高速度发展，就显示出巨大的优越性：

第一，加强集中领导，为高速度发展生产奠定了良好的基础。原来由于厂子多，在一定程度上分散了党的领导精力。有的由于厂小、党员少、领导骨干少、形不成领导核心。联合起来后，成立了党委会或党总支，形成了坚强的领导核心，既加强了党对公社工业的领导，又便于公社党委腾出更多时间和精力来研究重大问题。

在企业管理上，以往由于厂子分散、缺乏严格的财务管理和生产管理制度，浪费现象不断发生，影响了资金周转。联合起来后，认真贯彻执行了党委领导下的厂长负责制，建立了各种规章制度，杜绝了浪费，保证了产品质量。如钢铁机械公司推行班组经济核算、实行干部跟班劳动以后，更加鼓舞了职工的生产热情,促进了生产的高速发展。

第二,社办工厂联合起来后,为钢铁、煤炭生产和农业技术改造服务的思想更明确了。原来社办工厂由于受客观条件限制,往往是产品数量少、质量低,满足不了铁、煤生产的需要。联合起来后,彼此成为"一家人",他们之间由外部一般的协作关系,成为一个统一体。小厂为大厂服务实行了"三保证"(保证大厂完成计划、保证产品质量、保证降低成本),大厂需要什么就生产什么,需要多少就生产多少。如王封煤矿5月份组织高产时,新开一个工作面,急需用道钉、道夹板、钢铁机械公司就连夜突击,赶制道钉三吨,道夹板五吨,保证工作面按期投入生产。又如抗旱下种时,解放公社农业机械厂除为农业大队积极生产打机井火箭锥、水泵外,又抽出十六人组成四个巡回修理组,为农业大队修配各种农具六千多件,保证了下种任务的完成。

第三,社办工业联合起来以后,由于规模的扩大,技术力量的集中,为大搞多种经营综合利用开辟了广阔的道路。如中站公社木器厂加入王封矿为主的联合企业后,利用矿上从井下回收的废坑木(过去都当烧柴处理了),给矿上加工成坚实、耐用的陶粒支架模二千一百多根,使王封矿节省坑木二千三百多立方米,价值达二十六万多元。解放公社制革联合厂,过去由于栲胶供应不上停工待料,成立联合企业后,从橡壳中提炼出液体栲胶。过去的废皮渣都当肥料处理了,现在利用碎皮块、皮渣拧成绳、熬成胶,做到皮毛进厂点滴不丢。

第四,社办工厂联合起来后,由于技术力量集中,设备统一使用,更便于开展以"四化"为中心的技术革新和技术革命,解决了小厂本身不易解决的问题。如中站公社成立四个公司前,十七个小厂中职工提出的重大革新建议不能实现的即达七百二十三项,公司成立后,随即解决了三百八十二项。木器厂职工从一九五九年冬天即开始试制小带锯、钻床等机械设备,但由于电器设备解决不了,一直不能实现。组成联合企业后,王封煤矿帮助解决了电动机,使该厂在锯、刨、钻等主要工序上实现了机械化操作,工效普遍提高一倍至四倍。以前被积压的合理化建议得到处理,又进一步促进了群众的积极性。社办工业职工一月至六月底即提出革新建议十三万九千多条,已实现了三万三千多条,从而使机械化程度由年初的百分之二十四迅速上升到百分之三十六点七五。

第五,随着联合企业这一新生事物的出现,人们的精神面貌也发生了深刻的变化。你帮我,我帮你,团结一致,共同跃进,已成为人们观察问题、处理问题的普遍风尚。如交通运输公司成立前,车辆修配厂积压八十条平车带和一部分轴承,而运输队急需这些东西。成立公司时,车辆修配厂主动将这些东西送到了运输队,使六十八辆平车迅速投入了生产。由于联合企业在较大范围内实行了统一领导,建立、健全了管理制度,使广大职工能够更好地参加政治、文化、技术学习,这就为迅速提高职工思想觉悟和技术水平提供了良好条件。

计划用粮节约用粮　保证社员吃饱吃好

太安街食堂越办越好

（一九六〇年十一月一日）

本报讯　郑州市金水人民公社杜岺分社太安街食堂，两年来由于坚持政治挂帅，依靠群众，贯彻执行了计划用粮、节约用粮的方针，保证了社员吃饱、吃好、吃得干净卫生。由于食堂越办越好，就餐人数从开办时的二十一人增加到七百〇五人。

加强党的领导，坚持政治挂帅，是办好食堂的根本保证。太安街食堂自建立以来，就得到了这个公社党委的重视和关怀，把食堂工作列入了党委的议事日程，指定一位副书记和一名副社长亲自抓食堂工作，选拔了政治觉悟高、积极能干的人担任食堂的具体领导工作。食堂党支部通过抓思想、抓学习、抓生活安排的教育，使炊事人员和管理人员明确地树立了食堂为政治服务、为生产服务、为社员服务的思想。人人保持着饱满的政治热情和旺盛的革命干劲，千方百计地当好群众的"管家人"。如管理员李凤英，以食堂为家，任劳任怨，处处为群众着想。去年冬天，她为了准备过冬菜，到郊区买了两万多斤萝卜、白菜腌晒起来，食堂用了一春一冬，群众都称赞她为"红管家"。

坚持计划用粮，节约用粮，长打算、短安排，瞻前顾后，细水长流是太安街办好食堂的主要经验。他们每月根据食堂的入伙人数和粮食供应数，具体安排每天的用粮计划，坚持"上顿不吃下顿米，今天不用明天粮"，实行了"七日饭表制"，本着"计划使用，留有余地，粮菜混吃，干稀搭配"的精神，安排好社员的生活。

大量储备干菜和咸菜，做到粗菜细作，是节约粮食、保证社员吃饱、吃好的重要措施。太安街食堂吃菜也有计划，先吃不易存的菜，把好菜分别腌、晒存放起来，吃坏留好，吃青留干。截至目前，食堂还储备了红萝卜、小白菜、茄子干等各种咸、干菜一万六千一百五十斤。

加强对炊事人员和管理人员的思想教育,充分发挥炊事人员的积极性,是办好食堂的重要条件。太安街食堂的炊事人员,通过学习贯彻计划用粮、节约用粮的方针,树立了"大处着眼,小处着手",节约一粒米、一点面都是光荣的思想。食堂从建立以来,两年如一日,始终坚持了面盆净、无面嘎巴、盛饭勺子净、无带饭洗刷、锅净、无锅巴饭底等"九净九无",注意了点滴节约。他们为了照顾老、幼、病、孕产妇和客人,食堂还设有"小炒部",随吃随做,对行动不便的人,还把饭菜送到他们身旁。如姜少臣老大娘,因为生病行动不便,食堂炊事人员天天给她送饭,她感动地说:毛主席领导得真好,你们比我的亲人还亲。

在管理方面,太安街食堂实行了"两参""两交""四结合"。"两参"是:管理员参加炊事劳动,了解情况,听取反映;炊事员参加管理,心中有数,积极提合理化建议。"两交"是:定期公布账目,把食堂家庭向入伙群众交代清楚;把调剂饭菜花样的任务交给炊事员。"四结合"是:管理员、炊事员、会计员和采购员相结合,每天核算盈亏,及时调整,经常保持收支平衡,同时在管理伙食中,他们还成立了食堂民主管理委员会,每半月召开一次会议,根据群众意见和要求,研究改进食堂伙食,不断改进食堂工作。

太安街食堂的另一条经验是:充分发动群众,贯彻勤俭办一切事业的方针,本着因陋就简、自力更生的原则,办好食堂。在建立食堂时,没有用具和房子,群众就借给食堂各种炊具、用具三百四十余件,腾出房子二十六间,没有用国家一个钱,全部是社员自己办起来的。为了方便社员,除了经常调剂伙食外,逢假日、节日,食堂还实行了饭馆化,随到随吃,不受时间限制。过去个别没有参加食堂吃饭的人,现在也入伙了。如民有街居民王玉梅,过去在家看两个孩子,没有参加集体生活,她看到集体生活的优越性后,现在把孩子送到幼儿园,自己参加了社办鞋底厂生产,加入了食堂。

目前,在以粮、钢为中心的增产节约运动中,太安街食堂进一步改善管理,推行了"按人定量,凭证吃饭"的办法,积极发展食堂家底生产,大种蔬菜,大搞副食品生产,以便把食堂办得更好,促进生产持续跃进。

(河南省总工会办公室)

工业生产迅速发展　生活福利越办越好　精神面貌大大改观

天津市蓄水池人民公社阔步前进

（一九六〇年十一月十二日）

蓄水池——天津的"龙须沟"，解放前，是全市污水聚集的地方之一。这里住着工人、拉洋车的、卖破烂的、拾破烂的，生活苦不堪言。自从天津变成人民的城市，党和政府就领导人民改变着这个地区的面貌：垫平大臭坑，建起了美丽的花园。影院、浴馆、职工宿舍、一幢一幢的楼房耸立起来……地区在变化，人在变化。

然而，更动人、更深刻的变化，还是在公社建立以后，今年4月9日，蓄水池人民公社诞生的喜讯像春风般传遍了每一个里巷，家家户户喜气洋洋，人们说：一定要听毛主席的话，走人民公社的道路。

人民公社像太阳，社办工业遍地生

人民公社为生产力的飞速发展开辟了无限广阔的天地。公社工业是在原来街道工业的基础上发展起来的。提起街道生产来，人们就会想到那不过仅仅是糊纸盒、纺羊毛、缝纽扣、包蜡笔等比较简单的生产。不过这已经是"老皇历"了。蓄水池人民公社成立以后，社员们依仗着公社一大二公的力量，认真贯彻公社工业以小商品生产为中心，为人民生活、为大工业、为农业等服务的方针，发奋图强，埋头苦干，使生产发展速度一日千里。如今，蓄水池公社已经发展成为拥有八个分社，七千多生产人员，包括橡胶、木材、纺织、皮革、文教艺术用品、金属加工等行业的七十五个生产单位的一个小洋群、小土群的小商品生产基地。公社工业主要产品产量迅速增长。生产的产品品种也从原有的七十七种增加到一百一十七种。

机械化程度的提高,是公社工业迈向新阶段的重要标志。半年前在蓄水池街各条胡同里,许多社员还是手执刀、斧、锏、锉,一边擦汗,一边干活。随着公社的成立,公社工业掀起了技术革命的新高潮,人们自己设计、自己制造各种机器,并且购置了一些新设备,重点武装了公社的五金厂,使它成为一个拥有十一台机床的机器修配制造厂,成为技术革命的"后方基地"。现在,这个公社已经有十四个生产单位实现了机械化。原来主要靠手工操作,加工一些简单产品的街道工业,现在不仅大部用机器操作,而且还能成批地生产机器;原来伸手跟人家要机器设备,现在有了自己的修配制造厂,不仅能够武装自己的生产车间,还供应了大工业的需要。在小商品生产上,根据市场的需要,增加了大量质量高,规格全的生活日用品。由于生产技术水平不断提高,这个公社的生产还向产品成列,规格成套的方向发展。像弹簧这种产品,类别、型号叫得上名字的就有九十多种。公社其他产品像炉具、铁钉等也都是成套地生产,在供应生产建设和人民生活需要中,起了重要的作用。

一大二公红旗飘　全民协作热气高

人民公社的成立,不仅加强了公社内部各分社之间的协作,而且还使公社同大工厂、商业部门的协作关系发展到一个新阶段,这是促使生产大发展的重要因素。

人们都知道,过去街道是街道,工厂是工厂,即使有来往,也是一些零零星星的互相支援。公社成立后,厂、社成了一家人。现在,位于蓄水池公社地区内的天津造纸机械厂、振华电线厂和新大华染厂的厂长、工会主席,分别担任了公社、分社的副社长。大工业从培训技术人才到调剂闲置物资设备以及为公社工业设计、安装机器等方面,全面支持公社工业的发展;公社工业也千方百计地为大工业服务。新大华染厂缺少染布原料硫酸亚铁,原来打算综合利用废料自己生产,可是因为厂房、人力都无法解决,只好作罢。公社成立后,这个工厂和明远西里分社建立了协作关系,由工厂出技术、设备,分社负责修建厂房和安排人力,建成新车间,每天生产一吨硫酸亚铁,满足了新大华染厂的需要。

人们习惯把公社工业比喻为大工业的左膀右臂。的确,现在,公社工业已经成为天津市的以国营工业为主体,公社工业为助手,大中小企业相结合的工业体系中不可缺少的组成部分,蓄水池公社的社办工业正是它的缩影。

在今年七八月间,蓄水池人民公社在国民经济的发展以农业为基础的方针指导下,和津西公社挂上了钩,统一调动工厂、商店、机关、学校的力量,建立支援农业委员会,和农村公社开展全面大协作。公社派出干部,长期驻生产队,参加生产,组织生活,参与生产队安排生产,制订计划,了解生产队的需要,由公社组织各方面人力、物力进行支援。

旭日东升遍地红　幸福生活日日升

人民公社带来了生产的飞跃发展,也给社员们带来了幸福的集体新生活。在生产发展的基础上,社员们的收入逐步增加,公社的生活福利事业也越办越好。

公社成立以来,参加社办工业和生活福利事业的人增多了,许多家庭的收入,比过去增加20%—30%。

公社各项事业认真贯彻了勤俭办社的方针,积累越来越多。公社的积累,除了用于扩大生产之外,还有相当一部分用来改善社员的生活。

半年来,公社办的食堂经过几个月的整顿巩固,越办越好。现在全公社的三十六个食堂都有了自己的会计员和管理员,账目一清二楚,各个食堂都做到"日清旬结月公布",而且一般都订立了财务制度、卫生制度、会议制度。大部分食堂都有了饭厅和厨房,而且像二合里、卫星、"五一"等大型食堂还设有小卖部和服务部。在食堂吃饭的人固定下来了,服务的面也越来越广,不但包括参加公社生产、服务事业的社员和他们的家属,还包括一部分中小企业的职工、机关干部和学校的教职员和保教人员。食堂的炊事员思想水平技术水平也提高很快。有的还被邀请到机关、企业、学校的食堂去,传授技术。

托儿所、幼儿园、生活服务站面貌的变化也都很惊人。公社刚建立的时候,多数幼儿园没有固定的房子,由刚走出家门的妇女担任教养员。今天,这里的三十一个托儿所、幼儿园不但有了整齐清洁的房屋和厂院,增设了儿童食堂和卫生设备,而且一百九十多个保教人员都参加了社办的红专学校和保教训练班,教养工作水平显著提高了。

谈到这里的卫生保健工作,解放以后,随着人们生活的提高,卫生情况有了根本的变化,街道搞起了保健站,训练出一批卫生员,但是卫生保健组织还不够普遍和健全。人民公社成立以后,公社生产的发展对卫生保健事业提出了新的要求。公社的卫生院建立起来了,各个分社都有了红十字保健站,在社办工厂、车间、食堂、托儿所、幼儿园、商店都建立起了卫生保健组织。卫生院训练培养出了大批妇幼保健员、助产士。卫生院的医务人员和街道的保健员对整个地区的工厂进行了比较细致的调查,建立了工业卫生卡片,协助工厂作好一系列的安全措施,并且组织了定期的检查;对妇、幼保健工作,更是关怀得无微不至。在人民公社的光辉的照耀下,一个比较健全的卫生保健网已经形成,通过深入细致的卫生保健工作,提高了人们的健康水平,让人们的日子越过越好,干劲越来越足。

半工半读搞得欢　个个立志奔红专

社员们生活在人民公社的大家庭里,不仅参加集体生产、集体生活,并且参加了公社业余学校的学习。人人生产、人人学习的美好理想开始在公社里出现了。家庭妇女正在沿着知识化的道路前进,体力劳动同脑力劳动的差别正在逐步缩小。

公社集体生活福利事业不断发展,为妇女社员减轻了家务负担,这使她们更加安心生产,安心学习。现在,蓄水池公社普遍推行了"六二制"。社员们每天劳动六小时,学习两小时。三千多名参加集体生产、集体生活单位工作的社员全部参加了业余学习。公社在师资、校舍、教育方面统一安排,不但办起了业余高中,在业余学校里还开办了一部分大学的课程,使公社业余教育形成一个比较完整的体系。同时,公社还协助十二个中小工厂成立了联合厂校,使一千二百多名职工参加了业余学习。广大社员不仅在公社业余学校学习文化知识,而且通过政治、文化、技术"三结合"的教育方法,迅速提高了政治、文化、技术水平。公社业余教育大发展,促进了生产大发展,培养出了一大批管理人员和技术人员,从蓄水池人民公社的情况可以看出,一支由家庭妇女出身的干部队伍和技术队伍正在成长。

集体思想耀眼亮 高尚风格闪金光

公社成立以后,不但在生产、生活上发生了根本性质的变化,人们的精神面貌也发生了深刻的变化。在这里,远大理想代替了目光短浅,敢想敢干代替了因循守旧,集体主义思想在迅速成长,共产主义思想在闪闪发光。

大批家庭妇女参加生产以后,不但在经济上、文化上翻了身,思想也起了显著的变化。她们时时刻刻都在关心公社的巩固和生产的发展,从公社建立以后,个个分社都成立了技术革新推动组,每个生产车间都成立了技术革新研究组,半年来社员们提出的革新建议就有一万多件,有一百六十多名社员在技术革新、技术革命运动中被评为红旗手。她们说:"党和毛主席给了我们力量,人民公社照亮了我们的心,我们变得聪明了,我们的力量永远用不尽使不完。"

在公社的大家庭里,人们的集体主义思想迅速成长。7月6日的深夜,下起了瓢泼大雨,马路上的积水很快就没了膝盖,明远西里分社焊条车间因为地势洼,马路的积水不断流向车间,五十多吨焊条眼看就要被淹泡,车间值班员正想跑出去喊人,还没等跨出门槛,就被一群蜂拥而至的人们冲了回来。一百多位社员顶着大雨把焊条抢运到了安全的地方。雨夜的寒凉袭击着每个人,但是他们有说有笑,心里都是热乎乎的。

像这种因公忘私劳动不讲条件不计报酬,爱护公社胜过自己家的新人新事大量涌现着。

满足群众需要　推动社会节约

星火皮鞋厂开展修配业务

（一九六〇年十一月十二日）

本报讯　天津市兴安路人民公社星火皮鞋厂增设修配门市部,受到广大居民的欢迎。

这个修配门市部是从今年8月初开始营业的。在酝酿开展修配业务的时候,工厂有的领导人虽然知道这是群众需要,但是,认为制造新皮鞋,生产出来就交货,而修修配配既零碎又麻烦,不愿意增设修配业务。当上级领导一再向他们讲清楚,开展修配业务是为了"满足群众需要,推动社会节约"以后,经过筹备,几天后就开市了。

修配门市部从开始营业那天起,就有顾客临门,并且日益增加。尤其是顾客李汝祯的感谢信在天津日报上发表以后,来修鞋的人更多了。顾客们除了送来旧皮鞋要求修理、翻新外,还有不少是拿来在家里积存很久的新胶底、新皮革和各式各样皮包要求配制新皮鞋。顾客中,有的来自远郊区,还有的来自北京。这个小小门市部有时一天要收活一百多件。有个星期日的营业额高达五百〇七元。这些事实证明了:开展修配业务对满足群众需要,推动社会节约的重要意义。

修配的活儿越来越多,门市部的技术力量就感到不足了,工厂把门市部的老师傅由原来一位增添到四位。并且还组织全厂制造新皮鞋的力量突击修配任务。

当记者访问这个修配门市部的时候,看到木架上,堆着很多的旧皮鞋,还有一木箱子旧皮包。在另一个木架上放着一些已经修配好的各式各样的皮鞋,等候它们的主人来取。这里有自底配帮、自帮配底的新鞋,有用旧皮包做成的新鞋,有用马靴改制成的高腰靴子,有用翻毛皮鞋翻成的光面新鞋;还有以大改小,以小改大的皮鞋,以及局部坏了补修好的皮鞋。皮鞋的鞋头比其它部分坏得快,我在这里就看见一双只换鞋头皮的皮鞋,门市部给添的新料不多,就变成和原来一样美观的新皮鞋了。

张丽娟厂长指着这大堆需要修配的旧皮鞋告诉记者说:"全厂工人刚刚突击完了一批活,日子不多,又压下了几百件活。"话还没有说完,这时,又有几位等待老师傅接活的顾客对记者说:"成立这样的修配门市部,真是好极了。可惜,这么大的天津市只有两家,太少了。如果皮鞋工厂都开办修配业务,人们可以就近送活取活,省得跑远路。"

昆明华山分社全面组织生产生活

（一九六〇年十二月十五日）

本报讯 位于云南省五华山下面的昆明市五华人民公社华山分社，自1958年10月建社以来，以发展生产为中心，全面组织地区人民的生产、生活，得到了广大人民群众的热烈拥护和普遍颂扬。社员们自豪地说："五华山下红旗飘，万民齐唱公社好。"

城市人民公社兴办工业，有力地促进了城市生产力的发展。两年来，从这个分社共调出支援国营工矿企业的劳动力达一万二千四百余人。两年多来，将原有三百个厂和生产小组，通过"定、裁、并、扩"，调整为五金、化工、轻工等方面三十三个社办（街办）厂，现有职工二千八百多人，比1959年增长了一点八二倍，产品一百多种。

为了发挥公社工业"填缺门、补短腿"的作用，分社根据市场需要，办起了刀剪厂和制灯厂，生产各种刀剪和灯具；公社的竹器厂，还发动职工制出水瓶壳，并成批投入生产。另外，公社还根据国营工业的需要，办了卫生材料和保险丝加工等卫星厂。

全国掀起全党全民大办农业、大办粮食的高潮以后，广大社员进一步树立了农业是国民经济基础的思想，办起了农具修理厂。仅十几天的时间，就帮助虹山农业生产队修好了三部水车，十几对粪桶。这个分社还派人到西山区帮助团结农村人民公社修建发电站和修理推车，大大密切了城乡关系。

在生产中，职工们大闹技术革新和技术革命，改进了操作方法，降低了成本，提高了产品质量。公社的制修鞋厂原来几乎都是手工操作，在技术革新运动中，采取了土法上马，土洋并举，实现了电动缝纫机，打底机，滚口机，开料刀，锉边，纱底机，在打底、打帮等十一道主要工序上提高功效二至十五倍。

这个分社举办了各种集体福利和服务事业，进一步从生活上把群众组织起来了。现在分社有三十二个公共食堂，起伙的已有一万六千零九十人，占居民数90%以上。为了进一步照顾老人和儿童还增设了"老人餐厅"和"儿童食堂"。由于坚持了民主管理，提高服务质量，大搞炊具改革，大抓计划用粮，大力发展副食品生产，使伙食越办越好，大大降低了伙食费用。分社还开办了炊事人员训练班，提高了工作人员的思想觉悟和技术水平。为加强对食堂的领导，公社干部在党委书记的领导下，普遍深入食堂和社员们一起吃饭，并帮助群众解决了许多困难问题，大大增强了工作人员办食堂的信心。

他们还本着因陋就简、因地制宜的原则举办了托儿所二十二个，收托儿童一千多名。为了安排群众的生活，他们又建立了九个生活服务站，设有二百二十五个服务点。由于服务方式灵活，收费低廉，工作认真，给群众带来了很大的方便，被群众称为"有求必应的总务科"。许多职工上班时，把钥匙交给服务站，让他们代为料理家务，有的已把薪水交给服务站，让他们帮助计划开支，同时服务站又帮助国营商业部门分配各种生活用品，成为商业部门有力的助手。

公社各项事业的发展和职工们参加了生产劳动，使社员们的经济收入增加了，生活得到进一步的改善。青年路妇女董仲华一家，过去每月要政府救济八元到十元，现在参加纸板车间生产，每月收入二十多元，不但不要政府救济，生活也越过越好了。

城市人民公社成立后，文教卫生事业也得到了很大的发展。现在分社建立了文化馆、广播站，成立了邮电局，有九个邮电服务站，分社还开办了一所半工半读的工业学校，四所小学，在学人数约九百人，有力地体现了国家办学与群众办学并举的"两条腿走路"的办学方针。分社还建立了医院、门诊部、防疫站，还办起了康复托儿所，加强了卫生保健事业。

去年结合大办农业、大办粮食，掀起了大搞环境卫生支援农业的高潮。三个家庭妇女办起了骨胶厂，而且只是短短四个月的时间，就利用废骨头生产了多种产品。这个厂的厂长李凤鸣，荣获了全国"三八"红旗手的光荣称号。

两年来,这个分社共涌现出全国、省、市、区级的先进单位二十一个,先进个人一百多名。

当跨进了 1961 年的时候,这个分社的社员们,满怀信心地展望着美好的前景。他们决心在总路线的光辉照耀下,把城市人民公社的红旗愈举愈高。

(中共五华人民公社华山分社委员会)

在小商品生产战线上

——记北京市北新桥公社制鞋厂和机电厂的发展

（一九六一年一月二十七日）

北京市北新桥公社的制鞋厂和机电厂，坚决贯彻党的社办工业以生产小商品为主和勤俭办厂的方针，在小商品生产上，取得很大的成绩。

制鞋厂在去年年初，只能给大工厂绱鞋和扎鞋帮。可是，当时市场上很需要娃娃鞋，公社决定由制鞋厂生产，制鞋厂的同志坚决承担了这个任务。

别看娃娃鞋小，做起来也一样不简单，从裁剪到成品要费二十多道工序。女工们想："给自家孩子做鞋，做好好穿，做赖赖穿。给市场做鞋，做坏了损失可不小"，敢不敢做，对女工们是一个新的考验。她们坚决听党的话，克服困难，使娃娃鞋上了马。

第一批娃娃鞋试制出来了。全厂的人都在激动，党支部书记、厂长来到车间，和工人一起给娃娃鞋刷毛、装箱，送上车。在前进的道路上，哪里会没有一点挫折呢？这批娃娃鞋有一部分不合格，被退回来了。但是，有党的支持，大工厂又派来了师傅做技术指导，她们并没有灰心。女工们勤学苦练，认真改进技术，使娃娃鞋的质量、产量很快提高了。在生产发展过程中，制鞋厂始终贯彻了党的勤俭办厂的方针，机器设备增加了，车间的工作面显得不足，工人们并没有向上伸手要钱，她们把小屋的隔断打通，使狭窄的小屋变成了大车间，利用边材碎料，更是女工们早就熟悉了的，女工们把平日裁剪成人鞋帮掏下来的"心儿"，一块块拼起来，做娃娃鞋用，省了许多布料。制鞋厂的女工，大多数是刚跨出家门不久的家庭妇女。勤劳节俭原来她们是很重视的，入厂后，她们觉悟提高了，勤俭更成了她们的美德。一位社员说得好："我们都是厂的主人，我们就要像管理自己的家一样，管理自己的工厂。"女工们还不断地革新技术,提高劳动生产率。她们在缝纫机上装了"缕子",改手工嵌鞋口为机器嵌鞋口,就节省了四十个副工。现在,比起一年以前,制鞋厂已经有了很大的发展,娃娃鞋的日产量已由起初的二百双提高到二千双。品种也有增加,除娃娃鞋外,还有女鞋、胶便鞋,质量好、信誉高,制鞋厂可以向百货大楼等大商店直接发货了。

机电厂在去年年初,刚刚有了一定的规模,有些人就对小商品、对给大工厂加工不感兴趣了,而热衷于搞大的、搞复杂的产品。公社党委发现了这种情况,及时组织他们到朝阳门小五金厂去参观。小五金厂生产着人民生活需要的裤钩、拉链等小东西,工人们一点也不嫌小,兴致勃勃,干劲十足。机电厂的干部和工人参观后真是又愧又喜。从此,他们改变了过去的作法:一方面认真地为大工厂组装电表、电镀电气零件;一方面又千方百计利用边材废料,生产改锥、眼圈、铁抱角、自行车轴等小五金商品。这样,机电厂加工关系和产品固定了,技术水平和管理水平很快提高了,还节约出六分之一的人力,支援其他生产服务事业。在总结了这些宝贵的经验以后,这两个工厂的职工们都决心在新的一年,更坚决地贯彻党的方针,为人民生产出更多更好的小商品。

一心一意方便群众的人们

——北京北新桥公社修理服务部门见闻

（一九六一年四月七日）

一位好大姐

在北新桥服务所，提起满春云，大伙都说："她是一位好大姐。"

满春云是去年年初北新桥人民公社成立不久，就参加这个服务所工作的。她干起活来，不怕脏、不怕累，总是抢着干。她说："脏活、累活，总得有人干哪，为人民服务，就不应该嫌这个挑那个的。"有时候，衣服泡多了，下班还没洗完，她对伙伴们说："你们走吧，回家去料理料理零碎事。"她自己却留下来洗。其实，满春云的家务事也不少，四个孩子大的才六岁，小的只有两岁。她才搬到箍稍胡同住，孩子还没有送进托儿所，她上班，大孩子在家带着小孩子。可是她想："泡在水里的衣服，不洗出来容易变色，泡时间长了就不结实了。"所以虽然下班了，她还是把剩下的衣服洗完了再回家。她说："不洗完，回到家里也老惦记着。"

去年冬天，有一次满春云帮助抬煤，一下子用力不巧，把手腕扭了一下，别人都劝她在家休息几天，但她每天还是跑来服务所。她说："手疼，洗不了衣服，还可以干点别的活计呀！"

在洗衣组里，满春云还是个好管"闲事"的人，看到谁洗衣服不够干净，或者多用了一点肥皂，她就说。她还和大家在一起研究节省肥皂又洗得干净的办法。因此，大家都愿意接近她。

新来的"战士"

北新桥服务所修鞋组的何荣清,原来是公社机电厂的工人。去年10月,领导上调她到修理服务部门工作时,她说:"党叫干啥我就干啥,什么工作都是一样,只要好好干,都是有出息的。"

何荣清在修鞋组工作,她不嫌脏,不怕累,虚心学习,又爱钻研。何荣清从前曾在鞋厂绱过几天鞋,但修理旧鞋可比绱鞋要复杂得多。钉鞋掌,她手劲小,钉一个小钉子要打好几锤,还是钉不进去。修胶底球鞋,锥子扎过去胶皮又合拢来,不好缝针,有时还扎手,断线,何荣清就一一请教老师,并开动脑筋想办法,她找来一节破旱伞上的钢支子,用砂轮磨光磨尖,做成了一把空心锥子,缝起胶鞋来比过去快了一倍。不管顾客送来多破的鞋,何荣清都想办法修。她说:"补好一双旧的,就顶一双新的,对国家、对个人,都有好处。"

东直门服务所学习修理黑白铁的女青年李桂英,坐在小凳子上在为顾客换盆底、壶底。焊完了就舀上一些水,试一试,看它漏不漏。有不严密的地方,马上补焊一下。她说:"修好了,省得顾客来回跑!"每晚下班,她就把屋子收拾干净利落,成活、料具有条不乱。春节期间,老师傅请假回家探亲去了,她大活应下,小活及时修理,顾客反映服务态度很好。其实,她还只是由袼褙厂刚调来两个多月的学徒呢。

热心带徒弟

在东四北大街的一个自行车修理站里,潘承训老师傅修理着自行车的后轴,不时地回头看看坐在他身后的一个年轻人,"小何,瓦圈四周露出来的条头,都要弄得一般齐呀!不然,轴心就不正,轱辘一转,就会蹦"。

潘承训是东城区自行车修配厂的老技工,他是一个月前派来北新桥公社帮助培养修理自行车技工的。他决心:"一定好好完成任务,只要徒弟肯学,三个月就让他们独立干活。"潘师傅到了公社,忙着收拾房子,回工厂借来一部分工具,又动手用废料作了些扳手和气筒等常用的工具。不几天,他带上几个徒弟,自行车修理点就开张了。

做什么,教什么,这是潘师傅传授技术的方法。开始,潘师傅修车,就让徒弟们看。他一边做活,一边讲解。然后,就让徒弟们照样做一遍,他再检查校正,指出哪里有毛病。晚上下班了,潘师傅又把几个徒工叫在一起,拆开一辆自行车,看着实物讲述各种牌子自行车的构造和简单原理,并且告诉大家哪些零件容易坏,又应该怎样处理。

潘师傅一有工夫就对徒弟们讲述他过去当学徒的经历,教育徒弟认真学习。他还说:"现在,人们生活水平提高,骑自行车的人,一天比一天多起来。车子有了毛病,就得修理。干我们这行的,就是要方便群众,帮助顾客解决困难。"

徒工小何,是个贪玩的小伙子,自从参加服务站工作后,干什么工作,他都待不长。这次领导上分配他来学修车,在潘师傅的耐心帮助下,他开始安下心来,一个月的时间,他已经学到一些简单修理技术。当我们要离开这个修理站的时候,潘师傅正拿着小何装完的车轮,一边校正,一边讲解,小何站在旁边专心地听着。

在小商品生产战线上闹革新的人们

（一九六一年四月二十日）

老艺人传艺

山西运城的"芦氏"剪子又上市了。顾客都夸奖它钢质好，价格小，式样多，使用灵巧。

"芦氏"剪子有一百一十年的历史了。可是在解放前，山西土皇帝阎锡山苛捐杂税压得人喘不过气来，没吃少穿，老艺人芦明道就放下了这祖传的手艺，"芦氏"剪子也就销声匿迹了。

城市公社化带来了新的生活。去年，年近六十的芦明道进了城市公社五金修造厂，他不服老，越干劲头越大，决心把祖传绝技教给徒工。他和四个徒工订了包教保学合同，教给他们用植物油淬火，剪子的钢口软硬适度，不起疵点，不卷刃，不打豁，经久耐用。芦家的技艺祖辈家传，过去是传男不传女，传内不传外，教媳妇不教闺女。现在，芦师傅把它认真地教给徒弟了。徒工杨光龙说："芦师傅给了我们千金难买的法宝，咱们得加油干哪！"他们学得很快，有的已成了把式。师徒一股劲，还合计还要学、赶、超有名的杭州的张小泉剪刀呢！

（李麟瑞）

生产上的有心人

"怎么你们底座工序老这么慢哪！"天津鼓楼西公社黑白铁制品厂表罩车

— 413 —

间生产员催促底座工序加快生产的声音，深深地印在田玉香的心上。她虽然不是生产底座的，可是总琢磨着这件事情。

　　一天清早，在上班的路途上，她寻思着，刚才收音机里报告说，提高产量，就得开动脑筋，闹技术革命。这时候，她忽地想起，自己用捣机作小爪，要是作底座也用捣机不是又省劲又快当吗？中午，她拉住在底座工序上干活的张大娘，把自己的想法念叨了一遍，张大娘拍着大腿"嗯"了一声，说："这个主意好，明天和厂长说说。"恰好，就在这天的下午，厂长傅桐林来到了车间，张大娘说："厂长，方才田玉香说咱们底座工序也能用捣机，你说行吗？"傅桐林听了，称赞田玉香的主意很好，随后就到机修车间，和几个师傅搬出了旧模具，修修、改改，果然这捣机就能使用了。这下子原来底座工序上四个人的活，只有两个人干就行了，表罩的生产效率由一天作一百五六十个提高到了二百四十多个。大家都称赞田玉香是生产上的有心人！

（天津鼓楼西公社通讯组）

劈条机的诞生

　　在北京市德外公社竹棉厂竹品车间，车间主任魏秀清看见用手工劈竹条子很慢，就想用机器代替，象轧面一样轧竹条。她请邻里服务所帮助借来了一台废轧面机，没有刀具，伙伴们提议自己动手做，她就找来一块钢板，画了刀具样板贴上，黑夜白天地锯齿牙，不到三天，她们就装成了一台手摇劈条机，使生产效率提高了三倍多。后来她又从旧料堆里拣了一些电料，把手摇的机器改成电动的，这样，劈竹条子的生产效率更提高了，竹帘子的日产量也由八十多个猛增到二百四十个。在她的带动下，全车间女工纷纷开动脑筋，又提出四项技术革新建议，改善了车间劳动条件。

（陈　彤）

社办工业发展迅速　人们精神面貌改观

（一九六一年四月二十日）

本报讯　青岛市台东人民公社在一九六〇年四月成立以来，显示出强大生命力和无比优越性。

第一，它有力地促进了生产的发展。一九五八年，这个地区只有五个民办生产小组，五十四名生产人员，随着公社的成立，到一九六〇年底已建立起社办工厂八十八个，拥有七千九百三十五人的生产队伍。街道工业总产值达到五千二百四十一万元。

第二，发展了集体福利事业，促进了家务劳动社会化。目前，全社共有公共食堂九十八处，就餐人数三万多人；托儿所、幼儿园八十七处，入托入园儿童四千七百多名；服务站（组）一百六十四个；敬老院二处；疗养院三处。这些事业的建立，方便了群众，促进了生产，社员称赞说：“上班不再惦孩子，下班不为做饭慌，家务劳动社会化，安心生产跃进忙。”

第三，随着社办各项事业的兴办，先后组织了社会上的闲散劳动力二万五千多人参加了生产。他们参加生产之后，普遍地增加了收入，进一步地改善了生活。据北仲家洼管理区第四居民委员会五百二十七户居民的调查，一九六〇年每户每月平均收入比一九五〇年增加了百分之二十。

第四，广大妇女参加社会劳动以后，通过集体生活的锻炼，精神面貌大大改观。他们不仅积极地参加了管理，全社有一百二十八名妇女在社办企业、事业单位担任了各项领导职务，有一千七百八十八名被评为先进生产者。人与人之间的关系得到了改善，邻里和睦、团结互助的社会风尚进一步得到了发扬。

为了使这个公社走上健康发展的道路，他们主要做了以下几项工作：

一、以生产作为中心任务，充分发挥群众办工业。在举办社街工业上，他们贯彻了"自力更生，因陋就简"的原则，依靠群众，广找生产门路。发动群众采取挖、省、代、找等方法，广泛地利用大厂的下脚料、大搞废物综合利用来解决原材料不足的困难，从而使社办工业从无到有、由小到大、逐步地发展起来。如北仲家洼管理区，在初期只有纺绳、缝纫、倒线等生产小组，由于认真地发动了群众，现在已发展有五金、毛巾、缝纫、合股、耐火材料、综合加工、靴鞋等九个小型工厂。

社办工业生产任务是什么，他们一开始不够明确。开始办了一些为大工厂的厂（组），其产值占到社办工业总产值的百分之六十二点六。这对促进大工厂的生产起了一定作用，但小商品的生产未放到应有的地位。为了社办工业能够更好地生产为市场和人民生活需要的产品，他们于去年第四季度对社办工业厂组，进行了初步的整顿。根据厂组类型，分别进行了合并、定型、定点、定品种、定规格、定质量，将二十个厂（组）六百三十五人转为修理服务，并建立了八个小商品生产基地。

为了不断武装社办工业，提高劳动效率，广泛地开展了以"四化"为中心的技术革新和技术革命运动，开展了社会主义劳动竞赛。去年从4月到12月，群众共提出革新建议二千四百六十三件，已实现九百五十六件，使社办工业的劳动效率有了提高，产量也有增加。如台东八路管理区五金加工厂，改进了生产垫线的挤压模子，垫线日产量由七百个提高到四千一百个。

二、在发展生产的同时，积极地组织群众生活，大力举办了以公共食堂为中心的集体福利事业。在办食堂中，他们认真贯彻了"积极办好，自愿参加"的原则，社员加入了食堂，一人入伙也行，全家入伙也欢迎，零餐用饭也可以。加强炊事管理人员的思想政治教育和业务训练，先后共培训了五百七十九名炊事人员；挑选成分好、作风好、大公无私、群众拥护和热心为群众服务的人担任食堂的炊事员和管理员。加强了管理，各管理区都成立了食堂会计组和民主管理委员会，为了做到账目日清月结、账单上墙，公社还先后训练了一百四十名会计，并从财贸部门抽调会计人员，充实了食堂会计组。

在大办服务事业中，开始时由于缺乏经验，对群众最迫切的、需要解决的拆洗缝补、改旧翻新和修理修配等业务注意不够，以后，调整了服务网点和服务项目,大力地发展拆洗缝补、改旧翻新和修理修配等服务项目,先后从社办工业缝纫厂、靴鞋厂抽出五百四十人,充实了服务行业。为了方便群众,既设了服务点,也有流动服务队,各管理区普遍建立了洗染厂、修鞋厂和改旧翻新加工厂,从而基本上满足了群众的需要。一年来共为群众洗、染各种衣服三十四万多件,改旧翻新十一万多件,修理各种鞋十二万多双,弹棉花八万多斤。

三、加强思想政治教育,不断地提高社员的政治思想觉悟。公社成立后,广大社员积极参加了社会劳动,但有少数社员认为搞生产太重,搞服务是"伺候人"、"没出息"等等。针对这些问题,各级党组织除结合中心工作经常不断地进行思想政治教育外,还系统地进行了以劳动为光荣、以社为家、发展生产与改善生活的关系等为内容的社会主义教育,从而使广大社员进一步树立了爱劳动、爱集体的思想,提高了生产积极性,出勤率也提高到了百分之九十以上。

四、在经过一个大发展之后,公社认真地进行了整顿工作。于去年六月份开始,对公社基层组织进行了全面的整顿。通过整顿,不仅教育了群众,纯洁了干部队伍,同时培养训练了一千五百多名积极分子。为了进一步加强基层的领导,公社党委还从地方国营工厂企业中抽调了一百七十多名干部,充实基础组织,保证了党对公社各项事业的绝对领导。

中共山东省委城市公社办公室

红旗公社社办工业成绩显著

（一九六一年五月一日）

　　河南省郑州市红旗人民公社，坚持以发展生产为中心，全面组织人民经济生活的方针，经过一年多来不断的调整、巩固、充实、提高，更加健全成长起来，进一步地显示了它的优越性和强大的生命力。目前，这个公社的社办工业，在为人民生活、为农业生产和为大工业服务方面取得显著成绩。截至四月中旬的统计，在不到一年的时间里，他们生产的菜刀、小铁锅、布鞋等几种主要小商品比一九五九年提高一倍到七倍，生产各种小农具三十一万九千多件，产品品种比一九五九年增长百分之二十五以上，劳动生产率提高百分之十六点三，积累比一九五九年增加百分之十六，成本也有降低。

　　为大力发展日用小商品生产，从去年下半年以来，这个公社根据生产的发展和城市人民生活的需要，采取定厂名、定产品、定人员、定原材料供应和定协作关系的办法，对全社社办工业进行了全面的整顿工作，他们建立了一支小商品生产队伍，使全社社办工业中的日用工业品和小商品的生产比重，从原来的不到百分之四十提高到百分之六十七点三。今年以来，这个公社还先后组织了四个调查研究组，采取边调查、边行动、边安排、边生产的办法，从而在更大范围内满足了市场需要，产品质量也进一步提高。比如，调查研究组了解到市场上大量需要小锅、菜刀、民用锁和烟斗等货以后，便立即作了安排，今年第一季度，单小铁锅一项，就生产了三千一百八十四口。不久前，郑州市召开的小商品质量评比会议上，这个公社生产的锅炉、顶针、民用锅等九种小商品被评为甲极产品，获得市轻工业局颁发的优质奖状。

　　在大抓小商品生产的同时，这个公社的社办工业，还生产了大工业所需要的耐火材料、蓖麻油、氨水、木箱等产品,今年以来,仅加工耐火材料就达二千多吨,相应地满足了钢铁、机械等大工业生产的需要。

这个公社对支援农业方面也做出了很大努力。一年来,社办工业的职工为农业生产了一千多吨土化肥,制造和修配各种农业机械二千多部(件),仅今年第一季度,就生产了十万多件小农具。担负着小农具生产的小五金厂、铸造厂、电机厂等十三个厂的职工,为了不误农时,他们提高安排生产,并千方百计地解决了原材料供应不足的困难,使春耕生产急需的锄头、犁铧、粪权和木耧等产品都超额完成了计划。这个公社还抽出"五匠"三十七人,帮助农业生产队建立了五个农具修配站和一个流动服务组,使需要修理的农业机具能够及时得到修理,全社还抽出一千二百多名社员参加抗旱斗争。

为了更好地完成为人民生活、为农业生产和为大工业服务的任务,提高社办工业的生产效率,这个公社的职工和社员们广泛地开展了技术革新和技术革命运动。在一个月的时间里,职工们提出了十万多条合理化建议,其中实现重大革新七百多项,提高工效一倍到数十倍,使生产机械化程度提高了百分之二十以上。

在大力发展生产的同时,这个公社为了更全面地组织好城市人民的经济生活,满足群众需要,积极扩大了服务行业,现有服务项目十七种,服务站和修配门市部有二百八十八个,服务人员二千五百三十人。为了做到增加服务项目充实服务力量,红旗百货商店的职工从全店一百一十四人中,抽出二十三人专干修理服务工作,还有许多商店,开展了"以实带修,修、卖合一"的服务活动。仅据今年三月份一个月的不完全统计,就修补和改制服装四万一千八百七十三件,棉毛衫裤三千六百八十五件,修鞋六万八千五百十九双。与此同时,公社还根据服务生产、方便群众的原则,对公共食堂、托儿所等集体福利事业做了适当的调整,并且加强了领导,既方便了生产,又方便了社员。

不怕费工不怕麻烦　千方百计为群众生活服务

老工人宋金林热爱修理服务事业

（一九六一年八月九日）

本报讯　辽阳市劳动模范、白塔区跃进公社薄铁修配服务部老工人宋金林，热爱修理服务事业、勇于克服困难，千方百计为群众生活服务。

光荣的职业

宋金林今年四十九岁，在修配行业中已经服务了三十四年，无数的锅碗炉灶经过他勤巧的双手修补后，整旧如新，人们对他全心全意为群众服务的高尚品德，十分赞扬。宋金林热爱修理服务事业，他常对人说："人民生活很需要修补匠，锅碗瓢盆破损了都要修补。"因此，他经常深入厂矿和居民组，主动收揽修补零活。修配的活计越来越多，服务部由一间房子扩大到三间，宋金林见劳力不够，便积极动员过去的杂修工人苏绍志参加服务部工作。老宋对老苏说："咱们都是杂修业老行道，参加服务部工作，不是为别的，是党的需要，人民生活需要，为人民服务，做什么工作都是光荣的。"苏绍志参加工作后，有人对他说："你还不如一个人挣钱多。"宋金林知道后就与苏绍志说："群众需要咱们，不能光顾挣钱，过去咱们都是受苦人，旧社会挨打受罚，被人瞧不起，今天新社会，咱们做了主人，怎能不好好干。"苏绍志听了他的话，也就坚定了，后来还成了先进生产者。

一心为顾客

凭三十多年的经验，宋金林知道上门修活的顾客一般心情都是要求急的，但是各人的性格又不一样，有人爱说，有人不爱说，有的人性子急躁，有的人则很温和；来取活的，有的人看了活计表示满意，也有的往往提了意见才走。因此，要为群众服务得好，除了按时交货，保证质量，还应当善于了解顾客心理，对顾客主动热情。他不管顾客拿来什么零星碎活，都根据顾客需要缓急，急用的急修，甚至做到马上修好让顾客带走。比如附近有些工厂的汽车水箱有时漏水，宋金林每次都马上给修理。他更不怕脏不怕麻烦。有一次郊区公社送来了大粪勺子和粪桶，别人不愿给修，他还是接了活，先用水涮一涮，当时就给修好。宋金林过去会锯盆碗，自从干起薄铁修理后，就不再锯了。为了尽量帮助顾客解决困难问题，最近他又拿金刚钻给群众锯起饭碗、茶杯来了。

热心教徒弟

宋金林有一手好技艺，修理业务发展了，他便主动地收了徒弟，满腔热情地把技术传授给别人，在耐心传授技术的同时，还注意做徒弟的思想工作。如有的徒工初来时看不起修理服务行业，不安心工作，宋金林就用新旧社会对比事例进行启发教育。他常跟徒弟说："干了多半辈子，还是觉得干这行十分光荣。我的技术一点不留地全部教会你，你应当好好学，好好地为人民服务。"徒工刘希东是个初中毕业生，刚到服务部时不安心工作，宋金林就跟他讲自己做学徒时的苦处，挨打受骂学不到技术，又摆了今天新社会，师傅手把手教徒弟的事实，刘希东提高了思想觉悟，工作和学习也就积极了。一年多来，宋金林接收了十一个徒弟，现在有五个可以独立干活了。

万能服务部

　　修补的品种越多,越需要多种多样的原料和材料。随着修补业务的发展,原料材料不足是可以理解的,这是工作中的一个困难。宋金林在这个困难面前从来没有退却过,他总是以积极的态度主动地想方设法克服困难。有一次,铁合金厂推来了一车厚铁板要求做烧水壶。老宋一看铁板很厚,他就商得对方同意,劝换些薄一点的铁板来做水壶,一来为对方节约了材料,保证了水壶的质量,二来也为服务部解决了一些材料问题。他经常跟五金厂等单位联系,买来边角余料和废铁等材料。宋金林还不怕麻烦地为顾客打算,想方设法让顾客带些边条废铁,以工换料。有的顾客白铁锅坏了,他就把上盖换成锅底设法修好;水桶坏了,他就用几块碎铁拼焊成桶底,同样保证质量。因此,许多顾客不管大活小活都愿请他修理,有料就自己带。他用这些办法挖掘了很多原材料。今年以来,宋金林带动全服务部技工和徒弟,又增加了修理项目。他们提出,炊事用具、日常用具、家具全部修,不怕费工,不怕麻烦,尽量满足人民生活需要。由于这个服务部修锅、换底、锯盆、锯碗、修伞、配锁,样样都干,所以群众都管它叫万能服务部。

全心全意为顾客服务（社论）

——学习修补老工人宋金林的服务态度

（一九六一年八月九日）

今天本报报道了辽阳市劳动模范、老工人宋金林热爱修理服务事业的事迹。宋金林用一句话表明了自己对修补行业的看法，他说："人民生活很需要修补匠，锅碗瓢盆破损了都要修补。"这话说得很对。东西坏了如果不修理，便不能继续使用，而经过修补，磨损残破的生产工具和生活用具就可以恢复使用效能，延长使用寿命。他说：我干了大半辈子，还是觉得干这行十分光荣，道理正在这里。

要做好修理服务工作，最重要的是要牢固地树立全心全意为人民服务的思想。我们知道，修修补补，活计零碎，费工费时，尤其是杂修业，接的活从破鞋锈锅以至粪勺便桶，可说什么都有，宋金林不嫌脏怕累，不怕麻烦，千方百计地给顾客方便，这正是值得大家学习的地方。我们常看到炊事员同志那样耐心地把菜洗得干干净净，炒得又香又脆，饭做得软硬合适，吃起来可口。当他看到吃饭的人带着满意的笑容吃得饱饱的，他对自己的劳动就感到是愉快的、自豪的。宋金林也是这样。当他看到顾客满意地把自己修理好的活拿走时，他也为自己的劳动而自豪。我们每个人都应这样看待自己的劳动。毛主席教导我们说：艰苦的工作就像担子，摆在我们的面前，看我们敢不敢承担。担子有轻有重。有的人拈轻怕重，把重担子推给人家，自己拣轻的挑。这就不是好的态度。有的同志不是这样，享受让给人家，担子拣重的挑，吃苦在别人前头，享受在别人后头。这样的同志就是好同志。这种共产主义者的精神，我们都要学习。我们要牢牢记住党和毛主席的教导，不断提高觉悟，像宋金林老师傅那样，真正树立全心全意为人民服务的思想。

不断提高修补活的质量,不断改善服务态度,做到热情耐心地接待顾客,千方百计地为顾客解决困难。经过修理的物品,如果修理质量不高,顾客拿回去用不了多少时间又坏了,不得不拿来重修,这就给顾客带来麻烦,造成损失,同时也浪费了修补用的原材料和工人的劳动。因此,这就要求我们发扬高度对人民负责的精神,对于每一件修补活都一点不含糊地加以精工细作,保证修补质量,全心全意地为顾客服务。在顾客中,绝大多数是劳动者,他们来自各行各业,各人的需要不一样。这就要求我们修理服务行业职工满腔热情地接待顾客,并且像宋金林老师傅那样,善于了解顾客的心理和需要,根据不同情况,分别修活的缓急,急用的急修,甚至做到随来随修,当场修好。我们还要千方百计地为顾客解决各种修补活的困难问题,给顾客以方便,把愉快送给每一位顾客。

备好足够的原料材料,是做好修理服务工作的一个重要方面。我们常常会遇见这样的情形,由于缺乏某种原料材料,不能为顾客修补东西,或者耽误了活计,不能按时交货,影响了顾客使用。因此,除了节约使用现有的原料材料外,更重要的是多方地开辟新的原料材料来源,以适应修理业务的需要。在这方面,老工人宋金林也为我们做出了榜样。他在原料材料缺乏这个困难面前,不是消极等待,而总是替顾客着想,采取积极态度,主动地跟有关方面联系,购买边角余料,动员顾客自带材料,实行以工换料,想方设法克服原料材料的困难。这也表现了他全心全意为人民服务的可贵精神,值得我们很好地学习。

从有利生产方便群众出发　集中生产与分散生产并举

北京东花市公社因地制宜
组织生产成绩显著

（一九六一年八月十七日）

本报讯　北京市东花市人民公社党委在组织工业生产中，方向明确，从实际出发，采取集中与分散并举的办法，稳步前进，取得了显著成绩。

目前，全社的生产人员有四千人左右。共有十五个工厂，职工两千六百六十五人，分散生产人员一千三百五十七人。1960 年的总产值较 1959 年提高了 240%，今年第一季度又较去年同一时期提高 16%；1960 年的纯利润较 1959 年增加十五倍，今年上半年又较去年同一时期提高 88%；产品品种由去年第四季度的七十七种增加到九十七种，产品质量也有显著提高。他们生产的大铲、克码，年初全部是二级品，现在大铲的一级品达 85%，克码则全部达到了一级品的标准。为大厂加工的女皮鞋，内部返修率也由 17% 下降为 11%。

从实际出发，因地制宜地发展公社工业

东花市人民公社是 1960 年 4 月建立的。它位于崇文区花市大街，是一个劳动人民居住比较集中的地区。这个地区一向以生产绢鸟、绢花、纸花、串珠等传统的手工艺品著名。许多街道居民掌握有一定的工艺技术，并且长期以来习惯于家庭副业生产，常年为手工业生产单位进行加工生产。建立公社以后，公社党委根据这一特点，首先积极地组织居民为这里的大厂进行加工或承担其下放的产品，并经常注意根据市委和区委指示的社办工业要"安于小、精

于小"的精神,教育干部和职工,强调当好大厂助手,积极发展小商品生产,批判干部中盲目贪大求洋的思想。去年曾有人试图建立一个规模比较大的制造电器的工厂,党委发现后,及时纠正了这种脱离实际的错误想法。目前,这个地区主要依靠公社工业进行加工协作的就有十六个厂,公社工业承担了这些企业生产任务的很大比重,已成为它们生产上的有力助手和一个不可缺少的组成部分。如第三纸盒社,有七十多人,月产值七万多元,而为其加工的社办纸盒厂就有四百三十五人,月产值达七万四千多元。今年6月份,它自己生产的纸盒只有二十二万多个,而社办工厂为其加工的则有三百五十四万多个。在十五个社办工厂中,除三个厂系自产自销外(供产销已基本纳入地方计划),为大厂加工的有十二个厂。这些厂的供销均由大厂包了下来,并通过大厂纳入了地方计划,社办工厂只收加工费,它们之间有着比较巩固的协作关系,生产基本上是正常的。如社办绢鸟厂生产的"菊花"超过了原来大厂生产的质量,所以大厂只要接到这种品种的任务,就全部交由社办工厂去加工。

从有利生产、方便群众出发,
集中生产与分散生产并举

公社成立以前,这个地区的家庭副业生产,主要是进行一些单一的简单的加工,如从做花来看,就是粘花、做花芯、花叶等。但是,生产过于分散,管理起来不方便,不能很好保证产品的质量,减少原材料损耗,产量也不能很快地增加。为此,公社成立后,逐步地将一部分家务拖累不大、有条件参加社会劳动的妇女组织起来,建立社办工厂,集中进行生产。如串珠生产,过去分散加工时,各个人都是承担一道工序,如扦珠、串活等。成立串珠工厂以后,大厂将这部分产品下放公社,现在可以生产全套成品了,连过去手工业合作工厂时靠农村加工的珠子,也已能够进行生产了。过去加工花的时候,做花芯要运一趟,做叶运一趟,攒花又得运一趟,最后要送到大厂验收、装箱,现在这些工序集中在一起连续地进行生产,大厂只要派人到社办工厂验收、装箱就行了,不但提高了效率,减少了大厂管理上的许多麻烦和不必要的往返运输,而且原材料的丢失现象也没有了,产品质量还有所提高。在集中生产情况下,也便于提高技术。如社办绢鸟厂、纸花厂,目前不但可以生产一般品种,而且也可以生产某些高级的、出口产品了。实践证明,凡是有必要而又有可能集中起来生产的,集中起来有利于发展生产,也有利于提高质量和劳动生产率。

与此同时,公社还考虑到有些妇女由于家务拖累大,还不可能都参加集中生产。为了更好地挖掘社会劳动潜力,他们以集中带分散的办法,通过社办工厂尽可能地组织那些能够在家里参加一部分社会劳动的人,分散在家庭进行副业生产。这样,既为社会创造财富,又可增加个人的经济收入。如绢鸟厂,有职工三百五十四人,而通过它组织起来的分散生产人员,就有六百多人。为了加强对分散生产的领导,公社还设置了专职管理分散生产的干部。这种有计划地、实事求是地采取集中生产与分散生产并举的方法,既有利于生产,又受到了群众的欢迎。

经常研究生产情况,积极地开辟生产门路

这个公社的工业生产,由于方向对头,大部分产品为市场和人民生活所需要,原材料基本上问题不大,集中生产单位的供产销,按从业人员计算已有96%直接或间接纳入了地方计划。但是,他们认识到这些社办工厂主要是为大厂加工,生产是不断发展变化的,社办工厂和各方面的关系,也要随之而发生变化,这就需要经常地研究生产情况,及时地发现和解决问题。他们在实际工作中感到,同大厂的加工协作关系的变化,对社办工厂生产的影响最大。但是,在处理这个问题时,他们不是首先向国家伸手,而是在事先注意调查研究,积极主动地调整社办工业、开辟生产门路。其作法是:(1)当大厂加工任务不足或没有任务时,在取得大厂同意后,早做安排。如机绣厂发现市属戏装厂快要没有加工任务时,就事先和宣武区第一绣花社联系好加工任务,保证了正常生产。(2)在不影响为大厂服务的情况下,实行一业为主,多种经营。如自行车零件厂利用大厂加工下脚料生产火支子、锅圈等。五金工具厂利用五金公司供应的大量废锯条,生产锯条。(3)组织生产任务不足的社办工厂为生产

任务"吃不了"的厂加工。如合线厂任务不足时,就曾为网兜厂加工水产公司的渔网。通过这些作法,基本上保证了社办工厂的正常生产。

从人民生活需要和市场需要出发,
反对片面追求产值和利润

这个公社的社办工厂从服务对象来看,主要是为大厂服务,而加工的产品,则几乎全部都是生活日用品,又是直接为群众生产服务的。小商品生产,一般变化较大,经常要改变产品,有时就出现赔本的现象。但是,他们认为,公社工业在开始改变产品或进行新产品试制时,利润低以至亏本是正常现象,只要经过努力,在一定时期内是完全可以扭转这种局面的。因此,他们所生产的品种和上级下达的计划,只要是市场需要的,哪怕目前无利或者亏本,也要生产,并且千方百计地设法不断提高劳动生产率,降低成本,争取达到有盈利。如机绣厂转为生产出口软绣被面时,前一个月亏本,经过努力,提高了效率,第二个月就扭转了亏本现象。五金工具厂生产小汤勺,前两个月不但亏本,而且也完不成产量计划,经过发动群众讨论,认识到主要是没有磨光设备,而由外厂加工,不但价高(每个磨光费一角〇五厘),并且不能及时供应,影响其他工序的生产,于是在党委领导下,充分发动群众,自己动手搞技术革新,增设了三台磨光机,这样就解决了亏本问题,产量大大提高,而且盈得了利润,迅速弥补了前两个月的产量差额。由于这个公社坚持了正确的态度,并没有因为某些小商品暂时赔钱,束缚住自己的手脚,相反地,公社工业的生产,却显得日益活跃了。

加强对企业的领导

这个公社的另一个特点,是公社党委工业方面的领导是很强的。在四十一名社办工厂主要负责干部(党支部书记、厂长)中,党员三十二名、团员五

名,党、团员占90%,干部质量强,这就保证了党在社办工厂的绝对领导。同时,为了加强对公社工业的领导,公社党委委员还分片包干,负责社办工厂的思想领导,发现问题,及时研究解决。公社党委对培训干部、不断提高干部的政策思想水平和管理能力,也很重视。从去年至今,他们自己先后举办了短期半脱产集中训练就有三次,并且还经常采取一事一训的办法,向干部讲解政策,交代工作方法。如今年一月份,党委发现公社工业中,某些干部有松劲畏难情绪,个别人不安心工作。针对这一情况,他们专门组织了一次短期的半脱产干部学习,采取边学习、边议论,对照思想,联系实际,检查工作的方法,通过学习,使公社工业的干部普遍提高了一步,明确了公社工业的中心任务是为人民生活和市场服务,进一步树立了"安于小、精于小"的思想。他们的实践证明了,大抓干部工作,加强思想领导,是办好社办工业的一个重要保证。

当然,东花市公社工业生产上也还存在着一些问题,如有的单位产品质量还不够高、管理制度不够健全,有的工厂劳动组织不合理、设备利用率不高等。目前,公社党委已经针对上述问题,根据党的调整、巩固、充实、提高的方针,以五金工具厂为重点,进行调查研究,发动群众大搞提高质量、改进企业管理的工作。

（何景星、申锦琮、李菊溪）

日用小商品是怎样生产出来的

——北京城市公社社办工业见闻

（一九六二年一月五日）

人们的衣食住行都离不开日用小商品。在你需要什么日用小商品的时候，就可以到市场上去，花上几分钱，或者几毛钱、几块钱，把它买到手。这时候，你可想到这些日用小商品是怎样生产出来的吗？最近，我有机会到北京一些社办工厂中去，看到了人们（绝大部分是建立城市人民公社后参加生产的家庭妇女），在制作一些质地良好的日用小商品当中，付出了多少辛勤的劳动啊！一件日用小商品，确实也来得不易！

群众智造铃铛锁

崇外人民公社小五金厂生产的铃铛锁，是专门供给农民锁门、锁柜、锁仓库、锁牲畜圈的。当产品试制成功以后，一些曾经长期在农村生活过的人，夸这种铃铛锁："三鞋底子打不开，真结实！"

提起生产铃铛锁，还有段故事哩！

党提出大办农业、大办粮食的号召以后，"我们怎样支援农业"，就成为小五金厂职工们主要心思和议论的主要内容了。当时，有人主张直接去参加农业劳动，也有人说，多生产农业用的小商品。最后，大家统一了认识，还是以增加小商品的实际行动，支援农业生产。但是，生产些什么样的小商品呢？领导上动员大家到市场上去看看，发现锁是个缺门货，于是就和市工业局联系，了解生产锁的情况，又带回一把农民喜欢用的铃铛锁，生产农民需要的铃铛锁就成了支援农业的光荣任务,厂里也提出"一切为新产品让路"的口号,"把生产锁的任务交给我吧!"大家都争先提出请求。最后,制铃铛锁的任务交给了十八个女工和两个男工。

生产开始了。可是,这二十个人都长期居住城市,不知道农民为什么喜爱铃铛锁,又不懂制造锁的技术。干劲,对做任何工作都是极其宝贵的。这些人就凭干劲,拆开旧锁,照着葫芦就画起瓢来。铁板、钢板都是大工厂的下脚料,锁的外形模具是自己动手打造的。他们先把零碎铁板剪成方块,再弯圆,焊上接头,就在手摇小捣机上"嘎噔!嘎噔"地捣圆,然后开锁门,焊上下底,磨光,铆锁心,再把铆上锁簧的锁挺装进去,配钥匙,最后喷漆完工。

产品虽小,做起来可不是那么容易。就拿打锁挺来说,厂子小,车间窄,一开头,烘炉搭在院子里。天气冷,冻手,火星溅,烧衣。女工们不去管它。要把九厘米长的铁棍打成一头扁、一头尖圆,并且在扁和圆的交叉处打成"凸"形,还要齐平,这些人可没有这么高的技术。大家动脑筋,研究出用焊箍的办法解决,比原来的样品还齐平,坚固。在锁挺的尖圆头,还要打成一定的弧形,就更难一些了。弧形度数不对头,冷弯出来的锁梁圆不了,不好看,把锁挂起来,就向一边翘。这怎么办呢?他们做了一个热焖模具,这样,每人每天从打十六根锁挺提高到三十多个。把许多零件装成一把锁,也不是轻而易举的事。女工刘淑敏开始干装配工作,五、六个小时还装不成一把锁,可是她并不灰心,一位老师傅告诉她,要把锁簧锉个"肩膀"。毛病找到了,操作方法是对头了,效率就提高了。现在,每个人一天都能装好五、六把锁。

巧做千家饭

——记北京市北新桥公社九道湾食堂

沈　汶

（一九六二年二月二十四日）

由三个家庭妇女创办的九道湾食堂，坐落在一条僻静的小胡同里，却受到了附近居民的众口赞扬。

居民的好管家

这个食堂附近的居民中，有许多是双职工，他们把食堂当做自己的管家人。二年多来，食堂照料了三位七十岁以上、行动不便的老人，十几位小学生和两个聋哑人。

住在九道湾七号的罗金荣老奶奶，今年八十九岁了，自己行动不便，还有个五十多岁的女儿，得了瘫痪症需要照料，实在没办法再买菜做饭。开初，老奶奶让外甥女上班前，到食堂买些饭菜留着吃一天，冷一顿、热一顿的，吃得很不舒服。食堂炊事员知道以后，都争着要给老奶奶送饭，他们说："咱们办食堂，就是为吃饭的人服务。"从此，食堂就一日三餐给老奶奶送饭，不论刮风下雨，从不间断。送饭的炊事员，为了让老人吃得舒服，每顿饭除了干粮以外，还要做些黏糊的大米粥，或是挂面汤、面片汤，菜做好以后，特意盛在砂锅里，放在火上炖着。每当老人接到热乎乎的饭菜，总是拉着炊事员的手，连声唤着："闺女、宝贝、亲人……"每到年底，她总要送上一块镜框，感谢食堂对她的关照。

田爱国、田爱民、王端、王丽、耿大石、耿小亭等十几个八九岁的小孩,都在食堂附近的几所小学校里读书,每天放学以后,他们就活蹦乱跳地到食堂,炊事员一见他们,就把早已准备好的饭菜,一份一份端出来,还亲热地招呼着:"爱民吃饭!丽丽,吃饭!……"他们一顿能吃到二三样主食、一碗菜,外加一碗热气腾腾的菜汤,早餐还有一块点心。他们在这里吃饭,就像在自己家里一样随心、舒坦。

原来这些孩子的父母都是双职工,他们的机关离家远,父母们就和食堂商量,由食堂照料。在食堂附近的社会福利纸盒厂工作的两个聋哑青工崔景花和谢玉华,看到孩子们吃得好,又不用操心,都很羡慕,他们想到自己买饭时说不出话来,指这指那,耽误时间,也就学孩子的样,每天三顿饭,要食堂替他们安排。

孩子在食堂受到了妥帖的照顾,做爸爸妈妈的工作时安心了,他们也就越发关心和爱护食堂。礼拜天,当他们到食堂买饭时,总要对管理员和炊事员说一番感激的话;有时,见炊事员忙不过来,就伸手帮忙择菜,洗碗,还帮着卖饭。今年春节,就有好几位家长到食堂来帮忙包饺子。

量足、样多、便宜

1958 年夏,食堂初办时,只是在一个住家户的天井里搭了个灶,餐厅只有半间屋大。吃饭的人越来越多,食堂为了扩大地方,速搬三次家。可是,不论食堂搬到哪儿,有些主顾就跟到哪儿。现在,每天在这里入伙的三百多人中,绝大多数是在食堂吃了一、二年饭的老主顾。有人在食堂吃了一阵饭,就主动送来表扬的大字报。

主副食量足、样多、价钱便宜,是这个食堂的又一特点。食堂的老主顾陆苑琳,是北京市第二传染病院退休的女职员,她逢人就夸奖食堂说:"这食堂办得真好,每餐主食就有好几种,光大麦面就能做出饺子、面条、发糕、驴打滚等好几样,有时还可以吃到油饼。……"在华盛池澡堂看车的李绍臣老大爷,已经在食堂吃了二年多饭,他说:这食堂不仅饭菜做得好,菜洗得干净、切得细、做得香,每顿有干有稀,价钱也公道;一月只花十块钱左右,真比家里吃得随心、称意。在久光照相馆工作的李淑芝总是夸奖食堂的主食量足,她说:"我从这里买回去的馒头和窝头,邻居看了都说个儿大。你看,这附近的居民都是拿盆拿锅到食堂来买主食回家去吃。"

不论什么时候,只要群众拿来主副食原料,食堂都给加工。今年春节,就有不少人拿来肉和面,要食堂代包饺子,代做火烧和油酥饼。除夕晚上,住在九道湾三十二号的陈秀贵夫妇,就请食堂加工做了爆羊肉、熘腰花等五个菜。

辛勤劳动的结果

这个食堂为什么办得这样好呢? 因为食堂有一批勤勤恳恳的管家人,还有一套比较完善的管理制度。

十五个炊事员和管理员除两个老师傅以外,都是公社成立时才走出家门的家庭妇女。她们常说:"我们妇女参加工作,不为别的,就为给社会主义添砖加瓦。办食堂、就得跟自己家过日子一样,处处勤俭节约,把食堂办好,让吃饭的人吃得舒服、方便、卫生。"

为了让群众吃足定量,食堂每天出库的米面都要过秤;每斤面吃多少水、做多少个馒头,都有一定的标准。为了不叫食堂赔钱,又要吃饭的人吃得便宜,炊事员们对使用的缸盆等家具,总是轻拿轻放,烧煤是勤添、少添、烧得透,每天还得从炉灰中捡一次煤核,去年秋天蔬菜又多又便宜的时候,食堂就腌了十几缸咸菜。有一次,萝卜长了芽,她们舍不得把绿芽扔掉,把它炒了,烹上香醋,做成可口的小菜;他们还用烂菜叶和做豆腐剩下的废水,喂养了十几只鸡和一头猪,养肥了,准备用来改善食堂的伙食。

在每星期一的业务会上,他们总结上周的工作,安排这周的饭菜,到一定时期,还吸收顾客代表参加,听取意见。许多受群众欢迎的主副食花样,都是在业务会上商量出来的,大家还想出了许多粗粮细作和粗菜细作的好办法。例如,白菜把菜帮剁成馅做包子,菜心炒了吃,因此,炒出来的菜味道鲜美,受到顾客的赞扬,炊事员们就感到心情舒畅,信心十足,热爱工作、钻研技术的劲头十足,热爱工作,钻研技术的劲头就越发高涨,大家更加关心食堂,一心一意地为吃饭人着想了。

就是这一批管家人,他们用辛勤的劳动,换来了群众的热爱,换来了全国"三八"红旗集体的光荣称号。

方便居民的医疗站

（一九六二年三月三日）

青海西宁市城中人民公社礼让街分社的医疗站只有一位医生，一位司药。医生叫褚秀，本来学的是中医，以后由于工作的需要，边学边用，又追加了西医和针灸等技术。这个医疗站，门面不大，确是方便居民。

一天，我来到医疗站，只见进来了一个戴黑羊皮帽的司机，托着左腿，嘴里嘶嘶地直在吸气。他说是昨天从德令哈往西宁赶路，在雪地里行车冻着了，牙疼开了，希望给扎扎针，服点药。医生扶着下巴看了看口腔，就给在左腮边扎了三支银针。玻璃门一开，又进来两个人。一个是大柴旦化工厂的汽车司机擦伤了手，另一个是小女孩，她的嗓子发炎了。不到二十分钟，小女孩服了点白色药粉，又带了两小包药走了。这位司机的右手也包扎好，点了点头也满意地走了。接着褚医生又给那位牙疼的司机起针。司机能够说话了，他高兴地对着我讲起话来。

"同志，街道上有这么个医疗站好啊！你看，现在快五点了，要到医院已经挂不到号了，来这里是随到随看，有个头疼脑热，来这里看是方便哪！"

（霍　军）